기술적 대상들의 존재 양식에 대하여

Du mode d'existence des objets techniques by Gilbert Simondon

Copyright ⓒ Éditions Aubier, 1958, 1969, 1989.

All rights reserved. Korean Translation Copyright ⓒ Greenbee Publishing Co., 2011.

This edition is published by arrangement with Éditions Aubier through Shinwon Agency.

크리티컬 컬렉션 13

기술적 대상들의 존재 양식에 대하여

발행일 초판1쇄 2011년 10월 5일   초판5쇄 2024년 5월 24일

지은이 질베르 시몽동 • **옮긴이** 김재희

펴낸이 유재건 • **펴낸곳** (주)그린비출판사 • **주소** 서울시 마포구 와우산로 180, 4층

전화 02-702-2717 • **이메일** editor@greenbee.co.kr • **신고번호** 제2017-000094호

ISBN 978-89-7682-364-9 93100

이 도서의 국립중앙도서관 출판예정도서목록(CIP)은 서지정보유통지원시스템 홈페이지(http://seoji.nl.go.kr)와
국 가자료공동목록시스템(http://www.nl.go.kr/kolisnet)에서 이용하실 수 있습니다.(CIP제어번호: CIP2011003518)

철학이 있는 삶 **그린비출판사** www.greenbee.co.kr

그린비 크리티컬 컬렉션 13

기술적 대상들의 존재 양식에 대하여

질베르 시몽동 지음 | **김재희** 옮김

그린비

나의 옛 스승님들이신, 앙드레 베르나르$^{André Bernard}$, 장 라크루아$^{Jean Lacroix}$, 조르주 귀스도르프$^{Georges Gusdorf}$, 장 투생 드장티$^{Jean-T. Desanti}$에게 감사드린다.

파리에서 학위논문심사 받을 때 나를 도와주었던 나의 옛 동료들, 앙드레 도장$^{André Dozan}$, 미켈 뒤프렌$^{Mikel Dufrenne}$에게도 감사의 뜻을 표한다.

특별히 뒤프렌에게는 그가 나에게 헌신적으로 보내 준 수많은 격려들에 대해서, 그가 나에게 해준 조언들에 대해서, 그리고 이 연구논문을 작성하는 동안 그가 보여 준 적극적인 공감에 대해서 감사드린다.

캉길렘$^{George Canguilhem}$ 선생님은 과학사연구소의 도서관에서 참고자료들을 꺼내 쓸 수 있도록 친절하게 허락해 주셨고, 자신의 개인 서가에서 희귀한 독일어 텍스트들을 대여해 주셨다. 무엇보다 캉길렘 선생님은 선생님 자신의 고찰들을 통해서 이 작업의 결정적인 형태를 발견할 수 있도록 해주셨다. 이 책의 제3부는 그의 제안들에 상당히 빚지고 있다. 그토록 변함없는 관대함을 보여 주신 데 대한 나의 감사하는 마음을 공개적으로 전하고 싶다.

차례

III부_기술성의 본질

1 이 책은 Gilbert Simondon의 *Du mode d'existence des objets techniques*(Editions Aubier, 1989)를 번역한 것이다. 이 책은 초판이 1958년에 나온 이후, 1969년, 1989년, 2001년에 재출 간되었다. 1989년판은 그 이전 판본들과 달리 John Hart의 서문과 Yves Deforge의 발문이 덧 붙여진 증보판이다. 그런데 현재 시몽동 저서의 저작권자——나탈리 시몽동(Nathalie Simondon) 을 대표로 한 시몽동의 자녀들——는 아버지 시몽동의 평소 의지에 따라, 지은이의 글 이외에 독 자의 이해를 간섭할 수도 있는 다른 사람의 서문이나 발문, 어떠한 주석이나 해제도 덧붙이지 말 것을 번역의 조건으로 강력하게 요구하였다. 따라서 이 번역본에서는 John Hart의 서문과 Yves Deforge의 발문이 생략되었고, 애초에 기획했던 옮긴이 해제도 간단한 옮긴이의 말로 대신했다. 다만 아직까지 우리에게 잘 알려지지 않은 철학자 질베르 시몽동의 저서가 국내에 처음으로 번 역되는 상황에 대한 양해를 구하여, 번역으로 인한 오해를 줄일 수 있는 한에서 최소한의 옮긴이 주는 덧붙였다. 책에 실린 '기술 용어 해설'과 '참고문헌' 역시 지은이의 것이다.

2 이 한글판은 특히, 이 책의 초판 출간 당시 시몽동이 집필했으나 아직까지 공식적으로 출간되지 못했던 '지은이의 말'을 세계 최초로 수록했으며, 시몽동 본인이 초판본이 나왔을 때부터 메모해 두었지만 지금껏 출간에 반영되지 못하고 있던 여러 가지 교정사항들을 또한 반영했다. 이는 시 몽동의 뜻을 제대로 이어가고자 하는 저작권자의 노력으로 새로이 편집되어 출간될 불어 원서보 다도 먼저 이 한글 번역본이 출간되는 상황에서 저작권자의 특별한 요구와 허락에 따른 것이다.

3 본문에 삽입된 도판들은 원서에서도 화질이 좋지 않아서 식별하는 데 어려움이 있었으나, 도판 안에 수기(手記)로 기재된 내용들 중 식별이 가능한 것은 최대한 옮겼다.

4 각주 중 옮긴이가 주는 주석 앞에 "[옮긴이]"라고 표시하여 지은이 주와 구분했다.

5 독자의 이해를 돕기 위하여 옮긴이가 추가한 내용은 대괄호([ ])로 묶어서 표시했다.

6 단행본·정기간행물에는 겹낫표(『 』)를, 논문·단편에는 낫표(「 」)를 사용했다.

7 외국 인명이나 지명, 작품명은 2002년 국립국어원에서 펴낸 외래어표기법을 따랐다.

서론

이 연구는 기술적 대상들의 존재가치를 일깨우고자 마련되었다. 문화는 기술들에 대항하는 방어 시스템으로 구성되었다. 그런데 이 방어는 기술적 대상들이 인간적 실재를 포함하지 않는다고 상정하면서 인간을 방어하는 것처럼 나타난다. 우리가 해명하고자 하는 것은, 그런 문화는 기술적 실재 안에 들어 있는 인간적 실재를 간과하고 있는 것이며, 또한 문화가 자신의 역할을 제대로 수행하기 위해서는 인식과 가치의 형태 아래에 기술적 존재자들도 편입시켜야만 한다는 것이다. 기술적 대상들의 존재 양식^{modes d'existence}* 에 대한 각성은 철학적 사유에 의해서 실행되어야만 한다.

---

* [옮긴이] 'existence'는 여기서 '존재'로 옮긴다. '실존' 또는 '현존'이라는 번역어가 있으나, '실존'은 실존주의의 '실존'(사물의 존재방식이 아닌 의식 또는 기투하는 인간의 존재방식)과 혼동될 수 있고, '현존'은 'présence'(지금 여기 있음)의 번역어로 오해될 수 있다. 또한 여기서는 être와 existence 사이, 또는 essence와 existence 사이의 분명한 구별이 특별히 주제화되지 않는다. 여기서 existence는 인간이나 생명체와 마찬가지로 자기 고유의 개체성을 지니는 기술적 대상들이 자신의 본질에 해당하는 작동 도식을 상이한 시공간에서 물질적으로 실현하고 있는 구체적인 존재성을 의미한다. 기술적 대상들은 단순히 사용 도구로서 취급될 수 있는 것들이 아니라 구체화의 정도에서 차이가 나는 특수한 개별자들로서 자기 나름의 발생과 진화를 겪는 것들이다. 요컨대 기계(기술적 대상)도 물체나 생명체와 마찬가지로 자기 고유의 존재방식을 지니고 있다는 것이다. 지금껏 물체의 존재방식이나 생명체의 존재방식에 대해서는 많은 논의들이 있었지만, 기계 자체의 존재방식에 대해서는 철학적 논의가 거의 없었다. 이 책에서 강조되는 것

철학은 과거에 노예제를 철폐하고 인격의 가치를 주장하기 위해 했던 것과 유사한 의무를 이 작업에서도 다해야 한다.

문화와 기술 사이에, 그리고 인간과 기계 사이에 세워진 대립은 거짓이며 근거가 없다. 그건 단지 무지나 원한만을 은폐하고 있을 뿐이다. 그런 대립은 값싼 휴머니즘을 표면에 내세우면서 인간의 노력들과 자연의 힘들로 풍부한 실재를 감추고 있는데, 이 실재야말로 자연과 인간 사이의 매개자들인 기술적 대상들의 세계를 구성하는 것이다.

원초적인 외국인 혐오증에 사로잡혀 있는 사람이 낯선 이를 대할 때 그런 것처럼 문화는 기술적 대상을 거부하는 방향으로 나아간다. 기계들을 거부하는 경향을 지닌 보수주의는 [본래 새로운 것을 싫어하긴 하지만] 낯선 실재를 거부하는 것만큼 새로운 것을 혐오하지는 않는다. 하지만 낯선 존재자 또한 인간이기에, 완전한 문화란 그 낯선 이를 같은 인간으로 발견할 수 있도록 만드는 것이다. 마찬가지로, 기계는 낯선 존재자다. 이 낯선 존재자 안에는 인정받지 못한, 물질화된, 제어된, 하지만 인간의 잔여물인, 인간적인 것이 갇혀 있다. 현대 세계에서 소외의 가장 강력한 원인은 기계에 대한 이런 몰이해에 있다. 그 소외는 기계에 의해 야기된 것이 아니라, 기계의 본성과 본질에 대한 몰-인식으로 인해서, 의미작용들 significations의 세계 속에 기계가 부재함으로 인해서, 그리고 문화의 일부를 이루는 가치들과 개념들의 목록에 기계가 빠져 있음으로 인해서 야기된 것이다.

문화는 균형 잡혀 있지 않다. 왜냐하면 문화는 미학적 대상들과 같은

은 물체나 생명체의 존재방식과는 다른, 기계 나름의 존재방식이 무엇인지를 시몽동 고유의 개체화 존재론을 토대로 해명하는 것이다. 따라서 existence는 굳이 '실존'이나 '현존'으로 옮겨 혼동을 야기하기보다 일반적인 '존재'로 옮기는 것이 전체 내용의 흐름에 맞으리라 생각된다.

어떤 대상들은 인정하고 그들에게는 의미작용들의 세계에 속하는 시민권을 부여하는 반면, 다른 대상들, 특히 기술적 대상들은 단지 사용과 유용한 기능만을 지녔지 의미작용들은 지니지 않은, 구조 없는 세계 속으로 밀어 넣어 버리기 때문이다. 불완전한 문화가 현저하게 드러내는 이런 방어적인 거부 앞에서, 기술적 대상들을 인식하고 그들의 의미작용을 감지하는 인간들은 미학적 대상이나 신성한 대상의 지위 외에 현실적으로 높이 평가받는 유일한 지위를 기술적 대상에다 부여하면서 자신들의 판단을 정당화하고자 한다. 이로부터 기계에 대한 우상숭배에 불과한, 그리고 이 우상숭배를 통한 동일시를 수단으로 무제약적인 능력을 얻고자 하는 테크노크라트[기술관료]의 열망에 지나지 않는 과도한 기술만능주의가 탄생한다. 권력에 대한 욕망은 기계를 패권의 수단으로 삼고, 이 기계를 가지고 현대식 미약媚藥을 만들어 낸다. 자신의 동료들을 지배하고자 하는 인간은 안드로이드 기계를 불러낸다. 그는 그 기계를 앞세워 뒤로 물러나면서 자신의 인간성을 그 기계에게 양도한다. 그는 의욕하는 기계, 살아 있는 기계를 만들 수 있다고 꿈꾸면서 생각하는 기계를 만들어 내고자 한다. 바로 그 기계 뒤에서 아무런 불안 없이, 모든 위험에서 벗어나서, 무기력감도 모두 지운 채로, 자신이 발명한 그것을 통해 간접적으로 승승장구하며 편안히 쉬기 위해서 말이다. 하지만 이 경우, 상상의 힘으로 인간의 분신이 된 그 기계, 즉 내면성이 박탈되어 있는 그 로봇은 순수하게 신화적이고 공상적인 어떤 존재자를 불가피하게도 아주 분명하게 나타내고 있다.

우리는 그런 로봇은 존재하지 않는다는 것을 정확히 보여 주고자 한다. 조각상이 살아 있는 존재가 아니듯이, 그런 로봇은 기계가 아니다. 그것은 단지 상상력과 허구적인 꾸며 내기 작용, 환상을 만들어 내는 기교의 산물에 불과할 뿐이다. 그럼에도 불구하고, 현대 문화 속에 존재하는 기계의 개념에는 로봇에 대한 이런 신화적 표상이 대부분 뒤섞여 있다. 교양인은 화폭 위에 그려진 대상들이나 인물들에 대해서 선의나 악의의 내면을 지닌 진짜 실재들을 대하듯이 말하는 것을 허용하지 않을 것이다. 그런데 바로 그 동일한 인간이 인간을 위협하는 기계들에 대해서는 마치 자신이 그 대상들에다가 영혼이라도 부여한 것처럼, 인간을 향하여 감정들과 의도들을 사용할 수 있도록 독립적이고 자율적인 존재를 부여한 것처럼 말한다.

문화는 그래서 기술적 대상들에 대해 **모순적인 두 태도**를 내포한다. 한편으로, 문화는 기술적 대상들을 오로지 유용성만 나타내고 진정한 의미작용은 없는 순수한 **물질의 조립물들**assemblages de matière로만 다룬다. 다른 한편으로, 문화는 기술적 대상들도 로봇들이며, 그 로봇들은 인간을 향한 적대적인 **의도들**에 의해 움직이거나 아니면 인간에 대한 공격과 반란의 위험을 지속적으로 드러낸다고 간주한다. 첫번째 특성을 보존하는 것이 낫다고 판단한 문화는 두번째 특성이 나타나는 것을 막고자 하며, 모든 반란을 저지하는 데 확실한 수단은 예속 상태로 강등시켜 두는 데 있다고 믿으면서 기계들을 인간의 노예로 부리는 것에 대해 말하고자 한다.

사실, 문화에 내속하는 이러한 모순은 자동성에 관련된 관념들의 애매성에서 비롯하는데, 그 관념들에는 실제로 논리적인 오류가 숨겨져 있다. 기계를 숭배하는 자들은 일반적으로 기계의 완전성의 정도가 자동성의 정도에 비례하는 것처럼 주장한다. 실제로 경험되는 사실을 넘어서, 그들은 전부 기계들로 이루어진 하나의 기계를 구성하는 방식으로 자동성의 증가와 개선을 통해 모든 기계들이 서로 연결되어 하나로 결합될 수 있으리라고 상정한다.

그런데 실제로 자동성은 기술적 완전성에서 아주 낮은 정도에 해당한다. 하나의 기계가 자동적으로 되기 위해서는 작동fonctionnement 가능성 대부분과 가능한 사용 대부분을 희생해야만 한다. 자동성, 그리고 **오토메이션[자동화]**이라 부르는 산업 조직화의 형태로 기계를 활용하는 것은 기술적인 의미작용보다는 경제적이거나 사회적인 의미작용을 더 갖는다. 기술성의 정도를 높이는 것이라고 말할 수 있는 기계들의 진정한 개선은 자동성의 증대에 상응하는 것이 아니라, 오히려 기계의 작동이 어떤 비결정의 여지를 내포한다는 사실에 상응한다. 기계가 외부 정보를 감지할 수 있도록 만드는 것이 바로 이 비결정의 여지다. 하나의 기술적 앙상블이 실현될 수 있는 것은 바로 정보에 대한 기계들의 이런 감수성sensibilité에 의해서지 자동성의 증가에 의해서가 아니다. 미리 결정되어 있는 작동만 하도록 자기 자신 속에 완전히 닫혀 있는 전적으로 자동적인 기계는 오로지 피상적인 결과물들만 제공할 수 있을 것이다. 고도의 기술성을 부여받은 기계는 열린 기계다. 그리고 열린 기계들의 앙상블은 인간을 상설 조직자로, 기계들을 서로서로 연결시켜 주는 살아 있는 통역자로 상정한다. 노예 집단의 감시자이기는커녕, 인간은 마치 연주자들이 오케스트라의 지휘자를 필요로 하듯이 그를 필요로 하는 기술적 대상들 모임의 상설 조직자다. 오케스트라의 지휘자가 연주자들을 이끌어 갈 수 있는 것은 오로지 그가 연주자들과 마찬가지로 그들 모두만큼 열성적으로 연주곡을 지휘하기 때문에만 가능한 것이다. 그는 연주자들을 느리거나 빠르게 이끌어 갈 수 있지만, 또한 그들에 의해 느려지거나 빨라지기도 한다. 사실, 연주자 집단이 자신들 각자의 연주를 느리거나 빠르게 하는 것은 지휘자를 따라서 하는 것이기 때문에, 그 지휘자야말로 그들 각자에게는 연주 중에 있는 그 집단의 현실적인 동적 형태라고 할 수 있다. 지휘자는 모든 연주자들을 모두에게 서로서로 연결시켜 주는 통역자인 것이다. 이와 같이 인간은 자기 주위에 있는 기계들의 상설 발명가이자 조정자로 존재하는 기능을 갖는다. 인간은 자신과 함께 작용하는 기계들 가운데 존재한다.

기계들에게 인간의 현존이란 끊임없는 발명을 의미한다. 기계들 안에 거주하는 것, 그것이 바로 인간적 실재이자, 작동하는 구조들로 고정되고 확정된 인간적 몸짓에 속하는 것이다. 그 구조들은 작동하는 동안은 유지될 필요가 있지만, [구조의] 가장 높은 완전성은 작동의 가장 커다란 개방성, 가장 많은 자유와 일치하는 것이다. 현대의 계산기들은 순수한 자동장치들이 아니다. 그것들은 자동덧셈(또는 기본적인 개폐회로들^{basculeurs*}의 작동으로 얻어지는 결정)의 수준을 뛰어넘어서, 회로들의 전환가능성이 매우 크고, 또 비결정의 여지를 제한하면서 기계의 작동을 코드화할 수 있는, 그런 기술적 존재자들이다. 그 원초적인 비결정의 여지 덕분에 그 기계가 3제곱근을 구하거나 또는 적은 수의 단어들과 표현법들로 이루어진 간단한 텍스트를 다른 언어로 번역할 수 있는 것이다.

기계들이 정합적인 앙상블들로 집단화될 수 있는 것은 자동장치들에 의해서가 아니라 역시 그 비결정의 여지에 의해서고, 기계들이 서로서로 정보를 교환할 수 있는 것은 인간 통역자인 조정자를 통해서다. 심지어 정보의 교환이 두 기계들 사이에서 직접적일 때조차(선행 진동자와 충격을 통해 동조된 다른 진동자 사이처럼), 되도록이면 정보가 잘 교환될 수 있도록 비결정의 여지를 조절하는 존재로 인간은 개입한다.

그러면, 과연 어떤 인간이 기술적 실재에 대한 의식화를 실현할 수 있고 문화 속에 그것을 도입할 수 있는 것인지 물을 수 있을 것이다. 고정된

---

* '기술 용어 해설' 참조.

일상의 몸짓들과 노동으로 단 하나의 기계에 매여 있는 인간은 그런 의식화를 실현하기가 어려울 수 있다. 사용 관계가 의식화를 야기하는 데 알맞지 않다는 것인데, 왜냐하면 그 관계의 습관적인 되풀이는 [기계의] 구조들과 작동들에 대한 의식을 틀에 박힌 몸짓들로 희석시킬 수 있기 때문이다. 기계들을 활용하는 기업을 경영하는 것, 또는 소유 관계라는 것이 그런 의식화를 위해서 노동보다 더 유용한 것도 아니다. 그런 것은 기계에 대해서, 기계 그 자체보다는 오히려 기계의 가격과 작동 결과물들에 대해서 판단하는 추상적인 관점들을 만들어 낸다. 기술적 대상 안에서 이론적 법칙의 실천적 적용을 보는 과학적 인식도 기술 영역의 수준에 있지 않은 것은 매한가지다. 이 의식화는 오히려 기술적 존재자들을 책임지고 발명하는 의식으로서 그 기술적 존재자들의 사회 한가운데서 살아가면서 기계들에 대한 사회학자이자 심리학자로서 존재하는 조직 엔지니어가 할 수 있는 일인 것처럼 보인다.

기술적 실재들을 그들의 의미작용 속에서 포착하는 진정한 의식화는 기술들의 열린 복수성pluralité을 인정하는 것에 상응한다. 이럴 수밖에 없는데, 왜냐하면 별로 크지 않은 기술적 앙상블조차도 매우 상이한 과학 영역들에 관련된 작동 원리들을 갖는 기계들을 포함하기 때문이다. 소위 기술의 전문화는 대부분 고유한 의미에서의 기술적 대상들에 대한 외적 관심들(상업의 특수한 형태, 대중과의 관계들)에 해당하지, 기술적 대상들 안에 포함되어 있는 작동 도식들 같은 것에 해당하지 않는다. 기술자들로부터 자신을 구분하고자 하는 교양인이 기술자들을 경멸하는 편협한 시각을 갖도록 만들어 준 것이 바로 기술 외적인 방향에 따라 이루어진 전문화다. 문제가 되는 것은 [전문화의] 의도들이나 목적들의 편협함이지, 기술들에 대한 직관이나 정보의 편협함이 아니다. 역학적이고 열적이고 전기적인, 이 모두를 어느 정도씩 동시에 갖추지 않은 기계들은 오늘날 매우 드물기 때문이다.

문화가 자신이 잃어버렸던 진정한 일반적 특성을 회복하기 위해서는, 기계들의 본성에 대한 의식, 기계들 상호 간의 관계들 그리고 기계들과 인간 사이의 관계에 대한 의식, 또 그 관계들에 함축된 가치들에 대한 의식을 문화 안에 다시 들여올 수 있어야만 한다. 이런 의식화에는 심리학자와 사회학자 외에, 기술공학자나 **기계학자**mécanologue의 존재가 필수적이다. 게다가 인문 교양의 토대들이 교육되는 것처럼, 기술공학의 공리계를 구성하는 인과작용과 조절 체계의 근본적인 도식들도 보편적인 방식으로 교육되어야만 한다. 기술들에 대한 기초 교육이 과학 교육과 동일한 수준에 놓여야만 한다. 그것은 예술의 실천과 마찬가지로 무사심한 것이고, 또 이론 물리학과 마찬가지로 실천적 적용을 지배한다. 기술교육도 추상과 상징화에서 동일한 정도에 도달할 수 있다. 어린아이는 수학의 정리들을 아는 것처럼 자기-조절작용[자동제어]auto-régulation이나 적극적 반작용[양성 피드백]réaction positive이 무엇인지도 알아야만 할 것이다.

해체에 의해서가 아니라 확장에 의해서 진행하는 문화의 이러한 개혁은 오늘날의 문화에 그것이 상실했었던 진정한 조절 능력을 회복시켜 줄 수 있을 것이다. 의미작용들, 표현 수단들, 정당화 작업들과 태도들의 기본이 되는 문화는 그 문화를 소유한 사람들 사이에서 의사소통 조절장치를 확립한다. 집단의 삶에서 비롯한 문화는 조정 기능을 맡은 사람들에게 규범들과 도식들을 제공하면서 그들의 몸짓에 활기를 불어넣는다. 그런데 기술이 크게 발전하기 이전의 문화는 체험된 경험에서 발생하는 기술의 주요 유형들을 도식들, 상징들, 질들, 유비들에 따라 흡수해 왔다. 하지만 오늘날의 문화는 지난 세기들의 수공업적이고 농경적인 기술의 상태를 역동적 도식들$^{schèmes\ dynamiques}$로 삼고 있는 낡은 문화다. 집단들과 그들의 지도자들 사이에 매개자들로 사용되는 것이 바로 그 도식들인데, 그 도식들은 기술들에 대한 부적합성에서 비롯된 근본적인 왜곡을 가져온다. 권력은 허구, 여론을 형성하는 기교, 사실일 법한 것에 대한 변호, 수사가 되어 버린다. 통솔 기능들도 거짓이다. 왜냐하면 관계들에 적합한 코드가 더 이상 지배받는 실재와 지배하는 존재자들 사이에 존재하지 않기 때문이다. 지배받는 실재는 인간들과 기계들을 포함하고 있는데, 코드는 오로지 연장들을 갖고 일하는 인간의 경험, 퇴락한 지 오래된 그런 경험에만 의존하고 있는 것이다. 이는 그 코드를 사용하는 자들이 킨키나투스^{Cincinnatus}*처럼 쟁기의 손잡이를 놓지 않았기 때문이다. 상징은 언어의 간단한 표현법으로 쇠퇴하고, 실재적인 것$^{le\ réel}$**은 부재한다. 지배받는 실재의 앙상블과 권위의 기능 사이에서 순환적 인과작용의 조절 관계가 확립될 수 없다. 전달되어야 할 정보의 유형에 부적합하게 된 코드 때문에 정보가 더 이상 성공적으로 도달하지 못하는 것이다. 인간들과 기계들에게 동시에 상관되는 존재 방식을 표현할 정보는 기계들의 작동 도식들과 기계들이 함축하는 가치들을 포함하고 있어야만 한다. 전문화되면서 빈약해진 문화는 다시 일반화되어야만 한다. 문화의 이런 확장은 소외의 주요 원천들 중 하나를 제거하고, 정보 조절장치를 재확립하면서, 정치적이

---

* [옮긴이] 킨키나투스는 기원전 458년 로마 공화정 시대에 자영 농민의 신분으로 국가의 부름을 받아 독재관이 된 인물로서, 국가의 위기를 평정하고 난 후에는 임기가 남았음에도 불구하고 권력을 버리고 원래 직업이었던 농민으로 돌아갔다.

** [옮긴이] 'le réel'은 앞으로 등장할 '잠재적인 것'(le virtuel), '현실적인 것'(l'actuel), '퍼텐셜한 것' (le potentiel)과의 관계를 고려하여 '실재적인 것'으로 옮긴다. 주로 등장하는 '실재 또는 실재성'은 'réalité'의 번역이다.

고 사회적인 가치를 획득한다. 확장된 문화는 인간에게 그를 둘러싸고 있는 실재의 견지에서 그 자신의 존재와 상황을 사유할 수 있는 수단들을 제공할 수 있다. 문화를 확장하고 심화하는 이런 작업은 또한 엄밀하게 철학적인 역할도 갖는다. 왜냐하면 그 작업이, 나태하고 배부른 인류의 노예로 쓰이는 완벽한 자동장치들이나 로봇에 대한 생각들 같은 상당수의 신화들과 전형적인 생각들을 비판하는 데로 이끌기 때문이다.

이런 의식화를 이루기 위해, 기술적 대상 그 자체를 기능적인 중층결정과 구체화concrétisation의 과정을 통해 정의해 볼 수 있다. 이 과정은 기술적 대상이 전적인 사용기구器具로 생각될 수 없음을 증명하며, 어떤 진화의 끝에서 그 대상 고유의 일관성을 그 대상에게 제공한다. 이 발생의 양상들은 기술적 대상의 세 수준들인 요소l'élément, 개체l'individu, 앙상블l'ensemble과 그것들의 비-변증법적인 시간적 상호조정을 파악할 수 있게 한다.

기술적 대상이 그 자신의 발생에 의해 정의되고 나면, 기술적 대상과 다른 실재들 사이의 관계 맺음들, 특히 성인과 아이의 기술적 대상에 대한 관계 맺음을 연구하는 것이 가능하다.

마지막으로, 가치 판단의 대상으로 고려된 기술적 대상은 그것이 요소의 수준, 개체의 수준, 앙상블의 수준 중 어떤 수준에서 파악되느냐에 따라서 매우 상이한 태도들을 야기시킬 수 있다. 요소의 수준에서 기술적 대상을 개선하는 것은 익숙한 습관들과의 갈등으로 불안을 일으키는 어떠한 전복도 도입하지 않는다. 이것은 인간의 운명을 끊임없이 향상시키는 연속적이고 무한한 진보의 이념을 가져온 18세기 낙관주의의 분위기에 해당한다. 이와 달리, 기술적 개체는 한동안 인간의 적이자 경쟁자로 간주되는데, 이는 오로지 연장들만 존재하던 시기에 인간이 기술적 개체성을 독점하고 있었기 때문이다. 인간이 연장들의 운반자로서 기계의 기능을 수행하고 있었기에 오히려 기계가 인간의 자리를 차지하는 것으로 여겨진 것이다. 바로 이런 위상phase*에 상응하는 것이 진보라는 드라마틱하고 열정적인 개념인데, 이 진보는 자연의 침범이자 세계의 정복이며 에너지들의 탈취에 해당한다. 이런 권력 의지는 대파국의 추세를 예언하는 열역학 시대의 기술만능주의와 테크노크라트의 과도함을 통해 표현된다. 마지막으로, 20세기의 기술적 앙상블들의 수준에서는 열역학 에너지론이 정보이론에 의해 대체되는데, 그 규범적 내용은 현저하게 조절적이고 안정적이다. 기술들의 발전이 안정성의 보장인 것처럼 나타나는 것이다. 기계는 기술적 앙상블의 요소로서, 정보량을 증가시키는 것, 역엔트로피négentropie를 증가시키는 것, 에너지의 하락에 맞서는 것이 된다. 기계는, 조직화의 작품이자 정보의 작품으로서, 생명처럼 그리고 생명과 더불어, 무질서에 대립하는 것이고, 변화의 능력들을 우주로부터 박탈하려는 만물의 균등화에 저항하는 것이다. 기계는, 바로 이 기계를 통해서 인간이 우주의 죽음에 맞설 수 있게 하는 것이다. 기계는, 생명처럼, 에너지의 하락을 늦추며, 세계의 안정장치가 된다.

기술적 대상에 대한 철학적 시선의 이런 변경은 기술적 존재를 문화 속에 도입할 가능성을 예고한다. 요소들의 수준에서도 개체들의 수준에서도 결정적으로 작용할 수 없었던 이런 통합은 앙상블들의 수준에서 안정성을 획득할 더 많은 기회를 가지면서 가능할 것이다. 조절 장치가 된 기술적 실재는 본래 조절 장치였던 문화에 통합될 수 있을 것이다. 이런 통합은 기술성이 요소들 안에 머물렀을 때에는 덧붙여 나가는 것에 의해서만 이뤄질 수 있었고, 기술성이 기술적 개체들의 수준에 머물렀을 때에

---

* [옮긴이] 이 책에 나오는 모든 '위상'은 'phase'의 번역이다. 228쪽 옮긴이 주 참조.

는 불법침입과 혁명에 의해서만 이뤄질 수 있었다. 오늘날, 기술성은 앙상 블들 안에 거주하는 경향이 있다. 따라서 이제 기술성은 문화의 토대가 될 수 있으며, 자신이 표현하고 조절하는 실재에 적합하도록 문화를 만들어 가면서, 이 문화에다 통일시키고 안정시키는 능력을 가져다 줄 것이다.

1부

기술적 대상들의
발생과 진화

1장_기술적 대상의 발생:구체화의 과정

1. 추상적인 기술적 대상과 구체적인 기술적 대상

기술적 대상은 발생되는 것이다. 그러나 기술적 대상 각각의 발생을 정의하기란 어렵다. 왜냐하면 기술적 대상들의 개체성^{individualité}이 그 발생 과정에서 변하기 때문이다. 그래서 기술적 대상들은 그것들이 속하는 기술 종류에 의해 어렵사리 정의될 수 있을 뿐이다. 그 종류들은 실천적 사용을 위한 대략적인 구분에는 용이하지만, 기술적 대상을 실천적 목적에 따라 파악하는 태도를 전제한다. 여기서는 특수성^{spécificité}이 의미가 없다. 어떠한 고정된 구조도 정해진 사용을 따르지 않기 때문이다. 동일한 결과가 매우 상이한 구조들과 작동들로부터도 얻어질 수 있다. 증기 모터, 가솔린 모터, 터빈, 스프링이나 추를 이용한 모터는 모두 다 모터들이다. 그렇지만 스프링 모터는 증기 모터보다는 활이나 쇠뇌와 실제적으로 더 유사하다. 또 괘종시계는 윈치와 유사한 모터를 갖고 있지만, 전자시계는 초인종이나 부저와 유사하다. 사용이라는 것은 이질적인 구조들과 작동들을 유^{類}와 종^{種} 아래로 모으는데, 이 유와 종은 [한편의] 기계의 작동과 [다른 편의] 다른 작동, 즉 행동으로 인간 존재가 수행하는 작동 사이의 관계 맺음에서

의미작용을 얻는다. 그러므로 모터의 경우처럼 우리가 하나의 이름으로 부르는 것은 [공시적인] 순간에서는 여럿일 수 있고, [통시적인] 시간 안에서는 개체성이 변하면서 달라질 수 있다.

그럼에도 불구하고, 개체성이나 특수성의 틀 안에서 기술적 대상의 발생 법칙들을 정의하기 위해서는, 기술적 대상의 개체성이나 매우 불안정한 그것의 특수성으로부터 출발하는 것보다는 문제를 뒤집어서 접근하는 편이 더 나을 수 있다. 즉 발생 기준들에 입각해서 기술적 대상의 개체성과 특수성을 정의할 수 있다는 것이다. 개체적인 기술적 대상은 **지금 여기**|hic et nunc 주어져 있는 이러저러한 사물이 아니라, 발생하는 어떤 것이기 때문이다.* 기술적 대상의 단일성, 개체성, 특수성은 그것의 발생이 지닌 일관성consistance과 수렴convergence의 특성들이다. 기술적 대상에게 발생은 존재의 일부를 이룬다. 기술적 대상은 자신의 생성에 앞서 있지 않은

---

* 기술적 대상의 발생은 미학적 대상이나 생명체와 같은 다른 유형의 대상들의 발생과는 그 결정된 양상들에서 구분된다. 발생의 그 특수한 양상들은 정태적인 특수성과 구분되어야만 한다. 정태적인 특수성은 대상들의 다양한 유형의 특성들을 고려하면서 발생 이후에나 확립될 수 있는 것이다. 발생적 방법의 적용은 정확히 말하자면 대상들의 총체를 담론에 부합하는 유와 종으로 분배하기 위해 발생 이후에 개입하는 분류하는 사유를 사용하지 않으려는 목적을 갖는다. 한 기술적 존재자가 거쳐 온 진화는 이 존재자 안에 기술성의 형태로 본질적인 것으로 남아 있다. 기술적인 존재자, 즉 기술성을 운반하는 존재자는 우리가 수집적(analectique)이라 부를 방식에 따라 그 존재자의 진화의 시간적 의미를 그 존재자 자체 안에서 파악하는 인식의 경우에만 적합한 인식의 대상이 될 수 있을 뿐이다. 이때 적합한 인식이란 기술적 문화(culture technique)를 말하는 것이고, 이는 작동으로부터 분리된 도식들을 현실성(actualité) 속에서 파악하는 데 그치는 기술적 지식과는 구분되는 것이다. 기술성의 수준에서 기술적 대상과 다른 존재자 사이에 수직적으로뿐 아니라 수평적으로도 존재하는 관계들에는 유와 종에 의해 진행하는 인식이 적합하지 않다. 따라서 우리는 어떤 의미에서 기술적 대상들 사이의 관계가 변환적(transductive)인지 보여 줄 것이다. [옮긴이] '수집적(analectique)'이란 말은 일반 불어에서는 사용하지 않는데, 식사 후 빵부스러기를 쓸어 모으는 노예의 행위에서 비롯된 "함께 모으다, 수집(收集)하다"를 뜻하는 'analecte'의 파생형이다. 주로 남성 복수형 명사 'analectes'나 'analecta'가 "어록(語錄)이나 선집(選集)"의 의미로 활용되고 있다.

것이지만 그 생성의 각 단계에 현존하는 것이다. 기술적 대상 하나가 생성의 단위이다. 가솔린 모터는 단순히 시공간 상에 주어진 이러저러한 특정 모터에 불과한 것이 아니라, 최초의 모터들에서부터 오늘날 우리가 알고 있고 여전히 진화하고 있는 모터들에까지 이어지는 일련의 계속성과 연속성이 있다는 사실을 보여 준다. 이런 까닭에, 계통발생적 계열에서처럼, 진화에서 정해진 한 단계는 형태들formes의 진화 원리에 속하는 역동적 도식들과 구조들을 자체 안에 품고 있다. 기술적 존재는 자기에 대한 적응과 자기에로의 수렴을 통해서 진화한다. 즉 그것은 내적 공명résonance interne의 원리에 따라 내부에서 스스로를 통합한다. 오늘날의 자동차 엔진은 단지 1910년의 엔진을 선조들이 제조했다는 이유만으로 1910년에 만들어진 엔진의 후손인 것이 아니다. 또는 그것이 사용과 관련해서 상대적으로 더 완벽하기 때문에 이전 것의 후손인 것도 아니다. 사실, 이런저런 사용에 대해 말하자면, 1910년의 엔진이 1956년의 엔진보다 더 우월하다. 예컨대, 1910년의 엔진은 감마減摩합금과 같은 약한 합금을 사용하지 않고 더 많은 여유 공간을 두어 만들었기 때문에 마모나 손실 없이 상당한 열을 감당할 수 있다. 또 그것은 자석발전기magnéto*에 의한 점화장치를 갖고 있어 더 자율적이다. 옛날 엔진들은 폐기된 자동차에서 떼어 낸 뒤 어선들에 재사용할 때도 기능저하 없이 작동한다. 오늘날의 자동차 엔진이 1910년의 엔진 이후에 등장한 것으로 정의되는 것은 바로 인과작용 체제들과 이 인과작용 체제들에 적합한 형태들에 대한 내재적 검토를 통해서다. 오늘날의 엔진에서 각각의 주요 부품은 에너지의 상호 교환을 통해 다른 부품들과 더할 나위 없이 잘 연결되어 있다. 연소실의 형태, 밸브들의 크기와 형

---

* '기술 용어 해설' 참조.

태, 피스톤의 형태가 수많은 상호인과작용이 존재하는 동일한 시스템의 부분을 이룬다. 그 요소들의 그러한 형태에는 특정한 압축률이 상응하며, 이 압축률 자체는 점화에 앞서 미리 그 정도가 결정되어 있어야 한다. 실린더헤드의 형태와 이 실린더헤드를 이루는 금속은 엔진 사이클의 다른 모든 요소들과 관계 맺고 있으면서 점화플러그의 전극에 특정한 온도를 산출한다. 그리고 이 온도는 점화의 특성들, 따라서 사이클 전체의 특성들에 영향을 미친다. 아마도 오늘날의 엔진은 구체적인concret 엔진인 반면, 옛날의 엔진은 추상적인abstrait 엔진이라고 말할 수 있을 것이다. 옛날 엔진에서는 각각의 요소가 사이클 안에서 특정한 순간에 개입하고 다른 요소들에게는 작용하지 않는 것으로 간주된다. 이 엔진의 부품들은 서로를 알지 못하면서 각자 자기의 역할에만 충실히 일하는 사람들과 비슷하다.

게다가 열기관의 작동을 교실에서 설명하는 방식도 이와 같다. 각각의 부품은 칠판 위에 그것을 나타내기 위해 그린 그림들과 마찬가지로 **부분 바깥에 부분**partes extra partes의 방식으로 기하학적 공간 안에서 다른 부품들과 분리되어 있다. 옛날 엔진은 완전하고 유일한 각각의 기능이 미리 정해져 있는 요소들의 논리적인 조합물인 것이다. 각각의 요소는 완벽하게 목적지향적인 도구인 양 온통 자기 기능의 완성에만 몰두할 때 자기 고유의 기능을 가장 잘 실행할 수 있다. 두 요소들 사이의 영속적인 에너지 교환은, 만일 이 교환이 이론적인 작동의 일부에 속하지 않는다면, 불완전한 것처럼 나타난다. 바로 여기에 기술적 대상의 원초적인 형태, 즉 **추상적인 형태**la forme abstraite가 존재한다. 이 추상적인 형태에서는 이론적이고 물질적인 각각의 단위가 절대적인 것처럼 다루어진다. 여기서 절대적인 것이란 각 단위의 작동을 위해서 닫힌 시스템으로 구성되는 것을 필요로 하는 내생적 완전성에 도달되어 있는 것을 말한다. 그래서 이 경우 앙상블로의 통합은 풀어야 할 일련의 문제들을 제기하는데, 이는 말하자면 기술적인 문제들이면서, 사실상 이미 주어져 있는 앙상블들 사이의 양립가능성에 관한 문제들이기도 하다.

이미 주어져 있는 앙상블들은 그들 간의 상호 영향에도 불구하고 유지되고 보존되어야만 한다. 따라서 각각의 구성 단위에 대해 방어 구조들이라 부를 수 있는 특수한 구조들이 출현한다. 예컨대 내연기관에 속하는 열기관의 실린더헤드는, 밸브 영역에서 특별히 발전되어 나온 것들인, 강한 열 교환과 높은 압력을 견뎌 내는 냉각핀들로 뒤덮여 있다. 초기 엔진들에서 이 냉각핀들은 실린더와 실린더헤드의 바깥에서 덧붙여진 것으로 이론적으로는 기하학적인 원통형이다. 그것들은 오로지 하나의 기능, 즉 냉각 기능만을 충족시킬 뿐이다. 그런데 최근의 엔진들에서 냉각핀들은 늑재肋材처럼 가스의 압력 하에서 실린더헤드의 변형을 막으면서 기계적인 역할 그 이상을 수행한다. 이런 조건에서는 체적體積 단위(실린더, 실린더헤드)와 열 소산消散 단위를 더 이상 구분할 수 없다. 만일 공기 냉각 방식 엔진의 실린더헤드의 냉각핀들을 자르거나 갈아서 제거한다면, 실린더헤드만으로 구성된 체적 단위는 더 이상 살아남을 수 없을 것이고, 심지어 체적 단위로서조차도 살아남을 수 없을 것이다. 그것이 가스의 압력으로 인해 변형될 것이기 때문이다. 그래서 기계적인 체적 단위는 열 소산 단위와 외연이 같게 되는데, 이는 앙상블의 구조가 두 가지 기능을 하기 때문에 가능하다. 즉 냉각핀들은 한편으로는 외부 공기의 흐름과 관련해서 열 교환을 통해 냉각 표면을 형성하는 것이면서, 동시에 다른 한편으로는 실린더헤드의 일부를 이루는 것으로서, 늑재 없는 기체機體가 필요로 하는 것보다 금속을 덜 사용하면서도 윤곽이 변형될 수 없게 받쳐주면서 연소실을 제한한다. 이런 단일한 구조의 발전은 타협이 아니라 동시적 공존이자

가솔린 엔진의 구체화 : 4사이클과 2사이클 모터

1. 옛날 P. F. 엔진(4사이클, 크랭 크케이스 안에 있는 마그네토 발전기). 기화기가 흡입관으로 부터 빠져나와 있었다.

2. 측면에서 본 P. F. 엔진. 실린더 헤드와 밸브들의 위치 사이의 거리에 주목. 점화지점이 실 린더헤드에서 떨어져 있는데 이것이 폭발파를 지연시킨다.

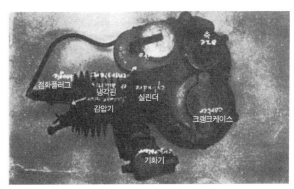

3. 저쳐(Zurcher) 엔진(2사이클). 크랭크케이스가 사전압축에 유용하도록 축소되어 있다. 마그네토 발전기가 바깥에 나 와 있게 된다. 점화플러그가 피스톤이 제일 높이 올라가서 사점(死點)[연접봉과 크랭크가 일직선을 이룰 때]에 이를 때의 위치에 가까이 있다.

수렴이다. 늑재가 부착되어 있는 실린더헤드는 동일한 견고함을 가진 매끈매끈한 실린더헤드보다 더 얇아질 수 있다. 게다가 얇은 실린더헤드는 두꺼운 실린더헤드를 통해 실행할 수 있는 것보다 더 효과적으로 열 교환을 보장할 수 있다. 핀-늑재의 이중 기능을 하는 이 구조는 열 교환의 표면을 증가시키면서(냉각핀의 냉각핀으로서의 고유성), 동시에 실린더헤드를 얇아지도록 하면서(냉각핀의 늑재로서의 고유성) 냉각 기능을 개선한다.

따라서 기술적인 문제는 갈등하는 요구들 사이에서 타협점을 찾아내는 것이라기보다는 구조적 단일성으로 기능들을 수렴하는 것이다. 만일 위에서 고찰된 경우에서, 단일한 구조의 두 측면들 사이에 갈등이 존속한다면, 그것은 오로지 견고함의 최대치에 상응하는 늑재들의 위치가, 자동차가 움직일 때 냉각핀들 사이에 공기의 흐름을 용이하게 하는 최상의 냉각에 필연적으로 적합한 것이 아니기 때문이다. 이 경우에 제작자는 불완전하게 혼합된 특성을 유지하지 않을 수 없다. 만일 핀-늑재가 최상의 냉각을 위해 배치되어 있다면, 이것은 단지 늑재이기만 할 때보다 더 두꺼워지고 더 견고하게 되어야 할 것이다. 반대로 만일 핀-늑재가 견고함의 획득 문제를 완전하게 해결하는 방식으로 배치되어 있다면, 이것은 공기 흐름의 감속으로 인해 열 교환에서 잃어버리는 것을 표면의 발달을 통해서 회복할 수 있도록 더 커다란 표면을 가져야 할 것이다. 결국, 냉각핀들은 여전히 그것들의 구조 자체 안에서 두 형태들 사이의 타협일 수 있다. 이는 그 기능들 중의 단 하나만이 그 구조의 목적으로 취해졌을 때보다 더 커다란 발전을 필요로 하는 것이다. 기능적인 방향들의 이런 분기分岐, divergence는 추상의 나머지로서 기술적 대상 안에 남아 있다. 기술적 대상의 진보를 정의하는 것은 다양한 가치들을 갖는 구조들의 기능들 사이에서 이런 여지를 점진적으로 축소시키는 것이다. 기술적 대상을 특정하게

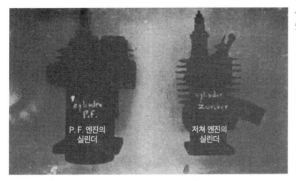

4. 분리해 놓은 P. F. 엔진의 실린더.
5. 저쳐 엔진의 실린더.

6. 마그네토 발전기에 의해 점화하
   는 솔렉스(Solex) 엔진. 동력에
   의존하지 않는 냉각핀의 발전.

7. Norton "Manx" 모터사이클의 엔진[주행하면서 생기
   는 자연풍을 이용한 자연공냉식 엔진].

8. "Sunbeam" 엔진. 덮개를 얻은 냉각핀의 발전[자
   연주행풍이 없는 상황에서도 냉각 가능한 강제공냉
   식 엔진].

드러내 주는 것은 바로 이런 수렴convergence이다. 왜냐하면 결정된 어떤 시기에, 가능한 기능적 시스템들이 무한히 많은 것은 아니기 때문이다. 기술 종류들은 기술적 대상들에 부과되어 있는 사용들보다 훨씬 더 수적으로 제한되어 있다. 인간의 필요는 무한히 다양해지지만 기술 종류의 수렴 방향들은 수적으로 유한하다.

따라서 기술적 대상은 수렴하는 계열의 끝에서 획득되는 특정한 유형으로 존재한다. 그 계열은 추상적인 양식에서 구체적인 양식으로 진행한다. 기술적 존재가 자기 자신과 완전히 정합적이고 모조리 통합된 시스템이 될 그 어떤 상태를 향해서 그 계열은 나아간다.

2. 기술적 진화의 조건들

기술적 구조들의 진화에서 나타나는 이런 수렴의 이유들은 무엇인가?──물론 상당수의 외생적 원인들이 존재하며, 그것들은 아주 특별하게도 부품들과 그 대체 기관들의 규격화를 산출하는 경향이 있다. 그렇다고 그 외생적 원인들이 필요의 무한한 다양성에 알맞은 유형들을 증대시키고자 하는 원인들보다 더 강력한 것은 아니다. 만일 기술적 대상들이 적은 수의 특수한 유형들을 향해 진화한다면, 이는 내적 필연성 덕분이지 경제적인 영향들이나 실천적인 요구들 때문이 아니다. 즉 일관一貫조립작업이 규격화를 산출하는 것이 아니라, 오히려 내생적인 규격화가 일관조립작업을 존재하게 하는 것이다. 수공업적 생산으로부터 산업적 생산으로의 이행에서 기술적 대상들의 특수한 유형들이 형성되는 이유를 발견하려는 노력은 결과에 해당하는 것을 [원인이 된] 조건으로 [거꾸로] 취하는 것일 수 있다. 생산의 산업화야말로 안정적인 유형들의 형성을 통해 가능하게 되는 것이다. 가내 수공업이 기술적 대상들의 진화에서 원초적인 단계, 즉 추상적인 단계에 해당한다면, 산업은 구체적인 단계에 해당한다. 장인의 노동 생산물 안에서 발견하는 **주문된 치수에 맞춘**sur mesures 대상의 특성은 비본질적이다. 이것은 분석적 조직화에 근거하고 있는 추상적인 기술적 대상의 또 다른 특성, 즉 본질적인 특성으로부터 파생하는데, 이 본질적인 특성은 항상 새로운 가능성들을 위한 길을 자유롭게 개방한다. 이 가능성들이 내적 우연성의 외적 표현이다. 기술적 노동의 정합성과 활용 필요 시스템의 정합성이 서로 대립하면 승리하는 것은 바로 활용의 정합성인데, 이는 주문된 치수에 맞춘 기술적 대상이 사실상 내생적인 치수가 없는 대상이기 때문이다. 그것의 규범들은 기술적 대상 바깥에서 주어진 것들이다. 그 기술적 대상은 아직 자신의 내적 정합성을 실현하지 못하고 있다. 그것은 필연에 따르는 시스템이 아니라, 요구들에 열려 있는 시스템에 해당한다.

반대로, 산업적 수준에서는, 기술적 대상이 자신의 정합성을 획득했다. 여기선 기술적 대상의 시스템보다 덜 정합적인 것이 바로 필요의 시스템이다. 필요들이 산업적인 기술적 대상에 맞추어 만들어지므로, 이 기술적 대상은 문명을 빚어 낼 능력을 획득하게 된다. 활용이야말로 기술적 대상의 치수들에 맞춰 재단된 하나의 앙상블이 된다. 독창적인 생각을 지닌 어떤 개인이 치수에 맞춰 제작된 자동차 한 대를 구한다고 할 때, 제작자가 해줄 수 있는 최선의 것은, 단지 같은 규격으로 대량생산된 엔진과 차체를 구해서, 본질적인 기술적 대상인 그 자동차에 걸맞는 부속품들이나 세부 장식품들을 외부에서 덧붙이면서, 몇 가지 특징들을 외형상으로 변형시키는 것밖에는 없다. 치수에 맞춰 만들어질 수 있는 것은 바로 우연적인 비본질적 측면들이기 때문이다.

기술적 유형의 고유한 본성과 비본질적인 측면들 사이에 존재하는 관계 맺음들의 유형은 부정적인 것이다. 자동차가 사용자의 수많은 요구들에 응하면 응할수록 더욱 더 그것의 본질적인 특성들은 외부의 구속에 매이게 된다. 차체는 부속품들로 무거워지고, 형태들은 더 이상 최상의 공기 흐름을 가능하게 하는 구조들에 상응하지 않는다. **주문된 치수에 맞춘** 특성은 비본질적인 것일 뿐만 아니라, 기술적 존재의 본질을 거스르면서 바깥에서 덧붙여져 쓸모없는 무게를 늘린다. 이 덕분에 자동차의 무게 중심이 올라가고 질량이 증가한다.

하지만 기술적 대상의 진화가 분석적 수준에서 종합적 수준으로의 이행을 통해 이루어진다는 것, 이 이행이야말로 수공업적 생산으로부터 산업적 생산으로의 이행을 조건짓는다는 것을 인정하는 것으로는 충분하지 않다. 설령 이런 진화가 필연적이라 할지라도, 이는 자동적인 것이 아니며, 따라서 이 진화 운동의 원인들을 탐색하는 것이 마땅하다. 그 원인들은 본질적으로 추상적인 기술적 대상의 불완전성에 있다. 분석적인 특성 때문에 그 대상은 물질을 더 많이 사용하고 더 많은 구축 작업을 요구한다. 추상적인 기술적 대상은 논리적으로는 더 단순하지만 이미 다 완성된 여러 시스템들의 연결로 만들어지기 때문에 기술적으로는 더 복잡하다. 추상적인 기술적 대상은 구체적인 기술적 대상보다 더 취약하다. 왜냐하면 전체 작동의 하위부품sous-ensemble을 이루는 각각의 시스템을 그 시스템이 작동하지 않는 경우에 분리시키면 그 분리가 다른 시스템들의 보존을 위협하기 때문이다. 그래서 내연기관에 속하는 엔진의 경우, 냉각 작업은 완전히 자율적인 하위부품을 통해 실현될 수 있을 텐데, 이때 만일 이 하위부품이 작동하지 않는다면, 그 엔진은 손상될 것이다. 그러나 이와 반대로, 냉각 작업이 앙상블의 작동의 연동聯動 효과를 통해 실현된다면, 그 작동은 이미 냉각 작업을 함축하고 있게 된다. 바로 이런 의미에서, 공기를 통해 냉각하는[공냉식] 엔진이 물을 통해 냉각하는[수냉식] 엔진보다 더 구체적인 것이다. 요컨대, 열적외선방사와 대류對流는 산출되지 않도록 막을 수 없는 결과들이다. 이것들은 엔진이 작동하면 산출될 수밖에 없다. 그런데 물에 의한 냉각은 반半-구체적이다. 만일 그 냉각이 열 사이펀 thermo-siphon*을 통해 완전하게 구현된다면, 그것은 공기에 의한 직접 냉각만큼이나 거의 구체적인 것이 될 수 있을 것이다. 그러나 전동 벨트를 통해서 엔진의 에너지를 수용하는 물 펌프의 사용은 그런 냉각 유형의 추상적인 성격을 증가시킨다. 아마 물에 의한 냉각은 안전한 시스템으로서는 구체적이라고 할 수 있을지 모른다(엔진에서 펌프로의 전동이 실패한다 해도, 물의 존재는 증발을 통해 흡수된 열에너지 덕분에 몇 분 동안이라도 임시 냉각을 가능하게 한다). 그러나 정상적인 작동에서 물 냉각장치를 보면, 그 시스템은 추상적이다. 게다가 냉각 장치의 회로 안에 물이 없을 가능성의 형태로 추상의 요소가 항상 존속한다. 마찬가지로, 임펄스 변압기와 축전지 배터리에 의한 점화는 자석 발전기에 의한 점화보다 더 추상적이고, 다시 이 후자는 디젤 엔진에서 실행되는 것처럼 공기를 압축한 다음에 연료를 주입하여 점화하는 것보다 더 추상적이다. 이런 의미에서, 자석 발전기와 공기에 의한 냉각 장치를 지닌 엔진은 통상적인 유형의 자동차 엔진보다 더 구체적이라고 할 수 있을 것이다. 거기선 모든 부품들이 여러 가지 역할들을 수행한다. 스쿠터가 비행기 전문 엔지니어의 작업에서 비롯된 성과라는 것은 놀라운 게 아니다. 자동차는 추상의 나머지(물에 의한 냉각, 배터리와 임펄스 변압기에 의한 점화)가 보존되도록 허용한 반면에, 비행기

---

* '기술 용어 해설' 참조.

는 작동의 안전성을 증가시키고 사중^{死重}을 줄이기 위해서 더 구체적인 기술적 대상들을 생산해야 했기 때문이다.

따라서 경제적인 구속들(원료, 노동량, 활용시 에너지 소비량의 절감)과 고유하게 기술적인 요구들의 수렴이 존재한다. 기술적 대상은 자기-해체적이어서는 안 되며, 가능한 가장 오랫동안 안정적인 작동을 유지해야만 한다. 경제적인 것과 고유하게 기술적인 것, 이 두 원인의 유형들 가운데 기술적 진화에서 지배적인 것은 후자인 것처럼 보인다. 사실 경제적인 원인들은 모든 영역들에 다 존재한다. 그런데 가장 적극적인 진보들이 일어나는 장소는 특히 기술적인 조건들이 경제적인 조건들보다 우세한 영역들(항공술, 전쟁 물자)이다. 경제적인 원인들은 사실 순수하지 않다. 경제적 원인들은 그것들을 약화시키거나 심지어 전복시키는 동기부여와 선호의 확산망(사용자들에게 매우 두드러지는 사치의 취향, 새로운 것에 대한 욕망, 상업적 선전)에 의해 간섭을 받는다. 그래서 복잡화를 향한 어떤 경향들은 기술적 대상이 그 자체로 평가되지 않고 여론의 움직임이나 사회적 통념을 통해 알려지는 영역들에서 나타나는 것이다. 몇몇 자동차 제작자들은 직접 조종하는 것이 운전자의 물리력을 전혀 초과하지 않을 때조차 자동제어장치^{servocommande}에 체계적으로 의존하거나 부속품들에 과도한 자동장치를 사용하는 것이 개선인 것처럼 제시한다. 몇몇은 심지어 크랭크 핸들의 도움으로 시동을 거는 직접적인 수단들을 제거하는 것에서 탁월함의 증거와 판매의 권고 이유를 발견하는 데까지 가는데, 이는 사실상 그 [시동] 작동을 축전지 배터리 안에서 사용할 수 있는 전기 에너지의 사용에 종속시키면서 더 분석적으로 만드는 것이다. 기술적으로는 그 제거에 복잡화^{complication}가 있지만, 제작자는 그것을 단순화^{simplification}인 것처럼 제시한다. 유쾌하지 않은 어려운 시동 걸기의 전형적인 이미지를 과거

가솔린 엔진의 구체화 : 피스톤, 크랭크암, 마그네토, 마그네토 발전기

자동차 엔진의 구체화.
피스톤의 진화.
[왼쪽부터 심카 식스, 르노 쥬바카
트르, 포드 트럭 1937, 푸조 203
의 피스톤]

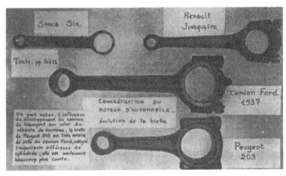

자동차 엔진의 구체화.
연접봉의 진화(이 책 24~33쪽).
[왼쪽 위부터 시계방향으로 심카
식스, 르노 쥬바카트르, 포드 트럭
1937, 푸조 203의 연접봉]
[왼쪽 아래 메모] 수송 트럭의 발
전이 여행용 차량의 발전에 영향
을 미친다는 점에 주목할 수 있다.
푸조 203의 연접봉은 실린더의 중
요한 차이에도 불구하고, 포드 트
럭 1937의 연접봉과 매우 가깝다.
단지 길이만 더 짧을 뿐이다.

솔렉스 엔진의 마그네토 발전기.
라발레트(Lavalette) 마그네토.

솔렉스 엔진의
마그네토 발전기

라발레트 마르네토

속으로 던져 버리면서 자동차의 현대적 특성을 보여 주는 것이라고 말이다. 이렇게 해서 우스꽝스런 뉘앙스는 다른 자동차들——크랭크 핸들을 보유하고 있는 차들——에게 던져진다. 왜냐하면 그 차들은 제품 소개 기술에 의해 과거 속으로 던져져 어떤 방식으로든 유행에 뒤처진 것들이 되기 때문이다. 자동차는 심리적이고 사회적인 간섭들에 영향을 받는 기술적 대상으로서 기술적 진보를 고려하는 데는 적합하지 않다. 그리고 자동차의 진보는 비행기, 선박, 화물트럭 등의 인접 영역들로부터 비롯하는 것이다.

기술적 대상들의 특수한 진화는 절대적으로 연속적인 방식으로 이루어지는 것도 아니고, 완전히 불연속적인 방식으로 이루어지는 것도 아니다. 그것은 정합적인 시스템들을 잇달아 실현하는 [일련의 불연속적인] 단계들로 이루어진다. 구조적 재조직화를 표시하는 그 단계들 사이에는 연속적인 유형의 진화가 존재할 수 있다. 이는 사용 경험에 따라 디테일을 개선하고 더 적합한 원료나 부속 장치들을 생산하는 데서 기인한다. 그래서 30년 동안, 활용 조건들에 더 적합한 금속들을 사용한다든지, 연료에 대한 연구를 토대로 압축률을 높인다든지, 폭굉攀宏, détonation[노킹 현상]*과 관련해서 실린더헤드와 크로스헤드의 특수한 형태를 연구한다든지 해서 자동차 엔진이 개선되어 왔다. 폭굉 없는 연소에 달성하는 문제는, 결정되어 있는 발화점에서, 그리고 상이한 압력과 상이한 온도에서 일어나는, 다양한 부피들의 연료 혼합 과정에서 발생하는 폭발적 충격파의 전달에 대한 과학적 유형의 작업을 통해서만 해결될 수 있다. 그러나 이런 노력이 그대로 바로 적용으로 이어지지는 않는다. 그 실험적인 작업은 계속해서

---

* '기술 용어 해설' 참조.

행해지며, 또한 그 개선 안에는 그런 흐름의 고유한 기술성이 있다. 기술적 대상을 특수하게 만들어 주는 구조의 개조들이야말로 그 대상의 생성에서 본질적인 것을 구성한다. 비록 과학들이 어떤 시기에는 발전하지 않을지라도, 특수성을 향한 기술적 대상의 진보는 달성될 때까지 계속될 수 있다. 이 진보의 원리는 사실상 기술적 대상이 자신의 작동 안에서, 또한 이 작동의 활용 결과에 대한 반응 안에서 자기 자신을 스스로 만들어 내고 조건 짓는 방식 바로 그것이다. 기술적 대상은, 하위부품들을 조직화하는 추상적 작업에서 비롯된 것으로, 상당수의 상호 인과작용하는 관계들의 무대다.

바로 그 관계들이야말로, 기술적 대상이 활용 조건들에서의 어떤 한계들에 입각해서 자기 고유의 작동 내부에 있는 장애물들을 발견하도록 만드는 것이다. 진보를 이루기 위해 극복해야 할 일련의 한계들은 하위부품들의 시스템이 점진적 포화상태에 이르러 발생시키는 양립불가능성들, 바로 그 안에 있다.[**] 그러나 대상의 본성 자체 때문에 그런 극복은 어떤 도약에 의해서만, 즉 기능들의 내적 배치를 변경하고 그것들의 시스템을 재배열함으로써만 이루어질 수 있다. 다시 말해 장애물이었던 것이 또한 실현 수단이 되어야 하는 것이다. 이런 경우를 보여 주는 예가 바로 전극관[tube électronique]의 진화다. 전극관의 가장 널리 알려진 유형은 라디오 램프다. 현재 존재하는 일련의 램프들에서 볼 수 있는 구조의 개조들을 야기했던 것이 바로 3극관[triode]의 정상적인 작동에 대립하는 내적 장애들이다. 3극관의 가장 불편한 현상들 중 하나는 제어그리드와 애노드로 형성된 시스템 안에서 발생하는 다량의 정전용량[靜電容量]이었다. 이 정전용량이 실제로 두 전극들

[**] 그것들이 바로 한 시스템의 개체화(individuation) 조건들이다.

사이의 정전용량결합을 산출했고, 그래서 자동발진發振의 위험 없이는 그 전극들의 크기를 현저하게 증가시킬 수가 없었다. 불가피한 그 내적 결합은 부품을 새로 장착하는 외적인 조치들을 통해서, 특히 애노드-그리드의 교차 연결과 함께 대칭 램프들 속에 어떤 부품을 조립해 넣으면서 실행했던 중화증폭작업을 통해서 상쇄되어야 했다.

난점을 우회하지 않고 해결하기 위해서, 3극관 안에는 제어그리드와 애노드 사이에 정전기 차폐막이 끼워 넣어졌다. 그런데 이런 덧붙임은 단지 전기스크린으로서의 이로운 점만을 가져다준 것이 아니다. 그 스크린은 목표로 했던 정전용량결합 끊기의 기능만 수행할 수 있었던 게 아니다. 그것은 그리드와 애노드 사이의 공간에 놓여 있으면서, 애노드에 대해 그리드가 그런 것처럼 그리고 그리드에 대해 애노드가 그런 것처럼, 자신의 퍼텐셜 차이[전위차](그리드에 대한 것과 애노드에 대한 것)를 통해서 개입한다. 그것은 그리드의 것보다는 우월하고 애노드의 것보다는 열등한 퍼텐셜을 가져야만 한다. 이런 조건이 아니라면, 어떠한 전자도 지나가지 못하거나, 아니면 전자들이 스크린 위로는 향하지만 애노드로는 향하지 않게 된다. 따라서 스크린은 그리드와 애노드 사이에 통과하는 전자들에게 개입한다. 그것은 그 자체로 그리드이자 애노드인 것이다. 제휴된 그 두 기능들은 의도적으로 획득된 것이 아니다. 그것들은 그 기술적 대상이 나타내는 시스템의 특성 때문에, 과잉증가에 의해서 그 자체로 필수불가결하게 된 것이다. 그 스크린이 3극관의 작동을 교란시키지 않으면서 그 3극관 안에 도입될 수 있기 위해서는 정전기적 기능을 가짐과 동시에 통과하는 전자들에 관련된 기능들도 수행해야만 한다. 단순히 정전기 차폐막으로 간주된다면 그 스크린은 어떠한 전압이든 연속적으로 주어지기만 한다면 그 전압에 걸려 있을 수 있을 것이다. 그러나 그러면 그것은 3극관

전극관의 구체화

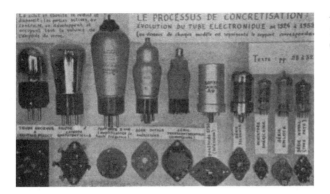

구체화의 과정:1924년에서
1952년까지 전극관의 진화
(이 책 37~47쪽).

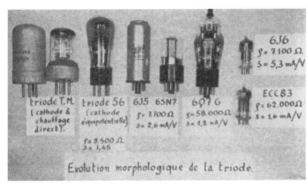

3극관의 형태학적 진화.
왼쪽부터 T. M. 3극관(직
접 가열하는 캐소드), 3극관
56(등전위 캐소드), 6J5와
65N7, 6Q7G, 6J6, ECC83.

능동적 구조들과
수동적 구조들.

의 역동적인 작동을 교란시킬 것이다. 그것은 필연적으로 전자들의 흐름을 가속하는 그리드가 되고, 역동적인 작동 안에서 적극적인 역할을 맡게 된다. 그 스크린은 내부 저항을 현저하게 증가시킨다. 그래서 그것이 일정한 전압에 걸려 있다면, 증폭 계수는 그리드-애노드 공간 안에서 그것이 차지하고 있는 정확한 위치에 의해서 정해진다. 따라서 4극관^{tétrode}은 더 이상 애노드와 제어그리드 사이의 정전기적 결합이 없는 3극관에 불과한 것이 아니다. 4극관은 컨덕턴스[전류전도도^{電流傳導度}]가 큰 전극관이라서 이것으로는 3극관처럼 30에서 50 수준의 전압에서가 아니라 200 수준의 전압에서 증폭을 얻을 수 있다.

이 발견은 그럼에도 불구하고 한 가지 안 좋은 점을 동반했다. 4극관 안에서는 애노드에 의한 2차 전자 방출 현상이 방해가 되어서, 캐소드로부터 나와 제어그리드를 통과했던 모든 전자들(일차 전자들)을 다시 반대로 스크린 위로 되돌아가게 했다. 그래서 텔레겐$^{Bernard\ Tellegen}$은 처음의 스크린과 애노드 사이에 다시 새로운 스크린을 도입했다. 격자창이 큰 이 [억제]그리드는 애노드와 스크린에 비해서 음극화한 퍼텐셜[음전위]$^{négative\ potentiel}$(일반적으로는 캐소드의 퍼텐셜 아니면 훨씬 더 음극화한 퍼텐셜)을 지닌 것으로서 캐소드로부터 나와 가속화된 전자들이 애노드에 도달하는 것을 방해하지는 않지만 음극화된 제어그리드처럼 움직이면서 2차 전자들이 역방향으로 되돌아가는 것을 막는다. 이렇게, 고정된 퍼텐셜을 지닌 보완적인 제어그리드를 허용해서 작동의 역동적인 시스템을 완성한다는 의미에서 보자면, 5극관^{penthode}은 3극관의 귀착점이다.* 그런데, 그와 같

---

* [옮긴이] 2극관에다가 전류 '제어그리드'를 넣은 것이 3극관, 이 3극관에서의 발진현상을 없애기 위해 다시 '스크린그리드'을 넣은 것이 4극관, 이 4극관에서의 2차전자방출현상을 억제하기 위해 '억제그리드'를 또 넣은 것이 5극관이다. 그러니까 5극관에는 세 그리드가 다 들어 있다.

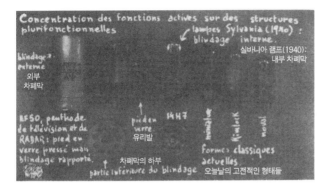

다기능적인 구조들을 향한 능동적 기능들의 집중. [왼쪽 아래 메모] EF50, 텔레비전과 레이더의 5극관. 압축 유리로 된 발 부분. 바깥에서 갖다붙인 차폐막.

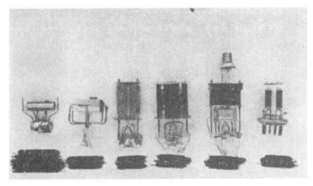

동등한 앙상블의 기능들에 대해서 옛날 버전(단기능적 구조들)과 오늘날 버전(다기능적 구조들)의 비교.

은 불가역성의 효과는 전자들의 흐름을 빔 형태로 집중시키는 방식으로도 얻어질 수 있다. 만일 가속화된 스크린그리드의 격자살들이 제어그리드 격자살들의 전자 그늘 안에 놓여 있다면, 2차 방출 현상은 매우 줄어들게 된다. 게다가 캐소드와 스크린그리드 사이에서 작동 중인 정전용량의 변화도 매우 약화될 수 있어서(1.8pF에서 0.2pF로), 그 진공관이 발진發振 조립물 안에서 사용될 때 주파수의 모든 변동을 실제적으로 제거할 수 있다. 따라서 스크린을 단순한 정전기 차폐막으로, 즉 어떠한 연속적인 전압도 감당하는 방벽처럼 생각한다면, 4극관의 작동 도식은 그 자체로 완벽하게 완성된 것은 아니라고 할 수 있을 것이다. 그러한 정의는 너무 넓고 너무 헐거울 것이다. 그 정의는 전극관에서 스크린이 하는 여러 가지 기능들의 합체를 필수적으로 넣어야 한다. 이 합체는 스크린에 가해지는 연속적인 전압(스크린을 가속기로 만들기 위한)의 비결정 여지와, 그리드-애노드 공간 안에 놓여 있는 스크린 위치의 비결정 여지를 축소시키면서 이루어진다. 첫번째 축소는 연속적인 전압이 그리드의 전압과 애노드의 전압 사이 중간에 있어야만 한다는 것을 정확히 하는 데 있다. 그래서 1차 전자들의 가속화에 관해서는 안정적이지만, 애노드에서 방출된 2차 전자들의 여정에 관해서는 여전히 미결정적인 채로 남아 있는 구조를 얻을 수 있다. 이 구조는 아직도 너무 열려 있고 너무 추상적이다. 이것은 필연적이고 안정적인 작동에 상응하는 방식으로 닫혀질 수 있는데, 이는 보완적인 구조——억제 그리드나 세번째 그리드——를 수단으로 하거나 아니면 다른 요소들에 대해 스크린그리드의 배치를 최대한 정확하게 함으로써, 즉 제어그리드의 격자살들과 스크린그리드의 격자살들의 배열을 조정하는 데서 가능할 수 있다. 세번째 그리드를 덧붙이는 것과 스크린그리드의 배치를 가장 정확하게 결정하는 것이 서로 동등하다는 점에 주목해야 한다. 이

전극관의 구체화

고주파를 위한 출력 증폭에
능동적 구조들의 적용.

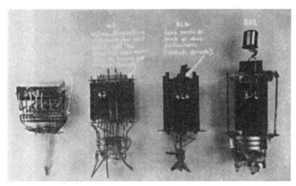

미 존재하는 구조들이 서로의 인과적 영향을 통해서 결정하는 기능적 특성과, 보완적인 구조의 기능적 특성 사이에는 가역성이 있다. 이미 존재하는 구조들의 상호 인과작용 시스템을 보완하는 결정을 통해 닫는 것은, 결정된 어떤 기능의 완성으로 전문화된 새로운 구조를 덧붙이는 것과 마찬가지이다. 기술적 대상 안에는 기능과 구조의 가역성이 존재한다. 구조들의 시스템을 그 작동의 체제 안에서 중층결정하는 것은 새로운 구조를 덧붙이지 않고서도 작동을 안정화시키면서 기술적 대상을 더 구체적으로 만든다. 제어된 빔을 지닌 4극관은 5극관과 동등하다. 4극관은 주파수 일그러짐 비율이 더 낮다는 점에서 음향 주파수 출력의 증폭 기능이 5극관과 마찬가지로 탁월하다. 보완적 구조의 덧붙임은 이 구조가 작동의 역동적 도식들의 앙상블에 구체적으로 합체될 때에만 기술적 대상에게 진정한 진보일 수 있다. 이런 이유로, 우리는 제어 빔을 지닌 4극관이 5극관보다 더 구체적이라고 말할 것이다.

기술적 대상의 구체적인 특성이 증가하는 것과 기술적 대상이 그 구조의 복잡화를 통해서 가능성들을 확장하는 것을 혼동해서는 안 된다. 그래서 이중그리드 램프(캐소드-애노드 사이의 유일한 공간 안에서 서로 독립적인 두 제어그리드들이 각각 분리된 작용을 하는 것)는 3극관보다 더 구체적인 것이 아니다. 그것은 3극관과 똑같은 수준에 속하는 것이라, 독립적인 제어그리드들은 남겨 놓고 캐소드들과 애노드들을 외적으로 연결시킨 별개의 두 3극관들로 정확하게* 대체될 수 있을 것이다. 이와 달리, 제어 빔을 지닌 4극관은 포리스트[Lee de Forest]의 3극관보다 더 진화된 것이다. 왜

---

* 완벽하게는 아니다. 왜냐하면 각각의 그리드가 두 램프들 사이에서 가운데 있을 때도 끝까지 움직일 수 있기 때문이다.

3극관

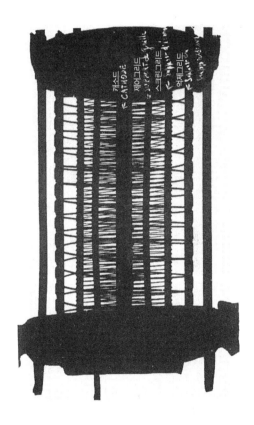

5극관의 캐소드와 세 개의 그리드들

냐하면 그것은 고정되거나 변화하는 전기장들에 의해서 전류를 변조하는 원초적 도식을 발전시키고 개선했기 때문이다.

초기의 3극관은 현대 전극관들보다 더 많은 비결정성을 지니는데, 이는 작동 과정에서 구조적 요소들 사이의 상호작용들이, 그것들 중 단 하나, 즉 제어그리드에 의해 창출된 전기장의 변조 기능만 빼고, 대부분 정해지지 않았기 때문이다. 그 시스템에 초래된 잇따른 닫힘과 정밀화는 작동할 때 불편하게 보였던 것들을 **안정적인 기능들로 변형시킨다.** 과열과 2차 방출을 피하기 위해서 그리드를 음극화한 필연성 안에는 최초의 그리드를 제어그리드와 가속그리드로 양분兩分, dédoublement할 가능성이 들어 있다. 가속그리드를 가진 전극관 안에서는 제어그리드의 음극성이 거의 볼트가 없는 수준으로, 어떤 경우에는 심지어 1볼트까지로도 축소될 수 있다. 제어그리드는 거의 전적으로 제어그리드가 된다. 그것의 기능은 효력이 더 좋아지고 전극관의 컨덕턴스도 증가한다. 제어그리드는 캐소드에 가까워진다. 이와 반대로, 두번째 그리드, 즉 스크린[가속그리드]은 애노드와 캐소드와의 거리를 거의 똑같이 두면서 확립된다. 동시에 그 작동은 더 엄밀해진다. 이 역동적인 시스템은 공리계가 포화되듯이 스스로 닫힌다. 초기 3극관들의 컨덕턴스는 전류 밀도에서 작용하는 캐소드의 가열 전압을 전위차로 변동시킴으로써 조절할 수 있었다. 이 가능성은 컨덕턴스가 큰 5극관에서는 더 이상 활용될 수 없다. 왜냐하면 5극관의 특성들이 가열 전압의 상당한 변동을 통해서 근본적으로 변질될 것이기 때문이다.

물론, 기술적 대상의 진화가 분화différenciation의 과정(3극관의 제어그리드가 5극관에서 3개의 그리드로 나뉘는 것)을 겪으면서 동시에 구체화 concrétisation의 과정(각각의 구조적 요소가 단 하나의 기능이 아닌 여러 기능들을 수행하는 것)도 따른다는 것은 모순되는 것처럼 보인다. 그러나 실제로 그 두 과정은 서로 연결되어 있다. 분화가 가능한 것은 바로 이 분화가, 총체적인 작동에 상관되는 효과들과 주요 기능의 달성에서 분리된 임시방편들에 의해 그럭저럭 고쳐졌던 것들을, 필연적인 결과를 낳기 위해 의식적으로 계산된 방식으로 앙상블의 작동에 통합되도록 만들기 때문이다.

크룩스관 tube de Crookes[기체이온 X선관·냉음극 X선관]에서 쿨리지관 tube de Coolidge[열전자 X선관·열음극 X선관]으로의 이행에서도 동일한 유형의 진화가 눈에 띈다. 전자는 후자보다 효율이 덜할 뿐만 아니라 작동에서도 안정성이 떨어지고 더 복잡하다. 크룩스관은 단원자 기체의 분자들이나 원자들을 양이온들과 전자들로 분리시켜 내기 위해서, 그런 다음 이 전자들을 가속화하고 안티캐소드 anticathode[대음극對陰極, X선관의 양극]에 충돌하기 전에 이것들에게 상당한 운동에너지를 전달하기 위해서, 캐소드-애노드 전압을 사용한다. 이와 반대로, 쿨리지관에서는 전자들을 산출하는 기능이 이미 산출된 전자들을 가속화하는 기능과 분리되어 있다. 전자 산출은 열전자 방출 effet thermoélectronique(여기서 '열전자적'이란 표현을 '열이온적'thermoionique이라 말하는 것은 전자 산출을 이온화로 대체하는 것이기 때문에 부적절하다)에 의해 실현되고 가속화는 나중에 발생한다. 기능들은 이렇게 분리를 통해서 순수하게 유지되고, 그에 상응하는 구조들은 더 분명하고 더 생산적으로 된다. 쿨리지관의 뜨거운 캐소드는 구조와 기능면에서 크룩스관의 차가운 캐소드보다 더 생산적이다. 그런데 그것[쿨리지관의 뜨거운 캐소드]은 또한 완벽하게 정전기적 관점에서 고찰된 하나의 캐소드다. 그것이 무엇보다 정전기적인 캐소드인 것은, 그것이 열전자들의 발생을 위해 아주 좁은 장소를 지니고 있기 때문에, 그리고 필라멘트를 둘러싸고 있는 캐소드의 표면 형태가 (오늘날의 진공관 속에서는 몇 평방 밀리미터를 차지하는) 애노드로 떨어지는 가느다란 빔 속으로 전자들을 집중시키는 정전기적 구배句配를 결정하기 때문이다. 이와 반대로, 크룩스관은 아주 효과적으로 빔을 집중시킬 수 있을 정도로, 그래서 이상적인 정확함에 접근하는 X선의 발원을 획득할 수 있을 정도로, 전자 발생을 위해 정해진 장소가 충분히 좁게 되어 있지 않다.

게다가 크룩스관 안에 있는 이온화 가능한 기체는 단지 불안정성의 불편함만을 제공하는 것이 아니었다(전극들 위에 분자들이 고착함으로써 야기되는 관의 응고. 관 안에 기체를 다시 집어넣기 위한 밸브를 설치해야 할 필요성). 그 기체는 본질적인 지장을 초래했다. 즉 기체의 분자들이 캐소드와 애노드 사이의 전기장 안에서 가속화되고 있는 이미 산출된 전자들에게 방해가 되었던 것이다. 이런 단점은 추상적인 기술적 대상의 발전 과정들 안에서 볼 수 있는 기능적인 대립들의 전형적인 예를 제공한다. 즉 가속화될 전자들을 산출하기 위해 필수적인 그 기체가 바로 그 전자들의 가속화에 방해물이 된 것이다. 거의 진공인 쿨리지관에서 사라진 것이 바로 이런 대립이다. 이것은 상호협력적인 일단의 기능들이 정해진 구조들로 분배됨으로써 사라진다. 각각의 구조가 이 재분배를 통해서 더 큰 기능적 생산력과 더 완벽한 구조적 정확성을 얻는다. 이를 캐소드의 경우로 보자면, 캐소드가 어떤 금속의 구형이나 반구형의 단순한 덮개가 아니라 열전자 생산 필라멘트가 그 중심에 놓여 있는 포물선 모양의 받침대로 형성된 앙상블로 변화하는 것이 바로 그런 경우에 해당한다. 애노드의 경우도, 크룩스관에서는 캐소드와 관련해서 임의의 위치를 차지했었던 애노드가 기하학적으로 이전의 안티캐소드와 합치된다. 이 새로운 애노드-안티캐소드는 상호협력적인 두 가지 역할을 수행하는데, 하나는 캐소드와 관련해서 퍼텐셜 차이[전위차]를 생산하는 역할이고(애노드의 역할), 다른 하나는 퍼텐셜 하락[전위 하락]에 의해 가속화된 전자들이 충돌하게 되는 장

구체화의 한계들

송신 5극관 RS 384 J

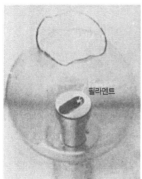

필라멘트

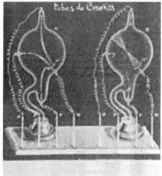

크룩스관

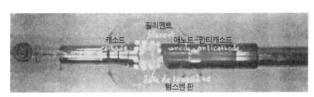

필라멘트
캐소드   애노드 – 안티캐소드
텅스텐 판

쿨리지관

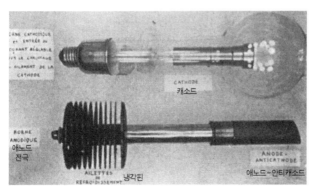

캐소드
애노드
전극
냉각핀   애노드 – 안티캐소드

애물, 그래서 전자들의 운동에너지를 매우 짧은 파장의 빛에너지로 변형시키게 하는 그런 장애물이 되는 역할이다.

그 두 기능들이 상호협력적인 것은, 바로 전기장에서의 퍼텐셜 하락[전위 하락]이 다 일어난 다음에서야 전자들이 운동에너지의 최대치를 획득했기 때문이고, 또한 동시에 바로 그 순간 그 장소에서만 그 전자들의 운동을 갑자기 정지시키면서 전자기적 에너지의 최대량을 끌어내는 것이 가능하기 때문이다. 그 새로운 애노드-안티캐소드는 마지막으로 생산된 열을 제거하는 데서도(전자들의 운동에너지를 약 1% 정도밖에는 전자기적 에너지로 변형시키지 못하는 비효율성 때문에) 어떤 역할을 행사한다. 그리고 이 새로운 기능은 앞선 두 기능들과 완벽하게 일치하면서 수행된다. 텅스텐과 같이 잘 녹지 않는 금속판이 전자빔의 충격지점에서 애노드-안티캐소드를 형성하고 있는 비스듬히 잘린 구리의 두꺼운 막대 안에 설치되어 있다. 이 금속판에서 나온 열은 바깥의 냉각 날개로 펼쳐져 있는 구리막대에 의해서 관 바깥으로 전도된다.

그 세 기능들 사이에는 상호협력효과가 있는데, 이는 전기 양도체인 구리 막대의 전기적 특성들이 또한 열 양도체이기도 한 그 막대의 열적 특성들과 나란히 주어지기 때문이다. 게다가, 구리 막대의 비스듬한 단면은 목표-장애물의 기능(안티캐소드), 전자 가속화의 기능(애노드), 그리고 산출된 열 제거 기능까지 동등하게 수행한다. 이런 조건들을 고려해 보면, 쿨리지관은 단순하면서도 구체화된 크룩스관이라고 할 수 있다. 거기에서 각각의 구조는 더 많아졌지만 상호협력적인 기능들을 수행한다. 크룩스관의 불완전성, 그것의 추상적이고 수공업적인 성격은, 작동 안에서 빈번한 손질이 요구되는 것으로서, 밀도 낮은 기체로 채워져 있는 기능들의 대립으로부터 야기되었다. 그런데 바로 그 기체가 쿨리지관에서는 제거된 것이다. 이온화에 걸맞았던 크룩스관의 희뿌연 구조는 캐소드의 새로운 열전자적 특성을 통해서 아주 말끔하고 양적으로 조절가능한 구조로 완전히 대체된다.

이와 같이 [이상에서 살펴 본] 두 예들은 분화라는 것이 동일한 구조를 향한 여러 기능들의 응축condensation과 동일한 방향으로 진행한다는 것을 보여 준다. 왜냐하면 상호인과작용들의 시스템 가운데에서 구조들의 분화는 예전에 장애물이었던 파생 효과들을 (작동에 통합시키면서) 제거할 수 있게 하기 때문이다. 각 구조의 전문화는 작동을 약화시키는 예상치 못한 파생 효과들로부터 벗어나서 적극적으로 종합되는 기능적 단일성의 전문화다. 즉 기술적 대상은 초기 분배의 우연성이나 대립을 대체하면서 양립가능한 단일성들로 기능들을 내적으로 재분배함으로써 발전해 나간다. 전문화는 **기능 대 기능**으로 이루어지는 것이 아니라 **상호협력효과 대 상호협력효과**[시너지 대 시너지]로 이루어진다. 기술적 대상 안에서 진정한 하위부품을 구성하는 것은 상호협력효과를 갖는 기능들의 집단이지 하나의 기능이 아니다. 기술적 대상의 구체화가 어떤 측면에서 단순화로 번역될 수 있는 것은 바로 이런 상호협력효과의 탐색 작업에서 기인하는 것이다. 구체적인 기술적 대상은 더 이상 자기 자신과 씨름하지 않는 것이고, 그 안에서 어떠한 파생 효과도 앙상블의 작동에 해가 되지 않거나 그 작동을 벗어나 있지 않은 것이다. 이런 방식으로, 그리고 이런 까닭에, 구체적이 된 기술적 대상 안에서는 하나의 기능이 상호협력적으로 연결되어 있는 여러 구조들에 의해 수행될 수 있다. 반면 원초적이고 추상적인 기술적 대상 안에서는 각각의 구조가 일반적으로 단 하나의 정해진 기능을 수행하도록 되어 있다. 기술적 대상의 구체화의 본질은 전체적인 작동 안에서 기능적인 하위부품들의 조직화다. 이런 원칙에 입각해서 보아야, 구체적인 기술적 대상 안에서뿐만 아니라 추상적인 기술적 대상 안에서도, 상이한 구조들의 연결망^{réseau} 안에서 기능들의 재분배가 어떤 방향으로 작용하는지 이해될 수 있다. 즉 각각의 구조는 여러 기능들을 수행한다. 그러나 추상적인 기술적 대상 안에서 그 구조는 앙상블의 작동에 통합되어 있는 단 하나의 본질적이고 적극적인 기능만을 수행할 뿐이다. 반면에, 구체적인 기술적 대상 안에서는 그 구조가 수행하는 모든 기능들이 앙상블의 작동에 통합되어 있고 적극적이면서 본질적인 것이다. 작동의 부차적인 귀결들은 추상적 대상 안에서는 수정을 통해 제거되거나 약화되지만 구체적 대상 안에서 적극적인 단계들이나 측면들로 된다. 작동 도식이 부차적인 측면들을 흡수하는 것이다. 이득이 없거나 해로울 수 있었던 귀결들이 작동의 연결 고리들로 되는 것이다.

이런 진보가 가정하는 것은, 각각의 구조가 그 구조의 작동을 구성하는 모든 것들의 특성을 제작자에 의해 의식적으로 부여받는다는 것이다. 이 인공적인 대상이 마치 에너지 교환과 물리적이고 화학적인 형태변화들에 대해 인식 가능한 모든 측면들에서 연구된 물리적 시스템과 전혀 다르지 않은 듯이 말이다. 구체적 대상 안에서 각각의 부품은 단지 제작자에 의해 의도된 어떤 기능의 완수만을 본질로 갖는 것이 아니고, 오히려 여러 힘들이 실행되고 있으며 제작 의도와는 무관한 효과들이 산출되고 있는 그런 시스템의 일부다. 구체적인 기술적 대상은 물리-화학적인 하나의 시스템이며, 그 안에서의 상호 작용들은 과학의 모든 법칙들에 따라서 실행된다. 기술적 의도의 목적은 보편적인 과학적 인식에 부합하는 한에서만 그 대상의 구축에서 완성에 이를 수 있다. 여기서 과학적인 인식이 보편적이어야만 한다는 점을 분명히 해야만 한다. 왜냐하면 기술적 대상이 한정된 인간적 필요에 부응하는 인공물의 부류에 속한다는 사실이 그 대상 안에서 또는 그 대상과 외부 세계 사이에서 실행될 수 있는 물리-화학적 작용들의 유형을 전혀 제한하지 않으며 한정짓지도 않기 때문이다. 기술적 대상과 대상으로 연구된 물리-화학적 시스템 사이의 차이는 오로지 과학들의 불완전성에서만 존재할 뿐이다. 기술적 시스템 안에서 실행되는 상호 작용들의 보편성을 예측하는 데 쓰이는 과학적 인식들은 어떤 불완전성을 안고 있다. 그것들은 엄밀한 정확성을 가지고 모든 결과들을 절대적으로 예측할 수 있게 하지 않는다. 그 때문에, 정해진 목적에 상응하는 기술적 의도들의 시스템과 그 목적을 실현하는 인과적 상호작용들에 대한 인식의 과학적 시스템 사이에 어떤 거리가 존속하는 것이다. 기술적 대상은 결코 완전하게 인식되지 않는다. 같은 이유로, 그것은 매우 드문 우연의 일치가 아니고서는 결코 완전하게 구체화되지 않는다. 따라서 구조들에 따른 기능들의 궁극적인 분배와 구조들에 대한 정확한 계산은 기술적 대상 안에 존재할 수 있는 모든 현상들에 대한 과학적 인식이 완전히 획득되었을 때에만 비로소 이루어질 수 있을 것이다. 그런데 그런 경우가 아니기 때문에, 대상의 기술적 도식(인간적인 목적의 표상을 포함하는 것)과 그 대상을 소재지로 둔 현상들에 대한 과학적 그림(상호적이거나 회귀적인, 유효한 인과작용 도식들만을 포함하는 것) 사이에는 어떤 차이가 존속한다.

기술적 대상들의 구체화는 과학들과 기술들을 분리하는 그 간격의 좁힘에 의해 조건 지어진다. 원초적인 수공업적 위상에서는 과학들과 기술들 사이의 상관관계가 취약했던 반면, 산업적 위상에서는 그 관계가 향상된 것으로 특징 지어진다. 특정한 어떤 기술적 대상의 구축은 이 대상이 구체화될 때 산업적인 것이 될 수 있는데, 이는 그것이 구축 의도와 과학적 시선에서 거의 동일한 방식으로 인식된다는 것을 의미한다. 이것은 왜 어떤 대상들이 다른 것들보다 훨씬 이전에 산업적인 방식으로 구축될 수 있었는지를 설명해 준다. 예컨대 윈치, 도르래, 겹도르래, 수압기와 같은 기술적 대상들은 그 대상의 해체나 불량 작동을 일으키지 않으면서도 그 안에서 마찰, 감전, 전기역학적 유도, 열적이고 화학적인 교환 등의 현상들이 대부분 무시될 수 있는 그런 대상들이다. 고전 역학은 단순히 기계라고 불리는 대상들의 작동을 특징짓는 주요 현상들을 과학적으로 인식하게 한다. 그럼에도, 가스나 열기관을 사용하는 원심펌프를 17세기에 산업적으로 구축하는 것은 불가능했었다. 산업적으로 구축된 최초의 열기관, 즉 뉴커먼[Thomas Newcomen]의 것과 같은 열기관은 진공만을 사용했었는데, 이는 냉각 작용 하에서의 증기 응축 현상이 과학적으로 인식되었기 때문이었다. 마찬가지로, 정전기적 기계들도 거의 오늘날에 이르기까지 수공업적으로 남아 있는데, 이는 유전체[誘電體]들에 의한 전하의 생산과 수송, 그리고 코로나 효과[effet Corona]에 의한 전하의 흐름이라는 현상들이, 최소한 18세기 이후로는 질적으로 알려졌지만, 아주 엄격한 과학적 연구들의 대상이 되지는 않았기 때문이었다. 윔즈허스트[James Wimshurst]의 기계 다음에 나온 밴더그래프[Robert J. Van de Graaff] 발전기조차도 그 커다란 크기와 향상된 능력에도 불구하고 수공업적인 어떤 면을 보존하고 있다.

3. 기술적 진보의 리듬 : 연속적인 부수적 개선과 불연속적인 주요한 개선

그러므로 기술적 대상의 발전에서 진보를 특징짓는 것은 본질적으로 기능적 상호협력효과들의 발견에 있다. 그렇다면 이 발견이 과연 단번에 이뤄지는 것인지 아니면 연속적인 방식으로 이뤄지는 것인지 생각해 봐야 할 것이다. 작동에 개입하는 구조들을 재조직화하게 하는 그런 발견은 갑작스러운 방식으로 이뤄지지만, 잇따른 여러 단계들을 허용할 수는 있다.

그래서 쿨리지관은 가열된 금속의 전자 산출을 플레밍J. A. Fleming이 발견하기 이전에는 생각될 수 없었다. 그러나 정적인 애노드-안티캐소드를 지닌 쿨리지관이 감마선이나 X선을 산출하는 관의 필연적인 마지막 버전이 되는 것도 아니다. 그것은 향상될 수 있고 더 특수하게 사용될 수도 있다. 예컨대, 이상적인 기하학적 점에 더 가까운 X선의 발원을 획득하게 한 중요한 개선은 애노드를 관 안에서 어떤 축 위에 올려놓은 넓적한 판의 형태로 사용한 데 있었다. 그 판은 관 외부에 설치된 인덕터가 만들어 낸 자기장에 의해 움직여질 수 있고, 또 이 인덕터에 대해 그 판은 유도전류를 허용하는 회전자 역할을 한다. 전자들의 충돌 영역은 구리판의 테두리에 가까운 순환선이 되고, 이것이 아주 큰 열 분산 가능성들을 제공한다. 그럼에도 불구하고, 정적이고 기하학적인 방식으로, 전자충돌이 산출되는 그 장소는 캐소드와 관에 대해 고정되어 있다. X선 빔은 그래서 기하학적으로 고정된 중심에서 발생한다. 비록 안티캐소드가 엄청난 속도로 그 고정된 지점을 지나갈지라도 말이다. 회전 애노드를 지닌 관들은 충돌 영역의 크기를 키우지 않으면서 출력을 증가시키거나, 아니면 출력을 축소시키지 않으면서 충돌 영역의 크기를 줄이도록 할 수 있다. 그런데 이 회전 애노드는 전자들의 가속화 기능과 정지 기능을 고정된 애노드만큼이나 완벽하게 수행할 뿐만 아니라, 열 제거기능도 훨씬 더 좋다. 바로 이것이 특정한 출력을 얻기 위해 관의 광학적 특성들을 향상시키게 만든 것이다.

그러니까 회전 애노드의 발명이야말로 쿨리지관의 구조적 구체화를 가져온 것이라고 간주해야 하는가? ——아니다. 왜냐하면 그것이 특히 한 역할은 앙상블의 작동에 긍정적 측면으로 전환될 수 없었던 어떤 불편함을 축소시키는 것이었기 때문이다. 쿨리지관의 불편함, 즉 그것의 작동에 존속하는 대립의 남아 있는 측면은 운동에너지를 전자방사선으로 전환하는 데 비효율적이라는 것이다. 물론, 그 비효율성이 기능들 사이의 직접적인 대립을 형성하지는 않는다. 그러나 실제로 사용해 보면 그것은 실질적인 대립으로 전환된다. 만일 텅스텐 판과 구리 막대의 융해 온도가 무한히 높았다면, 매우 빠른 전자들의 상당히 강력한 빔을 아주 섬세하게 집중시킬 수 있었을 것이다. 그런데 사실상 텅스텐의 융해 온도까지 너무나 빨리 도달하기 때문에, 엄청난 양의 열을 출현시키는 그 비효율성의 한계에 부딪쳐서, 빔의 섬세함이나 전류의 밀도나 전자들의 속도를 희생시킬 수밖에 없는데, 이것이 X선 발원의 엄밀성, 방사된 전자기적 에너지의 양, 획득된 X선의 침투를 포기하도록 만든다. 만일 안티캐소드 판 위에서 작용하는 에너지 변형의 효율성을 증가시키는 수단을 발견할 수 있다면, 쿨리지 관의 모든 특성들이 향상될 것이고, 그것의 작동 안에 존속하던 대립들은 상당부분 제거되거나 줄어들 것이다(같은 기호의 전기량에 영향을 받기 때문에 서로 반발하는 전자들로 인해 빔이 엄밀하게 초점을 집중시킬 수 없다는 사실에서 볼 수 있는 대립은 훨씬 더 약한 것이다. 이것은 음극선 오실로그래프oscilloscope cathodique나 전자 현미경의 정전기적이거나 전자기적인 렌즈들의 것에 비교할 수 있는 집중 장치들을 수단으로 해서 상쇄할 수 있을 것이다). 회전 애노드는 정밀함과 출력 사이에, 광학적인 특성들과 전기적인 특성들 사이에 있는 대립으로부터 귀결되는 것들을 줄일 수 있도록 한 것이다.

따라서 개선에는 두 유형이 있다. 하나는 작동의 상호협력효과를 본질적으로 증가시키면서 기능들의 분배를 변경하는 것이고, 다른 하나는 이 분배를 변경하지 않으면서 남아 있는 대립들의 해로운 귀결들을 축소시키는 것이다. 엔진 속에 더 규칙적으로 윤활유를 넣는 시스템, 자동급유 베어링의 활용, 저항력이 더 강한 금속이나 더 견고한 조립품들의 사용 등은 부수적인 개선들의 수준에 속한다. 이와 같은 것이 전극관의 경우에서는 어떤 산화물이나 토륨 같은 금속으로 향상된 방사력의 발견이 산화물로 싸여 있는 캐소드들을 구축할 수 있게 해서 캐소드가 더 낮은 온도에서 작동하고 동일한 밀도의 전류에서 열에너지를 덜 흡수할 수 있도록 만든 것이었다. 이런 개선은 실천적으로 아무리 중요하다 해도 어디까지나 부수적인 것에 지나지 않고, 산화물로 된 피막도 상대적으로 약해서 전극관들 중 어떤 유형들에만 잘 적용될 뿐이다. 출력이 큰 쿨리지관의 회전 애노드도 여전히 부수적인 개선이다. 그것은 주요한 개선을 잠정적으로 대신할 뿐이다. 주요한 개선은 전자들을 가속하는 데 사용된 출력을, 현재 방사선관에서는 수 킬로와트에 해당하는 것이지만, 몇 백 와트로 떨어뜨리게 하는 고효율의 에너지 변형 방법을 발견하는 데 있을 것이다.

이런 의미에서, 부수적인 개선들이 주요한 개선들에 방해가 된다고 말할 수 있다. 왜냐하면 부수적인 개선들은 앙상블의 작동에 불완전하게 통합되어 있는 비본질적인 임시방편들로 진짜 대립들을 상쇄시키면서 기술적 대상의 진정한 불완전성을 가릴 수 있기 때문이다. 추상에 붙어 있는 위험들이 부수적인 개선들과 더불어 새로이 나타난다. 그래서 회전 애노드를 지닌 쿨리지관은 구리 막대와 공기 중에 있는 날개를 통한 정적인 냉각 방식의 관보다 덜 구체적이다. 만약, 어떤 이유에서든, 애노드의 회전이 관의 작동 중에 멈춘다면, 전자들의 집중된 빔을 받는 애노드의 지점은 거의 순간적으로 용해되어 관 전체가 손상될 것이다. 작동의 그 분석적인 성격은 따라서 새로운 종류의 보완물들, 즉 다른 작동을 수단으로 조건화함으로써 작동의 안전을 보장하는 시스템들을 필요로 한다. 분석된 그 경우에서, 애노드 전압의 발전기는 그 애노드가 이미 회전하고 있을 때에만 작동할 수 있어야 한다. 계전기繼電器는 애노드를 변압기의 전압에 종속시키는데, 이 변압기는 애노드 모터의 인덕터 안으로 전류를 이행시키는 데 애노드 전압을 제공한다. 그런데 이런 종속이 회전 애노드 장치를 통해 도입된 분석적 거리를 완전하게 축소시키지는 않는다. 전류는 예컨대 축들의 손상에 이어서 애노드가 효과적으로 회전하지 않아도 인덕터 안으로 지나갈 수 있다. 계전기는 심지어 인덕터에 전압이 걸려 있지 않을 때도 시동이 걸린 채로 있을 수 있다.

안전성이나 보정이 첨가된 시스템들의 극심한 복잡화와 개선은 기술적 대상 안에서 단지 구체적인 것의 등가물을 향해 나아갈 수 있을 뿐이지, 그 구체적인 것에 도달하지도 심지어 그것을 예비하지도 못한다. 왜냐하면 차용한 그 노선이 구체화의 노선이 아니기 때문이다. 부수적인 개선의 길은 우회의 길이다. 이 길은 실천적인 활용에 있어서는 어떤 경우들에서 유용하지만 기술적 대상을 거의 진화시키지 못한다. 기술적 대상 각각이 지닌 진정한 도식의 본질을 복잡한 임시방편 더미 아래에 감추면서, 부수적인 개선들은 기술적 대상들의 연속적 진보에 대한 허위 의식을 조장하고, 본질적인 변형들의 가치와 그 긴급성에 대한 느낌을 축소시킨다. 이런 이유로, 연속적인 부수적 개선들은 최신 대상을 더 이전 것들에 비해 우월한 것처럼 제시할 수 있도록 상업이 요구하는 허위 갱신과 분명하게 구분되지 않는다. 부수적인 개선들은 사용 대상들의 본질적인 계열들에다가 유행이 덧씌워 놓은 형태들의 순환적 리듬에 의해서 덮여질 수 있을 정도로 거의 본질적이지 않을 수 있다.

따라서 기술적 대상은 추상적인 것에서 구체적인 것으로 진행하는 특유의 발생을 갖는 것이라고 말하는 것으로는 충분하지 않다. 이 발생이 본질적이고 불연속적인 개선들을 통해서 수행된다는 것 역시 분명히 해야만 한다. 이런 개선들이야말로 기술적 대상의 내적 도식이 연속선을 따라서가 아니라 도약들을 통해서 변경되도록 만드는 것이다. 이것은 기술

기술적 대상의 인간존재에 대한 적응과 기술적 구체화 사이의 차이 : 전화기의 진화

1928년의 전화기[왼쪽].
1951년의 전화기[오른쪽].

[위에서 본 모습]
수화기 자리 보강.

1928년 전화기의 송수화기
[위]
1951년 전화기의 송수화기
[아래]

적 대상의 발전이 우연히 그리고 정해질 수 있는 모든 방향과 무관하게 이루어진다는 것을 뜻하지는 않는다. 오히려 그 반대로, 부수적인 개선들이야말로 어느 정도 우연 속에서 실행되며, 무질서한 그것들의 증식을 본질적인 기술적 대상의 순수한 계열들에다가 덧씌우는 것이다. 기술적 대상의 개선에서 진정한 단계들은 돌연변이들에 의해서, 그러나 방향을 지닌 돌연변이들에 의해서 이루어진다. 예컨대 크룩스관은 쿨리지관을 잠재적으로^{en puissance} 포함한다. 왜냐하면 쿨리지관에서 정화되면서 조직화되고 안정성을 갖게 된 지향^{intention}은 혼동된 상태였긴 하지만 실재적으로 크룩스관에 이미 존재하고 있었기 때문이다. 포기된 수많은 기술적 대상들은 열린 잠재성^{virtualité}으로 남아 있는 실패한 발명들이다. 이것들은 다른 영역으로 연장되어서, 그것들의 근본적인 지향과 기술적 본질에 따라서 다시 취해질 수 있을 것이다.

4. 기술적 계보의 절대적인 기원들

모든 진화와 마찬가지로 기술적 대상들의 진화도 절대적인 기원의 문제를 제기한다. 특수한 기술적 실재의 탄생은 최초의 어떤 항으로 거슬러 올라가야 볼 수 있는가? 5극관과 4극관 이전에 포리스트^{Lee de Forest}의 3극관이 있었다. 포리스트의 3극관 이전에는 2극관이 있었다. 그러면 2극관 이전에는 무엇이 있었는가? 2극관이 절대적인 기원인가? 전혀 아니다. 물론, 열전자적 방사는 알려지지 않았지만 전기장이 흐르는 공간 안에서 일어나는 전하의 이동 현상들은 오래전부터 알려져 있었다. 전기분해는 한 세기 전부터 알려져 있었고 기체의 이온화는 수십 년 전부터 알려져 있었다. 열이온적 방사는 기술적 도식으로서 2극관에 필수적이다. 왜냐하면

전화기의 진화 : 중앙 배터리 시스템의 이동식 전화기 내부

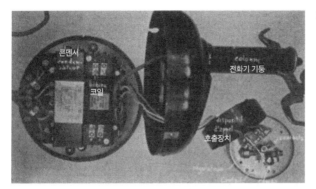

1928년 전화기의 내부

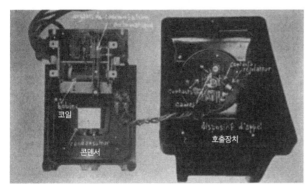

1951년 전화기의 내부

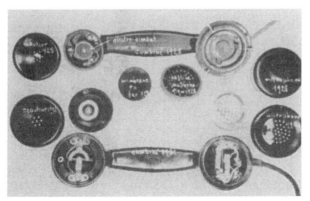

1928년 송수화기 내부. [위]
1951년 송수화기 내부. [아래]

전하들의 이동에 가역성이 존재한다면 2극관은 2극관이 아닐 것이기 때문이다. 그 가역성은 정상적인 조건들에서는 존재하지 않는다. 전극의 한쪽은 뜨거워서 방출되는 쪽이고, 다른 한쪽은 차가워서 방출되지 않기 때문이다. 2극관을 본질적으로 2극관으로, 두 노선을 가진 전극관으로 만들어 주는 것, 그것은 뜨거운 전극은 거의 무차별적으로 캐소드나 애노드일 수 있지만 차가운 전극은 전자들을 방출할 수 없어서 오로지 애노드일 수밖에 없다는 바로 그 점이다. 차가운 전극은 양전기를 띤다면 전자들을 끌어당길 수만 있을 뿐이고, 설령 다른 전극과 관련해서 음전기를 띤다 해도 전자들을 방출하지는 않는다. 그러므로 전극들에다가 외부 전압을 걸었을 때, 만일 캐소드가 애노드에 대해 음전기를 띤다면 열전자 방출효과로 인해 전류가 흐를 것이고, 반면 뜨거운 전극이 차가운 전극에 비해 양전기를 띤다면 어떠한 전류도 흐르지 않을 것이다. 2극관을 구성한 것은 바로 전극들 사이의 기능적 비대칭성의 조건을 발견한 것에 있는 것이지, 엄밀히 말해서 전기장을 수단으로 빈 공간을 가로지르는 전하들의 이동을 발견한 것에 있는 것이 아니다. 단원자 기체의 이온화 실험들은 자유전자들이 전기장 안에서 위치를 바꿀 수 있음을 이미 보여 주었다. 하지만 그 현상은 가역적인 것이지만 분극화된 것이 아니다. 낮은 압력의 기체가 들어 있는 그 관을 뒤집으면, 양광주$^{陽光柱, colonne positive}$와 발광 고리$^{anneaux lumineux}$는 그 관에 대해서는 양편이 바뀌지만, 발전기로부터 오는 전류의 방향에 대해서는 동일한 편에 남아 있다. 2극관은 한편으로는 전기장에 의한 전하 이동의 가역적인 현상, 다른 한편으로는 이동할 수 있는 전하들을 생산하되 단 한 종류의 전하들(오로지 음전하)만 생산하고 그것도 두 전극 중 오직 뜨거운 전극에 의해서만 생산한다는 사실에서 보여지는 비가역성의 조건, 이 둘이 연합되어 만들어지는 것이다. 즉 2극관은 뜨거운 전극과 차

가운 전극이 존재하고, 이 둘 사이에서 전기장이 만들어지는 그런 진공관이다. 전극들 간의 비가역성이라는 이런 조건 그리고 빈 공간을 가로지르는 전하들의 이동 현상, 이 둘의 연합 속에 거주하고 있는 **절대적 시작**이 바로 거기에 있다. 여기서 창조된 것이 바로 **기술적 본질**이다. 2극관은 비대칭적 컨덕턴스다.

그럼에도 불구하고, 이런 본질이 플레밍 밸브의 정의보다 외연이 더 크다는 것에 주목해야만 한다. 비대칭적 컨덕턴스를 창조하기 위해서 다른 여러 방법들이 발견되었다. 예컨대, 금속과 광석의 접속, 구리와 산화동의 접속, 셀레늄과 다른 금속의 접속, 텅스텐 끝부분과 게르마늄의 접속, 결정화된 규소와 금속 끝부분의 접속 등은 모두 비대칭적 컨덕턴스들이다. 마지막으로, 광전지도 2극관으로 생각할 수 있다. 왜냐하면 광전자들이 열전자들처럼 전지의 빈 공간 속에서 움직이기 때문이다(진공 전지의 경우에, 그리고 가스 전지의 경우에도 그렇지만, 그 현상은 광전자들에 덧붙여지는 2차 전자들의 방출로 인해 복잡해진다). 그러면 플레밍 밸브를 2극관이라 해야 하는가? 기술적으로 보자면, 플레밍 밸브는 수많은 적용 작업 속에서 게르마늄 2극관(약한 강도와 높은 진동수에 적합)이나 아니면 강한 강도와 낮은 진동수에 적용된 것으로서 셀레늄 정류기整流器나 산화동 정류기에 의해 대체될 수 있다. 그러나 사용이 정당한 기준을 제공하지는 않는다. 왜냐하면 플레밍 밸브는 회전변류기回轉變流機, convertisseur tournant*에 의해서도 대체될 수 있는데, 이것은 2극관의 것과는 전혀 다른 본질적 도식을 사용하는 기술적 대상이기 때문이다. 사실, 열전자적 2극관은 그 자신의 역사적 존재를 가진 한정된 하나의 유類를 구성한다. 그런데 **작동**

---

* '기술 용어 해설' 참조.

의 순수 도식은 이 유를 넘어서 존재하며, 이 도식은 예컨대 불완전한 전도체들이나 반도체들의 것과 같은 다른 구조들로 바뀔 수 있다. 사용된 2극관의 유형을 미리 판단하지 않고 완전히 제작자의 자유에 맡기는 어떤 기호(비대칭적 컨덕턴스: ⊣)를 통해서 이론적 도표 위에 2극관을 표시할 수 있을 정도로 작동 도식은 [유형들이나 구조들을 넘어서] 동일한 것으로 존재한다. 그러나 순수한 기술적 도식은 역사적 유형의 실재와는 구분되는, 이상적인 기능 속에서 파악된 기술적 대상의 존재 유형을 정의한다. 예컨대 역사적으로는, 플레밍 2극관이 게르마늄 정류기, 산화동 정류기, 셀레늄 정류기, 철 정류기 등보다 포리스트의 3극관에 더 가깝지만, 그 정류기들은 동일한 도식적 상징들에 의해 표시되고, 어떤 경우들에서는 플레밍 2극관을 대체할 수 있을 정도로 동일한 기능들을 수행한다. 이 때문에 플레밍 밸브의 본질 전체가 그것의 비대칭적 컨덕턴스의 특성으로는 포괄되지 않는다는 것이다. 플레밍 밸브는 전류를 생산하고 이동하는 장치이기도 한데, 이때 전류는 분산되거나 집중될 수 있고, 밀리거나 당겨질 수 있는 것으로서, 감속될 수도 있고 가속될 수도 있으며 편향될 수도 있다. 기술적 대상은 단지 외부 장치들 속에서의 작동 결과(비대칭적 컨덕턴스)에 의해서만 존재하는 것이 아니라, 그 자신 내부에서 발생하는 현상들에 의해서도 존재한다. 바로 이 점에 의해서 기술적 대상이 자신의 후손을 낳는 생식력, 비-포화성non-saturation을 지니는 것이다.

　　원초적인 기술적 대상은 비-포화된 시스템으로 간주될 수 있다. 그것이 수용한 나중의 개선들은 포화상태를 향해 나아가는 그 시스템의 진보들인 것처럼 일어난다. 바깥에서 보면, 기술적 대상은 개선되는 것이 아니라 변질되는 것이고 구조를 바꾸는 것이라고 여겨질 수 있다. 그러나 기술적 대상은 한 일가一家를 이루면서 진화한다고 말할 수 있을 것이다. 즉 원초적인 기술적 대상이 이 일가의 선조인 것이다. 이런 진화를 **자연적인 기술의 진화**évolution technique naturelle라고 부를 수 있을 것이다. 이런 의미에서 보자면, 가스 모터는 증기 모터와 디젤 모터의 선조이고, 크룩스관은 쿨리지관의 선조이며, 2극관은 3극관을 비롯한 다극관들의 선조다.

그 계열들 각각의 기원에는 발명이라고 정의된 행위가 존재한다. 가스 모터는 어떤 의미에서는 증기기관으로부터 비롯한 것이다. 그것의 실린더, 피스톤, 전동시스템의 배치, 활판滑瓣과 구멍들에 의한 분배장치는 증기기관의 것과 유사하다. 그런데 가스 모터는 2극관이 이온화에 의한 가스 방전관으로부터 유래하는 것처럼 증기기관으로부터 유래한다. 즉 그것은 증기기관에도 방전관에도 존재하지 않았던 어떤 도식을 새로운 현상으로 필요로 했다. 증기기관에서는 압력 하에서 가스를 생산하는 보일러와 뜨거운 노爐가 실린더 외부에 놓여 있었다. 반면 가스 모터에서는 실린더 그 자체가 연소실이 되면서 보일러와 불가마 역할을 다 하게 된다. 연소가 실린더 안에서 일어난다는 것, 이것이 바로 내연內燃이다. 방전관에서는 전극들이 구별되지 않았고 컨덕턴스도 대칭적으로 남아 있었다. 반면 열전자 방출 효과의 발견은 방전관과 비슷하지만 전극들이 양극화되어 있고 비대칭적 컨덕턴스를 갖는 관을 만들게 한다. 기술적 대상들의 계보에서 그 시초는 **기술적 본질**을 구성하는 발명의 이런 종합하는 행위에 의해 표시된다.

기술적 본질은 그것이 진화의 계보를 관통해 가는 내내 안정적으로 남아 있다는 사실을 통해서, 그리고 단지 안정적이기만 한 것이 아니라 또한 내적인 발전과 점진적인 포화에 의해 구조들과 기능들을 생산하는 것이기도 하다는 사실을 통해서 알려질 수 있다. 그래서 내연기관에 속하는 모터의 기술적 본질은 작동을 보충하는 구체화를 통해서 디젤 모터의 것이 될 수 있었던 것이다. 예비 기화氣化, carburation 작업을 하는 모터의 경우, 압축하는 순간 실린더 안에서 기화된 혼합물의 과열은 비본질적이거나 심지어 해로울 수 있는데, 이는 그것이 폭연爆燃, déflagration(점진적으로 폭발하는 파동을 지닌 연소) 대신에 폭굉爆宏, détonation[노킹현상]을 산출할 위험이 있기 때문이다. 바로 이 점이 주어진 연료의 유형에 적합한 압축률을 제한하게 한다. 이와 반대로, 압축에서 기인하는 과열은 디젤 모터의 경우엔 본질적이고 적극적인데, 폭발적 연소의 시작을 산출한 것이 바로 그 것이기 때문이다. 압축의 역할이 갖는 적극적인 특성은 기화가 사이클 안에 개입해야만 하는 순간을 더 정확하게 결정하는 수단에서 획득된다. 예비 기화 작업을 하는 모터에서, 기화는 기화된 혼합물이 실린더 안으로 들어오기 전 정해지지 않은 어떤 순간에 이루어질 수 있다. 반면 디젤 모터에서, 기화는 피스톤이 높은 사점死點을 지나가는 바로 그 순간에, 기화증기가 없는 순수한 공기의 주입과 압축 이후에 이루어져야 한다. 왜냐하면 이 주입이 폭발적 연소의 시작(사이클 안에서 모터 운동의 시작)을 야기하기 때문이고, 또 폭발적 연소는 압축의 끝에 가서 공기가 가장 높은 온도에 도달하는 바로 그 순간에 발생할 때에만 비로소 시작될 수 있기 때문이다. 공기와 혼합된 연료의 주입(기화)은 따라서 가솔린 모터에서보다 디젤 모터에서 기능적인 의미작용을 훨씬 더 많이 갖는다. 기화는 더 포화되고, 더 정밀한 시스템 안에 통합되며, 이런 시스템은 제작자에게는 자유를 덜 허용하고 사용자에게는 관용을 덜 베푼다. 3극관 역시 2극관보다 더 포화된 시스템이다. 2극관에는 비대칭적 컨덕턴스가 오로지 열전자 방출에 의해서만 제한된다. 캐소드-애노드 전압이 높아질 때, 내부 전류는 캐소드의 결정된 온도를 따라 점점 더 증가하다가, 캐소드에 의해 방출된 모든 전자들이 애노드에 의해 포착되는 어떤 최대한도(포화상태의 전류)에 도달한다. 따라서 2극관을 가로지르는 전류는 오로지 애노드 전압을 변화시킴으로써만 조절될 수 있다. 이와 달리, 3극관은 애노드-캐소드 전압을 변화시키지 않으면서 애노드-캐소드 공간을 가로지르는 전류를 연속적인 방식으로 변화시킬 수 있는 시스템이다. 원초적인 속성(애노드-캐소드 전압에 직접적으로 따르는 전류의 변화)은 존속하지만, 이는 다시 전류 변화의 2차적인 가능성, 즉 제어그리드의 전압을 결정짓는 것에 의해 이중화된다. 처음에 애노드 전압에 부착되어 있었을 이 전류 변화 기능은, 자유롭고 한정된, 개별화된 속성이 된다. 이 속성은 시스템에 한 요소를 덧붙이고, 그 결과 시스템을 포화시키는데, 이는 [시스템을 구성하는] 인과작용들의 체제가 잉여의 구성요소를 포함하기 때문이다. 기술적 대상의 진화 과정에서 기능들의 분리를 통한 시스템의 이런 포화는 강화된다. 5극관에서 캐소드-애노드 공간을 가로지르는 전류는 애노드 전압값들이 열분산 가능성에 의해 정해진 최고치와 최저치 사이에 포함되도록 애노드 전압으로부터 독립하게 된다. 이런 특성은 음극선 오실로그래프의 수평편향판 전압에서 톱니파를 산출해야 하는 이완발진기들^{oscillateurs de relaxation}의 전하저항장치로서 5극관을 활용할 수 있게 할 정도로 충분히 안정적이다. 이 경우에, 스크린의 전압, 제어그리드의 전압, 세번째(억제)그리드의 전압은 모두 고정된 채 유지된다. 반면, 3극관에서는 제어그리드에 주어진 전압과 관련해서, 애노드 전류가 애노드 전압에 따라 변화한다. 이런 의미에서 3극관은 여전히 2극관과 닮은 반면에, 5극관은 역동적인 체제로서 더 이상 그렇지 않다. 이런 차이는 다음과 같은 사실에서 기인한다. 즉 3극관에서는 애노드가 여전히 전자들을 포착하는 전극(역동적인 역할)과 전기장을 창조하는 전극(정적 역할)의 양면적인 역할을 수행하는 반면에, 4극관이나 5극관에서는 전류를 조절하는 전기장의 유지가 정전기적 애노드의 역할을 수행하는 스크린그리드에 의해 보장되고, 애노드-플레이트는 오로지 전자들의 포착 역할만을 보존할 뿐이다. 이런 이유로, 5극관의 컨덕턴스가 3극관의 것보다 훨씬 더 클 수 있는 것인데, 이는 애노드 회로에 전하저항이 개입해서 전류가 증가할 때 애노드 전압이 낮아질 때조차도, 가속화하는 정전기장의 유지 기능이 약화되거나 변화하지 않고 보장(스크린이 고정된 퍼텐셜[전위]을 지닌다)되기 때문이다. 따라서 4극관과 5극관은 3극관에 존재하던 대립을 제거했다고 할 수 있을 것이다. 그 대립은 애노드가 하는 기능, 즉 전자 가속화 기능과 이 가속화된 전자들을 통해 운반된 전하들을 포착하는 기능, 그리고 전하저항이 개입될 때 애노드의 퍼텐셜 하락[전위 하락]을 이끌고 전자들의 가속을 감속시키는 기능, 이 둘 사이에 존재하던 대립이었다. 이런 관점에서 보면, 스크린그리드는 고정된 전압을 지닌 정전기적 애노드로 간주되어야 한다.

그러므로 4극관과 5극관은 포화와 상호협력적 구체화를 통해 원초적인 3극관 도식으로부터 발전되어 나온 것이 분명하다. 스크린그리드는 고정된 퍼텐셜[전위]을 유지할 수 있도록 정전기장에 관련된 모든 기능들을 자신에게로 집중시킨다. 제어그리드와 애노드는 오로지 가변적인 퍼텐셜[전위]에 관련된 기능들만을 유지할 뿐인데, 그 기능들은 더 커다란 측정범위에서 수행될 수 있다(작동 과정에서, 전압증폭기에 설치된 5극관의 애노드는 역동적 체제로서 30에서 300볼트까지 변화하는 퍼텐셜[전위]들로 변조될 수 있다). 제어그리드는 3극관에서보다는 전자들을 덜 포착하는데, 이것이 매우 높은 정도로 단자端子의 임피던스를 다룰 수 있게 한다. 제어그리드는 더 순수하게 제어그리드가 되고 전자들의 포착으로 창출된 연속적인 전류로부터 자유롭게 된다. 더 엄밀하게 말하자면, 제어그리드는 일종의 정전기적 구조다. 이렇게 5극관과 4극관은 3극관의 직계 후손이라고 생각할 수 있는데, 이는 그것들이 상호협력적인 하위부품들로 기능들을 재배치하여 양립불가능성을 축소시킴으로써 3극관의 내적 기술적 도식을 발전시켰기 때문이다. 기술적 계보의 단일성과 구분을 근거짓는 것은 바로 조직하는 발명의 구체적 도식이 잇따른 발전 과정의 밑바탕에 깔려 있으면서 안정성을 지닌다는 점에 있다.

구체화는 기술적 대상에게 자연적 대상과 과학적 표상 사이의 중간 위치를 부여한다. 추상적인, 즉 원초적인 기술적 대상은 자연적 시스템을 형성하기에는 너무 멀리 떨어져 있다. 그것은 심층에서는 서로 분리되어 있고 오직 탐구 결과의 생산물로 수렴하는 결론들에 의해서만 서로 연결되는 과학적 원리들과 개념들의 앙상블을 물질로 번역한 것이다. 원초적인 이 기술적 대상은 물질적이고 자연적인 시스템이 아니라, 지적인 시스템의 물질적 번역이다. 이런 이유로, 그것은 하나의 적용이거나 일련의 적용들이다. 그것은 지식 이후에 비롯하는 것이고 아무것도 새로이 습득할 수 없다. 그것은 정확히 말해 인공적이기 때문에 자연적 대상처럼 귀납적으로 검토될 수 없다.

이와 반대로, 구체적인, 즉 진화된 기술적 대상은 자연적 대상들의 존재 양식에 가까이 다가가 있고, 내적 정합성을 향한 경향, 즉 자기 영역 내부에서 순환적으로 수행되는 인과 시스템으로 닫히려는 경향이 있다. 게다가 그것은 작동 조건으로서 개입하는 자연 세계의 일부를 합체하여 인과 시스템의 부분으로 만든다. 이 대상은 진화하면서 자신의 인공적인 특성을 잃어버린다. 어떤 대상의 본질적인 인공성이란, 그 대상을 자연세계로부터 방어하고 그 대상에 별도의 존재 지위를 부여하면서 그 대상의 존재를 유지하기 위해서 인간이 개입해야만 한다는 사실 바로 거기에 있다. 인공성은 자연 생산물의 자발성에 대립하는 것으로서 기술적 대상의 제작된 기원을 가리키는 특성이 아니라, 인간의 인공화하는 행동에 내재하는 것이다. 이 행동은 자연적인 대상에 대해서든 완전히 제작된 대상에 대해서든 다 개입한다. 예컨대 온실에서 키운 꽃은 꽃잎들(겹꽃)은 피우지만 열매는 맺을 수 없는 인공 식물의 꽃이다. 인간이 이 식물의 기능들을 정합적인 자기 완성으로부터 벗어나게 만들었고, 그 결과 이 식물은 접붙이기와 같이 인간의 개입이 필요한 방법들이 아니고서는 재생산을 할 수 없다. 자연 대상의 인공화는 기술적 구체화의 결과물들과 대립하는 결과물들을 제공한다. 인공 식물은 오로지 식물들을 위한 실험실 안에서만, 즉 온도와 물을 조절하는 복잡한 시스템을 갖추고 있는 온실 안에서만 존재할 수 있기 때문이다. 원래는 생물학적인 작동들의 정합적인 시스템이었던 것이 정원사의 보살핌에 의해서만 연결될 수 있는 상호 독립적인 기능들로 개방되게 된다. 그래서 개화는 [열매와 무관하게] 순수한, [자연법칙에] 매이지 않는, 무질서한 개화가 되고, 그 식물은 종자를 생산하지 않으면서도 쇠약해질 때까지 꽃을 피우게 된다. 그 식물은 추위나 건조함이나 강한 햇볕에 대한 자신의 본래 저항력을 상실한다. 원래 자연적인 대상에 대한 조절들이었던 것이 온실 속의 인공적인 조절들이 된다. 인공화 artificialisation란 인공 대상 안에서의 추상화 과정이다.

이와 반대로, 기술적 구체화를 통해서, 원래 인공적이었던 대상은 점점 더 자연적인 대상에 비슷하게 된다. 처음에 이 대상은 외부에서 조절하는 환경, 즉 실험실이나 작업장, 때로는 공장을 필요로 했지만, 점차 구체화되면서 인공적인 환경에서 벗어날 수 있게 된다. 왜냐하면 그것의 내적 정합성이 증가하고, 그것의 기능적인 시스템이 자기 조직화하면서 스스로 닫히기 때문이다. 구체화된 대상은 저절로 생산된 대상에 비교할 수 있다. 그것은 처음에 연합되어 있던 실험실로부터 자유로워져서, 자기 기능들을 행사하면서 역동적으로 그 자신을 실험실에 합체시킨다. [그 대상의] 조절장치가 되는 것이자 작동 조건들을 자기-보존하게 하는 것은 바로 그 대상이 기술적이거나 자연적인 다른 대상들과 맺는 관계이다. 그 대상은 더 이상 고립되어 있지 않다. [이제] 그것은 다른 대상들에 연결되어 있다, 아니 그 자체로 자족적이다. 비록 처음에는 고립되어 있었고 타율적인 것이었지만 말이다.

이런 구체화의 귀결들은 단지 인간적이거나 경제적(예컨대, 분산^{décentralisation}을 허가하는)이기만 한 것은 아니며, 또한 지성적이기도 하다. 구체화된 기술적 대상의 존재 양식은 저절로 생산된 자연적 대상의 존재 양식과 유사한 것이기에, 그 대상들은 정당하게 자연적 대상들처럼 고려될 수 있고, 귀납적인 연구에도 적용될 수 있다. 그 대상들은 단지 이전의 몇몇 과학적 원리들을 적용한 것들이 더 이상 아니다. 그 대상들이 존재하는 한에서, 그 대상들은 자연적 구조와 동일한 지위를 갖는 어떤 구조의 생존력과 안정성을 입증한다. 비록 그 구조가 모든 자연적 구조들과 도식적으로는 다를 수 있을지라도 말이다. 구체적인 기술적 대상들의 작동 도식들에 대한 연구는 과학적 가치를 나타낸다. 왜냐하면 그 대상들은 단 하나의 원리로부터 연역되지 않기 때문이다. 그것들은 특정한 작동 방식에 대한 증거이자, 예측되기 전에 이미 구성되어 있었던, 사실상 존재하는 양립가능성에 대한 증거이기도 하다. 이 양립가능성은 그 대상을 구축하는 데 사용되었던, 분리된 과학적 원리들 각각에는 포함되지 않았던 것이다. 이것은 경험적으로 발견되었다. 바로 이 양립가능성의 확증으로부터 분리되어 있는 과학들을 향해 거슬러 올라갈 수 있을 것이다. 과학적 원리들 간의 상관관계를 문제 삼고 이 상관관계들과 변형들에 대한 하나의 과학, 아마도 일반 기술공학^{technologie générale}이나 기계학^{mécanologie}이 될 어떤

학學을 정초 짓고자 한다면 말이다.

그러나 이 일반 기술공학이 어떤 의미를 갖기 위해서는, 기술적 대상을 자연적 대상, 특히 생명체에 부당하게 동화시키는 데에 근거를 두지 않도록 해야 한다. 외적인 유비들이나 유사성들은 철저하게 몰아내야만 한다. 그것들은 아무런 의미작용도 갖지 않으며 단지 혼란스럽게만 할 수 있을 뿐이다. 특히 로봇들에 대한 고찰은 위험한데, 왜냐하면 그것은 외적 특성들에 대한 연구로 한정될 소지가 있고 그래서 부당한 동화를 실행할 위험이 있기 때문이다. 오로지 기술적 대상 안에서 또는 기술적 대상과 그 환경 사이에서 에너지와 정보의 교환들만을 고려해야 한다. 관찰자가 본 외적인 행동들은 과학적 연구의 대상들이 아니다. 로봇들 안에서 로봇들이 되도록 만들어 주는 조절과 명령의 메커니즘들을 연구하는 분리된 어떤 과학을 창설하는 것조차 안 된다. 즉 기술공학은 기술적 대상들의 보편성을 고찰해야만 한다. 바로 이런 의미에서, 사이버네틱스Cybernétique는 불충분하다. 그것은 기술적 대상들에 대한 일차적인 귀납적 연구로서, 또 전문화된 과학들 사이의 중개 영역에 대한 연구로서 제시된다는 점에서는 엄청난 가치를 지니지만, 그것은 일정수의 기술적 대상들에 대한 연구의 일부이기 때문에 그 자신의 탐구 영역이 너무나 전문화되어 있다. 그것은 출발점에서 이미 기술공학이 거부해야만 하는 것, 즉 유와 종에 따라 확립된 기준들로 실행한 기술적 대상들의 분류를 받아들이고 있다. 로봇이라는 종種은 없다. 오로지 기술적 대상들만이 있을 뿐이며, 이들은 다양한 정도들에서 자동성을 실현하는 기능적 조직화 역량을 소유하고 있다.

사이버네틱스의 작업이 과학들 간의 연구(이것은 그러나 노버트 위너Norbert Wiener가 자기 연구에 할당한 목적이다)로서는 부분적으로 적절하지 않다고 보게 할 위험이 있는 것은, 바로 자기-조절작용을 지닌 기술적 대상들을 생명체들과 동일시하는 초기 가설이다. 그러나 기술적 대상들은 구체화를 향하는 경향이 있는 것이지만, 생명체와 같은 자연적 대상들은 처음부터 구체적이라고 할 수 있을 뿐이다. 구체화하려는 경향과 완전히 구체적인 존재의 지위를 혼동해서는 안 된다. 모든 기술적 대상은 남아 있는 추상의 측면들을 어느 정도 소유하고 있다. 기술적 대상들을 그 추상의 극단으로 몰고 가서도 안 되지만, 자연적 대상들인 것처럼 말해서도 안된다. 기술적 대상들은 경향으로서의 구체화 과정을 끌어낼 수 있도록 그들의 진화 속에서 연구되어야만 한다. 그러나 완전히 구체화되었다고 선언하기 위해 기술적 진화로부터 최종 생산물을 분리해 내서도 안 된다. 그 최종 생산물은 선행한 것들보다는 더 구체적이지만, 여전히 인공적이기 때문이다. 로봇들과 같은, 기술적 존재자들의 한 부류를 고려하는 대신에, 기술적 대상들의 시간적 진화를 가로지르는 구체화의 계보들을 추적해야만 한다. 오직 이 길을 따르는 것만이, 모든 신화를 벗어나서 생명체와 기술적 대상 사이의 접근이 진정한 의미작용을 갖게 되는 길이다. 지구상의 인간 생명체에 의해 사유되고 실현된 목적성이 없었다면, 물질적 인과성 그것만으로는, 아무리 자연 안에 변조기의 구조들(이완기들, 증폭기들)이 존재하고, 바로 거기에, 아마도 생명의 기원들이 갖는 측면들 중 하나일, 준안정적인 상태들이 존재한다 할지라도, 대부분의 경우에서 적극적이고 유효한 구체화를 산출할 수 없었을 것이다.

2장_기술적 실재의 진화 : 요소, 개체, 앙상블

1. 기술적 진화에서 과진화過進化와 자기-조건화

기술적 대상들의 진화는 과진화* 현상들을 나타낸다. 과진화는 각각의 기술적 대상을 지나치게 전문화하고, 활용이나 제작 조건들에서 돌발하는 사소한 변화에도 적응하지 못하게 만든다. 기술적 대상의 본질을 구성하는 도식은 사실 두 가지 방식으로 적응할 수 있다. 우선, 그 도식은 생산될 때 주어진 **물질적이고 인간적인 조건**들에 적응할 수 있다. 각 대상은 자신을 구성하는 재료들의 전기적, 역학적, 화학적 특성들을 최상으로 활용할 수 있다. 그 다음, 그 도식은 해야 할 일에 적응할 수 있다. 그래서 추운 나라에서 사용하기 좋은 배기펌프는 더운 나라에서는 적합하지 않을 수 있고 그역도 마찬가지다. 또 높은 고도에 적합하게 만들어진 비행기는 낮은 고도에서 잠깐씩 작동해야 할 때, 특히 이·착륙해야 할 때는 곤란을 겪을 수 있다. 제트 엔진은 그 추진 원리 때문에 매우 높은 고도들에서는 프로펠러

---

* [옮긴이] hypertélie(불), hypertely(영) : 생물의 진화에서 어떤 기관이나 신체적 특징이 유용한 한계를 넘어서 과도하게 발달하는 경향.

엔진보다 우수하지만 매우 낮은 고도에서는 사용하기 어렵게 된다. 제트 비행기가 도달한 엄청난 속도는 땅에 접근할 때는 오히려 아주 무력한 특성이 되는 것이다. 제트 엔진의 사용과 짝을 이루는 양력표면揚力表面의 축소는 매우 빠른 속도로(거의 프로펠러 비행기의 순항 속도로) 착륙할 수밖에 없도록 만드는데, 이는 또한 아주 긴 착륙 트랙을 필요로 한다.

벌판 한가운데에 착륙할 수 있었던 초기 비행기들은 현대 비행기들보다 기능적으로 과過적응suradaptation하는 것이 덜했다. 기능적인 과적응을 멀리 끌고 가자면 생물학에서 공생과 기생 사이에 단계적으로 진행하는 도식들에 가깝다고 볼 수 있다. 예컨대 매우 빠른 어떤 소형 비행기들은 비행을 가능하게 하는 더 커다란 날개가 있어야만 쉽게 이륙할 수 있고, 다른 어떤 비행기들은 상승 추진력을 증가시키기 위해서 로켓을 사용하기도 한다. 수송 글라이더 자체가 과진화한 기술적 대상의 한 예다. 그것은 화물 수송기나 예선曳船 없는 항공 수송선輸送船에 지나지 않는다는 점에서 진정한 글라이더와는 매우 다른 것이다. 진정한 글라이더는 가볍게 시동을 건 다음에 공기의 흐름을 활용하면서 자기 고유의 수단들을 통해 이륙할 수 있기 때문이다. 이 자율적인 글라이더는 엔진 없는 비행에 아주 섬세하게 적응했다고 할 수 있다. 반면, 수송 글라이더는 기술적 총체의 비대칭적인 두 부분들 중 단지 한쪽만을 맡고 있는 것에 불과한 것이고, 나머지 다른 반쪽을 맡고 있는 예선曳船 또한 자기 역량에 상응하는 화물을 그 자신만으로는 실어 나를 수 없다는 점에서 잘 적응하지 못한 것이라 할 수 있다.

따라서 과진화의 두 유형이 있다고 할 수 있다. 하나는 기술적 대상의 분할이나 자율성의 상실 없이 정해진 조건들에 섬세하게 적응하는 것에 속하고, 다른 하나는 원래의 단일한 존재가 예인曳引하는 것과 예인되는 것으로 나뉘는 경우처럼, 기술적 대상이 분할되는 것에 해당한다. 전자의 경우에는 대상의 자율성이 보존되지만, 후자의 경우에는 희생된다. 양자가 혼합된 과진화의 경우는 환경에의 적응에 해당하는 경우인데, 이는 기술적 대상의 존재 자체가 환경에 에너지적으로 짝지어져 있기 때문에 그 대상이 자신의 기능을 적절히 작동시킬 수 있기 위해서는 특정한 종류의 환경을 필요로 한다는 점을 말한다. 이 경우는 예인하는 것과 예인되는 것으로 분할되는 경우와 거의 동일하다. 예를 들어, 전기로 동기화되는 시계는, 만일 그것을 미국에서 프랑스로 옮겨온다면, 주파수 차이(60헤르츠와 50헤르츠) 때문에 모든 작동 능력을 상실한다. 또 어떤 전원이나 발전기를 필요로 하는 전기모터의 경우, 단상^{單相}식 동기모터는 일반적인 모터보다 결정된 환경에 더 섬세하게 적응했고, 그래서 그것이 적응한 환경 안에서는 매우 만족스럽게 작동하지만 그 환경 밖에서는 모든 가치를 상실한다. 3상^相식 동기모터는 결정된 유형의 전원에서 작동하는 데는 단상식 모터보다 더 섬세하게 적응했지만, 역시 그 전원을 벗어나서는 더 이상 활용될 수 없다. 그런데 이런 제한 덕분에, 3상식 모터는 단상식 모터보다 훨씬 더 만족스러운 작동을 제공한다(더 규칙적인 운행, 높은 효율성, 접속선들의 마모와 손실이 매우 적다는 것).

　이러한 기술적 환경에의 적응은, 어떤 경우에는 상당히 중요하다. 요컨대, 3상 교류식 전류의 활용은 동력의 정도가 어떻든지 간에 모터들이 공장에서 매우 만족스럽게 사용되도록 한다. 그렇지만 지금까지도 열차들의 전기적 견인을 위해서 3상 교류식 전류가 사용될 수 없었다. 그것은 높은 전압의 3상 교류식 전류의 연결망에 기관차 모터의 직류 전류를 서로 연결시키고 적응시키는 이전^{移轉} 시스템에 의존해야 한다. 이런 시스템은 고가 전선으로 직류 전압을 전달하는 변전소나, 아니면 전선에 교류 전압이 공급될 때조차 직류 전압을 모터로 보내는 기관차 가장자리의 변압기와 정류기다. 사실, 기관차의 모터는 에너지와 주파수의 측면에서 에너지 분배망에 적응하면서 자신의 활용 영역을 상당부분 상실하지 않을 수 없었을 것이다. 동기식이거나 비동기식이거나 간에 모터는 자신의 운행속도에 도달했을 때에만 상당량의 역학적 에너지를 제공한다. 그런데 이런 사용은 선반旋盤이나 드릴같이 어떠한 부하負荷도 받지 않고 시동되며 최고의 운행속도에 도달하기까지 어떠한 저항도 받지 않는 고정 기계에는 탁월한 것이지만, 기관차의 모터에게는 전혀 그렇지 못하다. 즉 기관차는 열차의 전적인 관성으로 인해 충분히 부하負荷를 받아야 시동된다. 그리고 기관차의 모터는 자신의 운행속도(아주 엄밀히 말해서 기관차에 대해서도 운행속도를 말할 수 있다고 한다면)에서 작동할 때는 최소한의 에너지를 제공할 수 있지만, 가속화하거나 아니면 역-전류에 의한 브레이크 장치로서 감속화하는 일시적인 운행체제들에서는 최대치의 에너지를 제공해야만 한다. 운행체제의 변화들에 대한 잦은 적응들에서 보여지는 이런 풍부한 사용은 일정한 주파수에서 다상多相의 전기회로를 갖는 공장의 경우처럼 기술적 환경에의 적응을 특징짓는 활용 체제들의 영역 축소와는 대립되는 것이다. 이 견인 모터의 예는 한편으로는 지리적 환경과 관계 맺고, 다른 한편으로는 기술적 환경과 관계 맺으면서 기술적 대상을 유지하는 이중 관계 맺음의 존재를 파악할 수 있게 한다.

기술적 대상은 두 환경들이 마주치는 지점에 있다. 그것은 두 환경에 동시에 통합되어 있어야 한다. 하지만 그 두 환경들은 동일한 시스템의 일부를 이루지 않는 두 세계들이고, 또 그 두 세계들이 필연적으로 완전하게 양립가능한 것은 아니기 때문에, 기술적 대상은 그 두 세계들 사이의 가능한 최상의 타협을 실현시키고자 하는 인간의 선택에 의해서 어떤 방식으로든 결정된다. 어떤 의미에서 보면, 견인 모터는 높은 전압의 3상 교류식 전선에서 에너지를 받는 공장 모터처럼 유지되는 것이다. 또 다른 의미에서 보면, 그것은 정지 상태에서 최고 속도까지 끌어올리고 다시 그 속도의 감속 정도에 따라 정지 상태에 이르도록 열차를 견인하기 위해서 자신의 에너지를 발휘하는 것이다. 즉 견인 모터는 가능한 한 일정한 속도를 유지하면서 비탈길들, 구부러진 길들, 내리막길들에서 열차를 끌어올려야만 하는 것이다. 견인 모터가 전기 에너지를 단지 역학적 에너지로 변형시키는 것만 하는 건 아니다. 그것은 기관차가 헤치고 나아가는 눈의 저항이나 바람의 변화무쌍한 저항을 길의 윤곽에 따라 기술적으로 번역하면서 다양한 지리적 세계에 그 전기 에너지를 적용한다. 세계의 지리적이고 기상학적인 이 구조를 번역한 반작용을, 견인 모터는 전기 에너지를 공급하는 전선 안으로 되던진다. 눈발이 짙어질 때, 경사가 가파를 때, 측면에서 부는 바람이 열차 바퀴의 휠을 철로 밖으로 밀고 마찰을 증가시킬 때, 흡수된 강도는 증가하고 전선 안의 전압은 낮아진다. 견인 모터를 통해서 **두 세계가 서로에게 영향을 미친다.** 이와 반대로, 공장의 3상 모터는 기술적 세계와 지리적 세계 사이의 상호 인과 관계를 이런 방식으로 세우지 않는다. 그것의 작동은 거의 전부 기술적 세계 내부에 있다. 환경의 이런 유일성 때문에 공장 모터의 경우에는 적응 환경^{milieu d'adaptation}이 필요하지 않은 반면에, 견인 모터의 경우에는 기관차 위나 변전소 안에 놓인 정류기들에 의해 구성된 것과 같은 적응 환경이 요구된다. 공장 모터가 적응 환경으로서 필요로 하는 것은 전압을 낮추는 변압기밖에 없는데, 이것도 동력이 큰 모터들에서는 삭제될 수 있는 것이고, 중간 동력의 모터들에게도 환경에의 진정한 적응보다는 오히려 인간적 활용을 겨냥한 안전성의 조건으로서 필요한 것이다.

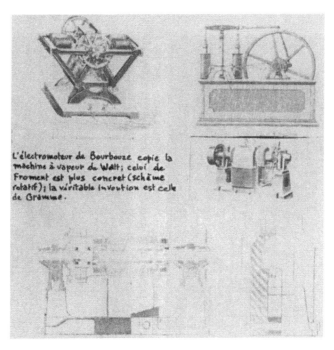

전기공학을 따르는 그람(Gramme) 기계의 투시도와 단면도(위).
[메모] 부르부즈(Bourbooze)의 전기엔진은 와트(Watt)의 증기기계를 모방한다. 프로멩(Froment)의 전기엔진은 더 구체적이다(회전식 도식[로터리엔진]). 진짜 혁신은 그람(Gramme)의 전기엔진이다.

프리바-데샤넬(Privat-Deschanel)을 따르는 초기의 가스엔진(왼쪽). 추상적인 유형. (래크 피니언[톱니 막대와 톱니바퀴가 맞물리는 기구]에) 크랭크로드[연접봉]도 크랭크도 없다.

적응이 [앞선 경우들과] 다른 곡선을 따르며 다른 방향을 갖게 되는 세번째 경우가 있다. 여기서의 적응은 과진화 현상들과 그로 인한 부적응으로 직결될 수 없다. 그 적응에 한계를 부여하고 그것이 자율성과 구체화의 방향에서 명확해지도록 만든 것은 바로 배타적으로 정해진 하나의 환경에의 적응이 아니라 각각 진화하고 있는 두 환경들을 관계 맺게 하는 기능에의 적응이 필수적이라는 사실이었다. 바로 거기에 진정한 기술적 진보가 있다. 그래서 철판보다 자성磁性투과율이 더 크고 이력현상履歷現象*은 더 축소된 규소판의 사용은 효율성을 증가시키면서도 견인 모터의 부피와 무게는 줄일 수 있게 했다. 이러한 변경은 기술적 세계와 지리적 세계 사이를 매개하는 기능의 방향에서 이루어진다. 왜냐하면 모터들이 보기차Bogie의 수준에 놓여 있어서 기관차가 더 낮은 무게중심을 가질 수 있을 것이기 때문이다. 또 회전자의 관성도 더 줄어들 것이고, 이것이 신속한 제동걸기에 기여한다고 평가할 수 있다. 절연체가 파손되면 시동걸 때의 구동우력과 제동걸 때의 저항우력을 키우는 과전류의 가능성들이 증가하게 되는데, 이런 절연체의 파손 위험 없이도 더 많은 과열을 수용할 수 있게 한 것이 바로 규소 절연체들의 사용이었다. 이런 변경들은 견인 모터들의 사용 영역을 제한하는 것이 아니라 오히려 확장시킨다. 규소 절연체를 사용한 모터는 가파른 경사를 기어오르거나 아주 더운 나라를 지나가는 기관차에도 추가적인 예방책 없이 활용될 수 있을 것이다. 즉 관계적인 활용이 확장되는 것이다. 개선된 모터의 그 동일한 유형은 화물차의 감속장치로도 (작은 모델들에서) 활용될 수 있다. 사실 그 모터가 적응하는 것은

---

* [옮긴이] hystérésis(불), hysteresis(영) : 물질의 물리량이 현재의 물리적 조건만으로 결정되지 않고 이전부터 그 물질이 겪어 온 상태 변화 과정에 의하여 결정되는 현상. 강자성체의 자화(磁化)나 탄성의 변형이 예.

바로 관계의 그 양상에 대해서지, 관계의 단 한 유형(열차의 견인을 위해서 연결망과 지리적 세계를 묶는 것)에 대해서가 아니다.

구체화에 대해서 이와 비슷한 예를 제공하는 것이 바로 갱발Guimbal 터빈**이다. 이 터빈은 수압관 안에 잠겨 있고, 아주 작은 발전기와 직접 연결되어 있는데, 이 발전기는 압축 기름으로 가득 찬 통 안에 담겨 있다. 댐의 벽은 전기 발전소 전체를 그렇게 수압관 안에 가두어 놓은 것처럼 보이는데, 왜냐하면 지상에는 기름 탱크와 측정 장치들을 포함한 부스만이 보이기 때문이다. 여기서 물은 다기능적으로 작동하게 된다. 즉 물은 터빈과 발전기를 돌리는 에너지도 가져오고 발전기에서 산출되는 열도 식힌다. 기름 또한 탁월하게 다기능적으로 작동한다. 기름은 발전기가 부드럽게 돌아가게 만들고, 자기유도코일을 절연시키며, 이 코일의 열을 통으로 보내어 거기서 열이 물에 의해 식혀지도록 한다. 또 기름은 축의 패킹 상자를 통해 통 안으로 물이 투입되는 것을 막는데, 이는 통 안에 있는 기름의 압력이 통 바깥에 있는 물의 압력보다 크기 때문이다. 이 고압력 자체도 다기능적이다. 그것은 지속적인 압력 하에서 베어링들에다가 윤활유 넣기를 실행하면서 동시에 베어링들의 방수가 고장났을 때 물이 투입되는 것을 막는다. 그런데 여기서 이러한 구체화와 이러한 관계적 적응이 가능하게 되는 것은 바로 그 다기능성 덕분이라는 점에 주목해야 한다. 갱발의 발명 이전에는 터빈을 담고 있는 수압관 속에 발전기를 넣는다는 걸 생각할 수 없었다. 왜냐하면 비록 방수와 절연의 모든 문제들이 해결될 수 있다고 상정해도, 발전기가 수압관 안에 놓여지기에는 너무 컸기 때문이

** 이 터빈은 프랑스에 새로 등장한 조력(潮力)이용공장들에서 사용하는 **벌브(bulbe)형** 터빈들과 같은 유형의 것이다. 그것들은 반대로 돌릴 수도 있고, 에너지 소비를 줄이면서 간조(干潮) 때 물을 끌어올리는 데 사용할 수 있다.

었다. 그런데 물 방수와 전기 절연의 문제들을 해결하기 위해 사용된 바로 그 방식이 또한 기름과 물의 이중 매개를 통해 탁월한 냉각을 가능하게 하면서 수압관 안에 발전기를 놓을 수 있게 만들었다. 수압관 안에 발전기를 설치하는 것이 동시에 물에 의한 강력한 냉각을 허용하면서 발전기 그 자신을 가능하게 만든다고까지 말할 수 있을 것이다. 그런데 그 높은 냉각 효율이 같은 전력을 지니면서도 크기들을 상당히 축소할 수 있게 한 것이다. 갱발 발전기는 공기 중에서 최대 전력으로 사용된다면 열에 의해 곧 파괴되겠지만 기름과 물이 둘러싸고 있는(이때 기름은 발전기의 회전 운동을 통해서, 물은 터빈의 교란을 통해서 힘차게 공급된다) 이중 용기^{容器} 한가운데에 놓여 있어서 과열은 거의 감지되지 않을 정도로 나타난다. 구체화는 여기서 해결된 문제를 상정하는 qui suppose le problème résolu 발명에 의해서 조건지어진다. 실제로, 이런 구체화가 가능한 것은 바로 이 구체화를 통해서 창조된 새로운 조건들 덕분이다. 과진화적이지 않은 적응이 존재하도록 하는 유일한 환경은 적응 그 자체에 의해 창조된 환경이다. 이때의 적응 행위는 단지 적응 과정 이전에 이미 주어져 있던 환경과 관련해서 정의될 때의 적응 행위를 의미하는 것이 아니다.

구체화-적응은 이미 주어진 환경에 의해 조건지어지는 것이 아니라 환경 자체의 탄생을 조건짓는 과정이다. 이 과정은 발명 이전에는 잠재적으로만 존재하는 환경에 의해 조건 지어진다. 발명이 있는 것은 바로 이 과정이 창조한 환경의 내부에 이 과정이 설정해 놓은 관계에 의해 실행되고 정당화되는 어떤 도약이 있기 때문이다. 터빈-발전기라는 이런 쌍의 가능 조건이 곧 그 쌍의 실현이다. 그 쌍은 오직 물리적인 크기를 축소시킬 수 있는 열 교환 방식을 실현하고 있기 때문에만 기하학적으로 수압관 안에 놓여질 수 있는 것이다. 구체화하는 발명은 기술적 대상의 작동

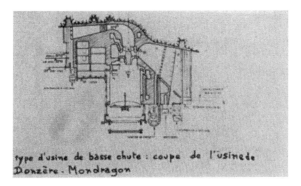

저낙차를 이용하는 발전
소 유형. 동제레-몽드라공
(Donzère-Mondragon) 지
역의 발전소 단면도.

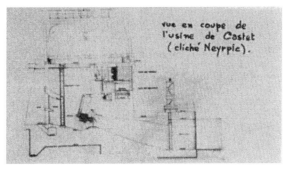

카스테(Castet) 지역의 발전
소 단면도.(니어픽Neyrpic
복사판)

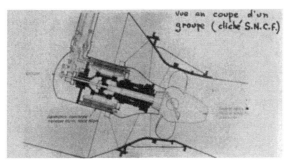

[갱발식] 발전장치의 단면
도.(S. N. C. F. 복사판)

가능성의 조건이 되는 기술-지리적 환경(여기서는 기름과 소용돌이치고 있는 물)을 실현한다고 할 수 있을 것이다. **그러므로 기술적 대상은, 기술적이면서 동시에 지리적인, 이 혼합된 환경의 존재 조건이기에 그 자신의 조건이다.** 이런 자기-조건화[자기조정]^{auto-conditionnement} 현상은 과진화나 이에 따른 부적응의 경향 없이 기술적 대상들의 발전이 가능하게 되는 원리를 정의한다. 과진화는 적응이 적응 과정 이전에 존재하는 여건에 관련될 때 돌발한다. 이런 적응은 사실 항상 그 적응 이전에 선행하는 조건들을 열심히 따라가는데, 이는 그 적응이 그 조건들에 영향을 미치지도 않고 또 그 조건들을 자기 식으로 바꾸려고도 하지 않기 때문이다.

기술적 대상들의 진화가 진보될 수 있는 것은 오직 그 기술적 대상들이 그들의 진화에서는 자유로우면서도 치명적인 과진화의 방향이 필연적이지 않은 한에서만 가능할 수 있다. 이것이 가능하기 위해서는, 기술적 대상들의 진화가 구축적이어야만 한다. 다시 말해, 그 진화는 변경될 때마다 자기-조건화되는, 그런 기술-지리적인 세번째 환경의 창조로 나아가야만 한다. 이는 미리 정해져 있는 방향으로의 행진이라고 인식된 진보도 아니고 자연의 인간화도 아니다. 물론 그 과정은 인간의 자연화로 나타날 수도 있을 것이다. 인간과 자연 사이에 오직 인간의 지성에 의해서만 가능하게 되는 기술-지리적 환경이 실제로 창조되기 때문이다. 자신의 작동 결과에 의한 도식의 자기-조건화는 자연 안에서뿐만 아니라 이미 구성된 기술적 대상들 안에서도 아직 발견되지 않은 예측의 발명적 기능을 사용하는 것이 필수적이다. 그래서 생명의 작업은 주어진 실재와 자신의 현실적 시스템을 넘어 새로운 형태들을 향해 어떤 도약을 일구어 내는 것이다. 이때 그 새로운 형태들은 구성된 하나의 시스템으로서 오로지 모두가 함께 존재하기 때문에만 유지되는 것이다. 즉 하나의 새로운 기관이 진화의 계열 속에서 나타날 때 그 기관이 유지될 수 있는 것은 그것이 다기능적이고 체계적인 수렴을 실현하는 한에서만 가능할 뿐이다. 그 기관이 기관 자신의 조건인 것이다. 바로 이와 같은 방식으로, 지리적 세계와 이미 존재하는 기술적 대상들의 세계가, 관계적인 기능에 의해 정의되는 것이자 유기적인 과정인 어떤 구체화 안에서 서로 관계 맺는 것이다. 오로지 완성될 때에만 안정적일 수 있는 둥근 천장과 같이, 관계의 기능에 충실한 이런 대상은 오직 그 자신이 존재한 이후에야, 그 자신이 존재하기 때문에만, 스스로를 유지하며 정합적일 수 있다. 그 대상은 자기 자신으로 자신에게 연합된 환경$^{milieu\ associé}$을 창조하고, 실제로 이 환경 안에서 개별화된다.

2. 기술적 발명: 생명체와 발명적 사유에서 바탕과 형태

따라서 기술적 존재자들의 개별화^{individualisation*}가 기술적 진보의 조건이라고 단언할 수 있다. 이 개별화는, 기술적 존재자가 자기 주위에 창조하고 조성한 환경이면서 그 자신이 또한 이 환경에 의해 영향을 받는, 그런 환경 안에서 일어나는 인과작용의 회귀를 통해서 가능해진다. 기술적이면

---

* [옮긴이] 시몽동은 개별화(individualisation)를 개체화(individuation)와 구분하여 사용한다. 개별화는 엄밀하게 말하자면 "개체화된 존재의 개체화"(시몽동, 『형태와 정보 개념에 비추어 본 개체화』 l'Individuation à la lumière des notions de forme et d'information, Millon, 2005, p. 267), 즉 이미 개체화된 존재의 개체화를 일컫는다. 시몽동은 심리적 개체화와 기술적 개체화의 경우에 이 '개별화'라는 용어를 사용하는데, 둘 다 일차적인 개체화를 전제한다. 심리적 개체화는 생물학적 개체화 이후에 발달되어 나오는 이차적인 개체화로서 생명체를 매체로서 필요로 한다. 기술적 개체화는 자연환경으로서의 물질과 발명하는 인간(생물학적 개체이자 심리사회적 개체)과의 관계 속에서 이루어지기 때문에 역시 물리적 개체화와 생물학적 개체화 이후에 발달되는 이차적인 개체화에 해당한다. 기술적 개체는 자연과 인간의 관계 속에서 구체화되면서 개별화한다('개체화'에 대해서는 105~106쪽 옮긴이 주 참조).

서 동시에 자연적인 그 환경은 연합 환경$^{milieu\ associé}$이라 부를 수 있다. 기술적 존재는 작동할 때 바로 이 연합 환경에 맞춰서 스스로를 조절한다. 이 환경은 제작된 것이 아니다. 적어도 완전히 제작된 것은 아니다. 그것은 기술적 존재자를 둘러싸고 있는 자연적 요소들의 어떤 체제이고, 이 체제는 또한 기술적 존재자를 구성하는 요소들의 어떤 체제에 연결되어 있다. 이 연합 환경은 제작된 기술적 요소들과 자연적 요소들(이 가운데에서 기술적 대상이 작동하고 있다) 사이의 관계를 매개하는 것이다. 이것이 바로 갱발 터빈 안에서와 그 주위에서 운동하고 있는 기름과 물에 의해 구성된 앙상블이다. 이 앙상블은 그 안에서 발생하는 회귀적인 열 교환을 통해 구체화되고 개별화된다. 터빈이 더 빨리 돌수록 발전기는 줄효과$^{effet\ Joule}$와 자기^{磁氣} 손실을 통해 열을 더 많이 배출한다. 그러나 터빈이 더 빨리 돌수록 회전자 주위의 기름과 통 주위의 물의 교란도 더 증가하고 회전자와 물 사이의 열 교환을 활성화한다. 발명된 그 기술적 대상[갱발 터빈]의 존재 조건이 바로 이런 연합 환경이다. 엄밀하게 말하자면, 자신이 존속하기 위해서 연합 환경을 필요로 하는 그런 기술적 대상들만이 발명되는 것이다. 이런 기술적 대상들은 잇따른 진화의 위상들 속에서 부분별로 형성될 수 없다. 왜냐하면 그것들은 오로지 전체로서만 존재할 수 있고 그렇지 않으면 존재할 수 없기 때문이다. 자연적 세계와 연결되어 있으면서 회귀적 인과작용을 본질적으로 실행하는 기술적 대상들은 오로지 발명될 수만 있을 뿐이지 점진적으로 형성되는 것이 아니다. 왜냐하면 그 대상들은 바로 자기 자신의 작동 조건의 원인이기 때문이다. 그 대상들은 오직 문제가 해결될 때에만, 즉 그것들이 자신들의 연합 환경과 더불어 존재할 때에만 존속할 수 있다.

바로 이런 이유로 기술적 대상들의 역사 속에서 그와 같은 불연속성이 절대적인 기원들과 더불어 눈에 띄는 것이다. 앞을 내다볼 수 있고 창조적 상상력을 지닌 사유만이 시간적으로 거꾸로 된 그런 조건화를 실행할 수 있다. 즉 물질적으로 장차 기술적 대상을 구성할 것이면서, 그 기술적 대상의 구성 이전에는 연합 환경도 없이 서로 분리되어 있는 요소들은, 그 대상이 구성될 때 비로소 존재하게 될 순환적 인과작용의 견지에서 서로서로 관련 맺으면서 조직화되어야만 하는 것이다. 그러니까 여기서 중요한 것은, 아직 존재하지 않는 것에 의한, 즉 미래에 의한 현재의 조건화인 것이다. 이와 같은 미래의 기능은 지극히 드문 경우에만 우연의 소산일 수 있을 뿐이다. 그런 미래의 기능은, 방향을 주도하는 앙상블의 가치를 띠고 아직 존재하지 않는 미래의 그 앙상블을 표상하는 상징의 역할을 맡고 있는 어떤 요구들의 관점에서, 요소들을 조직화하는 역량의 실행을 필요로 한다. 새로운 기술적 대상의 작동을 가능하게 할 인과작용 관계들이 장차 펼쳐지게 될 미래의 연합 환경의 단일성은, 마치 해당하는 실존 인물이 없어도 어떤 역할이 연기될 수 있는 것처럼, 창조적 상상력의 도식들에 의해서 **표상되고, 실행된다**. 사유의 역동성^{dynamisme}은 기술적 대상들의 역동성과 같은 것이다. 기술적 대상의 다양한 역동들이 물질적인 작동 속에서 서로서로 영향을 미치듯이 정신적 도식들도 발명 과정에서 서로서로 영향을 미친다. 기술적 대상에 연합된 환경이 갖는 단일성은 생명체의 단일성에서 그 유사물^{analogue}을 갖는다. 발명 과정에 비추어 보면, 생명체의 이 단일성은 정신적 도식들의 정합성인 셈인데, 이 도식들은 동일한 존재 안에 존재하면서 그 속에서 펼쳐진다는 사실에 의해 정합성을 획득하는 것이다. 거기서 모순되는 도식들은 서로 대립하면서 서로를 축소시킨다. 바로 이 점 때문에 생명체는 생명체 자신이 발명할 수 있는 자신에게 연합된 환경을 그 자신과 더불어 갖는 하나의 개체적 존재자인 것이다. 자기 자신을 스스로 조건짓는 [생명체의] 이런 역량이 기술적 대상들(역시 그 자신들을 스스로 조건짓는)을 생산하는 역량의 원리에 속한다. 발명적 상상력에 대한 분석에서 심리학자들이 주의하지 못했던 것은 저절로 두드러지고 부각되는 요소들인 도식들이나 형태들 또는 조작操作, opérations이 아니라, 그 도식들이 서로 대립하거나 서로 화합하면서 참여하고 있는 역동적인 바탕fond dynamique 바로 그것이다. 형태 심리학Psychologie de la Forme은 전체의 기능에 대해 분명하게 주목했으면서도 형태에 힘을 부여했다. 상상 과정에 대해 더욱 심층적으로 분석해 보면, 결정하는 자이면서 에너지의 역할을 하는 것은 형태들이 아니라 오히려 그 형태들을 지탱하고 있는 바탕이라는 점이 틀림없이 드러날 것이다. 항상 주의에서 비껴나 있던 그 바탕은 역동들을 품고 있는 것이다. 바탕은 형태들의 시스템을 존재하게 만드는 것이다. 형태들은 형태들에 참여하는 것이 아니라 바탕에 참여한다. 이 바탕은 모든 형태들의 시스템이고, 아니 심지어 형태들이 분리된 것으로서 존재하며 분명한 시스템 안에서 구성되기도 전에, 그 형태들의 경향성들이 존재하는 공동 저장소다. 형태들을 바탕에 연결하는 이 참여의 관계relation de participation는 현재에 걸터앉아 있으면서 미래의 영향을 현재로 퍼뜨리는, 잠재적인 것le virtuel을 현실적인 것l'actuel으로 확산시키는 그런 관계이다. 왜냐하면 바탕은 유유히 전진해 가는 잠재성들, 퍼텐셜들, 힘들의 시스템이지만, 형태들은 현실성의 시스템이기 때문이다. 발명은 잠재성들virtualités의 시스템을 통해서 현실성actualité의 시스템을 부양하는 것이고, 그 두 시스템들에 입각해서 유일무이한 어떤 시스템을 창조하는 것이다. 형태들은 현실성을 나타낸다는 점에서 수동적이다. 그것들은 이전의 잠재성들을 현실성으로 이끌면서 바탕과 관련하여 스스로를 조직화할 때 능동적으로 된다. 형태들의 시스템이 잠재성들의 바탕에 참여할 수 있게 되는 그 양상들을 해명하는 것은 물론 매우 어렵다. 우리가 말할 수 있는 것은 단지 이뿐이다. 즉 구성된 기술적 대상의 구조들 각각이 연합 환경의 역동들과 맺는 관계 속에서 존재하는 양식은 바로 인과작용과 조건화의 양식에 따른다는 것이다. 구조들은 연합 환경 안에 있으며, 이 연합 환경에 의해서 결정되고, 이 연합 환경을 통해서 기술적 존재의 다른 구조들에 의해서도 결정된다. 구조들 또한 연합 환경을 부분적으로, 그러나 자신들 각각에 맞게 결정짓는다. 반면, 구조 각각에 의해서 따로따로 결정된 기술적 환경은 그 구조들에게 작동의 에너지적, 열적, 화학적 조건들을 제공하면서 그 구조들을 총체적으로 결정짓는다. 연합 환경과 구조들 사이에는 인과작용의 회귀가 있지만, 이 회귀는 대칭적이지 않다. 그 환경은 정보의 역할을 한다. 그것은 자기-조절작용들의 본부이자, 정보나 그 정보에 의해 이미 조절된 에너지를 실어 나르는 매체다(예컨대 더나 덜 빠른 운동으로 활성화되면서 통을 더나 덜 빠르게 냉각시키는 물). 연합 환경이 항상성을 유지하는 반면에, 구조들은 비회귀적 인과작용에 의해서 활성화된다. 구조들은 자기 고유의 방향 속에서 각각 진행한다. 프로이트 Sigmund Freud 는 심리적 삶 안에서 형태들에 대한 바탕의 영향을 분석했다. 그는 이 영향을 명시적인 형태들에 대한 은폐된 다른 형태들의 영향으로 해석했다. 이로부터 억압 개념이 나왔다. 사실 경험은 상징화가 존재한다는 것은 분명하게 입증하지만(격렬한 정서적 동요를 일으킨 어떤 장면에 대해 최면상태에서 들었던 사람이 최면에서 깨어난 다음에는 그 장면을 상징적으로 치환시켜 설명하는 경험들), 무의식이 명시적인 형태들에 비교될 수 있는 형태들로 가득 차 있다는 것은 입증하지 않는다. 만일 심리적 바탕의 존재(의식적인 상태와 각성된 상태가 출현시키는 명시적인 형태들이 그 위에서 펼쳐지며 거기에 참여하고 있다)가 유효한 것으로 생각된다면, 경향성들의 역동으로도 그 상징화를 설명하기에는 충분하다. 그 형태들 사이에 회귀적인 인과작용 관계를 세우고, 앙상블로 포착되는 형태들의 시스템을 개조시키는 것은, 바로 형태들의 체계화에 연합되어 있는 환경이다. 소외란 심리적인 삶 안에서 일어난 바탕과 형태들 사이의 단절이다. 즉 연합 환경이 형태들의 역동성에 대한 조절을 더 이상 실행하지 않는 것이다. 상상력은 지금까지 잘못 분석되어 왔다. 왜냐하면 형태들이 심리적인 삶과 물리적인 삶에서 주도권을 쥐고 있는 것으로 간주되고 활동의 특권을 부여받아 왔기 때문이다. 사실은 삶과 사유 사이에 아주 커다란 친연성親緣性이 있다. 살아 있는 유기체 안에서 살아 있는 모든 물질은 삶에 협조한다. 신체 안에서 삶의 주도권을 쥐고 있는 것은 가장 눈에 잘 띄고 분명하게 드러나는 구조들만이 아니다. 피, 림프, 결합조직들도 삶에 관여한다. 하나의 개체는 시스템들로 연결되어 있는 기관들의 집합만으로 이루어지지 않는다. 그것은 또한 기관도 아니고, (기관들을 위한 연합 환경을 형성하는 것으로서의) 살아 있는 물질의 구조도 아닌, 그런 것으로도 이루어진다. 살아 있는 물질matière vivante은 기관들의 바탕이다. 기관들을 서로서로 연결시켜 주고 이를 하나의 유기체로 만드는 것이 바로 그 살아 있는 물질이다. 기관들이 갑작스러운 그러나 제한되어 있는 변이들을 발생시킬 수 있도록 하는 토대, 즉 열적이고 화학적인 근본적인 평형들을 유지하는 것이 바로 그 살아 있는 물질이다. 기관들은 신체에 참여한다. 이 살아 있는 물질은 순수한 비결정성과 순수한 수동성으로부터 아주 멀리 떨어져 있다. 그것은 더욱이 맹목적인 열망도 아니다. 그것은 정보화된 에너지énergie informée의 운송자다. 이와 마찬가지로, 사유도 분리되어 구별될 수 있는 분명한 구조들을, 즉 표상들, 이미지들, 어떤 기억들, 어떤 지각들과 같은 것들을 포함한다. 그러나 이 모든 요소들은 하나의 바탕에 참여한다. 이 바탕은 그 요소들에게 어떤 방향이나 항상성을 지닌 단일성을 부여하며, 정보화된 에너지를 이 요소에서 저 요소로, 또 모두로부터 각각에게로 운송한다. 그 바탕은 암묵적인 공리계^{axiomatique implicite}라고 부를 수 있을 것이다. 그 안에서 형태들의 새로운 시스템들이 정교하게 만들어지기 때문이다. 이런 사유의 바탕이 없다면, 사유하는 존재자도 없을 것이고, 연결되지 않은 일련의 불연속적인 표상들만 있게 될 것이다. 그 바탕은 형태들에 연합되어 있는 정신적 환경이다. 그것은 삶과 의식적인 사유 사이의 매개항이다. 기술적 대상에 연합된 환경이 그 기술적 대상의 제작된 구조들과 자연 세계 사이의 매개항인 것처럼 말이다. 우리는 기술적 존재자들을 창조할 수 있다. 왜냐하면 우리는 우리가 기술적 대상 안에 설정하는 것과 매우 유사한 물질-형태^{matière-forme}*의 관계 맺음과 관계들의 작용을 우리 안에 지니고 있

---

* [옮긴이] 'matière-forme'은 통상 '질료-형상'으로 옮길 수 있으나 여기서는 '물질-형태'로 옮긴다. 시몽동은 어떤 개체나 구조의 생성을 '질료형상도식'으로 해명하는 것을 근본적으로 비판한다. 질료형상도식은 그의 개체화론에서 주된 비판 대상인데, 그의 비판에 따르면, 질료형상도식은 이미 완성되어 있는 질료와 형상, 그리고 양자의 단순 결합물로서의 개체만 드러낼 뿐, 개체가 발생하는 과정 그 자체는 '불투명한 지대'로 남겨 둔다. 즉 개체화하는 동안 질료와 형상 사이에서 일어나는 능동적인 상호작용과 이런 '관계의 실재성'을 놓친다. 따라서 질료와 형상 사이에 소통과 상호작용을 가능하게 하는 정보의 역할, 순수 사건으로서의 개체 발생도 은폐한다. 뿐만 아니라, 수동적이고 타성적인 질료와 능동적으로 결정하는 형상은 노예의 수동성과 명령하는 주인의 사회적 위계를 반영하는 표상으로서 기술에 대한 편견을 산출해 왔다. 특히 이 책에서는 기술적 경험에 대한 불충분한 검토에 근거한 질료형상도식을 생명적 개체화의 경우에까지 확대 적용함으로써 기계와 생명체를 동일시하고 자동주의를 생명체에 부당하게 적용시킨다는 점, 그리고 기술적 조작(操作)의 본성을 가리는 노동 개념의 불충분성에 질료형상도식이 개입하고 있다는 점 등이 비판되고 있다(이 점에 관해서는 이 책 245~246쪽, 결론 부분, 특히 347쪽 이하, 357쪽 이하 참조). 따라서 'forme'을 '형상'이 아닌 '형태'로 번역해야 하는 이유도 거기에 있다. '형상'은 생성 이전에 이미 주어져 있는 실체를 뜻한다면, '형태'는 변환적 조작(操作) 과정을 통해서 생성하고 발생한다는 것을 함축하기 때문이다. '질료와 형상'의 관계 맺음은 여기서 '바탕과 모양, 환경과 구조, 살아 있는 물질과 형태'의 관계 맺음으로 대체되며, 형상에 의한 질료의 지배가 아니라, 공동의 상호작용 속에서 발생하는 것(형태를 점차 갖추어 가는 것)으로서의 형태라는 의미가 부각되어야 한다.

기 때문이다. 사유와 삶 사이의 관계 맺음은 구조화된 기술적 대상과 자연적 환경 사이의 관계 맺음과 유사하다. 개별화된 기술적 대상은 발명되었던 대상, 다시 말해, 삶과 사유 사이의 회귀적 인과작용을 통해서 인간에게 생산되었던 대상이다. 삶이나 사유 어느 한쪽에만 연합되어 있는 대상은 기술적 대상이 아니라 사용기구나 기계장치에 불과하다. 그것은 내적 일관성을 갖지 않는다. 왜냐하면 그것은 회귀적 인과작용을 확립하는 연합 환경을 갖지 않기 때문이다.

3. 기술적 개별화

연합 환경 안에서의 회귀적 인과작용을 통해 이루어지는 기술적 대상의 개별화 원리는 몇몇 기술적 앙상블들을 더 분명하게 사유할 수 있게 하고, 그것들을 기술적 개체로 다루어야 하는지 아니면 개체들로 조직화된 집단으로 다루어야 하는지도 알 수 있게 한다. 우리는 연합 환경이 작동의 **필수불가결한**sine qua non 조건으로 존재할 때 기술적 개체가 존재하며, 그 반대의 경우에는 앙상블이 존재한다고 말할 것이다. 감각에 대한 생리학 실험실을 예로 들어 보자. 청력계는 하나의 기술적 개체인가? 아니다. 만일 그것이 전력공급회로와 분리되어 있고, 전기-음향 변환기로 사용되는 이어폰이나 마이크를 갖고 있지 않다고 한다면 말이다. 청력계는 따라서 주파수와 강도가 안정적이고 가청역可聽閾의 측정이 가능할 수 있도록 온도, 전압, 소음 수준 등의 어떤 조건들 속에 놓여 있어야만 되는 것으로 정의된다. 방의 흡수계수와 여러 주파수에 대한 공진共振이 고려되어야만 한다. 놓여 있는 장소가 완성된 기계장치의 일부를 이루기 때문이다. 그래서 청력계는 평야의 탁 트인 벌판에서 작용하거나 아니면 유리섬유로 벽을 두

껍게 덮고 바닥에 소리 흡수 장치를 설치한 방음된 방에서 측정하기를 요구한다. 그렇다면 제작자로부터 구매한 것으로서, 또는 누군가가 직접 만든 것으로서, 청력계라는 것 자체는 무엇인가? 그것은 상대적 개별성을 소유한 기술적 형태들의 앙상블이다. 그것은 일반적으로 두 종류의 고주파 발진기를 갖고 있는데, 하나는 고정된 것이고 다른 하나는 가변적인 것이다. 두 주파수들 중 낮은 비트는 들을 수 있는 소리를 생산하는 데 쓰이고, 감쇠기減衰器[출력조정기]는 자극의 강도를 조절할 수 있게 한다. 그 발진기들 각각은 단독으로 하나의 기술적 대상을 형성하지 못하는데, 왜냐하면 그것이 안정적이기 위해서는 안정된 가열 전압과 애노드 전압이 필요하기 때문이다. 이러한 안정화는 일반적으로 발진기의 기술적 형태들에 연합된 환경을 기능적으로 구성하는 회귀적 인과작용의 전기 시스템에 의해 획득된다. 그러나 그 연합 환경이 완벽하게 연합 환경인 것은 아니다. 그것은 오히려 하나의 이전移轉 시스템이고, 발진기들이 자연적이고 기술적인 외부 환경에 의해 영향 받지 않도록 하는 일종의 적응 수단이다. 그 환경은 발진기들 중 하나에서 우연히 발생한 주파수 표류가 이에 대립하는 공급전압의 변동을 결과적으로 도출할 때에만 진정한 연합 환경이 될 것이다. 조절된 공급전력과 발진기들 사이에는 따라서 상호 인과작용에 의한 교환이 있을 것이다. 그러면 자동으로 안정화될 것은 바로 기술적 구조들의 앙상블일 것이다. 그런데 여기서는 이와 달리, 오직 공급전력만이 자동으로 안정화될 뿐이고, 그것은 발진기들 중 하나의 주파수에서 일어난 우연한 변동들에 반작용하지도 않는다.

이 두 경우 사이의 이론적·실천적 차이는 막대하다. 사실, 만일 공급전력이 발진기들과의 회귀적 인과작용의 연결 없이도 간단하게 안정화된다면, 이 공급전력과 동시에 실행되는 활용들은 불편함 없이 제한하거나 확장될 수 있을 것이다. 예컨대 출력의 정상적인 한계들을 넘어서지 않는 한에서 작동을 교란시키지 않으면서도 동일한 공급전력에 3번째 발진기를 연결시키는 것이 가능하다. 정반대로, 효과적인 피드백 조절력을 획득하기 위해서는 단 하나의 구조가 단 하나의 연합 환경에 연결되는 것이 필수적이다. 그렇지 않다면, 동일한 연합 환경에 상호협력적이지 않게 연결된 두 구조들의 상반된 방향으로 가는 우연한 변동들은 서로 상쇄될 수 있을 것이고 조절력을 지닌 반작용에 이르지 못할 것이다. 따라서 동일한 연합 환경에 연결된 구조들은 상호협력적으로 기능해야만 한다. 이런 이유로, 청력계는 동일한 연합 환경을 통해 자기-안정성을 지닐 수 없는 구분되는 두 부분을 최소한 포함하는데, 한 부분은 주파수들의 발전기이고, 다른 한 부분은 증폭기-감쇠기이다. 그 앙상블들의 한 부분이 다른 부분에 작용하지 않도록 해야만 한다. 그래서 특히 두 공급전력을 세심하게 분리시키도록 하고 그 둘 사이의 모든 상호작용을 피하기 위해서 그들을 분리시키는 전기적이고 자기적인 칸막이를 설치하도록 해야 한다. 반대로, 청력계의 물질적 한계는 기능적 한계가 아니다. 증폭기-감쇠기는 음향 재생기나 방을 통해서, 아니면 확성기나 이어폰으로 연결되어 있는 듣는 자의 귀를 통해서 통상 연장된다. 이로부터 기술적 대상들의 개별화에 상대적인 수준들이 존재한다고 상정할 수 있다. 그 기준은 **가치론적인 값**^{valeur} axiologique을 지닌다. 한 기술적 앙상블의 정합성은 이 앙상블을 구성하는 하위 부품들이 상대적 개별화의 동일한 수준에 속할 때 최대치에 달한다. 그래서 감각들에 대한 생리학 실험실에서는, 청력계의 두 발진기들과 증폭기-감쇠기를 함께 묶는 데서 오는 어떠한 이점도 없다. 오히려 두 발진기들을 함께 묶어서 그것들이 전압이나 온도의 변동에 따라 동시에 동일한 비율로 영향을 받도록 하는 것이 낫고, 그래서 두 기본적인 주파수들이 동시에 증가하거나 감소한다고 한다면, 각각의 발진기들로부터 나온 두 주파수들의 상관적인 변동들로부터 귀결될 낮은 비트 주파수의 변동이 가능한 한 축소될 것이다. 반면에, 이는 한쪽 발진기의 공급전력은 전기회로의 한 상柱에 연결되고 다른 쪽 발진기는 전기회로의 다른 상柱에 연결되는 방식으로 서로 분리된 두 공급전력으로부터 만들어지는 비트 주파수 발전기의 기능적 단일성에는 완전히 상반될 것이다. 두 발진기들의 앙상블에다가 낮은 비트의 주파수들의 커다란 안정성을 부여하는 두 변동들의 상쇄는 자기-안정화 효과를 파괴할 것이다. 반대로, 증폭기의 애노드 소비 변동들이 발진기들의 공급전압에 반작용하는 것을 피하는 방식으로, 증폭기-감쇠기가 연결되어 있는 상柱과는 다른 연결망의 상柱에 발진기들을 연결시키는 것이 유용할 것이다.

하나의 앙상블 안에서 기술적 대상들의 개별화 원리는 따라서 연합 환경 안에서의 회귀적 인과작용을 통해 구성되는 하위부품들의 원리이다. 자신들의 연합 환경 안에서 회귀적 인과작용을 갖는 모든 기술적 대상들은 서로 분리되어 있어야만 하고 또 그들 각각이 연합 환경들에 대한 독립성을 유지하는 방식으로 서로서로 연결되어야만 한다. 그래서 발진기들의 하위부품과 증폭기-감쇠기-재생기의 하위부품은 공급전력에서도 서로 독립적이어야 할 뿐만 아니라 또한 서로서로의 짝짓기couplage에서도 독립적이어야만 한다. 증폭기의 입력은 발진기들의 출력에 비해 매우 높은 임피던스에 있어야만 하는데, 이는 발진기들에 대한 증폭기의 반작용이 상당히 약화될 수 있도록 하기 위해서인 것이다. 예컨대 만일 감쇠기가 발진기들의 출력에 직접 연결된다면, 이 감쇠기의 조절이 발진기들의 주파수에 반작용할 것이다. 모든 하위부품들을 포함하는 상위의 앙상블은 개별화된 하위부품들의 자율성을 해치지 않으면서 이러저러한 관계를 자유롭게 실현할 수 있는 역량에 의해 정의된다. 실험실에서 제어와 접속들을 담당하는 일반적인 계기판의 역할이 그 예다. 정전기적이고 전자기적인 차폐막들, 캐소드 팔로워^{cathode-follower}라는 것과 같은 반작용 없는 접속장치^{couplage}의 사용은 하위부품들의 작동들 사이에 필수적인 여러 가지 조합들을 허용하면서 하위부품들 전부의 독립성이 유지될 수 있게 하는 것을 목표로 한다. 작동들의 조건들 사이에 상호작용 없이 그 작동들의 결과들을 활용하는 것, 이것이 바로 실험실이라 부를 수 있는 앙상블이 이차적으로 갖는 기능적 역할이다.

그러므로 개별성이 어느 수준에 있는지 물을 수 있을 것이다. 하위부품의 수준에 있는지, 아니면 앙상블의 수준에 있는지? 이에 대한 답은 항상 회귀적 인과작용의 기준을 따라서 내려질 수 있다. 사실, (실험실의 것과 같은) 상위 앙상블의 수준에서는, 진정한 의미에서의 연합 환경이란 없다. 만일 그것이 존재한다면, 어떤 관점에서만 그런 것이고, 일반적인 게 아니다. 그래서 청력 측정 실험이 진행되고 있는 방 안에 발진기들이 있는 것은 종종 곤란한 일이다. 만일 그 발진기들이 쇠로 된 자기^{磁氣} 회로를 지닌 변압기들을 사용한다면, 그 자성을 띤 얇은 금속판의 자기변형^{磁氣變形, magnétostriction}*이 듣기 싫은 소리를 내는 진동을 만들어 낸다. 저항기와 정전용량을 지닌 발진기 또한 교류 전기 인력에서 기인하는 약한 소리를 산출한다. 정제된 실험을 하기 위해서는 다른 방 안에 그 기계장치들을 놓고 먼 거리에서 조정하거나 아니면 방음장치가 된 방 안에 실험자를 따로 분리시켜 놓는 것이 필수적이다. 마찬가지로, 전력공급 변압기들의 자기^{磁氣} 방사는 뇌파기록검사와 심전도검사에서 증폭기들을 상당히 방해할 수 있

---

* '기술 용어 해설' 참조.

다. 그러므로 실험실과 같은 상위의 앙상블은 특히 연합 환경들의 우연한 창조를 피할 수 있도록, 비-접속 장치들로 구성된다. 앙상블은 단 하나의 연합 환경을 창조하는 것이 바람직하지 않다는 의미에서 기술적 개체들과 구분된다. 앙상블은 유일한 연합 환경의 창조 가능성에 맞서 싸우기 위해 상당수의 장치들을 포함한다. 앙상블은 그것이 포함하고 있는 기술적 대상들의 내적 구체화를 막고, 그 대상들의 조건들 간에 상호작용을 허용하지 않으면서, 그것들의 작동들로부터 나오는 결과물들만을 활용할 뿐이다.

그러면 기술적 개체들의 수준 이하에는, 역시 어떤 개별성을 소유한 집단들이 존재하는가?──물론이다. 그러나 이 개별성은 연합 환경을 지닌 기술적 대상들의 것과 동일한 구조를 갖지 않는다. 이것은 적극적인 연합 환경이 없는, 즉 자기-조절작용이 없는 다기능적 구성물composition의 구조다. 열음극관의 예를 들어 보자. 자동으로 분극화하는 캐소드 저항기와 함께 그 음극관이 어떤 조립물 안에 삽입될 때, 그것은 자기-조절작용 현상들을 낳는 본부가 된다. 예컨대 발열 전압이 증가하면 음극화를 증가시키는 캐소드의 열전자방출도 증가한다. 그 음극관은 그 이상으로 더 증폭하지 않고 자신의 애노드적 분산뿐 아니라 자신의 출력도 더 이상 높이지 않는다. 입력 수준에서의 변동들에도 불구하고 출력 수준들을 자동으로 고르게 안정화시키는 A급 증폭기들amplificateurs de classe A**의 경우에서도 이와 비슷한 현상을 볼 수 있다. 그러나 이런 조절된 역-반작용들[음성 피드백]은 그들의 본부를 유일하게 그 음극관 내부에만 두지 않는다. 그것들은 조립물의 앙상블에도 의존하고, 결정된 조립물들을 지닌 어떤 경우들에서

** '기술 용어 해설' 중 '증폭기 등급' 항목 참조.

는 아예 존재하지도 않는다. 그래서 애노드가 과열된 2극관은 두 방향으로 인도되면서 그 속을 가로지르는 전류의 강도를 여전히 증가시킨다. 캐소드는 애노드로부터 나온 전자들을 수용하면서 한층 더 과열되어 전자들을 더 많이 방출한다. 이 같은 파괴적인 과정은 따라서 2극관만이 아니라 모든 조립물의 일부를 이루는 적극적인 순환적 인과작용을 나타낸다.

개체-이하의 기술적 대상들은 기술적 요소들이라 부를 수 있다. 그것들은 연합 환경을 소유하지 않는다는 점에서 진정한 개체들과 구분된다. 그것들은 하나의 개체 안에 통합될 수 있다. 열음극관은 완전한 하나의 기술적 개체라기보다는 하나의 기술적 요소이다. 그것은 생명체 안에 있는 하나의 기관에 비교될 수 있다. 이런 의미에서 보자면, 요소의 수준에서 기술적 대상들을 연구하는 것으로 일반 기관학^{organologie générale}을 정의하는 것이 가능할 것이다. 그리고 이 과학은 완전한 기술적 개체들을 연구할 기계학과 더불어서 기술공학의 일부를 이룰 것이다.

4. 기술성의 보존과 연쇄적 진화. 이완의 법칙

기술적 요소들의 진화는 기술적 개체들의 진화에 영향을 미칠 수 있다. 요소들과 연합 환경으로 구성된 기술적 개체들은 사용하고 있는 요소들의 특성들에 어느 정도 의존한다. 예컨대 오늘날 전자기 모터들은 거기에 쓰이는 자석들이 매우 작아졌기 때문에 그람^{Gramme}모터를 쓰던 시절보다 훨씬 더 작아질 수 있다. 어떤 경우들에서는, 요소들이 그것들을 생산했던 과거 기술적 조작^{操作, opération technique}*의 결정체^{結晶體}로서 존재한다. 예컨대 분말 자석, 또는 강화자석이라 부르는 자석들은 용해된 금속 덩어리 주위에 강력한 자기장을 유지하면서 그 덩어리를 냉각시켜 영구 자석이 되게 하는 방법으로 얻어진다. 즉 용해된 금속 덩어리를 큐리점^{Point de Curie}** 이상에서 자화^{磁化}하기 시작한 다음, 이 자화를 그 금속 덩어리가 냉각되는 동안 강력하게 유지시키는 것이다. 이는 그 금속 덩어리가 냉각된 다음에 자화되는 것보다 냉각되는 동안에 훨씬 더 강력한 자석을 형성하기 때문이다. 이 모든 것은 마치 강력한 자기장이 그 용해된 금속 덩어리 안에 있는 분자들의 방향성[자성]을 만들어 낸 것처럼, 즉 냉각시키는 동안과 고체 상태로의 이행 동안에 자기장이 보존된다면 냉각 이후에도 유지되는 그런 방향성[자성]을 만들어 낸 것처럼 일어난다. 그런데 자기장을 만들어 내는 가마, 도가니, 코일들은 하나의 기술적 앙상블인 시스템을 구성한다. 가마의 열은 코일들에 작용해서는 안 된다. 용해된 금속 덩어리 안에서 이런 열을 만들어 내는 유도장이 자화를 생산하도록 되어 있는 연속적인 장을 중립화해서는 안 되기 때문이다. 이 기술적 앙상블 자체는 몇 개의 기술적 개체들로 구성되는데, 이 기술적 개체들은 작동 결과와 관련해서 그리고 작동을 특수한 경우에 맞춰 조정하는 데 방해가 되지 않도록 서로 조

---

* [옮긴이] opération은 '조작'(操作)으로 옮긴다. 조작(操作)이란 "기계 따위를 일정한 방식에 따라 다루어 움직이거나, 작업 따위를 잘 처리하여 행함"을 의미하는데, "어떤 일을 사실인 양 꾸미거나 어떤 물건을 지어서 만듦"을 의미하는 조작(造作)과 혼동될 우려가 있어, 매번 한자어를 병기한다. 그런데 시몽동에서 이 '조작'(操作)은 특히 '구조'와 짝을 이루는 개념이다. 일반적인 개별 과학들(천문학, 물리학, 화학, 생물학 등)이 해당 영역에 속하는 실재의 '구조'에 주목한다면, 시몽동의 개체발생론에서는 그런 구조를 발생시키는 '조작'(操作)에 주목한다. 여기서 조작(操作)이란 무엇보다 그 과정을 통해서 어떤 구조를 출현시키는 것, 또는 하나의 구조를 다른 구조로 변화시키고 전환하는 과정을 뜻한다. 따라서 기술적 조작(操作)은 기술적 대상의 발생, 구조화, 구체화, 개체화 과정과 분리될 수 없다. 어떤 구조의 발생 과정인 조작(操作)은, 거꾸로 '구조'라는 것이 정태적이고 불변적인 실체가 아니라, 발생적 조작(操作)의 산물로서 관계적이라는 것, 관계적 연결망의 준안정적인 하나의 매듭에 해당한다는 것을 또한 함축한다. 조작(操作)과 구조는 분리불가능한 상호보완물로서, '개체된 것'보다 '개체화 과정'에 주목하는 시몽동의 발생적 존재론의 맥락에서 이해해야 한다.
** '기술 용어 해설' 참조.

직화되어 있다. 이렇게 기술적 대상들의 진화에서, 이전의 앙상블들로부터 이후의 요소들에로 가는 인과작용의 이행을 목격할 수 있다. 개체 안에 도입되어 개체의 특성들을 변경하는 그 요소들은 기술적 인과작용이 요소들의 수준에서 개체들의 수준으로, 다시 이 개체들의 수준에서 앙상블들의 수준으로 올라가게 만든다. 이로부터 다시 새로운 순환이 만들어지는데, 여기서는 기술적 인과작용이 제작 과정을 통해서 요소들의 수준으로 내려온 다음, 다시 새로운 개체들의 수준에서 재생되고, 그 다음 다시 새로운 앙상블들의 수준에서 재생된다. 그러므로 인과작용의 계보는 이런 식으로 직선이 아닌 톱니모양으로 존재하며, 동일한 실재가 요소의 형태로 있다가, 그 다음 개체의 특성으로, 마지막엔 앙상블의 특성으로 존재하게 되는 것이다.

　기술적 실재들 사이에 존재하는 역사적인 연대성은 요소들의 제작을 통해서 일어난다. 어떤 기술적 실재가 후손을 가지려면, 그것 자체가 개선되는 것만으로는 부족하다. 그것은 또한 실재의 수준들 안에 있는 이완relaxation의 공식을 따라서 그 순환적 생성 안에 참여해야만 하고 거기서 스스로를 재생해야 한다. 현재 안에서 기술적 존재자들이 서로서로에 대해 갖는 연대성은 일반적으로 훨씬 더 본질적인 다른 연대성을 은폐하고 있다. 이 연대성은 진화의 시간적 차원을 요구한다. 그렇다고 이 진화가 생물학적 진화와 동일한 것은 아닌데, 왜냐하면 생물학적 진화는 수준의 잇따른 변화들[요소, 개체, 앙상블 사이의 이행]을 거의 수반하지 않고 더 연속적인 계보들을 따라서 실행되기 때문이다. 생물학적 용어들로 옮겨 보자면, 기술적 진화는 하나의 종이 하나의 기관을 생산하고, 이 기관이 하나의 개체에 주어짐으로써, 다시 이 개체가 새로운 기관을 생산할 종적 계보의 첫번째 항으로 발전한다는 사실에서 성립할 것이다. 생명의 영역에서, 기관은 종으로부터 떼어 낼 수 없다. 그러나 기술의 영역에서, 요소는, 정확히 말해 제작된 것이기 때문에, 그것을 생산했던 앙상블로부터 떼어 낼 수 있다. 바로 거기에 **출생된 것**engendré과 **생산된 것**produit 사이의 차이가 있다. 기술적 세계는 이렇게 공간적 차원 이외에 역사적 차원도 갖는다. 현재적 연대성이 시간상에서 잇따른 연대성을 은폐해서는 안 된다. 사실 이 후자의 연대성이야말로 톱니모양으로 전개되는 자신의 진화 법칙을 통해서 기술적 삶의 주요한 시기들을 결정하는 것이다.

이런 이완의 리듬은 다른 어느 곳에서도 그에 상응하는 것을 발견할 수 없다. 인간적 세계든 지리적 세계든, 새로운 구조들의 분출과 잇따른 폭발을 지닌 이완의 변동들을 산출할 수는 없다. 이 이완의 시간은 고유한 기술적 시간이다. 이 시간은 역사적 시간의 다른 모든 측면들에 비해 지배적이 될 수 있다. 그래서 그 시간은 발전의 다른 리듬들을 동시에 진행시킬 수 있으며, 비록 역사적 위상들만 이끌고 동시 진행시키는 것이긴 하지만, 역사적 진화 전체를 결정하는 것처럼 나타날 수 있다. 이완의 리듬을 따르는 이런 진화의 예로 18세기 이후 전개된 에너지원의 진화를 들 수 있다. 18세기에 사용된 에너지의 대부분은 물의 낙하, 대기의 이동, 동물들로부터 가져왔다. 이런 유형의 동력은 물의 경로를 따라 흩어져 있는 매우 협소한 제조소들이나 수공업적인 작업에 적합하다. 이런 수공업적인 제조소들로부터 19세기 초의 높은 효율성을 지닌 열역학적 기계들이 발전되어 나온다. 근대적인 기관차의 출현은, 증류식 보일러보다 더 작고 가벼운 마르크 세갱Marc Seguin의 연관連管식 보일러에 스티븐슨Stephenson의 연동連動장치가 적응한 결과인데, 후자는 흡기 시간과 팽창 시간 사이의 관계 맺음을 다양화하고 사점死點을 지나가면 점진적으로 거꾸로 진행(증기의 역전)할 수 있게 만들어진 것이다. 수공업적 유형의 이런 역학적 발명은 구동우력의 폭넓은 가변성과 함께 매우 다양한 형세에 적용할 수 있는 역량을 견인 모터에다가 제공하고, (흡기 시간이 구동 시간 전체와 거의 맞먹는) 매우 높은 출력의 운행체제를 위하여 약간의 효율성의 손실을 허용하면서, 철로에서의 운송에 쉽게 적응할 수 있는 열에너지를 만든다. 스티븐슨의 연동장치와 연관식 보일러는, 18세기의 수공업적 앙상블로부터 나온 요소들로서, 19세기의 새로운 개체들 속으로, 특히 기관차의 형태 아래로 들어간다. 모든 지역을 횡단할 수 있게 되고, 또한 항해할 수 있는 길들의 꾸불꾸불한 굴곡들과 등고선들을 더 이상 따라가지 않아도 되는, 거대한 적재량의 수송은 19세기의 산업 집중화를 이끌었다. 이 산업 집중화는 단지 작동 원리가 열역학에 기초하고 있는 개체들을 통합하는 것만이 아니라, 본질적으로 그 구조들 자체가 열역학적인 것이다. 그래서 절정에 달한 19세기의 거대한 산업 앙상블들이 집중해 있는 곳이 바로 열에너지를 제공하는 석탄 원산지 주변이나 열에너지를 가장 많이 사용하는 장소들 주변(탄광들과 제련소들)인 것이다. 열역학적 요소는 열역학적 개체로 이행했고, 다시 열역학적 개체들은 열역학적 앙상블로 이행했다.

그런데 전기기술의 주요한 측면들은 이 열역학적 앙상블들에 의해 생산된 요소들처럼 나타난다. 그것들이 자율성을 가지기 이전에, 전기 에너지의 적용들은 에너지 수송 라인을 통해서 한 장소에서 다른 장소로 에너지를 옮기는 매우 유연한 수단으로서 나타난다. 자성磁性투과율이 높은 금속들은 제련할 때 열역학을 사용해서 생산한 요소들이다. 구리케이블, 높은 저항력을 지닌 사기沙器 절연체들은 증기를 사용하는 철사제조공장과 석탄을 때는 가마에서 나온다. 전봇대의 철근 골조들, 방벽의 시멘트들은 고도의 열역학적 집중으로부터 나와서, 다시 터빈들과 교류발전기들인 새로운 기술적 개체들 속으로 요소로서 들어간다. 그래서 새로운 상승, 새로운 존재자들의 구성이 강화되고 구체화된다. 그람의 기계[직류발전기]는 전기 에너지의 생산에서 다상^{多相} 교류발전기^{alternateur polyphasé}의 길을 열어 주었다. 첫번째 에너지 전달 장치들의 직류가 일정한 주파수의 교류에 자리를 내주어 열 터빈에 의한 생산에 적용되고 그 결과 수력 터빈에 의한 생산까지도 가능하게 했다. 전기기술적 개체들은 전기에너지의 생산, 분배, 활용의 앙상블들 속으로 통합되는데, 이 앙상블들의 구조는 열역학적 집중의 구조와는 상당히 다르다. 열역학적 집중에서 철도가 한 역할은 산업 전기의 앙상블 안에선 고압전선의 상호접속 역할에 의해 대체된다.

전기기술들이 충분한 발전에 도달하자, 그것들은 새로운 위상을 진척시킬 새로운 도식들을 요소로 생산한다. 우선, 입자 가속화를 들 수 있는데, 이것은 처음에는 전기장에 의해서 그 다음에는 직류전기장과 교류자기장에 의해서 실현된 것으로, 핵 에너지의 개발 가능성을 발견하게 한 기술적 개체들의 구축으로 나아갔다. 그 다음은, 매우 주목할 만한 것으로서, 빛의 방사 에너지를 전류로 변형시킬 수 있는 규소와 같은 금속들의 추출 가능성인데, 이는 전기적 제련 덕분에 가능해진 것으로, 한정된 적용들에서는 이미 상당한 비율(6%)에 달하는 효율성도 지니고 있고, 또 이 효율성이 최초의 증기 기계들의 것보다 훨씬 더 낮은 것도 아니다. 순수 규소로 된 광전지^{光電池}는 산업적 전기기술의 커다란 앙상블들로부터 생산된 것으로, 아직은 기술적 개체에 합체되지 않은 요소이다. 그것은 아직 전기제련 산업의 기술적 가능성들 그 극단 지점에 놓여 있는 호기심 어린 대상일 뿐이다. 그러나 그것은 또한 산업 전기의 생산과 활용이 발전함과 더불어, 우리가 알고 있는 것과 유사하지만 아직은 완전히 전개되지 않은, 그런 발전의 한 위상이 출발하는 지점이 될 수 있다.

그런데 이완의 각 위상은 거의 동등하게 중요하거나 덜 중요한 측면들을 동시에 발생시킬 수 있다. 그래서 열역학의 발전은 석탄뿐 아니라 여행객들도 철도를 이용해 실어 나르는 운송의 발전과 나란히 간다. 반면, 전기기술의 발전은 자동차 운송의 발전과 나란히 간다. 자동차는 그 원리상에서는 열역학적이지만, 특히 점화를 위해서는 전기 에너지를 본질적 보조자로 사용한다. 먼 거리까지 가능한 전기에너지의 수송을 통해 허용된 산업적 분산은 그 상관자로 자동차를 필요로 하는데, 이 자동차는 상이한 고도들에 있는 서로 멀리 떨어져 있는 장소들로 사람들을 실어 나르는 수단으로서, 철로가 아닌 도로에 부합한다. 자동차와 고압선은 나란히 가는, 동시발생적인, 그러나 동일하지 않은, 기술적 구조들이다. 전기 에너지는 현재, 자동차 산업의 신장에 적용되지 못하고 있다.

마찬가지로, 광전기 효과에 의해 획득된 에너지와 핵에너지 사이에는 어떠한 친연성도 없다. 그럼에도 불구하고, 그 두 형태들은 나란히 가며, 그들의 발전도 서로 부추기며 동시에 이루어질 수 있다.* 아마도 꽤 오랜 동안 핵에너지는 수십 와트를 소비하는 제한된 활용들에 직접적인 형태로 적용될 수 없을 것이다. 반면, 광전기 에너지는 매우 잘 분산될 수 있는 에너지다. 광전기 에너지가 본질적으로 그 생산 면에서 분산되어 있다면, 핵에너지는 본질적으로 집중되어 있다. 전기에너지와 휘발유 연소에서 추출된 에너지 사이에 존재하는 관계는, 핵을 기원으로 하는 에너지와 광전기를 기원으로 하는 에너지 사이에서도, 아마 더 강화된 차이를 지니겠지만, 여전히 존재한다.

---

* 그리고 그것들은 서로를 활용한다. 즉 광전지는 방사선원에 의해 발산될 수 있다.

5. 기술성과 기술들의 진화 : 기술적 진화의 도구로서의 기술성

기술적 존재의 개별화$^{l'individualisation}$가 지닌 상이한 측면들은 잇따른 단계
들에 의해 나아가는 진화의 핵심을 이룬다. 이 진화는 엄밀한 의미에서 변
증법적인 것은 아닌데, 왜냐하면 거기선 부정성의 역할이 진보의 동력이
아니기 때문이다. 기술의 세계 안에서 부정성이란 개체화^{individuation}**의 결

** [옮긴이] '개체화'는 시몽동 철학의 핵심 테제로서 이 책의 가장 중요한 배경이다. 시몽동의 존
재론(ontologie)은 개체발생론(ontogénèse)이라 할 수 있으며, 개체화 과정은 곧 존재의 생성
작용을 의미한다. "생성은 존재의 한 차원이며, 존재가 자기 자신과 달라지는 역량, 달라지면
서 스스로 해(解)를 찾는 역량에 해당한다. 전(前)개체적인 존재는 상(相, phase)이 없는 존재다. 존
재 가운데서 개체화가 수행되며, 존재가 상(相)들로 분배되면서 하나의 해(解)가 존재 안에 나
타나는데, 이것이 생성이다. 생성은 존재가 그 안에서 현존하는 하나의 틀이 아니다. 생성은 존
재의 차원이며, 퍼텐셜들로 풍부한 초기 양립불가능성을 해결하는 방식이다. 개체화는 존재 안
에서 존재의 상(相)들이 출현하는 것에 해당한다. [중략] 생성을 가로지르는 존재의 보존, 이 보존은 잇
따르는 평형상태들을 통한 양자(量子)적(quantique) 도약들에 의해 나아가며, 구조와 조작(操
作) 사이의 교환들을 통해서 존속한다"(시몽동, 『형태와 정보 개념에 비추어 본 개체화』, p. 25).
시몽동이 파악한 존재는 자기 동일적 단일성을 지닌 안정적 실체가 아니라, '단일성 그 이상이
자 동일성 그 이상'의 실재성을 지닌, 퍼텐셜 에너지로 가득 찬 준안정적인 시스템과 같다. 이
준안정적인 존재는 금방이라도 결정체(結晶體)를 산출할 수 있는 과포화 용액을 닮았다. 과포
화 용액은 일정 온도 및 압력에서 지닐 수 있는 한계(용해도) 이상의 많은 용질을 포함하고 있
는 용액이라서, 용질의 결정 조각을 넣어 주면 곧바로 과잉되어 있던 용질이 결정(結晶)으로 석
출되면서 안정된 포화용액으로 변한다. 과포화 용액의 이런 결정화 과정이 존재의 개체화 과
정을 유비적으로 드러낸다. 개체화는 시스템에 내재하는 불일치, 긴장, 양립불가능성의 문제
를 개체의 발생을 통해 해결하는 과정으로서, 존재 자신의 상전이(相轉移)(또는 위상변이)에 해
당한다(상전이-위상변이에 대해서는 228쪽 옮긴이 주 참조). 개체화는 실재의 전 영역에서 일어
나며, 불연속적인 도약의 방식으로, 물리적·생명적·심리사회적·기술적 영역 각각에서 상이한
양상으로 전개되며 증폭 확장된다. 전통 철학은 이미 실체화된 개체만 보느라 '개체화 과정' 자
체는 주목하지 못했으며, 따라서 개체의 진정한 '발생'과 존재의 '생성'을 파악하지 못했다. "개
체화된 존재에 입각해서 개체화를 파악하는 대신에, 개체화에 입각해서 개체화된 존재를, 그
리고 전(前)개체적 존재에 입각해서 개체화를 파악해야만 한다"(『형태와 정보 개념에 비추어 본
개체화』, p. 32). '개체'라는 것은 개체의 발생 이전에 이미 개체화된 것으로 완성되어 있는 질료
와 형상의 결합으로 만들어지는 것이 아니라, 실재의 각 영역에 따라 시스템에 내재하는 불일
치한 크기의 등급들 사이에, 소통이 부재했던 긴장된 양극단 사이에 소통과 안정화를 가져오
는 문제해결의 방식으로 새로운 관계가 구축되면서 형성되는 어떤 구조나 형태로서 발생하는

여이자, 자연적 세계와 기술적 세계의 불완전한 접합이다. 이 부정성은 진보의 동력이 아니다. 부정성은 차라리 변화의 동력이고, 이전 것보다 더 만족스러운 새로운 해답들을 찾도록 인간에게 촉구하는 것이다. 그러나 그 변화의 욕망은 기술적 존재 안에서 직접적으로 작용하지 않는다. 그것은 오로지 발명자이자 활용자인 인간 안에서만 작용한다. 게다가 그 변화

것이다. 가령 태양에너지라는 우주적 크기의 등급과 흙 속에 있는 화학적 성분들의 분자적 크기의 등급 사이에서 전에 없던 소통과 관계 맺음을 실현하면서 어떤 식물의 싹이 중간 크기의 등급에서 양자를 매개하는 하나의 개체로서 출현하는 것과 같다. 개체로서의 동일성과 단일성을 지닌 어떤 형태나 구조는 준안정적이며, 개체화 과정 속에서, 즉 불일치한 것들을 매개하는 관계 속에서 발생하는 것이다. 개체의 발생이라는 해(解)를 통해서, 양립불가능한 부정적 대립자들이 새로운 구조와 형태를 산출하는 긍정적인 소통의 관계자들로 전환된다. "생성은 초기 긴장들의 해(解)이면서 동시에 이 긴장들을 구조의 형태로 보존하는 것"(『형태와 정보 개념에 비추어 본 개체화』, p. 25)이다. 달리 말하자면, 시몽동의 실재 전체는 전(前)개체적인 것과 개체화된 것의 앙상블이라고 할 수 있다. '전(前)개체적인 것'이 모든 개체화된 것들을 관통하며 이 개체화된 것들로 완전히 소진되지 않는 미결정적 총체로서의 근원적인 존재의 양상이라면, '개체화된 것들'은 이 전(前)개체적인 것으로부터 발생된 부분적으로 결정된 존재의 양상이다. 전(前)개체적인 존재는 이오니아의 자연철학자들이 모든 존재자들의 발생적 기원으로 삼은 '피지스'로서의 자연이자 아낙시만드로스의 '아페이론'과 같은 존재의 근원적 위상에 해당한다. 전(前)개체적인 것은 개체초월적인 것(transindividuel)으로서, 개체화된 것으로 완전히 소진되지 않고 개체들 속에 잔류하며 개체들을 통해 전달되면서 새로운 개체화의 원천이 된다(개체초월성에 대해서는 355쪽 옮긴이 주 참조). 따라서 개체화는 개체화되기 이전의 존재 양상(전(前)개체적인 것, 존재의 일차적인 위상)으로부터 개체들을 발생시키면서 개체화된 이후의 존재 양상(개체와 그 연합환경으로 이루어진 쌍, 존재의 이차적인 위상)으로 존재 자체가 변환하는 과정이라고 할 수 있다. 시몽동의 박사학위 주논문인 『형태와 정보 개념에 비추어 본 개체화』에서 그의 개체발생론이 제시되고 물리적 개체화, 생명적 개체화, 심리사회적 개체화(개별화)가 주제적으로 논의되었다면, 그의 박사학위 부논문인 이 책에서는 기술적 대상들의 개체화(개별화)가 논의되고 있다. 여기서 기술적 대상들의 고유한 존재 방식이 일반적인 개체화 과정 안에서, 그러나 다른 종류의 개체들과는 차별화되는 방식으로, 그 발생과 진화가 해명되고 있다. 기술적 대상들의 발생은 일반적인 개체화 과정에서의 발생과 같다. "퍼텐셜로 풍부하고 단일성 그 이상이며 내적 양립불가능성을 감춘 채 원초적으로 과포화되어 있는 실재에서 양립가능성이 발견되고 구조의 출현으로 인한 해(解)를 얻어 하나의 시스템이 생성될 때, 바로 그때 발생이 존재한다"(이 책 221쪽). 그러나 기술적 대상들의 개체화는 특별히 "구체화"이고, 기술적 대상들의 진화는 요소-개체-앙상블의 세 수준에서 변환적으로 진행하는 독특한 "이완의 법칙"을 따른다(변환에 대해서는 205~206쪽 옮긴이 주 참조).

는 진보와 혼동되어선 안 된다. 너무 빠른 어떤 변화는 기술적 진보에 반대된다. 왜냐하면 그것은 한 시기가 획득한 것을 기술적 요소들의 형태로 다음 시기에 전달하는 것을 방해하기 때문이다.

기술적 진보가 존재하기 위해서는, 각 시기가 기술적 노력의 열매를 뒤이어 오는 시기에 전해 줄 수 있어야만 한다. 한 시기에서 다른 시기로 이행할 수 있는 것은 기술적 앙상블들도 아니고 심지어 개체들도 아니며, 앙상블들로 집단화된 그 개체들이 생산할 수 있었던 요소들 바로 그것이다. 실제로 기술적 앙상블들은 그들의 내적 상호소통역량 덕분에, 자신들과 상이한 요소들을 생산하면서 그들 자신으로부터 벗어날 수 있는 가능성을 지니고 있다. 기술적 존재자들은 많은 측면들에서 살아 있는 존재자들과 다르지만, 본질적인 차이는 다음과 같은 점에 있다. 즉 살아 있는 존재자는 자기 자신과 비슷한 존재자들을, 또는 적합한 조건들이 실현된다면 자발적인 방식으로 실행될 수 있는 상당수의 잇따른 재조직화들 이후에 그 자신처럼 될 수 있는 그런 존재자들을 낳을 수 있다. 하지만 기술적 존재자는 이런 역량을 지니지 않는다. 그것은 자기 자신과 비슷한 다른 기술적 존재자들을 자발적으로 생산할 수 없다. 생명체를 기술적 존재와 비슷한 존재로 만들면서 기술적 존재자들이 생명체를 모방하도록 했던 사이버네틱스 연구자들의 노력에도 불구하고 말이다. 그런 시도는 사실 오로지 가정된 방식으로만, 중요한 근거 없이 가능할 뿐이다. 그러나 기술적 존재자는 생명체보다 더 커다란 자유, 덜 중요하지만 무한히 계속되는 완성에 의해 허용되는 자유를 지닌다. 이런 조건들 속에서 기술적 존재자는 하나의 기술적 앙상블이 달성한 완성의 정도를 담고 있는 요소들을 생산할 수 있고, 또한 이 요소들은 새로운 기술적 존재자들의 구성을 가능하게 하기 위해 개체들의 형태로 결합될 수 있다. 따라서 여기에는 자식을 낳거나 줄줄이 이어지는 행렬이란 없으며, 직접적인 생산이라는 것도 없지만, 어느 정도의 기술적 완성을 품고 있는 요소들의 구성에 의한 간접적인 생산은 존재한다.

이런 주장은 기술적인 완성이란 무엇인지 정확히 할 것을 요구한다. 경험적이고 외적인 측면에서 보자면, 기술적 완성이란 실천적인 질, 아니면 최소한 어떤 실천적인 질들의 물질적이고 구조적인 매체라고 할 수 있다. 그래서 좋은 연장은 단지 잘 만들어지고 모양이 잘 잡힌 것만을 의미하지 않는다. 실천적으로, 손도끼는 날을 잘 갈지 않은 나쁜 상태로 있음에도 불구하고 나쁜 연장은 아닐 수 있다. 손도끼는 한편으로는 나무를 깨끗하게 잘 쪼개는 데 적합한 곡면을 지니고 있다면 좋은 연장이고, 다른 한편으로는 단단한 나무들에 사용할 때도 잘 세워진 날이 유지되고 보존될 수 있다면 좋은 연장이다. 그런데 이 후자의 성질은 그 연장을 생산하는 데 사용되었던 기술적 앙상블로부터 귀결한다. 제작되는 요소처럼, 손도끼는 상이한 지점들에 따라 그 구성이 달라지는 금속으로 만들어질 수 있다. 이 연장은 특정 형태를 따라 만들어진 하나의 동질적인 금속 덩어리가 아니다. 그것은 마치 더 큰 내구성과 더 큰 탄성을 제공하도록 섬유조직들이 배치되어 있는 나무처럼, 도끼날을 이루는 금속의 분자 연쇄가 부분들에 따라 달라지는 어떤 방향성을 갖도록 벼려졌다. 특히 손잡이를 끼우는 구멍부분에서 자르는 날로 내려오는, 평평하고 두꺼운 부분과 자르는 날 사이에 있는 중간 부분들에서 그렇다. 자르는 날에 가까운 그 부분은 작업 과정에서 탄력적으로 변형되는데, 왜냐하면 그 부분은 쐐기처럼 작용하기도 하고 나무 지저깨비를 들어내는 지렛대처럼 작용하기도 하기 때문이다. 자르는 날의 맨 끝 부분도 다른 어떤 부분들보다 더 강력하게 강철이 입혀져 있다. 그 부분은 강력하게 강화되어야 하는데, 조심스럽게 정도를 잘 조절하여 강화해야 한다. 그렇지 않으면, 강철을 입힌 금속의 두께가 너무 두꺼워서 연장이 부서지게 되거나, 날이 파편들로 산산이 깨지기 때문이다. 요컨대 마치 전체로서의 그 연장은 서로서로 접합되어 있는 기능적으로 상이한 다수의 영역들로 이루어져 있는 것처럼 보인다. 그 연장은 단지 형태[형상]와 물질[질료]만으로 이루어진 것이 아니다. 그것은 특정한 작동 도식에 맞추어 정교하게 다듬어지고, 제작 작용을 거치면서 안정적인 구조로 결합된, 그런 기술적 요소들로 이루어진다. 그 연장은 기술적 앙상블의 작동 결과물을 자기 안에 보유한다. 좋은 손도끼를 만들기 위해서는 제련소, 금속을 가열하는 대장간의 노爐, 담금질이 함께 이루는 기술적 앙상블이 필요하다.

그러므로 기술적 대상의 기술성은 사용의 질 그 이상이다. 기술성은 형태[형상]와 물질[질료]의 관계 맺음에 의해 주어진 일차적 결정에 추가되는 것으로서 그 대상 안에 있다. 그것은 형태[형상]와 물질[질료] 사이의 중개자로서, 손도끼의 예로 보자면 상이한 지점들에 따라 달라지는 담금질의 점진적인 이질성과 같은 것이다. 기술성이란 대상의 구체화 정도를 말한다. 장인이 주조하던 시절에 톨레도 검劍의 명성과 가치를 만들어 낸 것이나 최근에 생테티엔 강철검의 특질을 만들어 낸 것이 바로 이런 구체화다. 이 강철검은 사용된 석탄의 특성들뿐만 아니라, 온도, 석회질이 없는 푸란Furan 물의 화학적 구성, 주형에 붓기 전에 용해된 금속을 휘젓고 제련하는 데 사용한 녹색 나무들의 종류도 포함하는 기술적 앙상블의 작동 결과물을 표현하는 것이다. 어떤 경우들에서는, 기술성이 물질-형태[질료-형상] 관계 맺음의 추상적 특성들에 비해 지배적인 것이 된다. 그래서 나선형 스프링은 그 형태와 그 질료에서 아주 간단한 것이지만, 그 제작은 기술적 앙상블의 높은 완성도를 요구한다. 종종, 모터나 증폭기 같은 개체의 성질은 조립의 정교한 솜씨보다 단순한 요소들(밸브 스프링이나 변조 트랜스 등)의 기술성에 더 의존한다. 그런데 스프링이나 트랜스같이 간단한 몇몇 요소들을 생산할 수 있는 기술적 앙상블들은 때때로 세계적인 수많은 산업들의 하위 분과들 전부와 그 외연이 거의 맞먹을 정도로 아주 광대하고 복잡하다. 간단한 바늘 한 개의 품질은 한 국가의 산업의 완성도를 표현한다고 해도 과언이 아니다. 이는 바늘하면 "영국 바늘"을 떠올리는 것과 같은 실용적이면서도 동시에 기술적인 판단들이 충분한 정당성을 지니고 있다는 사실을 설명해 준다. 이런 판단들이 의미가 있는 것은 기술적 앙상블들이 그들 자신이 생산하는 더 단순한 요소들 안에서 표현되기 때문이다. 물론 정당한 근거들이 아닌 다른 근거들을 갖는 사유 양식도 있는데, 이는 내생적 가치에 대한 판단을 기술적 대상에 부여하는 것보다 그 대상의 기원을 통해서 그 대상을 규정하는 것이 더 쉽기 때문에 특히 존재한다. 이것이 바로 여론opinion이라는 현상이다. 그러나 이 현상이, 수많은 과장이나 의도적인 악용을 야기할 수 있다 하더라도, 근거가 전혀 없는 것은 아니다.

기술성은 요소의 적극적인 특성으로 고려될 수 있는데, 이것은 기술적 개체에서 연합 환경이 실행하는 자기-조절작용과 유사한 것이다. 요소 수준에서의 기술성은 구체화다. 이 기술성이 요소를 앙상블 자체나 개체가 아니라 앙상블에 의해 생산된 진정한 요소로 만들어 주는 것이다. 이런 특징이 요소를 떼어 낼 수 있는 것으로 만들어 주고 또 새로운 개체들을 구성할 수 있도록 자유롭게 해준다. 물론, 요소에만 기술성을 귀속시킬 어떠한 단적인 이유도 존재하지 않는다. 예컨대 개체의 수준에서는 연합 환경이 기술성의 보관자이고, 앙상블의 수준에서는 상호소통성의 범위가 그에 해당한다. 그렇지만 기술성이란 용어를 요소의 이런 성질에 남겨 두는 것이 좋겠다. 왜냐하면 요소의 그런 성질을 통해서, 기술적 앙상블에서 획득되었던 것이 표현되고 또 새로운 시기로 전달될 수 있도록 보존되기 때문이다. 요소가 전달하는 것은 바로 구체화된 기술적 실재인 반면, 개체와 앙상블은 실어 나르거나 전달할 수 있는 능력 없이 이 기술적 실재를 담지하고 있을 뿐이다. 개체와 앙상블은 오로지 생산할 수 있을 뿐이거나 자기 보존할 수 있을 뿐이지 전달할 수는 없다. 그러나 요소들은 그들을 기술성의 진정한 운반자로 만들어 주는 변환적transductive 속성을 갖는다. 종의 속성들을 실어나르고 새로운 개체들을 다시 만들 씨앗들처럼 말이다. 그러므로 기술성이 가장 순수한 방식으로, 말하자면 자유로운 상태에서 존재하는 것은 바로 요소들 안에서이다. 반면, 개체들과 앙상블들 안에서 기술성은 단지 조합 상태로 있을 뿐이다.

그런데 요소들이 그 운반자 역할을 하는 이런 기술성은 부정성을 허용하지 않는다. 어떠한 부정적 조건화도 앙상블들에 의해 요소들을 생산하는 순간에 개입하지 못하며, 또는 개체들을 형성하기 위해 요소들을 결합하는 발명에 의해 개체들을 생산하는 순간에도 개입하지 못한다. 개체를 창조하는 발명은 발명가에게 요소들의 기술성에 대한 직관적 인식이 있다고 상정한다. 발명은 구체적인 것과 추상적인 것의 중간에 있는 도식들의 수준에서 이루어지는데, 이 수준은 상상적 역동성과 체계화의 일부를 이루는 상징들로 대상의 기술성을 가리는 표상들이 정합적으로 먼저 존재할 것을 상정한다. 상상력은 단지 감각 밖에서 표상들을 불러일으키거나 발명하는 능력에 불과한 것이 아니다. 그것은 또한 대상들 안에서 어떤 성질들을 지각하는 역량이기도 한데, 이 성질들은 실용적이지도 않고 직접적으로 감각적이지도 않으며 완전히 기하학적이지도 않은 것으로서, 순수한 질료나 순수한 형태에 관련되는 것이 아니라 도식들의 중개 수준에 속하는 것이다.

우리가 고려할 수 있는 기술적 상상력은 요소들의 기술성에 대한 특수한 어떤 감수성으로 정의될 수 있는 것이다. 기술성에 대한 이런 감수성이야말로 조합들assemblages의 발견을 가능하게 한다. 발명가는 형태가 부여될 질료로부터, 즉 **무로부터**ex nihilo 시작하는 것이 아니라, 이미 기술적인 요소들로부터 출발해서 나아가며, 바로 그 기술적 요소들에서 그것들이 합체되어 만들어질 수 있는 개체적인 어떤 존재자를 발견한다. 기술적 개체 안에서 요소들의 양립가능성은 연합 환경을 상정한다. 따라서 기술적 개체는 정연한 기술적 도식들의 앙상블로 구성된 것이라고 상상되어야만, 즉 상정되어야만 한다. 개체는 앙상블로 조직화된 요소들의 기술성들로 이루어진 안정적인 시스템이다. 조직화되는 것은 바로 기술성들이고, 요소들은 물질성에서 취해진 요소들 자체로서가 아니라 이 기술성들의 표현매체들로서의 요소들이다. 모터란 각각의 물질성이 아니라 각각의 특성과 기술성에 따라 정의된 스프링들, 차축들, 용적 측정계들로 이루어진 하나의 조합물이다. 게다가 상대적인 비결정성이 다른 모든 요소들과 관련해서 이러저러한 요소를 자리매김할 때 존속할 수 있다. 어떤 요소들의 자리는 단 하나의 기술적 대상에 대해서 그것의 다양한 작동 과정들에 관련된 내생적 고려사항들보다는 외생적 고려사항들에 의해 더 선택된다. 내생적으로 결정된 것들은, 요소들 각각의 기술성에 근거한 것으로서, 연합 환경을 구성하는 것들이다. 그런데 연합 환경은 모든 요소들이 그들의 상호작용 속에서 가져오는 기술성들의 구체화다. 기술성들은 단순한 성질로서보다는 오히려 요소들의 특성들을 표현하는 안정적인 안내자처럼 인식될 수 있다. 그 기술성들은 가장 충만한 의미에서의 역량들puissance, 즉 결정된 방식의 어떤 결과를 생산하거나 받아들이는 능력들capacités이다.

한 요소의 기술성이 더 고양될수록 이 역량의 비결정 여지는 더 축소
된다. 요소적인 기술적 대상은 그 자신의 기술성이 증가할 때 구체화된다
고 말하면서 우리가 설명하고자 한 것이 바로 이것이다. 만일 이 역량을
어떤 결정된 사용과 관련해서 특징짓고자 한다면, 그것을 **용량**capacité이라
고 부를 수도 있을 것이다. 일반적으로는, 기술적 요소의 기술성이 더 고
양될수록, 이 요소의 높은 감수성 때문에 이 요소의 사용 조건들도 더 넓
어진다. 예컨대 스프링의 기술성이 더 고양되는 것은, 그것이 더 높은 온
도에서 탄성을 잃지 않으면서 버틸 수 있을 때, 더 확장된 역학적이고 열
적인 한계들 속에서 탄성 계수의 심각한 변경 없이도 보존될 때이다. 그것
은 기술적으로 더 넓어진 한계를 지닌 스프링이 되고, 이러저러한 기술적
개체로의 합체에서 덜 제한된 조건들에 적합한 그런 스프링이 된다. 전기
분해 콘덴서condensateur électrolytique*는 종이나 운모같이 건조한 유전체誘電體를
사용한 콘덴서보다 더 적은 정도의 기술성을 지닌다. 사실, 전기분해 콘덴
서는 연결되는 전압에 따라서 가변적인 용량을 지닌다. 그것의 활용에서
열적 한계들은 더 제한적이다. 그것은 일정한 전압에 접속될 때도 같은 시
간 안에서 가변적인데, 이는 전극들과 마찬가지로 전해질이 작동 과정 중
에 화학적으로 변하기 때문이다. 반면, 건조한 유전체를 사용한 콘덴서는
더 안정적이다. 그렇지만 여기서도 여전히 기술성의 질은 활용 조건들에
비해 독립적인 특성들과 더불어 증가한다. 운모 콘덴서는 종이 콘덴서보
다 더 성능이 좋고, 진공 콘덴서는 모든 것들 중에 가장 좋다. 왜냐하면 이
것은 절연체에 구멍이 뚫릴 위험이 있는 전압의 한계 조건에서도 이겨내
기 때문이다. 중간 정도에 있는, 온도에 따라 아주 조금씩 변화하는 온도

---

* '기술 용어 해설' 참조.

금 세라믹 콘덴서와 공기 콘덴서는 높은 정도의 기술성을 제공한다. 이런 의미에서 기술적 대상의 상업적 가격과 그 대상의 요소가 지닌 기술적 질 사이에 상관관계가 필연적인 것은 아니라는 데 주목해야 한다. 흔히 가격에 대한 고려들은 절대적인 방식으로 개입하지는 않지만, 장소와 같은 다른 요구를 통해서는 개입한다. 예컨대 용량이 커서 콘덴서를 장착하는 데 너무 많은 부피를 차지할 때는 건조 유전체 콘덴서보다 전기분해 콘덴서가 더 선호된다. 마찬가지로 공기 콘덴서는 동일한 용량의 진공 콘덴서보다 장소를 많이 차지한다. 하지만 공기 콘덴서는 훨씬 더 싸고, 건조한 공기 중에서의 사용 안전성도 크다. 그러므로 경제적인 고려사항들은 많은 경우에 직접적으로 개입하지는 않지만, 개체적인 앙상블 안에 기술적 대상을 사용할 때 그 대상의 구체화 정도에 대한 평판을 통해서는 개입한다. 이것이 바로 요소로서의 요소가 아니라 경제적 평판에 종속되어 있는 개체 존재자의 일반적 공식이다. 기술적 영역과 경제적 영역의 연결은 개체의 수준이나 앙상블의 수준에서 이루어지고 극히 드문 경우에만 요소의 수준에서 이루어진다. 이런 의미에서 볼 때, 기술적 가치는 경제적 가치로부터 상당히 독립적이며 독자적인 기준들에 따라서 평가될 수 있다고 할 수 있겠다.

요소들을 통한 기술성의 이러한 전달은 형태들, 영역들, 사용된 에너지 유형들, 가끔은 작동 도식들에서도 보여지는 외관상의 불연속을 넘어서 나아가는 기술적 진보의 가능성을 정초한다. 발전의 각 단계는 이전 시기들의 상속자다. 진보는 각 단계가 모든 유산을 상속받는 상태를 향해 더 완벽하게 더 한층 나아갈수록 그만큼 더 확실해진다.

기술적 대상이 곧 역사적 대상인 것은 아니다. 기술적 대상은 한 시기에서 다른 시기로 넘어가며 행사하는 그것의 변환적 역할에 따라 기술성을 실어 나르는 것으로서만 시간의 흐름에 종속될 뿐이다. 기술적 앙상블들도 기술적 개체들도 살아남아 있지 못한다. 오직 요소들만 어떤 결과물로 실행되고, 완수되고, 물질화된 형태로, 한 시기에서 다른 시기로 기술성을 전달할 수 있는 능력을 갖는다. 이런 이유로, 기술적 대상을 기술적 개체들로 이루어지는 것으로 분석하는 것은 정당하지만, 기술적 요소가 진화의 어떤 계기들에서는 그 자신만으로 의미를 지니며 또한 기술성의 보관자라는 점을 분명히 하는 것이 필수적이다. 이런 점에서 본다면, 어떤 인간 집단의 기술들에 대한 분석은 그 기술들의 개체들과 앙상블들에 의해서 생산된 요소들에 대한 분석에 근거하여 진행할 수 있을 것이다. 종종 이 요소들만이 문명의 폐허 위에서 살아남을 수 있는 능력을 가지며, 기술적 발전의 한 상태에 대한 가치 있는 증인으로서 남을 수 있다. 이런 의미에서, 민족학자들의 방법은 대단히 가치 있는데, 그 방법을 산업 기술들에 의해서 생산된 요소들을 분석하는 데도 연장시켜 적용할 수 있을 것이다.

사실, 매우 발전된 산업을 가진 민족들과 산업을 갖지 않은 민족들 사이에 근본적인 차이란 없다. 어떠한 산업적 발전들을 이루지 못한 민족들에게조차도, 기술적 개체들과 기술적 앙상블들은 존재한다. 그렇지만 그것들을 고정시키고 그것들을 설립하면서 영속화하는 제도들을 통해 안정화되는 대신에, 그 개체들과 그 앙상블들은 일시적이고 심지어 우연적이다. 하나의 기술적 조작操作에서 다른 기술적 조작操作으로, 유일하게 보존되는 것은 바로 요소들, 즉 연장들이나 제작된 특정 대상들뿐이다. 소형 보트를 건조하는 것은 진정한 기술적 앙상블을 필요로 하는 작업이다. 충분히 평평하지만 물가에 가까운, 방풍이 잘 되어 있으면서도 햇빛이 잘 드는 땅, 건조 과정에서 그 소형 보트를 유지시키기 위한 받침대들과 굄목들. 기술적 앙상블로서의 이런 작업장은 잠정적일 수 있지만, 그래도 역시 하나의 앙상블을 구성하는 작업장인 것은 맞다. 게다가 우리 시대에도 여전히 일시적인 기술적 앙상블들과 비슷한 것들이 있는데, 때로는 빌딩들의 건축 현장과 같이 매우 발전되고 복잡한 것들도 있고, 광산이나 기름 시추 현장처럼 더 지속가능한 상태로 있는 잠정적인 것들도 있다.

모든 기술적 앙상블이 공장이나 작업장의 안정적 형태들을 필수적으로 갖는 건 아니다. 그렇지만 비-산업적인 문명들은 기술적 개체들이 부재한다는 점에서 특히 우리의 문명과 구분되는 것처럼 보인다. 이는 그 기술적 개체들이 물질적으로 안정적이고 영구적인 방식으로 존재하지 않는 것이라고 이해한다면 맞을 것이다. 하지만 [여기서] 기술적 개별화의 기능은 인간 개체들이 담당한다. 인간이 습관들, 몸짓들, 행동 도식들을 형성하는 것은 바로 수습^{修習, apprentissage}을 수단으로 해서인데, 이 수습은 어떤 조작^{操作, opération} 전체가 요구하는 아주 다양한 연장들을 인간이 사용할 수 있게 하고, 이 인간이 기술적으로 개별화되도록 추동한다. 다양한 연장들의 연합 환경이 되는 것은 바로 그 인간이다. 그가 모든 연장들을 손에 잘 익힐 때, 그가 노동을 계속 진행하기 위해서 연장을 바꿔야만 할 때를 알거나 동시에 두 연장들을 사용할 줄 알 때, 그는 자신의 신체를 통해서 일의 내적 분배와 자기-조절작용을 보장한다.* 어떤 경우들에는, 앙상블 안에서 기술적 개체들의 통합은 노동하는 인간 개체들이 둘씩, 셋씩, 또는 더 많은 집단들로 연합함으로써 이루어진다. 이 집단화가 기능적 분

---

* 이로부터 장인적 노동의 고귀함이 부분적으로 비롯한다. 즉 인간은 기술성의 보관소이고, 노동은 이 기술성의 유일한 표현 양식이다. 노동의 의무는 이 표현의 요구를 번역한다. 지성적인 용어들로 정식화될 수 없기 때문에 노동을 통해서만 표현될 수 있는 기술적 지식을 소유하고 있기에, 노동하기를 거부하는 것은 [표현되어야 할] 진실을 은폐하는 일이 될 것이다. 반대로 기술성이 모든 구체적 현실화(actualisation) 바깥에서, 추상적으로 정식화할 수 있는 지식에 내재하게 될 때, 표현의 요구는 더 이상 노동에 연결되지 않는다.

화를 도입하지 않을 때, 그 집단들은 오로지 노동의 신속함이나 이용 가능한 에너지의 증가만을 직접적인 목적으로 갖는다. 그러나 그 집단들이 분화에 의지할 때, 그것들은 인간 개체들로서뿐만 아니라 기술적 개체들로서도 사용된 인간들로 이루어진 앙상블의 발생을 분명하게 보여 준다. 고대의 저자들이 묘사한 활 모양의 송곳으로 구멍 뚫기가 바로 이런 것이었다. 우리 시대에도 여전히 볼 수 있는 벌채 작업도 이런 것이다. 판자들과 서까래들을 만들기 위해, 두 명의 인간이 리드미컬하게 움직이며 함께 톱질하는 작업은 얼마 전까지 아주 흔한 방식이었다. 이것은, 어떤 경우들에서는 인간의 개체성이 기술적 개체성의 표현매체로서 기능적으로 사용될 수 있다는 것을 설명한다. 분리되어 있는 것으로 여겨지는 기술적 개체성들의 존재는 아주 최근의 일인데, 어떤 점에서 보면 기술적 개체의 가장 일반적 형태인 기계가 인간을 모방한 것처럼 보인다. 그런데 기계들은 실제로 인간과 그다지 별로 비슷하지 않을 수 있다. 심지어 그 기계들이 비교될 만한 결과물들을 생산하는 방식으로 기능할 때조차도, 그것들이 개체적인 인간의 노동 기법들과 동일한 기법들을 사용하는 것은 극히 드물다. 사실, [인간과 기계 사이의] 그런 유비는 대개 매우 피상적이다. 그러나 만일 인간이 기계 앞에서 종종 좌절을 느낀다면, 이는 기계가 개체로서 인간을 기능적으로 대체하기 때문이다. 기계가 연장들의 운반자였던 인간의 자리를 차지한 것이다. 산업 문명의 기술적 앙상블들 안에서는 수많은 인간들이 긴밀하게 동시에 움직이며 일해야만 하는 부서들이 수공업적 수준의 과거보다 더 드물게 된다. 반면, 수공업적 수준에서는 어떤 노동들이 상보적인 기능을 갖는 인간 개체들의 집단화를 요구하는 경우가 아주 빈번했다. 예컨대 말에 편자를 박기 위해서는, 말의 발을 붙잡는 인간과 쇠를 거기에 댄 다음 박는 다른 인간이 필요하다. 집을 짓기 위해서, 미장이는 자신의 조수를 데리고 있어야 한다. 도리깨질을 하기 위해서는, 팀의 멤버들이 동시에 번갈아 움직이는 리듬 있는 구조들을 잘 지각할 수 있어야 한다. 그런데 오직 보조들만이 기계들에 의해 대체되어 왔다고 말할 수는 없다. 기술적 개별화의 그 표현매체 자체가 변한 것이다. 그 표현매체는 인간 개체였는데, 이제는 기계다. 연장들은 기계가 운반한다. 이제 기계는 자신의 연장들을 운반하며 그것들을 관리하는 것이라고 정의될 수 있을 것이다. 인간은 연장들의 운반자인 그 기계를 관리하거나 조절한다. 인간은 기계들을 그룹별로 묶는 것이지 연장들을 그렇게 하지는 않는다. 기계는 분명 핵심적인 노동, 즉 보조의 일이 아니라 제철공의 일을 수행한다. 인간은 기술적 개체의 본질적으로 수공업적인 이 기능에서 면제되어 기술적 개체들의 앙상블을 조직하는 자가 되거나 그 기술적 개체들을 보조하는 자가 된다. 그는 기름칠을 하고, 치우고, 쓰레기와 얼룩들을 제거하는, 그래서 어떤 점에서 보면 보조자의 역할을 수행한다. 그는 조종 벨트를 교체하고 선반의 드릴이나 연장을 갈면서 기계에 요소들을 제공한다. 그러므로 이런 의미에서 그는 기술적 개체성의 하위 역할과 상위 역할을 다 갖는다. 하인이면서 조절자인 그는 기계가 요소들이나 앙상블과 맺는 관계에 주의하면서 기술적 개체인 기계를 통솔한다. 그는 수공업적 장인처럼 그 자신이 기술적 수준들 중 하나에 있는 것이 아니라, 기술적 수준들 사이의 관계들을 조직하는 자다. 이런 이유로, 기술자는 장인보다 자신의 직업적 전문화에 덜 부착된다.

그럼에도 불구하고, 이것은 어떠한 방식으로도 인간이 기술적 개체일 수 없거나 기계와 연결되어 노동할 수 없다는 것을 의미하지 않는다. 이 인간-기계의 관계는 인간이 기계를 통해서 자신의 행동을 자연 세계에 적용할 때 실현된다. 따라서 기계는 세 항들, 즉 인간, 기계, 세계 사이의 관계에서 행동과 정보를 실어 나르는 것으로서 인간과 세계 사이에 있다. 이 경우, 인간은 수습이 필수적이라고 특별히 정의된 기술성의 어떤 특질들을 보유한다. 그러니까 기계는 본질적으로 운동들의 연결과 확장에 쓰이는 것이지만, 인간과 기계로 구성된 실재인 이 복잡한 기술적 개체의 핵심을 자기 안에 보유하고 있는 것은 여전히 인간이다. 이 경우에, 인간은 기계의 운반자이고, 기계는 연장들의 운반자로 남는다고 말해질 수 있을 것이다. 그러므로 이런 관계는, 만일 기계-연장 관계를 자기-조절작용이 없는 관계로 본다면, 부분적으로 기계-연장의 관계에 비교될 수 있다. 이 관계 안에서 연합 환경의 핵심에 있는 것은 여전히 인간이다. 기계-연장은 자율적인 내적 조절력을 갖지 않는 관계이고, 그것을 작동시키기 위해서는 인간을 필요로 한다. 인간은 여기서 생명체로서 개입한다. 인간은 기계의 자기-조절을 작용시키기 위해서 자기 고유의 자기-조절의 의미를 활용하는데, 심지어 이런 필연성이 의식적으로 정식화되지 않아도 그렇게 한다. 예컨대 어떤 사람은 지나치게 과열된 자동차의 모터를 '쉬게' 내버려 두었다가, 시동 걸 때 너무 많은 힘을 요구하지 않도록 냉각 상태에서부터 천천히 가동시킨다. 기술적으로 정당한, 이런 행위들은 생명적 조절력 안에서 그 비슷한 것을 찾을 수 있고, 운전자가 사유한 것보다는 체험한 것에서 비롯되는 것이라 할 수 있다. 그 행위들은 항상성을 유지하는 조절력을 자신의 작동 속에 담고 있는 구체적 존재자의 지위에 더 가까운 기술적 대상일수록 더 잘 적용된다. 실제로 구체화된 기술적 대상에게는 자기-해체auto-destruction 과정들이 최소한으로 축소된 체제가 존재하는데, 이는 항상성을 유지하는 조절력이 가능한 가장 완벽하게 실행되기 때문이다. 디젤 모터의 경우는 작동을 위해 정해진 온도와 매우 단축된 최소치와 최대치 사이의 회전 속도를 요구하는 반면에, 휘발유 모터는 이보다 덜 구체적이기 때문에 더 유연하다. 마찬가지로, 전극관은 캐소드의 임의의 온도에서나 비결정된 애노드 전압 아래서는 기능할 수 없다. 특히 강력한 진공관들의 경우에는, 캐소드의 온도가 너무 낮으면 전자들을 방출하는 산화물의 입자들이 전기장에 의해 추출된다. 그래서 우선 애노드 전압 없이 캐소드를 가열시킨 다음에 애노드 전압에 놓는 점진적인 가동이 필수적이게 된다. 만일 분극화 회로들이 (캐소드 전류에 의해 공급되어) 자동적이라면, 그것들은 점진적으로 공급되는 애노드 전압 아래 놓여야만 한다. 이러한 예방책이 없다면, 분극화가 정상적인 수준에 도달하기 이전에 이미 캐소드의 출력이 존재하는 짧은 순간이 산출될 것이다(캐소드의 출력에 의해 또 그것에 비례해 산출되는 분극화는 그 출력을 제한하는 경향이 있다). 따라서 아직 이 소극적 반작용[음성 피드백]réaction négative*에 의해서 제한되지 않은 캐소드의 출력은 도달가능한 최고치를 초과하게 될 것이다.

아주 일반적으로 말해서, 인간이 기술적 대상의 보존을 위해 취한 예방책들은 그 기술적 대상이 자기-해체적으로 되지 않도록 만드는 조건들, 즉 안정화하는 소극적 반작용[음성 피드백]을 자기 자신에게 행사하는 그런 조건들 안에서 그 대상의 작동을 유지시키거나 그런 조건들 안으로 그것을 가져오려는 목적을 갖는다. 어떤 한계들을 넘어서면 그 반작용들은 적극적이게 되고 따라서 파괴적으로 작동한다. 예컨대 너무 과열되어서 마모되기 시작하고, 또 그 마모로 인한 열 때문에 더욱 과열되어서 결국

---

* [옮긴이] 피드백은 어떤 원인에 의해 나타난 결과가 다시 원인에 작용해 그 결과를 줄이거나 늘리는 '자동 조절 원리'를 말하며 이러한 피드백 과정을 통해 시스템의 항상성이 유지된다. 양성 피드백은 원래의 원인(자극)을 한층 더 증가시키는 방향으로 반응(반작용)하는 것이고, 음성피드백은 원래의 원인(자극)을 억제하는 방향으로 반응(반작용)하는 것으로, 자동조절시스템은 주로 음성 피드백에 의해 유지된다.

환원불가능하게 훼손된 모터의 경우가 그러하다. 마찬가지로 애노드가 빨갛게 과열된 전극관은 특히 정류整流 기능에서 자신의 비대칭적 컨덕턴스를 상실하게 되고, 그래서 적극적 반작용[양성 피드백]réaction positive의 위상으로 들어선다. 아주 신속하게 냉각시키는 것이 정상적인 작동을 회복할 수 있게 한다.

이렇게 인간은 기술적 개체의 대리자처럼 개입할 수 있고, 기술적 개체들의 구축이 가능하지 않은 어떤 시기에도 요소들을 앙상블들에 연결시킬 수 있다.

인간 사회들의 진화와 관련해서 기술적 발전의 귀결들을 반성할 때, 무엇보다 고려해야 할 것은 바로 기술적 대상들의 개별화 과정들에 대한 것이다. 인간의 개체성은 기술적 개체들이 구축됨에 따라 기술적 기능으로부터 점점 더 해방된 것처럼 보인다. 인간에게 남아 있는 기능들은 요소들과의 관계와 앙상블들과의 관계를 고려하는, 연장 운반자의 역할 그 이하와 그 이상의 역할이다. 그런데 지금까지 기술적 노동에서 사용되었던 것이 정확히 말해서 스스로 기술화하게 된 인간의 개체성이었기 때문에, 왜냐하면 기계는 그렇게 할 수 없었으니까, 인간 개체 각각에게 노동에서의 유일한 기능을 부여하는 관습이 형성되어 왔다. 이 기능적 일원론은 인간이 기술적 개체가 되었을 때는 전적으로 유용한 것이었고 필수적인 것이었다. 그러나 그것은 오늘날 불안감을 창출한다. 왜냐하면 항상 기술적 개체이고자 하는 인간이 더 이상 기계에 비해 더 안정적인 자리를 차지하지 않기 때문이다. 그는 기계의 하인이 되거나 기술적 앙상블의 조직자가 된다. 그런데 인간의 기능이 어떤 의미를 갖기 위해서는, 기술적 임무에 고용된 각각의 인간이 상하에서 기계를 둘러싸는 것이, 즉 기능적 앙상블 안으로 그 기계를 통합하는 것뿐만 아니라 그 기계의 요소들에도 주목하면서 그 기계를 포괄하는 것이 필수적이다. 왜냐하면 요소들에게 쏟는 배려와 앙상블들에 쏟는 배려 사이에 위계적인 구분을 확립하는 것은 바로 오류이기 때문이다. 기술성은 위계화될 수 있는 실재가 아니다. 그것은 요소들 안에 통째로 존재하고, 변환적으로transductivement 기술적 개체와 앙상블들 속으로 전파된다. 개체들을 관통하는 앙상블들은 요소들로 이루어지고, 요소는 요소들의 앙상블들로부터 나온다. 앙상블들의 명백한 우월함은 오늘날 앙상블들이 리더 역할을 하는 인간들의 특권을 갖추고 있다는 사실에서 기인한다. 사실, 앙상블들은 개체들이 아니다. 마찬가지로 요소들의 가치절하는, 요소들을 활용하는 것이 지금까지 조수의 고유한 일이었고 또 그 요소들도 거의 정교하게 발달하지 않았다는 그런 사실들에서 산출된다. 그래서 인간과 기계의 관계적 상황에서 불안감이란, 기술적 역할들 중 하나인 개체의 역할이 오늘날에 이르기까지 인간들에 의해서 유지되어 왔다는 사실에서 비롯한다. 더 이상 기술적 존재가 아닌 인간은 새로운 기능을 습득해야만 하고, 기술적 앙상블 안에서 더 이상 기술적 개체의 것이 아닌 자리를 발견해야만 한다. 첫번째 단계는 개체의 것이 아닌 두 기능들, 즉 요소들의 기능과 앙상블을 지도하는 기능을 차지하는 것이다. 그러나 이 두 기능들 안에서 인간은 자기 자신에 대한 기억과 갈등에 처할 수 있다. 기술적 개체가 된 기계가 여전히 인간인 것처럼 보이고 인간의 자리를 차지한 것처럼 보일 정도로 그렇게 인간이 기술적 개체의 역할을 해왔기 때문이다. 그러나 이와 반대로, 기계가 진정한 기술적 개체들로 구성될 수 있기 이전에 잠정적으로 기계를 대체했던 것이 오히려 인간이다. 기계에 대해서 내려진 모든 판단들 안에는, 이와 같은 역할 바꿔치기를 그 심층의 원천으로 갖고 있는, 기계의 암묵적인 인간화가 있다. 구체화된 기술적 존재가 부당하게 인간의 역할을 한다고 믿을 정도로,

인간은 그 자신을 기술적 존재라고 이해해 왔다. 인간과 기계의 관계에 대한 참된 문제에 대응할 수 있기에는 예속과 해방의 관념들이 기술적 대상으로 간주된 인간의 옛 지위에 너무나 많이 연결되어 있다. 인간의 기계에 대한 관계가 안정적이고 정당하게 되기 위해서는 기술적 대상이 그 자체로 인식되는 것이 필수적이다. 바로 이로부터 기술적 문화의 필연성이 도출된다.

인간과
기술적 대상

1장_기술 여건에 대한 인간의 근본적인 두 관계 양식

1. 기술의 사회적 다수성과 소수성

우리는 기술적 대상이 다수성^{majorité}의 지위를 따르거나 소수성^{minorité}의 지위를 따르는 두 가지 대립되는 방식으로 인간에 결부될 수 있음을 보여 주고자 한다. 소수성의 지위에 따르면, 기술적 대상은 무엇보다 일상적 삶에 필요한 사용 대상으로 취급되어, 인간 개체를 성장시키고 형성하는 주위 환경의 한 부분을 이루게 된다. 이 경우 기술적 대상과 인간 사이의 만남은 본질적으로 어린아이 시절에 이루어진다. 기술적 지식은 암묵적이고, 비반성적이며, 관습적이다. 이와 반대로, 다수성의 지위는 과학들로 정교해진 합리적 인식의 수단들을 자유로이 쓸 수 있는 어른의 반성적인 조작^{操作}과 의식화에 상응한다. 그래서 수습공의 인식은 엔지니어의 인식에 대립한다. 어른 장인^{匠人}이 된 수습공과 사회적 관계들의 연결망에 들어가 있는 엔지니어는 기술적 대상에 대한 시각을 보유하여 자신들 주위에 전파하는데, 전자의 시각은 소수성의 지위에 해당하고 후자의 시각은 다수성의 지위에 해당한다. 기술적 대상에 관한 표상들과 판단들의 매우 상이한 두 원천이 바로 거기에 있다. 그런데, 장인과 엔지니어가 단지 장인과 엔지니어로서만 사는 것은 아니다. 그들은 인간 사회라는 앙상블과 기술적 대상들의 세계라는 앙상블, 이 둘 사이의 관계를 증명하는 자이자 대행하는 자들로서 본보기의 가치를 지닌다. 기술적 대상이 문화에 흡수되는 것은 바로 그들을 통해서다. 오늘날까지도 이런 흡수의 두 양식들은 서로 일치하는 결과들을 제공할 수 없었고, 그래서 그것들은 기술로부터 비롯한 서로 정합적이지 못한 두 언어들이나 두 사유 유형들처럼 존재한다. 이런 정합성의 결여는 인간과 관계 맺고 있는 기술적 대상을 판단하고 표현하는 현실 문화가 안고 있는 모순들에도 일부 책임이 있다.

다수성의 측면과 소수성의 측면 사이의 이런 갈등은 게다가 개인적이거나 사회적인 인간과 기술적 실재 사이에 항상 존재해 왔던 부적합성의 한 특수한 경우일 뿐이다. 고대에는 기술적 조작操作들의 상당부분이 사유의 대상이 되지 못했다. 그런 조작들은 노예들의 일거리에 해당하는 것들이었다. 노예가 도시 바깥으로 버려졌던 것과 마찬가지로, 노예의 일들과 이에 해당하는 기술적 대상들 역시 담론과 반성적 사유의 세계에서, 문화의 영역에서 추방되었다. 오로지 소피스트들만이 그리고 어느 정도는 소크라테스도 노예들이나 해방된 노예들이 실천하는 기술적 조작들을 고상한 사유 영역 안에 들여놓으려고 노력했다. 다수성의 지위는 단지 농경, 사냥, 전쟁, 항해술과 같은 몇몇 기술적 조작들에만 부여되었다. 연장을 활용하는 기술들은 문화 영역 바깥에서 유지되었다(키케로는 거의 모든 은유들을 고상한 기법들, 특히 농경과 항해술에서 가져왔고, 기계를 이용한 기법들은 거의 환기시키지 않았다).

과거로 더 거슬러 올라가면, 이러저러한 문명이 고상한 기술들과 고상하지 않은 기술들 사이에서 어떤 선택을 했다는 것도 보게 될 것이다. 헤브루 민족의 역사는 양치는 기술에 진정한 특권을 부여하고 땅은 저주

받은 것처럼 취급한다. 신은 아벨의 제물들은 받아들이지만 카인의 것들은 받아들이지 않는다. 즉 양치기가 농사꾼보다 우월한 것이다. 성경은 양떼들을 번성시키는 방식에서 끌어온 많은 패러다임들과 사유 도식들을 담고 있다. 반대로, 복음서들은 농사 경험에서 끌어온 사유 양식들을 도입한다. 아마도 여러 신화와 종교들의 기원을 들여다보면, 어떤 기술은 고상한 것으로 신성시하면서 다른 기술들은 심지어 실제로 활용되고 있음에도 시민권을 박탈하는, 기술공학적인 어떤 편견을 발견할 수 있을 것이다. 다수성을 획득한 기술과 소수성에 그친 기술 사이에, 높이 평가된 기술과 평가 절하된 기술 사이에 이루어진 그 최초의 선택이야말로 기술적 도식들을 그런 식으로 판명하여 흡수하는 문화에 어떤 편파성이나 비-보편성의 측면을 제공한다. 우리의 탐구는 근본적인 기술들 사이에서 이루어진 그런 선택의 이유들과 양상들을 각각의 특수한 경우에서 밝혀내고자 하는 것이 아니라, 단지 인간의 사유는 기술들과 인간 사이에, 특권 없이, 평등한 관계 맺음을 수립해야 한다는 것을 보여 주고자 할 뿐이다. 이 과제가 달성되어야만 하는데, 왜냐하면 지배적인 기술이라는 현상들은, 결과적으로 각 시기마다 기술적 세계의 일부분은 문화에 의해서 인정되지만 다른 부분들은 버려지게 하는 것이라서, 인간적 실재와 기술적 실재 사이의 부적합한 관계 맺음을 유지하는 것이기 때문이다.

　서구 유럽에서의 노예제 폐지는 노예들이 하던 과거의 기술들을 밝은 하늘 아래로 이끌어 사유의 대상으로 분명하게 자신을 드러낼 수 있게 했다. 르네상스는 합리성의 빛을 안겨 주면서 장인의 기술들을 정식으로 인정했다. 이론 역학은 수학적 사유의 영역 안으로 기계들이 들어올 수 있게 했다. 예컨대 데카르트는 고대의 노예들이 활용했던 단순한 기계들에서 운동의 변화들을 계산했다. 문화로의 통합을 의미하는 이러한 합리화의 노력은 18세기 말까지 추구되었다. 그러나 그런 노력에도 불구하고 기술들의 단일성은 보존되지 못했다. 오히려 완전히 뒤집어서, 과거의 고상한 기술들(농경과 목축의 것들)을 비합리적이고 비-문화적인 것의 영역으로 밀어 넣었기 때문이다. 자연 세계와의 관계는 상실되었고, 기술적 대상은 인간을 자연 세계로부터 멀어지게 만드는 인공적 대상이 되었다. 오늘날, 생명체에 관한 기술들로부터 영감을 받은 사유와 로봇 제작자의 인공화하는^{artificialiste} 사유 사이에 상호 접근의 길을 발견하기란 거의 어렵다. 기계적^{mécanique} 기술들은 장인의 기술들로 남아 있지 않고 엔지니어에 의해 사유된 기술들이 됨으로써만 진정으로 다수파가 될 수 있었을 뿐이었다. 장인의 수준에서는 세계와 기술적 대상 사이에 구체적인 관계가 여전히 존재한다. 그러나 엔지니어에 의해 사유된 대상은 자연적 세계와 연결되어 있지 않은 추상적인 기술적 대상이다. 문화가 기술적 대상들을 흡수할 수 있기 위해서는 기술적 대상들이 갖는 다수성의 지위와 소수성의 지위 사이에 중간 길을 발견해야만 할 것이다. 문화와 기술 사이를 분리시킨 조건은 바로 기술들의 세계 그 자체의 내부에 존재하는 분리에 있다. 인간과 기술적 대상의 적합한 관계 맺음을 발견하기 위해서는 장인의 표상과 엔지니어의 표상을 동시에 합체할 어떤 표상을 통해서 기술 세계의 단일성을 발견할 수 있어야만 할 것이다. 장인의 표상은 구체적인 것 안에 잠겨 있고 감각적인 존재와 물질적인 처리 과정^{manipulation} 안에 매여 있다. 그 표상은 자신의 대상에 의해 지배된다. 그러나 엔지니어의 표상은 지배한다. 이 표상은 대상을 한 묶음의 측정된 관계들, 하나의 생산물, 여러 특성들의 집합으로 만든다.

따라서 기술적 대상들을 문화에 편입시키기 위한 첫번째 조건은 다음과 같을 것이다. 즉 인간이 기술적 대상들보다 열등하거나 우월하지 않아야 한다는 것, 다시 말해 인간은 기술적 대상들과 상호 교환의 동등한 관계를, 이를테면 사회적인 관계를 유지함으로써 그들에게 다가갈 수 있고 그들을 아는 법을 배울 수 있다는 것이다.

상이한 기술공학적 양식들 사이의 양립가능성이나 양립불가능성은 조건에 따라 분석하는 것이 필요하다. 아마도 로마인들의 기술공학과 오늘날의 문명사회들이 만들어 낸 기술공학 사이에서는 양립가능성의 조건들을 발견하는 것이 가능할 것이다. 하지만 19세기의 기술공학적 조건들과 20세기 중반의 기술공학적 조건들 사이에서는 그다지 두드러지진 않지만 실재적인 양립불가능성이 발견될 수 있을 것이다. 그러면 이 양립불가능한 두 기술공학적 패러다임체계paradigmatismes의 부조리한 만남으로부터 탄생한 어떤 신화들은 분석되어 밝혀진 처음의 그 조건들로 되돌아갈 수[해체될 수] 있을 것이다.

2. 아이가 습득한 기술과 어른이 사유한 기술

문명 안에서 기술적 대상이 차지하는 사회적 지위를 연구하기 위해서는 그 대상에 대한 관계 맺음에서 어른과 아이 사이에 차이가 있다는 점을 고려사항으로 넣어야만 한다. 비록 근대 사회 속에서의 삶은 우리에게 아이의 삶과 어른의 삶 사이에 연속성이 있다고 생각하는 습관을 주었지만, 기술교육의 역사는 우리에게 양자 사이의 구분이 존재했었다는 것을, 그리고 기술적 인식을 습득하는 특성들도 아이가 습득하는 건지 어른이 습득하는 건지에 따라 동일하지 않다는 것을 한눈에 보여 준다. 우리는 어떤 규범적인 규칙을 말하려는 게 전혀 아니고, 단지 기술교육의 특성들이 시기에 따라 훨씬 다양했다는 것, 그리고 그 특성들의 다양성은 기술들의 상태나 사회들의 구조 때문이기도 하지만 수습을 받았던 주체들의 나이 때문이기도 했다는 것을 말하고자 할 뿐이다. 여기서 아마 기술자의 경험을 구성하는 인식들을 습득하는 나이와 기술들의 상태 사이에 순환적 인과관계를 발견할 수 있을 것이다. 만일 지나치게 이른 나이에 거의 합리화되지 않은 어떤 기술의 수습을 시작한다면, 그 주체는 어른이 되어서도 기초의 비합리성을 자신의 기술적 인식들 안에 보존할 것이다. 그는 관습적인 주입을 통해 그 인식들을 소유할 것이고, 그것들은 너무나 일찍 습득되기 때문에 아주 깊숙한 바닥에 놓일 것이다. 그렇게 해서 그 기술자는 분명하게 표상되는 도식들이 아니라, 거의 본능적으로 얻은 습관이라는 제2의 천성을 띤 **손재주들**tours de main로 자신의 인식들을 구성할 것이다. 그의 지식science은 물질의 구체적 특성들에 매우 가까운 감각적이고 질적인 표상들의 수준에 있을 것이다. 이런 인간은 직관 능력을 타고난 자이고, 의식적으로나 담론적으로는 표현하지 못하고 오로지 작품으로만 표현할 수 있는 매우 놀라운 솜씨를 자신에게 부여해 준 바로 그 [자연] 세계와 공모할 수 있는 자일 것이다. 이 장인은 마술사와 같아서, 그 인식은 지성적이라기보다는 차라리 조작적인 것이고, 지식savoir이라기보다는 차라리 능력일 것이다. 본성상 그 인식은 다른 사람들에겐 비밀스러울 것인데, 왜냐하면 그것은 장인 자신에게도, 자신의 의식에게도 비밀일 것이기 때문이다.

오늘날에도 여전히, 반성적 활동을 통해서 분명한 용어들로 정식화할 수 없는 기술적 잠재의식의 이런 존재는 종자의 품질, 땅의 풍수지리적 위치, 나무 심기에 좋은 장소나 안전하게 자리잡힌 울타리를 세우는 데 가장 적합한 장소를 직접적으로 파악할 수 있는 농부들이나 목자들에게서 발견된다. 이런 인간들은 이 말의 어원학적 의미에서 그야말로 숙련된 전문가들experts이다. 이들은 자신들이 인식하는 사물의 살아 있는 본성에 일부로서 참여한다. 이들의 지식은 직접적이고 근본적인 참여에서 비롯한 지식이며, 높은 가치를 부여받은 세계의 한 측면과 일종의 우애를 포함하고 있는, 본원적인 공생共生이 필수적인 그런 지식이다.

이런 인간은 마치 동물처럼, 즉 멀리 떨어져 있는 물이나 소금을 감지할 줄 안다든지 미리 생각해 보지 않아도 자기 둥지가 놓일 장소를 바로 선택할 줄 아는 그런 동물처럼 처신한다. 이러한 참여는 본성상 본능적인 것이고, 오로지 대대로 이어져 온 삶으로 인해서, 삶의 리듬에 대한 적응, 지각의 조건들, 안정된 자연에 관한 활동들에 본질적인 정신적 구조들이 산출되었을 때에만 나타날 수 있을 뿐이다. 호프만Ernst T. A. Hoffmann은 「팔룬의 광산」Die Bergwerke zu Falun이라는 아주 훌륭한 단편소설에서 진정한 광부에게서 발견되는 이와 같은 직관 능력에 대해 기술했다. 이 광부는 위험을 감지하며, 가장 깊숙이 감춰진 광맥들에서 광석을 발견할 줄 안다. 그는 지하 자연과 함께하는 일종의 공共자연성connaturalité 속에 사는데, 이 공자연성은 다른 모든 감정이나 애착을 배제할 정도로 근본적이다. 진짜 광부는 지하 인간이다. 어떤 아가씨를 사랑하기에 용기있게 탄광일을 하러 온 방랑 선원처럼, 탄광을 사랑하지 않으면서 탄광 안으로 내려온 자는 이 본질적인 공자연성을 발견하지 못할 것이다. 그래서 그는 바로 자신의 결혼식 날 아침에, 탄광의 희생자가 될 것이다. 여기엔 어떠한 도덕적 뉘앙스도 없다. 그 젊은 선원은 유능하고 덕이 많았다. 그러나 그는 선원이지, 광부가 아니었다. 그는 탄광에 대한 직관이 없었다. 늙은 광부의 환영은 그가 처한 위험을 그에게 알려주었지만, 탄광은 밖으로부터 온 자, 다른 직업으로 다른 삶을 산 사람, 참여의 능력을 타고나지 않은 그 불청객은 받아들이지 않았다. 농부, 목자, 광부, 선원에게 인간의 본성이란 이렇게 어떤 생활권이나 지역과 조상 대대로 맺어 온 협정 같은 제2의 본성이 덧붙여져서 이중적이다. 그런 참여의 의미가 첫번째 세대에 획득되는 것인지 아니면 유전 형질 속에 함축되어 있는 것인지 말하기는 어렵다. 그러나 말로 하거나 그림을 그리는 식으로 어떤 상징체계를 통해 정식화하거나 전달하기가 매우 어렵고, 순전히 구체적이고 조작적인 도식들과 직관들로 이루어진 이와 비슷한 기술교육이 아이에게 속한다는 것은 분명하다. 바로 이런 이유 때문에 그 기술교육은 진화하기 아주 힘들고, 어른 나이가 되면 고치는 것이 거의 불가능하다. 사실, 그것은 개념적이거나 학적인 성질의 것이 아니며, 말이나 글의 지적 상징체계를 통해 변경될 수 없다.

이 기술교육은 엄격하다. 이 기술교육이 지적 상징들을 활용하는 교육보다 반드시 열등하리라고 생각하는 것은 전적으로 부당할 것이다. 이런 본능적 유형의 기술교육이 갖고 있는 정보량도 그래프들, 도식들, 공식들과 함께 상징들로 분명하게 설명되는 인식이 담고 있는 정보량만큼이나 클 수 있다. 진보와 동일시되는 과학에 관습을 대립시키기가 십상이지만, 개념화가 과학과 혼동되어선 안 되듯이 원시성이 우둔함과 혼동되어서도 안 될 것이다. 그러나 인간이 기초적인 직관들을 새로 획득하기 위해 다시 아이가 될 수는 없기 때문에 이런 기술적 인식이 실제로 엄격하다는 점은 주목해야 한다. 이런 기술의 형태는 게다가 통과의례를 거쳐야 전수받는 식으로 배타적이라는 두번째 특성을 갖는다. 실제로 아이가 기초적인 직관들을 획득하는 것은 결정된 작업 도식들이 이미 완전히 배어 있는 공동체 내부에서 길러지면서다. [공동체] 바깥에서 들어온 아이에게는 이런 최초의 참여가 대부분 결여되어 있는데, 이 최초의 참여는 일차적인 교육이라 할 수 있는 생활 조건들의 존재를 요구하는 것이다. 물론 옛날 기술들의 폐쇄성을 그 사회들의 공동생활의 폐쇄성으로 귀속시키는 것은 부당할 것이다. 실제로 그런 사회들은 농부들이 오베르뉴에서 파리로 계절에 따라 일시적으로 이주하듯이 19세기 말까지도 스스로를 개방할 줄 알았다. 삶의 닫힌 체제에 해당하는 것은 바로 기술 그 자체다. 왜냐하면 그 기술교육이 그 기술을 육성했던 사회에만, 오직 그 사회에서만 유효할 뿐이기 때문이다. 역사학자들은 옛날 직업들의 통과의례식들을 순전히 사회학적인 관점에서 매우 추상적인 방식으로 다루는 것을 당연시하는 것처럼 보인다. 그런데 아이가 기술적 인식을 획득하는 체제에 바로 그 통과의례의 시험들이 상응한다는 점에 주목해야 할 것이다. 그 시험은 사회적인 의식(儀式)일 뿐만 아니라, 또한 어린 주체가 위급한 상황 속에서 세계에 맞서 싸우면서, 싸워 이기면서, 세계를 정복하면서, 점차 어른이 되게 하는 행위이기도 하다. 처음으로 자신의 모든 힘들을 극한에까지 밀어붙여 사용하도록 하면서 비로소 아이가 인간이 되게 하는 행위인 그 시험 안에는 마술의 어떤 무게가 실려 있다. 세계나 물질과의 위험한 육탄전 속에서, 만일 그가 약해지거나 열등한 것으로 드러난다면, 그는 인간으로서 자신의 행동이 갖는 효력을 위태롭게 한다. 만일 적대적인 자연이 극복되지 않는다면, 자연과 인간 사이에 벌어지는 격차 때문에 그 인간은 완전한 어른이 될 수 없다. 그 시험은 삶 전체를 위한 기술적 존재의 주술이다. 그것은 맨처음 지배받게 된 날부터 온순해지는 동물처럼, 인간이 물질을 지배하는 데 성공했기 때문에 물질이 자신의 주인인 인간에게 복종하도록 만드는 조작(操作, opération)이다. 만일 이런 최초의 몸짓이 결여된다면, 동물은 말을 듣지 않고 길들여지지 않은 채로 남게 될 것이다. 그 동물은 결코 주인을 받아들이지 않을 것이고, 직접적인 접촉이 단절되기 때문에 주인 그 자신도 영원히 지배의 확신을 갖지 못할 것이다. 그 시험에서는 모 아니면 도라는 법칙이 나타난다. 인간과 세계는 거기서 서로를 변형시킨다. 비대칭적인 결합이 거기서 성립한다. 그 시험이 단순히 용기나 뛰어난 수완을

테스트해 보는 것이라고 말해서는 안 된다. 그것은 자격 조건들을 창조한다. 왜냐하면 용기란 모든 불확실성과 모든 머뭇거림을 사라지게 하는, 세계와의 직접적이고 확실한 연결로부터 만들어지는 것이기 때문이다. 용기는 이겨 낸 두려움이 아니라, 세계가 행위하는 자와 함께 있다는 직관으로 인해서, 항상 지연되는 두려움이다. 숙달된 솜씨를 지닌 인간은 세계가 받아들이는 자이며, 주인을 알아 본 동물의 충직한 온순함으로 물질이 복종하고 사랑하는 자이다. 숙달된 솜씨는 역량의 형태들 중 하나이고, 이 역량은 힘들의 교환을 가능하게 만드는 주술, 아니 오히려 이미 너무나 정교해지고 부분적으로 추상화된 주술의 것보다 더 자연적이고 더 원초적인 참여의 양식이다. 이런 의미에서 숙달된 솜씨는 폭력적인 독재를 실행하는 것이 아니라 자신이 지배할 존재자에 알맞는 힘을 실행하는 것이다. 숙달된 솜씨를 지닌 인간의 진정한 역량 안에는 회귀적 인과작용의 관계가 있다. 진정한 기술자는 자신이 다루는 물질을 사랑한다. 그는 그 물질의 옆에 있다. 그는 기술을 전수받았지만 그가 전수받던 것을 존경한다. 일단 물질을 지배하고 난 다음에, 그는 이 물질과 한 쌍을 이루며, 자신이 신성한 것의 의미를 갖기 때문에 세속적인 것[문외한]에게는 유보조항을 달아서만 그것[물질]을 넘긴다. 오늘날에도 여전히 장인이나 농부는 가장 정제되고 가장 완벽한 자신의 기술적 활동을 표현하는 작품이나 생산물을 상점에 배달하는 데 혐오스러움을 느낀다. 이러한 유통과 유포에 대한 금지는 예컨대 인쇄업자, 편집자 그리고 작가가 어떤 책을 비매품으로 만드는 데서도 나타난다. 그것은 또한 피레네 지방의 농부에게서도 나타나는데, 이 농부는 자기 집에 온 손님에게 어떤 음식물을 제공하되 이 음식물을 사가거나 가져가지는 못하게 한다.

이와 같은 기술의 비밀스럽고 진화하지 않는 특성은 따라서 단지 사회적 조건들의 산물만은 아니다. 사회 집단의 구조가 그 특성을 조건짓는 만큼 그 특성이 사회 집단의 구조를 생산하기도 한다. 그리고 인간과 기술적 존재 사이에 적합한 소통을 확립하는 데 필수적인 직관과 본능의 특정한 비율을 모든 기술이 어느 정도는 포함해야만 할지도 모른다. 그러나 기술교육의 이 첫번째 측면 옆에는 이와 반대인 두번째 측면이 존재하는데, 이것은 본질적으로 어른 인간에 관한 것이다. 첫번째 것과 마찬가지로, 두번째 것도 개인적인 인간과 집단에 대해서 역동적으로 작용하며 어른의 정신성을 소유하도록 이끈다.

기술적 인식의 두번째 유형, 이것은 합리적이고, 이론적이고, 과학적이며, 보편적인 인식이다. 가장 좋은 예는 디드로^{Denis Diderot}와 달랑베르^{Jean Le Rond d'Alembert}의 『백과전서』^{Encyclopédie}가 제공한다. 만약 이 『백과전서』가 위력이 대단한 위험한 작품으로 출현했다면, 이는 어떤 악습이나 특권들에 대한 간접적이거나 직접적인 공격들 때문도 아니고 몇몇 논문들의 "철학적인" 성격 때문도 아니다. 『백과전서』보다 더 폭력적인 팸플릿들과 비방문들도 분명 있었다. 그러나 이 『백과전서』야말로 가공할 만한 것이었는데, 왜냐하면 그것은 유능하고 계몽된 후원자들을 그 책으로 융화시켜 내었던 힘, 바로 기술적 백과사전주의라는 막강한 힘을 통해서 움직였기 때문이다. 이 힘은 그야말로 힘으로서 존재했는데, 이는 그 힘이 정치적이거나 경제적인 개혁들보다 훨씬 더 그 시대의 요구에 응답했기 때문이었다. 바로 이 힘이야말로 적극적이고 창조적이었으며, 또한 사회적이거나 종교적인 공통성으로 연결되어 있지 않으면서도 서로 협력하는 인간들로 구성된 이 [『백과전서』 집필] 팀에 신뢰를 부여하면서, 하나의 위대한 작품이 완성되어 가고 있다고 믿는, 탐구자들, 편집자들, 통신회원들의 놀라운 집단화를 실현시켰던 것이다. 『백과전서』의 그 거대함과 새로움은, 근본적으로는 기계의 모델들과 도식들을 도판圖版으로 갖추었다는 주요 특성에 있는 것으로서, 기술적 조작操作들에 대한 합리적 인식과 숙련된 솜씨들에 대한 존경을 보여 준다. 그런데 그 도판들은 호기심을 만족시키고자 열망하는 대중을 위해서 사심 없는 순수한 참고자료의 역할을 하지 않는다. 거기에 있는 정보는 얼마든지 활용 가능한 실천적 참고자료로서 충분할 정도로 완전하다. 즉 그 작품을 소유한 모든 인간은 거기에 기술되어 있는 기계를 만들어 낼 수도 있고, 그 영역의 기술에 의해 도달된 상태를 발명을 통해 진척시킬 수도 있으며, 앞서간 인간들의 탐구가 완성된 지점에서 자신의 탐구를 시작할 수도 있다.

이 새로운 교육의 방법과 구조는 앞의 것과는 반대된다. 이 새로운 교육은 합리적이고 또한 이중으로 보편적이다. 바로 이 점에서 이것은 어른의 것이다. 이것은 측정, 계산, 기하학의 작도 절차들, 기술적記述的 분석을 사용하기 때문에 합리적이다. 이것은 또한 객관적인 설명들에 호소하기 때문에, 그리고 추측에 의거한 것은 가설로 다루고 그 자체로 고려해야만 하는 것은 확립된 사실로 다루면서, 조건들을 정확히 제시하는 데 관심을 갖고 경험의 결과들을 내세우기 때문에 합리적이다. 단지 과학적 설명만 요구되는 것이 아니라, 그 과학적 설명이 과학적 정신에 대한 분명한 선호와 함께 요구된다는 것이다. 다른 한편, 이 교육은 이중적으로 보편적인데, 이는 이 교육이 다가가는 대중 때문에, 그리고 동시에 이 교육이 제공하는 정보 때문에 그런 것이다. 교육되는 것은 분명 높은 수준의 인식들이지만, 그럼에도 불구하고 그 인식들은 모든 사람을 위해 마련된 것이다. 단지 그 작품의 가격만이 가능한 구입을 제한할 뿐이다. 그 인식들은 가능한 가장 높은 보편성을 지닌 정신에 주어지며, 순환적 도식을 따르는데, 이 순환적 도식은 자신의 전문성을 비밀로 하며 자기에게 닫혀 있는 기술적 조작操作은 결코 상정하지 않고 다른 것들과 연결되어 있으며 적은 수의 원리들에 의거하는 유사한 장치들의 유형을 사용한다. 처음으로, 하나의 기술적 우주가, 그러니까 동업조합[길드]이 비밀스럽게 지켜내는 것이 아닌, 모든 것이 모든 것에 연결되어 있는 하나의 코스모스가 구성된다. 객관적이고 일관성 있는 이 보편성은 기술적 세계의 내적 공명을 상정하는 것으로서 그 작품이 모두에게 개방되기를 요구할 뿐만 아니라 유연하게 열려 있는 기술적 인식들의 집합체로서 물질적이고 지적인 보편성을 구성하기를 또한 요구한다. 이 교육은 자신을 지도하는 자가 없어도 자기 자신의 규범성을 혼자 힘으로 발견할 수 있고 스스로를 이끌어 나갈 수 있는 어른 주체를 상정한다. 그래서 독학자는 필연적으로 어른이다. 독학자들의 사회는 보호감독과 정신적 소수성을 받아들일 수 없다. 그 사회는 혼자 힘으로 굴러가기를 원하며, 스스로 자기 자신을 관리하고자 한다. 『백과전서』가 새로운 힘과 새로운 사회적 역동성을 가져왔던 것은 주로 이런 의미에서 그리고 그것의 기술공학적 능력을 통해서다. 백과사전적 인식의 인과적 순환성은 구체제[앙시앙 레짐]Ancien Régime 사회의 도덕적이고 정치적인 타율성을 추방했다. 기술적 세계는 자신의 단일성을 실현할 때 자신의 독립성을 발견한다. 그러니까 『백과전서』는 처음으로 자신들의 연대성을 발견한 기술들이 벌인 일종의 [프랑스] 대혁명 기념 축제인 것이다.

3. 소수 기술과 다수 기술의 공통 본성. 백과사전주의의 의미

우리는 [여기서] 백과사전적 정신이 기술적 대상에 대해 갖는 관계를 분석해 보고자 한다. 왜냐하면 그 관계가 기술공학적인 전全 의식의 극단들 중 하나인 것이 분명하고, 그래서 그것의 역사적인 의미작용뿐 아니라 기술성을 인식하는 데도 타당한 어떤 의미를 지니는 것처럼 보이기 때문이다. 우리는 아이에게 적합한 기술교육의 암묵적이고 본능적이며 마술적인 성격을 『백과전서』에서 발견되는 정반대의 성격에 대립시켰다. 그러나 이런 대립은 기술적 인식의 그런 구조화들 안에 존재하는 역동성들의 근원적인 유비를 가릴 위험이 있다. 백과사전주의encyclopédisme는 기술의 근본적인 역동성들이 역전되었음을 표현하고 전파한다. 그렇지만, 이런 역전은 단지 조작操作들이 아예 없어지는 것이 아니라, 말하자면 위치가 바뀌어 뒤집어지는 것이기 때문에 가능한 것이다. 『백과전서』 역시 힘들과 역량들을 취급하고 옮긴다. 그 책도 주술을 실현하며 마술적인 영역으로서의 어떤 권역圈域, cercle을 그린다. 단, 그 책은 본능적 인식에서의 시험과 동일한 수단으로 마법을 거는 것이 아니며, 또한 지식의 그 권역 내부에 놓는 것도 동일한 실재가 아니다. 전체를 포함할 수 있을 만큼 거대하게 된 그 권역 안에 놓이는 것은 바로 인간 사회이고 이 인간 사회의 힘들과 드러나지 않은 능력들이다. 바로 이 권역이 그 책의 객관적인 실재다. 그 책은 그 권역을 나타내고 구성한다. 백과사전적인 그 책에 표시된 모든 것은 개인의 능력에 속하는 것이 되며, 이 개인은 가장 내밀한 세부 사항들로 인간의 모든 활동들을 나타낸 어떤 상징을 소유한 자가 된다. 『백과전서』는 통과의례적인 입문入門을 보편화시킴으로써 입문의 의미 자체를 일종의 파열로 이끈다. 이 객관화된 보편의 비밀은 비밀이란 개념의 긍정적인 의미는 간직하지만(인식의 완전함, 성스러운 것과의 친밀함), 부정적인 특징(모호함, 신비에 의한 배제 방법, 적은 수의 인간들에게 예정된 인식)은 지운다. 기술은 비교秘教적이지 않은 공개적인 신비가 된다.* 『백과전서』는 주문呪文

---

* 원시적인 마술의 효력에 대한 느낌의 일부는 진보에 대한 무조건적인 믿음으로 변하게 된다.

을 걸 때 사용하는 인형과 같아서, 모델을 더 정확하고, 더 엄밀하고, 더 객관적으로 재현할수록 그 효력이 더 좋다. 인간적인 조작操作들의 살아 있는 모든 힘들, 능동적인 모든 기백들이 이 상징-대상 안에 모여 있다. 읽을 수 있고 이해할 수 있는 각각의 개인은 세계와 사회를 상징하는 그 인형을 소유한다. 신기하게도 각자가 전체의 주인이다. 각자가 전체를 상징하는 그 인형을 소유하기 때문이다. 옛날에는 개인보다 우월하고 개인을 둘러싸고 있던 우주가, 또 개인의 능력에서 항상 벗어나 있으면서 구속하는 사회 권역이, 이제는 개인의 손에 있는 것이다. 마치 황제들이 주권의 기호로 가지고 있는 지구본처럼 말이다. 『백과전서』를 읽는 독자의 역량이나 안전성은 실제 자연 속에서 동물을 잡기 전에 그림으로 그려 놓은 동물을 우선 공격해 보던 인간의 것과 동일한 것이고, 또한 속죄 의식을 치르고 난 다음에야 땅에 씨를 뿌리는 원시 농경인의 것, 또는 『오디세이아』가 우리의 기억에 남겨 놓았듯이[**] 선점하거나 일체감 확립을 통해서 어떤 방식으로든 우호적으로 된 다음에만 비로소 새로운 땅으로의 모험을 감행하는 여행자의 것과도 역시 동일한 것이다. 통과의례의 몸짓은 길들여지거나 점유되지 않으면 적대적으로 남아 있을 실재와 결합하는 것이다. 이런 까닭으로 모든 통과의례식이 아이를 씩씩하게 만들고 어른이 되게 하는 것이다.

그러므로 백과사전적인 정신을 나타내는 모든 것은, 심리-사회학적 관점에 따르자면, 사회 체제나 사유의 관습들이 개인들을 억지로 소수성

근대적인 대상 또는 근대적인 태도의 대상은 거의 초자연적인 효능을 가진 것으로 포장된다. 근대적인 것에 대한 느낌은 특권화된 어떤 대상(objet)의 다기능적이고 무제한적인 능력에 대한 믿음과 같은 어떤 것을 담고 있다.
[**] 오디세우스가 파에키아인들의 섬에 접근하면서 거행한 땅의 점유 의식.

의 상태에 놓고 보호감독하려 하기 때문에 한 사회 안에서 자유로운 어른의 상태에 도달하려는 욕구를 표현하는 바탕의 운동처럼 나타날 수 있다. 인식들의 권역을 확장시키고 인식하는 능력을 자유롭게 하면서 소수성의 지위에서 다수성의 지위로 넘어가려는 이런 의지를 우리는 중세 이후 사유의 역사 속에서 세 번 되풀이하여 만난다. 백과사전적 정신의 첫번째 등장은 르네상스를 구성하고, 종교개혁이라는 윤리적이고 종교적인 혁명과 동시대적으로 이루어진다. 라틴어 번역본에서 성서의 진짜 텍스트로 넘어가려는 의지, 좋지 않은 라틴어 번역에 만족하지 않고 그리스어 텍스트를 찾으려는 의지, 고정된 도그마에 따라 굳어져 버린 스콜라 전통을 넘어서 플라톤을 재발견하려는 의지, 이것은 바로 사유와 지식에 가해진 독단적인 제한을 거부하는 것이다. 고증학적인 연구는 단지 과거로서의 과거로 돌아가는 것이 아니라, 지식의 권역을 확장시키려는 의지이자 지식에 대한 제한에서 해방될 수 있도록 인간 사유 전체를 되찾으려는 의지를 나타낸다.

르네상스의 휴머니즘은 오늘날 고전 연구의 쇠퇴가 뒷받침하는 것처럼 보이는 것과 달리, 지식을 표준화하고 한정짓기 위해 인간의 고정된 이미지를 되찾으려는 의지가 결코 아니다. 그 휴머니즘은 무엇보다 백과사전적 도약에 응답한다. 그러나 이 도약은 과거에 이미 형식화된 지식을 향하고 있다. 왜냐하면 기술들의 발전 수준이 그 분야의 신속한 형식화가 일어날 수 있을 정도로 충분히 고양되지 않았기 때문이다. 특히 과학들이 거의 발달하지 않았다. 기술들의 보편화를 실행할 지적 수단들이 준비되지 않았던 것이다. 『백과전서』에 실려 있던 기술들의 보편화 수단들을 가져왔던 건 바로 17세기다. 그렇지만 르네상스 때부터 기술들에 대한 매우 커다란 호의가 나타나기 시작했다는 점은 주목해야 한다. 그때부터 이미 기술들은 표현 수단과 패러다임으로서* 또는 새로운 길들을 개방하는 그것들의 인간적 가치로 인해 각광받는다. 라블레François Rabelais가 팡타그뤼엘리옹Pantagruélion**에 바친 화려한 찬사는 르네상스 인간들의 모든 희망과, 기술의 "미덕"이라고 그들이 믿고 있는 모든 믿음, 즉 구세계에서 신세계로 넘어왔듯이 기술 덕분에 언젠가는 인류가 "천상의 표시들이 나타나는 데까지" 갈 수 있을지 모른다는 그런 믿음을 요약한다.

백과사전적인 정신의 두번째 단계는 계몽주의 시대에 속한다. 과학적 사유는 자유로워졌으나 기술적 사유는 아직 자유롭지 못했던 때에, 기술적 사유를 해방시킨 것이 바로 과학적 사유다. 기술이 사회의 제 측면들인 상업, 농업, 공업을 건드리기 때문에, 이 기술공학적 백과사전주의는 사회적이고 행정적인 개혁들의 상관항이 아닐 수 없었다. 그랑제콜Grandes Écoles 같은 제도들은 백과사전적인 정신으로부터 비롯한다. 백과사전주의를 정의하자면, 농업적 버전으로는 중농주의적인 것이고, 공업적 버전으로는 종합기술적[폴리테크닉]인 것이다. 이 공업적 측면이 중농주의적 측면보다 훨씬 더 발달했는데, 이는 백과사전적 합리화가 산업 분야에서 더 민감한 변형들을 허락했고, 또 18세기 말 최신 과학적 발견들의 혜택을 입었기 때문이다. 그렇지만 이런 비대칭적인 발전이 기술적 백과사전 정신의 가장 중요한 구성요소들 중 하나를 망각시키게 해서는 안 된다. 즉 개인이 식물과 동물의 세계에, 생물학적인 자연에, 직접적으로 연결되어 있다는 점 말이다. "농사짓는 법"이라는 기술은 고대 노예의 후손들에게 허락되

---

*『프랑스어의 옹호와 선양』(Deffense et Illustration de la Langue françoise) 참조. 라블레와 몽테뉴는 수공업적 일들에서 가져온 용어들 또한 많이 사용한다.
** [옮긴이] 라블레의 소설 『팡타그뤼엘』 '제3서'에 나오는 신비한 효능을 가진 풀의 이름. 인간의 모든 필요를 충족시켜 줄 수 있는 기적의 풀로 인간의 무한한 가능성을 상징한다.

는 것이 아니라, 오히려 가장 품위있는 사람들에게 가치 있는 것으로 높이 평가된다. 이 시대는 "목가"牧歌의 시대이고, 도방통Louis J. M. Daubenton만큼이나 견고한 정신도 양치기를 위한 책 쓰기를 경멸하지 않던 그런 때다. 이런 양치기용 책은 교훈적인 작품들의 옛날 전통을 모아놓으면서 동시에 문맹자들도 거의 이해할 수 있는 분명한 그림의 상징체계를 사용하여 새로운 삶을 알려 주는, 고상하면서도 관대한 대중화를 겨냥한 책의 원형이다. 이 아름다운 책의 정수는 바로 『백과전서』만큼이나 분명하고 표현적인 그 조판술影版術 안에 있다. 여기서 분명하게 주목해야 하는 것은, 그 기술공학은 구술 표현과는 다른 표현 수단을 요구한다는 점이다. 구술 표현은 이미 알려진 개념들을 활용하며 정서들을 전달할 수는 있지만 물질적 구조들이나 운동 도식들을 정확히 표현하는 것은 매우 어렵다. 그러나 기술적인 조작操作에 적합한 상징체계는 시각적 상징체계로서 형태들과 비율들의 풍부한 유희가 가능하다. 말의 문명이 이미지의 문명에 자리를 내준 것이다. 그런데 말의 문명은 그 본성 자체가 이미지의 문명보다 더 배타적인데, 왜냐하면 이미지가 본성상 보편적이고 의미작용에 선행하는 코드를 필요로 하지 않기 때문이다. 모든 구술 표현은 통과의례를 거쳐야 전수되는 경향이 있다. 그것은 일종의 암호화된 언어에 도달하면서 전문화된다. 옛날 동업조합의 특수용어들이 그런 언어의 분명한 예다. 입으로 말하거나 글로 쓴 그 언어를 이해하기 위해서는 폐쇄적인 집단의 일원이 되어야만 한다. 그러나 도식으로 그려진 표현을 이해하기 위해서는 지각하는 것으로 충분하다. 기술적 백과사전주의가 그 자신의 모든 의미와 전파 능력을 취하면서 진정으로 보편화된 것은 바로 이런 도해圖解, schéma와 더불어서다. 인쇄술은 텍스트들을 전파하면서 최초의 백과사전주의를 탄생시켰다. 그러나 이 백과사전주의는 이미 구성되어 있던 문화에 의해 허가된, 반성적이거나 정서적인 의미작용들에만 도달할 수 있었다. 말을 통해서, 개인으로부터 개인으로 전달되는 정보는 언어라는 사회 제도에 의해 우회된다. 인쇄된 글은 시각적 기호의 대변자를 통해서 우선 구술 메시지를 이 구술 표현 양식에 내재하는 모든 한계들과 함께 실어 나른다. 생생하게 살아 있는 모든 언어들과 지나간 과거의 모든 언어들을 소유하는 것은 구술 언어적 의미작용들의 백과사전주의를 취하는 지성에게는 필수적이다. 이런 소유, 아니면 적어도 이런 소유를 향한 노력은 르네상스의 의미의 일부를 이루지만, 사실상 인문주의자들과 전문학자들의 전유물로 남을 뿐이다. 즉 문화는 구술되거나 쓰여진 언어를 통해서는 직접적인 보편성을 소유하지 못한다. 아마 이런 이유 때문에 르네상스가 기술공학적 보편성을 구성할 수 없었을 것이다. 그것이 다른 어떤 상징체계보다 그림처럼 생생하고 조형적인 표현을, 특히 예술에서 선호하는 경향이 있었음에도 불구하고 말이다. 공간적 도식의 확산 기능을 갖는 인쇄술은 조판影版에서 자신의 완전한 의미를 발견한다. 그런데 상징적 조판은 구조들과 조작操作들에 대한 사유를 분명하게 번역하는 수단으로 활용된 것으로서, 구술 표현으로 돌아가는 (가문家紋의 이름을 그림으로 나타낸 문장紋章과 같은) 알레고리적 표현의 모든 의지로부터 벗어나서, 17세기에 예컨대 데카르트의 논문들에서 그 완전한 발전 상태로 나타난다. 표현적인 힘과 정확성의 능력을 기하학으로부터 빌려 온 그 상징적 조판술은 보편적 기술공학에 적합한 상징체계를 구성하는 데 제공된다.

마지막으로, 백과사전적인 사유의 세번째 단계는 우리 시대에 예고되는 것처럼 보이는데, 아직 그 보편적 표현 양식들을 구성하는 데 성공하지는 못했다. 구술 상징체계의 문명이 공간적이고 시각적인 상징체계의 문명을 다시 이겼는데, 이는 정보 확산의 새로운 수단들이 구술 표현에 우위를 주었기 때문이다. 정보가 인쇄된 대상으로 전환되고 옮겨져야만 할 때, 발견하는 사유와 표현되는 사유를 분리하는 지연은 쓰여진 정보와 그려진 정보에게도 마찬가지다. 인쇄술이 심지어 그려진 정보에 더 특권을 부여하는 것은 그려진 정보가 필연적으로 공간적 형태를 활용하기 때문이다. 즉 원래의 형태와 다른 형태로 번역될 필요가 없는 것이 바로 도해인 반면, 문자기록은 원래 시간적이었던 계열을 공간적 계열로 번역한 다음 이 번역을 읽을 때 다시 전환해야 하는 것이기 때문이다. 반대로, 전화, 전신, 헤르츠 라디오방송을 통해 전송되는 정보 안에서, 전송 수단은 공간적 도식을 시간적 계열로 번역해야 하고, 그 다음 이를 다시 공간적 도식으로 전환한다. 특히 라디오방송은 구술 표현에는 그대로 적합하지만 공간적 도식의 전송에는 거의 맞지 않는다. 그것은 소리에 우선권을 부여한다. 공간적인 정보는 따라서 값비싸거나 희귀한 것들의 영역으로 던져지고 구술 정보에 비해 항상 뒤처지는데, 이는 구술 정보가 생활의* 변화devenir vital를 하나씩 하나씩 따라간다는 이유로 높이 평가되기 때문이다. 문명이란 그 문명이 가치 있다고 평가한 정보의 수준에서 잠재적인latent 패러다임체계에 의해 인도되는 것인데, 이 패러다임체계가 구술적인 것으로 돌아간 것이다. 그래서 사유도 다시 말의 의미소들에 따라 분절되어 간결하고 짧은 어구[슬로건]의 수준에서 펼쳐진다. 인간 사이의interhumaines 관계들이 영향력을 행사하는 것도 말의 차원에서다. 물론, 영화와 텔레비전이 존재한다. 그러나 우리가 주목해야만 하는 것은, 이미지들의 역동성만 고려해 보더라도, 영화기술cinématographie이라는 것은 일종의 동시기록법 이상의 생동하는 운동학적 작용이지, 안정적이고 가지적인 형태의 직접적인 표현은

---

* 또는 사회의.

전혀 아니라는 점이다. 텔레비전으로 이미지들을 전송하는 첫번째 시도 이후에 발견된 영화기술은 텔레비전을 완전히 대체해서 이미지들의 역동성을 책임졌지만, 오늘날에는 텔레비전이 이미지들의 역동성을 책임지는 비중이 엄청나게 커져서 영화기술의 경쟁자와 모방자가 되고, 영화기술은 대중에게 종속된 쾌락 수단으로서 자기 고유의 표현 양식들을 발견할 수 없게 되었다. 영화기술의 운동은 미학적 참여 상태로 인도하기 위해 개인의 반성적 능력들을 잠들게 하는 리듬과 최면효과로 풍부하다. 시각적인 표현들을 사용하는 시간적 계열에 따라 조직화되는 영화는 정서들의 표현 수단이자 예술이다. 거기서 이미지는 하나의 단어나 하나의 문장이지, 개별적인 존재의 활동으로 분석되어야 할 어떤 구조를 담고 있는 대상^{objet}이 아니다. 거기서 이미지는 빛나는 부동적 상징이 거의 되지 않는다. 다른 한편, 텔레비전은 인간 활동과 동시대적인 정보 수단이 될 수 있지만 영화가 그럴 수 없는 것은, 영화는 고정되고 녹화된 것이기에 자신이 흡수한 모든 것을 과거 속에 놓기 때문이다. 그러나 텔레비전은 역동적이고자 하기 때문에, 영화의 정적인 이미지 각각의 투사 시간만큼이나 짧은 시간 속에서 각 이미지의 모든 지점들[화소들]을 시간적 계열로 변형시킬 것을 요구받는다. 따라서 텔레비전은 우선 이미지들을 일차적으로 잘라내어 역동적인 것을 정적인 것으로 변형시킨다. 그 다음, 고정된 각 이미지를 전송하는 동안, 텔레비전은 이 고정된 이미지의 동시적인 지점들[화소들]을 시간적 계열로 변형시킨다. 마지막으로, 각각의 시간적 계열은 부동의 공간적 그림으로 변형되고, 이 고정된 이미지들의 빠른 연속이 영화기술 안에서처럼 분석된 운동을, 따라서 운동에 대한 지각의 특징들을 재창조한다. 이 이중 변형은 결국 가지적인 구조가 지극히 단순한 이미지 하나를 위해서도 엄청난 양의 정보 전송을 요구하게 한다. 여기서 주체에게

유의미하고 주체가 실제로 관심을 갖는 정보의 양과, 초당 수백만의 신호들에 해당하는 기술적으로 사용된 정보의 양 사이에는 어떠한 공통 척도도 없다. 이러한 정보의 낭비가 텔레비전이 유연하고 충실한 표현 수단으로 개인에게 주어지는 것을 막고, 또한 진정한 시각적 상징체계가 보편적으로 성립되는 것을 막는다. 시각 정보가 사회 집단들의 공동체적 삶에 종종 연결되어 있는 반면에, 라디오방송은 그 경계들을 뛰어넘는다. 시각 정보는 그런 조건에서 높은 가치를 받을 수 없다. 그러나 계산기의 조작操作 결과들을 음극선오실로그래프의 스크린 위에 기입하는 데, 또는 전자기의 검출 신호들을 그와 같은 유형의 스크린 위에 그리는 데* 유용한 약호 체계들에 대한 연구들은 도식화된 이미지들을 헤르츠파를 통해 전송하는 데 매우 큰 단순화를 가져다 줄 수 있는 것처럼 보인다. 그래서 시각 정보는 라디오방송이 빼앗았던 자리를 구술 정보로부터 회복할 수 있을 것이고 새로운 보편적 상징체계를 탄생시킬 수 있을 것이다.

그런데 백과사전적 지향이 기계의 합리화 경향을 통해서 그리고 기계와 인간 사이의 공통된 상징체계의 수립을 통해서 여러 과학과 기술들 안에 나타나기 시작한다. 이 상징체계 덕분에 인간과 기계의 협력작용이 가능하다. 왜냐하면 공동 작용은 소통 수단을 요구하기 때문이다. 그리고 인간이 여러 유형의 사유를 가질 수 없기 때문에(모든 번역은 정보의 손실에 상응한다), 보편적인 새로운 상징체계가 보편적인 백과사전주의와 같아질 수 있기 위해서 모방해야만 하는 것은 바로 인간과 기계의 관계라는 그 혼합물이다.

---

* 특히 자동차 속도 측정 장치인 R.A.D.A.R.(Radio Detection and Ranging, 헤르츠파에 의한 위치 탐지와 거리 측정)에서.

사이버네틱스론은 인간과 기계의 관계 맺음을 특별히 연구하는 "인간 공학"human engineering과 같은 탐구들을 정보 이론 안에서 이미 제공한다. 그래서 기술공학적 토대를 지닌 백과사전주의가 생각될 수 있다.

이 새로운 백과사전주의는 두 선행자들과 마찬가지로 해방을 실행해야 하는데, 다른 의미에서 그렇게 해야 한다. 그것이 계몽주의 시대 것의 반복일 수는 없기 때문이다. 16세기에 인간은 정신적인 고정관념들에 매여 있었다. 18세기에 인간은 사회적 엄격함의 위계적 측면들에 의해 제한되었다. 20세기에 인간은 알지도 못하고 대항할 수도 없는 미지의 먼 곳에 있는 권력들에 끌려가며 의존하고 있는 노예이다. 인간을 노예로 만든 것은 바로 고립이고, 인간을 소외시킨 것은 바로 정보의 동질성의 결여다. 기계화된 세계 속에서 기계가 된 인간은* 오로지 자신의 역할을 받아들이면서 그리고 보편성의 측면에서 생각된 기술적 기능들의 이해를 통해 그 역할을 초월하면서만 자신의 자유를 발견할 수 있을 뿐이다. 모든 백과사전주의는 휴머니즘이다. 휴머니즘이란 말을, 인간적인 어떠한 것도 인간에게 낯선 것이 되지 않도록 하기 위해 인간 존재자에게 상실되었던 것을 자유로운 상태에서 누릴 수 있도록 다시 되돌려주려는 의지라고 이해한다면 말이다. 그러나 인간적 실재의 이러한 재발견은 상이한 의미들로 실행될 수 있다. 그리고 각각의 역사적 시기는 항상 어느 정도는 주어진 상황들에 알맞은 휴머니즘을 재창조하는데, 이는 그 휴머니즘이 어떤 문명이 허용하거나 생산하는 소외의 가장 극심한 측면을 겨냥하기 때문이다.

---

* 현재의 인간은 연장들의 운반자로서 기계처럼 행위하도록 스스로를 밀어붙이는 강력한 성향을 소유하고 있다. 왜냐하면 기술적 요소들은 연장의 형태로, 기술적 앙상블들은 아틀리에나 작업장의 형태로 존재하고, 기술적 개체들은 기계들의 형태로 아직 존재하지 않던 시절, 즉 기계들이 창조되기 이전의 오랜 세월 동안을 인간이 그 기계의 기능을 맡아 왔기 때문이다.

르네상스는 윤리적이고 정신적인 독단주의에서 기인한 소외를 상쇄시키기에 적합한 휴머니즘을 분명하게 했다. 그 시기는 이론적인 지적 사유의 자유를 재발견하고자 했다. 18세기는 기술들에 적용된 인간 사유의 노력이 갖는 의미를 재발견하고자 했고, 발명들 속에서 발견되는 이 창조적 연속성의 고귀함을 진보라는 관념과 더불어 재발견했다. 그 시기는 사회들의 억압적인 힘들에도 불구하고 존재해 온 기술의 주도권을 명확하게 했다. 20세기는 사회가 요구하고 생산한 전문화를 따라가면서 이룬 기술 발전의 내부 자체에 개입되어 있는 소외의 형태를 상쇄시킬 수 있는 휴머니즘을 찾는다. 인간적인 사유의 변화^{devenir}에 독특한 법칙이 존재하는 것처럼 보인다. 이 법칙에 따르면, 윤리적, 기술적, 과학적인 모든 발명은 처음에는 인간의 해방과 재발견의 수단이었다가 역사적 진화를 거치면 자기 고유의 목적을 배반하고 인간을 제한하면서 복종시키는 도구로 변한다. 기독교도 그 기원에서는 고대 사회의 제도적인 특권들과 관습들의 형식주의 너머로 인간을 호출하면서 해방하는 힘이 있었다.

인간이 안식일을 위해서가 아니라 안식일이 인간을 위해서 실행되도록 이끈 사유가 바로 기독교다. 그렇지만 인간적인 삶의 근본적이고 실재적인 의미에 반대되는 억압적인 독단주의와 형식주의에 매여 있는 엄격주의의 폭력이라고 르네상스 개혁자들이 비난했던 것 역시 바로 그 동일한 기독교다. 르네상스는 자연학을 반자연학에 대립시켰다. 마찬가지로 계몽주의 시대에는 진보로 통하는 해방자로 환기된 기술들이, 오늘날에는 인간을 복종시키고 인간을 탈자연화하여 노예로 전락시킨다고, 전문화를 통해서 인간을 인간 자신에게 낯설게 만든다고, 그런 전문화야말로 인간의 자기 자신에 대한 몰이해의 배후이자 원천이라고 비난받는다. 수렴의 중심[전문화]이 오히려 칸막이로 분할 고립시키는 것의 근원이 된다.

이와 같은 이유로 휴머니즘은 단번에 정의될 수 있을 하나의 독트린도, 심지어 하나의 태도조차도 결코 될 수 없는 것이다. 각각의 시대가 소외의 주된 위험을 겨냥하면서 자신의 휴머니즘을 발견해야만 한다. 르네상스에는 도그마의 폐쇄성이 새로운 열정과 새로운 도약의 개화를 발생시켰듯이 말이다.

18세기에는 닫힌 공동체들과 사회적 위계의 무한한 세분이야말로, 사용 규정들을 제도적으로 정하게 했던 모든 장벽들과 금지들을 넘어, 기술적 몸짓의 합리화와 보편화를 추진함으로써 비매개적이고 보편적인 효율성의 수단을 발견하도록 밀어붙였다. 20세기에는 인간과 관련해서 인간 사회의 소외를 창출하는 사회의 국지적이거나 위계적인 세분은 더 이상 없지만, 오히려 끊임없이 움직이는, 한계가 없는, 어지러울 정도의 광대함이 있다. 기술적 행동의 인간 세계는, 스스로 발전하고 스스로 형식화하면서, 개인의 사유 가능성과 크기를 초과하는 산업 세계에 개인을 다시 연결하는 기계주의machinisme의 형태로 또한 스스로 냉혹해지면서, 개인에게 다시 낯설게 된다. 18세기의 해방적 기술은 장인적 유형이었기에 개인의 차원에 속했다. 20세기의 기술은 개인의 힘들 너머에 있으며, 촘촘하고 단단하지만 소외되어 있는, 옛날 위계화된 사회가 그랬던 것만큼 완전히 개인의 범위 바깥에 있는, 그런 인간 실재를 산업 세계 안에 구성한다.

이제 인간이 필요로 하는 것은 더 이상 보편적 해방이 아니라, 매개다. 새로운 마술은, 기술적 몸짓에 유효한 확실성을 주는 지식에 의해 보장되어 개인의 행위 능력이 직접 발현되는 데에서 발견되는 것이 아니라, 인간적이면서 자연적인 앙상블 안에 인간을 자리매김하면서 그에게 의미를 부여하는 그 힘들의 합리화에서 발견될 것이다. 목적론을 결코 알 수 없는 신비로 치부하는 것이 아니라 인식 가능한 메커니즘으로 취급한다는 사실만으로도 어떤 상황을 그저 겪거나 체험하는 것으로 받아들이지 않으려는 시도가 보인다. 물질과 협정을 맺지 않고도 대상들을 제조할 수 있는 방법을 찾는 대신에, 이제 인간은 수동적으로 통합되지 않기 위해서, 목적성finalité을 갖추고 목적지향적 전체를 자신이 판단하고 평가하여 조직화하는 법을 터득하면서, 전체의 목적성에 종속되어 있던 자신의 상황으로부터 해방된다. 사이버네틱스, 정보이론, 따라서 목적지향적 역동성들과 구조들에 관한 이론 역시 조직화의 폐쇄적인 구속으로부터 인간을 해방시킨다. 그 이론들은 인간이 조직화를 사유할 수 없거나 구성할 수 없기 때문에 그 조직화를 존중하고 숭상하면서 받아들이게 하는 대신에, 그 조직화를 판단할 수 있도록 해준다. 인간은 목적성을 의식적으로 조직하면서 예속을 넘어선다. 예컨대 18세기의 인간은 노동을 효율적으로 만들기 위해 체념과 더불어 고통을 겪는 대신에 노동을 합리화하면서 노동의 불행한 필연성*을 이겨내었다. 자신의 고유한 목적론적 메카니즘들을 인식하는 인간 사회는 의식적인 인간의 사유로부터 귀결하며, 따라서 목적의식적인 자들을 흡수한다. 인간 사회는 조직하는 인간의 노력의 산물이고, 설정되는 행위le fait d'être situé와 설정하는 행위le fait de se situer 사이의 적합성을 창조한다. 한 사회 안에서 인간의 자리는 따라서 능동성의 요소와 수동성의

---

* 지난 세기들 동안에, 소외의 중요한 한 원인은 인간 존재자가 자신의 생물학적 개체성을 기술적 조직화에 빌려 주었다는 사실에 있었다. 인간은 연장들의 운반자였고, 기술적 앙상블들은 인간을 연장들의 운반자로서 흡수함으로써만 구성될 수 있었다. 직업이 유발하는 기형화하는 특성은 심리적이면서 동시에 육체적이었다. 연장들의 운반자는 연장들의 사용에 의해서 기형이 되었다. 육체적인 직업적 기형들은 우리 시대에는 거의 드물게 된다. 교양 있는 신사는 직업인들에 대해 느끼는 혐오감 속에서 아마도 사람들이 흉측한 것을 보면 느끼는 불쾌감의 일부를 느낄 것이다. 현재의 직업적인 악들은 예전의 직업적 기형들에 비해 적어졌다. 플라톤에게, 수공업자[βάναυσος, banausos]는 대머리고 난장이다. 구전된 전설에서 작은 구두수선공은 못생긴 불구자다.

요소 사이의 관계가 된다. 이런 혼합된 지위는 소외된 인간이 아니라 단절된 인간의 지위에 속하는 것이기 때문에 항상 다시 수정되고 개선될 수 있다. 의식은 데미우르고스[조물주]의 활동이면서 동시에 과거 조직화의 결과물이다. 사회적 실재는 인간의 노력과 동시적이고 그것과 동질적이다. 오직 동시성의 도식만이, 관계적 능력으로 나타나는 힘들의 성운星雲만이 실재의 이런 유형에 적합할 수 있다. 사회적 실재의 발전은 그 사회 속의 인간이 그와 비슷한 역동적 표상을 지니리라 가정한다. 예컨대 사이버네틱스의 도식들은 이 사이버네틱스의 사유에 적합한 방식으로 이미 구성되어 있는 사회 속에서만 보편적인 의미를 얻을 수 있을 뿐이다. 가장 확립하기 어려운 반응은 사이버네틱스 사유 그 자체에 관한 사회의 반응이다. 이 반응은 예컨대 주어진 지점 위에서 상호협력효과를 창출하는 방식으로 작업하는 기술들 사이의 교환들처럼 오직 점진적으로만 그리고 이미 구성되어 있는 정보의 길들을 통해서만 창조될 수 있을 뿐이다. 1948년에 출판된 『사이버네틱스』Cybernetics라는 책은 기술공학의 제도 안에서 가르치는 수학자가 쓴 새로운 『방법서설』과도 같은 책인데, 그 책 서두에서, 노버트 위너가 기술들의 기술인 이 새로운 기술공학의 원천으로 인용한 것이 바로 그런 집단화groupement 유형이다. 사이버네틱스는 인간에게 새로운 유형의 다수성을 제공한다. 이 다수성은 사회체corps social 속에서 분배되는 권위의 관계들을 관통하며 이성의 성숙 너머에서 발견되는 것으로서, 행위의 자유 이외에도 목적론을 창설하면서 조직화를 창조하는 능력을 제공하는 반성의 다수성이다. 바로 이를 통해서 목적성과 조직화는 합리적으로 사유될 수 있고 창조될 수 있게 된다. 왜냐하면 목적성과 조직화는 더 이상 모든 것을 정당화할 수 있는 최종적이고 우월한 근거들이 아니라, 기술들의 재료matières가 되기 때문이다. 목적성이 기술적 대상이 된다면, 목적성의 저편$^{un\ au-delà}$[피안]은 윤리 안에 있다. 사이버네틱스는, 바로 이런 의미에서, 목적성이란 이념이 갖는 무조건적인 특권으로부터 인간을 해방시킨다. 인간은 기술을 통해서 사회적 구속으로부터 해방되었다. 정보의 기술공학을 통해서 인간은 예전에 자신을 가두었던 연대성의 조직화를 창조하는 자가 된다. 그러나 **기술적**^{technique} **백과사전주의**의 단계는 단지 잠정적인 것일 뿐이다. 그것은 **기술공학적**^{technologique} **백과사전주의**의 단계를 호출하는데, 이 단계는 사회적인 것$^{le\ social}$으로의 회귀 가능성을 개인에게 제공하면서 달성된다. 이때 사회적인 것은 지위가 바뀌어서, 인간의 활동 바깥에서는 원초적인 특성들을 지니고 존속하고는 있지만, [인간에 의해] 높이 평가되거나 [인간이] 싸워 이겨낸 것으로서의 어떤 여건으로 수용되는 것이 아니라, 조직적인 구축의 대상이 된 것이다. 개인의 본성은 이렇게 해서 더 이상 인간적 영역에 외재적인 것이 아니다. 자유에의 도달 이후에는 권위^{autorité}라는 말의 완전한 의미에서, 창조력의 권위라고 할 수 있는 권위에의 도달이 나타난다.

이상에서 살펴본 것이 바로 백과사전적인 정신의 세 단계들이다. 처음엔 윤리적인 단계, 그 다음엔 기술적인 단계, 마지막엔 최종적인 정당화로 취급되는 목적성의 이념을 넘어가면서 기술공학이 될 수 있는 단계.

그런데 목적지향적 조직화의 기술들이 단지 그것들의 실천적 결과물들 때문에 유용하다고 말해서는 안 된다. 그 기술들은 목적성을 마술적 수준에서 기술적 수준으로 넘어가게 했다는 점에서도 유용하다. 기술적 도식들이 단지 인과작용의 도식들에 불과한 시기에는 삶이 목적성과 혼동되기 때문에 우월한 목적과 이 목적을 실현하는 질서의 환기가 정당화 요구의 마지막 항으로 고려되지만, 기술공학적 도식들의 사유 안에 목적성을 도입하는 것은 카타르시스의 역할을 한다. 기술이 실현하는 그것[목적]이 최종적인 정당화일 수 없다. 개인적이건 사회적이건, 삶은 수많은 목적지향적 과정의 측면들을 포함하지만, 목적성은 아마도 개인적이거나 사회적인 삶의 가장 근본적인 측면이 아닐 것이고, 환경에의 적응과 같은 목적지향적인 행동의 상이한 양상들 그 이상도 아닐 것이다.

물론, 회귀적 인과작용의 과정들을 소극적 반작용[음성 피드백]réaction négative으로 활성화하는 것은 진정한 목적성이 아니라고 말할 수 있을 것이다. [그렇지만] 적어도 목적론적 메커니즘들의 기술적인 이런 생산은 목적성의 가장 조야하고 가장 열등한 측면, 즉 수단들을 목적에 종속시킴으로써 결국 수단들에 비해 목적이 우월함을 드러내는 측면을 마술적 영역에서 뽑아내 버리게 할 수는 있다. 기술적인 재료가 됨으로써 그러한 조직화는 사회적이거나 개인적인 삶의 측면들 중 하나에 지나지 않게 되고, 새로운 형태들의 출현, 도래, 발전 가능성들을 그 자신의 특권으로 더 이상 가릴 수 없게 된다. 새로운 형태들은 진화의 최종적인 항으로 자신들 고유의 목적을 산출하기 때문에, 궁극적인 목적성에 의해 정당화될 수 없는 것들이다. 진화는 적응하는 만큼 또한 부적응한다. 적응들의 실현은 단지 삶의 측면들 중 하나일 뿐이다. 생체항상성homéostasies도 부분적인 기능들이다. 기술공학은 그 삶의 측면들을 감싸 안으면서, 그것들을 사유할 뿐만 아니라 또한 합리적으로 실현되도록 허용하면서, 사회적 삶과 개인적 삶의 개방된 과정들을 명백하게 한다. 바로 이런 의미에서 기술공학은 소외를 축소시킨다.

4. 기술교육에서 다수적 양식과 소수적 양식을 종합해야 할 필연성

기술공학 분야에서 어른의 교육과 아이의 교육을 분리하는 것은 두 규범 체계의 구조적 차이에, 그리고 부분적으로는 그 결과물들의 차이에 부응한 것이다. 그 결과 지금까지 교육학적 기술공학과 백과사전적 기술공학 사이에는 극복할 수 없는 간격이 존속한다.

기술공학의 백과사전적 교육이 겨냥하는 바는, 자신의 힘과 수단을 온전히 소유하고 있으면서 진정으로 성숙한 상태의 인간 개인이라는 이미지를 완전하게 실현한, 완성된 존재라는 느낌을 어른에게 제공하는 데 있다. 이런 느낌을 가능하게 하는 필수 조건은 인식이 갖는 권리상의 그리고 사실상의 보편성이다. 그런데 백과사전적인 기술교육에는 추상적인 어떤 것이 남아 있고, 참을 수 없는 보편성의 결여가 있다. 사실, 기술공학 문집 안에 동시성의 차원이나 논리적 근거에 따라 배열하면서 모아 놓은 모든 기술 장치들의 물질적인 결합은 현재의 상태에 이르게 된 발견들의 양자적인quantique, 잇따른successif, 시간적 특성을 간과한다. 천천히 차례차례 이어서 정교해지면서 점진적으로 구성되는 것을 현실적인 것 안에서 단번에 파악하는 것이다. 진보의 관념을 신화적이라고 여기는 것은 단지 하나의 단계일 뿐인 것을 상태로 취하게 만드는 그 동시성의 가상으로부터 비롯한다. 역사성을 배제하는 백과사전주의는 인간을 엔텔레키[완전히 실현된 현실태]의 소유로 이끄는데, 이 단계 역시 여전히 [실현되지 않은] 잠재성들로 풍부하기 때문에 그런 소유감은 거짓이다. 어떠한 결정론도 발명을 주재하진 못한다. 그리고 진보를 연속적인 것이라고 생각한다면, 이는 발명의 실재 자체를 가릴 것이다. 독학자는 모든 것을 현재로 귀결시키고자 했다. 그에게 과거란 자신의 현재 인식 안에 모여 있는 것이고, 미래란 진보를 통해서 현재로부터 연속적으로 생겨나야 하는 것으로 간주된다. 독학자에게 결여되어 있는 것은 바로 진화되었다는 사실, 즉 다른 위상으로의 이행을 허용하는 위기들에 의해서 구조화된 발전들의 시간적 계열을 가로지르면서 점진적인 방식으로 어른이 되는 것이라는 사실이다. 시간이라는 형태를 따라서 계속성le successif의 차원을 동시성le simultané의 차원에 덧붙이기 위해서는 주체 생성의 역사성을 가로지르는 기술적 생성의 역사성이 파악되어야만 한다. 동시성의 보편성과 함께 시간적 보편성을 요구하는 진정한 백과사전주의는 아이의 교육을 통합해야만 한다. 그것은 아이를 거쳐서 어른이 됨으로써만, 동시성의 보편성을 획득하기 위해 시간적 보편성을 따르면서만, 진정으로 보편적이 될 수 있을 뿐이다. 그것은 보편성의 그 두 형태들 사이에서 연속성을 발견해야만 한다.

반대로, 기술공학 교육은 동시성의 보편성을 결여하고 있다. 그것은 지식보다는 교양[문화]culture을 목표로 한다고 말하지만, 지식을 배제하고서 교양[문화]을 얻고자 하는 기획이란 착각에 지나지 않을 것이다. 왜냐하면 지식의 백과사전적 차원이야말로 교양[문화]의 일부를 이루기 때문이다. 만일 그 백과사전적 차원이 지식 자체의 바깥에서 파악된다면, 그것은 오로지 추상적인 방식으로만 따라서 문화적이지 않은 방식으로만 파악될 수 있을 뿐이다. 지식 그 자체가 없는 지식에 대한 표상은, 예컨대 지식을 "육화하는" 인간들에 대한 신화적이고 사회화된 표상을 수단으로 하는 것에서 볼 수 있듯이, 오로지 외재적 상징의 포착에 의해서만 이루어질 수 있을 뿐이다. 즉 지식이 학자의 모양으로 대체되는 것이다. 이런 학자의 모양은 사회적 유형학이나 분류된 성격학의 한 요소로서, 지식 그 자체에는 전적으로 부적합한 것이며, 교양[문화]을 비본래적으로 만드는 속임수를 교양[문화] 속에 도입하는 것이다. 잘 되어 봐야 지식은 학자의 인물에 대한 기술이나 성격적 특성, 전기, 평판 등으로 대체될 수 있을 것이다. 그렇지만 그것들은 여전히 전적으로 부적합한 요소들인데, 왜냐하면 그것들이 지식으로 이끄는 것이 아니라, 지식 그 자체의 차원에 속하지 않는, 지식의 인간 매체들에 대한 우상숭배로 이끌기 때문이다. 샤토브리

앙-François Chateaubriand이 파스칼Blaise Pascal을 "무서운 천재"라고 표현했던 텍스트보다 기술적 장치를 재발명하는 아이의 몸짓 속에 본래적인 교양[문화]이 더 들어 있다. 우리는 파스칼의 천재성에 관한 가장 웅변적인 구절들을 읽을 때보다 파스칼의 계산기(연산기계)에 사용된 원형바퀴들을 통해 총합이 산출되는 장치를 이해하려고 할 때 발명에 더 가까이 있다. 파스칼을 이해한다는 것, 그것은 그의 것과 같은 기계를 베끼는 것이 아니라 그의 손으로 다시 만드는 것이다. 재생산하는 것이 아니라 재발명해야 하는 것이기에, 가능하다면 그 기계를 전기적 장치로 총합을 산출하는 기계로 전환시키면서, 파스칼의 것들이었던 조작적이고 지적인 도식들을 현실화하면서 말이다. 교양을 쌓는다는 것, 그것은 실재적인 인간의 도식들을 유비적으로 현실화하는 것이다. 그런 발명, 그런 출판이 동시대인들에게 야기했던 소란스런 동요들에 대해서는 단지 부수적으로만 신경을 써야 한다. 왜냐하면 그런 것들은 비본질적인 것이고, 최소한 원본적인 사유, 발명 그 자체를 참조함으로써만 파악될 수 있는 것들이기 때문이다.

사람들은 중등교육의 최종반에 속하는 교양 있는 학생이 데카르트의 와동설渦動說을 벨리즈의 애교를 통해서 알고 있다고, 또 17세기 천문학의 상태를 크리잘이 견딜 수 없어 한 "사람들을 두려움에 떨게 하는 긴 망원경"을 통해서 알고 있다고 안타까워할 수 있다.*

바로 여기에 진지함의 결여, 어떤 자격으로도 교양[문화]이라고 보여질 수 없는 사유에 속하는 진리의 결여가 있다. 위에서 상기된 것들[데카

---

* [옮긴이] 크리잘(Chrysale)과 벨리즈(Bélise)는 몰리에르의 희곡 「학식을 뽐내는 여인들」(Les Femmes savantes, 1672)에 등장하는 인물들이다. 크리잘은 천체 관찰과 학문 연구(과학과 철학)에 몰두하며 가사노동을 외면하는 집안 여성들의 세태를 개탄하는 가부장이며, 벨리즈는 그의 누이로서 크리잘의 우둔함을 지적하는 여성이다.

르트의 와동설, 17세기 천문학]은 그것들이 만일 교양[문화]과는 다른 목적들을 갖는 예술 작품의 형식주의를 통해서가 아니라, 처음에 인식되었던 그것들의 실재 원천과 관련하여 놓여질 수 있다면 제자리에 있을 것이다. 동시성의 백과사전적 차원은 사회 집단들의 여론에 부합하지 않는다는 이유로 이 교양[문화] 교육에서 축출된다. 사회 집단들의 여론은 동시성의 차원에 대한 표상을 전혀 갖지 않는다. 왜냐하면 그것들은 단지 결정된 한 시기에서의 삶에 대한 최소한의 파편만을 표상하기 때문이며, 또 그것들이 스스로를 자리매김할 수 없기 때문이다. 현재의 삶과 문화 사이의 그 틈은 문화로부터의 소외에서, 즉 사실상 문화란 이전 시기들에 존재하고 있었던 결정된 사회 집단들의 여론들 안으로 진입하는 통과의례라는 사실에서 비롯한다. 교양[문화] 교육에서 문자의 우선성은 여론의 이런 전능함으로부터 유래한다. 하나의 작품, 특히 오래도록 살아남은 작품은 사실 그 작품 속에서 확인될 수 있는 것과 같은 방식으로 어떤 한 집단이나 한 시기의 윤리를 표현했던 작품이다. 따라서 문학적인 문화[인문교양] culture littéraire는 집단들의 노예다. 그것은 과거 집단들의 수준에 속한다. 하나의 문학 작품은 하나의 **사회적 증거물**이다. 학술적인 작품들의 모든 측면은, 그것이 오래전부터 있던 것이 아니라면, 그리고 학술적인 "장르"의 증거물로 여겨질 수 없는 것이라면, 문화로부터 제거된다. 현재의 문화는 그 학술적인 장르를 오늘날에는 사라지고 없는 것으로 간주하는 척한다. 아마 과학적이고 기술적인 저서들 안에 결코 그렇게 많은 표현적 힘과 그렇게 많은 예술과 그렇게 많은 인간적 현존이 들어 있지는 않았을 텐데도 말이다. 이제는 사실, 문화야말로 고정된 자신의 규칙과 규범을 가진 하나의 장르가 되어 버렸다. 문화는 보편성이라는 자신의 의미를 상실했다.

철저하게 교육적이고자 하는 교육은 따라서 인간적인 역동들을 결여한다. 백과사전주의와 이런 교육의 기술적 측면을 특별히 고려한다면, 그것이 위대한 가치의 매개자가 된다는 것을 보게 될 것이다. 왜냐하면 그 기술적 측면은 아이에게 접근할 수 있는 측면들과 과학적 지식의 잇따라 발전하는 상태들을 적합하게 상징화하는 다른 측면들도 포함하기 때문이다. 실제로 교양[문화] 교육이 백과사전적으로 되고자 할 때 부딪치게 되는 암초는, 바로 사람들이 알고자 하는 그 과학을 논증적인 지적 상징들을 통해 이해하기가 어렵다는 데 있다. 하지만 기술의 실현은 어린아이조차도 이해할 수 있고 논증적 이해를 통해서는 점점 더 잘 해명될 수 있는 역동적 직관의 형태로, 그 기술 실현의 작동 원리로 사용되는 과학적 인식을 제공한다. 진정한 논증적 인식은 정도들을 허용하지 않는다. 그것은 단번에 완전하든지 아니면 부적합하기 때문에 거짓이든지 둘 중 하나다. 이런 식으로 백과사전주의는, 기술들을 통해서, 어린아이가 충분히 다룰 수 없는 추상의 능력들을 요구하지 않으면서도, 아이의 교육에서 자신의 자리를 발견할 수 있을 것이다. 이런 의미에서, 아이에 의한 기술공학적 인식의 획득은 기술적 대상의 특성을 통해서 파악되는 직관적 백과사전주의에 도입될 수 있다. 기술적 대상은 사실상 과학적 대상과 구분된다. 왜냐하면 과학적 대상은 가장 정확하게 그것의 모든 조건들과 특성들을 가지고 단 하나의 결과를 분석하고자 하는 분석적 대상인 반면에, 기술적 대상은 어떤 특수 과학의 맥락 속에 통째로 놓여지기는커녕, 가장 다양한 영역들에서 유래하는 수많은 과학적 자료들과 결과들의 교차지점에 위치하면서, 외관상 가장 이종적으로 보이고 지성적 차원에서도 상호조정될 수 없는 것처럼 보이는 여러 지식들을 실천적으로는 기술적 대상의 작동 안에서 통합하고 있기 때문이다. 기술적 대상이 타협술의 결과물이라고 얘기될 수 있었던 것은, 실제로 그것이 발명을 주재하는 종합적 도식체계의 도입을 통해서가 아닌 다른 방식으로는 이해할 수 없는, 현저하게 두드러진 종합적 구조를 지니기 때문이다. 기술적 도식은 여러 구조들과 이 구조들을 가로질러 완수되는 복잡한 조작操作 사이의 관계로서, 그 본성 자체가 백과사전적이다. 그것이 인식들의 순환성을, 즉 이론적으로는 여전히 이질적인 지식의 요소들 사이의 상호협력효과를 실현하기 때문이다.

아마 백과사전적인 작업과 아이에게 제공되는 교양[문화] 사이의 관계를 담당하는 역할이 20세기까지도 기술들에게 할당될 수 없었다는 점이 지적될 수 있을 것이다. 이는 사실 그때에도 여전히 감각이나 사유의 도식체계들을 포함하는 진정으로 보편적인 조작操作들을 기술들 가운데서 발견하는 것이 거의 가능하지 않았기 때문이었다. 오늘날 정보 기술들의 존재는 무한히 더 큰 보편성을 기술공학에 제공한다. 정보이론은 생리학, 논리학, 미학, 언어들에 대한 음운연구·문법연구·의미론, 수치계산학, 기하학, 정부체제들과 집단들의 조직학, 확률계산학, 그리고 발화정보·음향정보·시각정보의 전달에 관한 모든 기술들과 같이, 매우 다양하고 엄청나게 많은 과학들의 중심에 기술공학을 놓는다. 정보이론은 학제적 기술공학으로서, 다양한 기술들의 도식체계뿐만 아니라 과학적 개념들의 체계화를 가능하게 한다. 정보이론을 여러 기술들 가운데 하나의 기술로 간주해서는 안 된다. 정보이론은 실제로 하나의 사유로서, 한편으로는 여러 기술들 사이를 매개하고, 다른 한편으로는 여러 과학들 사이를 매개하며, 또한 그 기술들과 그 과학들 사이를 매개한다. 정보이론은 그런 매개자의 역할을 수행할 수 있다. 왜냐하면 각각의 과학이 자신의 연구 결과를 실현하는 데 활용될 기술적 자원들로 상당수의 다른 과학들을 자기 작업에 쓸 수 있을 정도로, 과학들 사이에는 단지 이론적이기만 한 것이 아니라 도구적이고 기술적이기도 한 관계 맺음이 존재하기 때문이다. 과학들 사이에는 기술적 관계가 존재한다. 게다가 기술들은 과학의 형태로 이론화될 수 있다. 정보이론은 그런 교환 기능의 상호 상태를 결정하는 데, 과학들의 기술이자 기술들의 과학으로서 개입한다.

이 수준에서, 오직 이 수준에서만, 백과사전주의와 기술교육이 보편성의 두 차원들, 즉 동시성과 계속성 사이의 정합성 안에서 서로 만날 수 있다.

따라서 우리가 말할 수 있는 것은, 비록 오늘날까지 기술들은 하나는 어른에 관련되고 다른 하나는 아이에 관련되는 거의 화해하기 어려운 두 역동성들을 제공할 수밖에 없었지만, 정보이론 안에서는, 이런 대립관계가 전문화와 백과사전주의 사이의, 아이 교육과 어른 교육 사이의 연속성을 확립하는 매개적 학문으로 대체된다는 것이다. 그렇게 됨으로써, 반성적 기술공학이 상이한 기술들 너머에서 정초될 수 있고, 과학들과 기술들 사이의 관계를 창조하는 사유도 규정될 수 있다.

기술들의 이러한 반성적 통일, 그리고 이론적 지식과 실천적 지식 간 대립의 종식이라는 귀결은 인간에 대한 반성적 이해를 위해 고려할 만하다. 일단 이 수준에 도달하게 되면, 사실상 교육 시기와 어른 나이 사이의 대립관계나 간극은 더 이상 없다. 계속성의 차원과 동시성의 차원은 상호성의 관계 속에서 서로 조직화되고, 어른의 시간은 교육의 시간에 더 이상 적대적으로 대립하지 않는다. 지금까지는 처음엔 젊다가 그 다음엔 성숙하고 결국엔 노화하는 결정론 안에서 이 각각에 상응하는 정치·사회적 체제들과 더불어 정지되어 있었던 사회들의 진화조차도, 어느 정도는 더 이상 운명적인 것으로 여겨질 수 없을 것이다. 암묵적인 그 생물학주의로부터 독립한 가치들의 참조 체계를 도입할 수 있을 정도로 기술들의 침투가 충분히 심층적이라면 말이다.

육체노동자와 정신노동자, 시골인과 도시인, 아이와 어른의 대립처럼, 가치체계들 안에 있는 이원론을 주의깊게 분석해 보면, 그런 대립들의 바탕에는 여러 집단들의 도식체계들 사이에 양립불가능성을 낳는 기술적인 이유가 놓여 있다는 것이 드러날 것이다. 육체노동자는 물질적 사물들의 수준에서 직관적인 도식체계에 따라 사는 사람이다. 반대로 정신노동자는 감각적 질들을 개념화했던 사람이다. 그는 인간의 운명과 자연을 정의하면서 계속성의 차원을 안정시키는 질서에 따라 산다. 그는 직관의 수준에서 체험된 가치들과 인간의 몸짓들을 개념화하고 가치평가하는 어떤 능력을 보유하고 있다. 육체노동자는 동시성의 질서에 따라 산다. 그는 어떤 문화에 접근하고자 할 때 독학자가 된다. 시골사람과 도시사람이 대립하는 것도 도식체계들 사이의 이런 차이에 따른다. 시골사람은 참여들과 요구들로 이루어진 어떤 앙상블과 동시대에 있는데, 이 앙상블은 그를 존재의 자연적 체계에 통합되어 있는 존재자로 만들어 준다. 그의 경향들과 그의 직관들이 그런 통합의 끈들이다. 도시사람은 개체적인 존재자로서, 자연적 질서보다는 사회적 변화에 더 연결되어 있다. 교양 있고 추상되어 있는 존재자가 교양 없고 통합되어 있는 존재자에 대립하듯이, 도시사람은 시골사람에 대립한다. 도시사람이 어떤 시간에 속한다면, 시골사람은 어떤 나라에 속한다. 전자가 계속성의 차원에 통합된다면, 후자는 동시성의 차원에 통합된다. 일반적으로는 시골사람이 전통에 매여 있다는 점을 지적할 수 있을 것이다. 그러나 정확히 말해서 그 전통이란 역사성의 가장 무의식적인 측면으로서, 계속성의 차원을 표상하지 못하게 막고 계속성을 불변성으로 상정하게 하는 것이다. 실제 전통주의는 생성 계열에 대한 표상의 부재 위에 근거한다. 거기서 생성은 묻혀 버린다. 결국, 아이와 어른 사이의 대립이 이 모든 대립관계들을 요약한다고 할 수 있다. 아이는 시간 속에서 변해 가면서 이 변경과 이 변화에 대해 자각하는, 잠재성들로 이루어진 존재자, 계속성에 속하는 존재자다. 어른은 아이에게 삶을 보여주는 자로서, 동시성의 질서에 따라 사회 속에 통합된다. 게다가 이런 성숙에 완전하게 도달될 수 있는 것은 사회가 안정적이고 지나치게 빨리 진화하지 않는 한에서만 가능할 뿐이다. 그렇지 않고 계속성의 차원을 우선시하며 변형 도중에 있는 사회는 어른 구성원들에게 이들을 청소년들로 만드는 역동성을 전달한다.

2장_기술적 대상들의 세계와 인간 사이의 관계에서 문화가 갖는 조절 기능. 현실적인 문제들

1. 진보 개념의 상이한 양상들

기술을 대하는 백과사전주의자들의 태도는 요소의 기술성이 발견되면서 비롯된 광적인 흥미처럼 생각될 수 있다. 사실 백과사전주의자들은 기계가 곧 로봇이라고 간주하지 않는다. 기계는 오히려 요소적 장치들로 이루어진 하나의 조합물assemblage로 여겨진다. 디드로의 [『백과전서』를 함께 만든] 공동제작자들은 본질적으로 기계의 기관들에 주의를 기울인다. 18세기의 기술적 앙상블은 코르크마개와 시계추를 만드는 작업장의 크기에 아직 머물러 있다. 이 앙상블이 기술적 요소들과 서로 연결되는 것은 진정한 기술적 개체들을 통해서라기보다는 연장들이나 연장-기계들을 사용하는 장인들을 통해서다. 이런 까닭에 탐구된 물질들의 구분이 기술의 도식들에 따라서, 즉 기계의 유형들에 따라서가 아니라 활용 범주들에 따라서 이루어진 것이다. 기술적 존재자들을 분석하고 분류하여 묶는 그 원리는 일에 따른 이름붙이기지 기계에 따른 이름붙이기가 아니다. 그런데 아주 상이한 일들이 동일하거나 거의 동일한 연장들을 활용할 수 있기 때문에, 그런 분류 원리는 매우 비슷한 형태를 띨 수 있는 연장들과 도구들을 이 도판圖版 저 도판에 지나치게 많이 집어넣을 수 있다.

　　그런데 일정하지 않은 다수의 요소들을 포함하는 기술적 앙상블들에 따른 분류의 원리는 백과사전주의자들이 생각했던 **연속적 진보**라는 이념과 매우 밀접하게 연결된다. 기술적 진화가 연속선을 따라 이루어질 수 있다는 것은 바로 기술성이 요소들의 수준에서 파악될 때다. 기술성의 분자적 존재 양식과 기술적 대상들의 진화의 연속적인 행보 사이에는 상관관계가 있다. 톱니바퀴의 한 톱니, 나사의 한 나선 상태는 17세기보다 18세기에 훨씬 잘 만들어졌다. 17세기와 18세기에 제작된 동일한 요소들을 비교하는 것으로부터 우리가 기술적 대상들의 구체화라고 불렀던 과정 안에서 앞으로 나아감과 같은 진보의 연속성이라는 이념이 솟아나왔다. 요소의 이러한 진화는 이미 구성되어 있던 기술적 앙상블들의 내부에서 수행되는 것으로서 갑작스럽게 일어나지 않는다. 그 진화는 제작의 결과물들을 급격하지 않게 향상시키고, 작업할 때 수월성의 느낌을 가질 수 있는 습관적인 방법들을 장인이 보존할 수 있도록 한다. 더 정확한 도구들에 의해 더 잘 수행되는 익숙한 몸짓들은 더 좋은 결과물들을 내놓는다. 18세기의 낙관주의는 상당부분 요소들의 이런 향상과 기술적인 작업 조건들의 연속적인 향상으로부터 나온다. 사실, 불안이라는 것은 예전의 습관적인 몸짓들을 무용하게 만들면서 일상적인 삶의 리듬들 속에 어떤 균열을 가져오는 변형들에서 태어났다. 그러나 연장의 기술성이 향상되는 것은 행복감을 준다. 인간이 자신의 숙련에서 비롯된 열매들을 보유하면서 취급방식이 동일한 새로운 연장으로 예전의 연장을 교환할 때는 자신의 몸짓이 더 정확해지고, 더 수월해지고, 더 신속해졌다는 인상을 갖는다. 한계선이 멀어지고 확장되면서 자유로워지는 것은 전적으로 육체적인 도식이다. 서투름의 인상이 줄어든다. 능숙해진 그 인간은 더 좋은 연장을 사용하면서 솜씨가 더 좋아졌다고 느낀다. 게다가 그는 그 연장을 신뢰한다. 왜냐하면 그 연장은 신체기관을 늘인 것이고, 익숙한 몸짓으로 사용되는 것이기 때문이다.

연장**outil**이란 어떤 몸짓을 수행하기 위해 신체 일부를 늘이고 무장시키는 기술적 대상이고, 도구**instrument**란 더 분명한 지각을 얻을 수 있기 위해 신체 일부를 늘이고 적합하게 만드는 기술적 대상이라고, 즉 도구는 지각의 확장이라고 이해한다면, 18세기는 이런 연장들과 도구들의 커다란 발전이 있던 시기였다. 어떤 기술적 대상들은 연장이면서 동시에 도구이기도 한데, 사람들은 그것을 행동적 기능이나 지각적 기능 중 어느 쪽이 우세한가에 따라서 연장이나 도구라고 이름 붙일 수 있다. 예컨대 망치는 연장이다. 비록 우리가 망치를 가지고 근육운동과 촉각으로 느껴지는 진동을 감지하면서 못이 휘어지거나 나무를 갈라지게 하거나 너무 빨리 박히는 순간을 섬세하게 지각할 수 있음에도 말이다. 사실 망치는 못을 박으면서 이 박는 조작操作을 실행하는 방식에 따라서 일정한 정보가 그 망치를 들고 있는 자의 손 감각에 전해지도록 못 위에서 움직여야 한다. 따라서 망치는 우선 연장이다. 왜냐하면 그것이 도구 노릇을 할 수 있는 것은 바로 그것의 연장 기능 덕분이기 때문이다. 망치가 순수한 도구로 사용될 때조차도 그것은 여전히 우선은 연장이다. 석공이 자신의 망치를 가지고 돌의 질을 알아볼 때도, 그렇게 하기 위해선 망치가 돌의 일부분을 때려야만 하기 때문이다. 이와 반대로, 망원경이나 현미경은 수준의水準儀나 육분의六分儀와 마찬가지로 도구들이다. 이 대상들은 세계에 대해 미리 어떤 행동을 실행하는 게 아니라 정보를 수집하는 데 쓰인다. 그런데 18세기는 기하학적이고 물리적인 광학의 발견들과 아울러 17세기의 정역학과 동역학의 발견들을 수합하면서, 도구로서의 연장들이 더 공들여 제조된 시기다. 과학들의 부정할 수 없는 진보는 기술적 요소들의 진보로 번역된다. 과학적 탐구와 기술적 결과들 사이의 이런 일치는 인간의 활동 영역들에서 나타난 풍부한 생산성과 협력작용의 장관을 보여 줌으로써——예컨대 도구들은 과학들에 의해 향상되고, 그렇게 향상된 도구들은 다시 과학적 탐구에 사용된다——진보라는 개념의 내용에 걸맞는 낙관주의를 가능하게 한 새로운 이유가 된다.

　이와 달리, 기술적 진화의 측면은 19세기에 완전한 기술적 개체들의 탄생을 보게 되면서 변하게 된다. 그 개체들이 단지 동물들만을 대체하는 한에서는 혼란스러움이 좌절은 아니다. 예컨대 증기기관은 기차의 차량들을 끌기 위해서 말을 대체하고 섬유공장을 가동시킨다. 따라서 몸짓들이 어느 정도의 범위 안에서 바뀌기는 하지만, 인간이 대체되지는 않는다. 그 기계가 단지 더 많은 에너지 자원들의 활용에만 쓰이는 한에서는 말이다. 백과사전주의자들은 풍차를 알아보고, 높이 솟은 구조로 말없이 들판을 장악한다고 표상하면서 찬양했다. 아주 잘 다듬어진 여러 장의 판자들은 물레방아를 개선하는 데 바쳐졌다. 인간의 좌절은 인간을 대체하는 기계들과 더불어, 자동방적기, 압착기, 새로운 제조설비장치 등과 함께 시작되는 것이다. 이것들은 노동자들이 폭동을 일으켜 부서뜨린 기계들이다. 왜냐하면 그 기계들은 더 이상 동력이 아니라 연장들의 운반자로서 인간의 라이벌들이기 때문이다. 18세기의 진보는 인간 개체를 건드리지 않고 그대로 내버려두었는데, 이는 인간 개체가 자신의 연장들 가운데서 그 연장들의 운반자이자 중심으로서 기술적 개체로 있었기 때문이었다. 제조공장이 장인의 수공업적 작업장과 구분되는 것은 본질적으로 크기의 문제가 아니라, 기술적 대상과 인간 존재자 사이의 관계 맺음이 달라진다는 점에 있다. 제조공장은 하나의 기술적 앙상블로서 인간과 맞먹는 활동성을 지닌 자동 기계들을 갖추고 있다. 수공업적 작업장에서는 기술적 작용들을 수행하는 데 개체성을 내주는 것이 바로 인간인 반면, 제조공장에서는 진짜 기술적 개체들을 활용한다. 바로 이때부터, 진보의 일차적인 개념이 갖는 가장 적극적이고 가장 직접적인 측면이 더 이상 체험되지 않는다. 18세기의 진보는 인간 개체가 자기 몸짓의 정확성, 신속성, 힘 안에서 직접 느낀 진보다. 19세기의 진보는 더 이상 인간 개체에 의해 체험될 수 없다. 왜냐하면 그 개체는 적합하게 맞춰진 행동 안에서 명령과 지각의 중심으로 더 이상 놓여지지 않기 때문이다. 그 개체는 단지 기계들의 작동 결과들을 관찰하는 자, 또는 기계들을 실행시키면서 기술적 앙상블들의 조직화에 책임을 지는 자일 뿐이다. 바로 이런 까닭에 진보라는 개념은 불안하면서도 공격적인 양면성을 띤 것으로 이중화하게 된다. 진보는 인간과 무관해지고 개체 인간에게는 더 이상 의미를 갖지 않는다. 왜냐하면 인간이 진보를 직접적으로 지각할 수 있는 조건이 더 이상 존재하지 않기 때문이다. 18세기 진보 개념의 토대에 있었던 것으로서, 근육운동에서 느껴지는 인상들과 신체적 역동의 수월함과 아주 가까웠던, 진보에 대한 암묵적인 판단은 사라졌다. 18세기에 그랬던 것처럼, 과학들과 기술들의 진보가 행동과 관찰의 개별적인 조건들을 확장시키고 용이하게 한 활동 영역들(예컨대 내과의학과 외과의학)을 제외한다면 말이다.

　　이제 진보는 앙상블이 산출하는 결과물들의 수준에서 광범위한 방식으로 사유된다. 그것은 이론적인 방식으로, 추상적이고 지적으로 사유된다. 인간의 자연 점유라고 인식된 진보를 사유하는 자는 더 이상 장인들이 아니라 수학자들이다. 진보의 이념이 생시몽주의자들^{Saint-Simoniens}과 더불어 테크노크라시즘[기술관료중용주의]을 지탱한다. 사유되고 요구된 것으로서의 진보에 대한 이념이 체험된 것으로서의 진보에 대한 인상을 대

체한다. 진보를 사유하는 인간은 노동하는 인간과 동일한 인물이 아니며, 대부분 장인으로 남아 있는 인쇄공이나 석판공이 그런 경우들은 극히 드물다. 이 드문 경우들에서조차도, 기계의 본성을 근본적으로 사유하는 자들에게 기계의 출현이란 사회적 구조들의 변형에 대한 열망으로 나타난다. 18세기에는 요소들의 진보에 대한 체험 안에서 노동과 기술성이 서로 연결되어 있었다고 할 수 있을 것이다. 반면, 19세기는 진보에 대한 지적인 사고와 그 진보에 따른 노동의 내적 리듬에 대한 체험의 조건들을 구분한다. 19세기의 인간이 진보를 체험하는 것은 노동자로서가 아니다. 그것은 엔지니어나 사용자로서 하는 것이다. 기술자, 즉 엔지니어, 이 기계의 인간이 노동자들과 기계들을 포함하는 앙상블의 조직자가 사실상 되는 것이다. 진보라는 것은 그 결과들을 보고 감지할 수 있는 운동으로 파악되는 것이지, 그 운동을 구성하는 조작操作들의 앙상블 안에서, 그 운동을 실현하는 요소들 안에서, 그 자체로 파악되는 것이 아니다. 진보는 인류와 외연이 같은 대중들에게 가치 있는 것으로 이해된다.

19세기 전반기 말의 시인들은 진보를 위험과 불안의 부담을 함께 지닌 채 나아가는 인류의 전반적인 행보라고 분명하게 느꼈다. 그 진보 안에는 다른 세계를 향한 여행이나 이주와 같은, 어떤 거대한 집단적 모험의 무언가가 있다. 그 진보는 승리를 자랑하는 의기양양함과 저물어 가는 어스름의 무언가를 동시에 지니고 있다. 이는 아마 「목자의 집」La Maison au Berger에서 비니Alfred-Victor de Vigny가 도시들 위에 써 있다고 본 말일 것이다. 기계를 대하는 양가적인 이런 느낌은 「목자의 집」에서는 기관차로, 「바다 위의 빈 병」La Bouteille à la Mer에서는 나침반으로 재현되어 나타난다. 이 후자의 시는 19세기에 나타난 진보의 그 과도기적인(그리고 아마 모순적이기 때문에 과도기적일) 특징을 비니가 어떻게 느꼈는지 보여 준다. 이런 진보의 이념, 즉 달성되지 않은, 완전하지 않은 이런 이념은 후손들에게 전하는 어떤 메시지를 담고 있다. 즉 진보는 그 자체로 완성될 수 없다는 것. 기술적 진화의 그 순간을 기꺼이 살아가겠다고 받아들이는 것은 『운명』Destinées이라는 그의 시집에 나타난 측면들 중 하나다. 비니는 그 순간이 그 자체로 자족적이거나 그 자체로 마감될 수 없다는 것을 이해하면서도 그것을 정당화하고 유의미한 것으로 만들었다.

기술적 진보라는 개념의 세번째 측면은 기술적 개체들의 내적 자기-조절이 기술적 앙상블들에 미친 반향, 그리고 이런 기술적 앙상블을 통해서 인류에 미친 반향과 더불어 나타났다. 두번째 단계는 개체의 수준에서 일어난 기술의 새로운 물결에 상응하는 것이었고, 기계에 대한 인간의 이중적 상황에서 비롯된 진보의 양가성과 소외의 생산이 특징적이었다. 이 소외는, 생산수단들에 대한 노동자의 관계 맺음 속에 그 기원이 있다고 맑스주의는 파악하였지만, 우리의 견해로는, 단지 노동자와 노동 도구들 사이의 소유나 비-소유의 관계 맺음으로부터만 야기되는 것이 아니다. 소유의 사법적이고 경제적인 그 관계 맺음 아래에는 여전히 더 근본적이고 더 본질적인 관계 맺음이, 즉 인간 개체와 기술적 개체 사이의 연속성의 관계 맺음, 또는 그 두 존재자들 사이의 불연속성의 관계 맺음이 존재한다. 18세기에는 장인이 자신의 연장들과 자신의 생산 도구들의 소유자였던 데 반해서, 19세기에는 노동하는 인간 개체가 더 이상 자신의 생산 수단들의 소유자가 아니라는 것, 단지 그것 때문에만 소외가 출현한 것이 아니다. 소외는 노동자가 더 이상 자신의 생산 수단의 소유자가 아니라는 바로 그 순간에 나타나지만, 그것이 오로지 이런 소유 관계의 절단 때문에 나타나는 것은 아니다. 그것은 엄밀하게 개체적이고, 생리학적이고, 심리학적인 수준에서, 생산 수단들에 대한 집단적인 모든 관계 맺음의 바

끝에서도 나타난다. 기계와 관련된 인간의 소외는 단지 사회-경제적 의미만 갖는 것이 아니다. 그것은 또한 심리-생리학적인 의미도 갖는다. 기계가 노동자들을 위해서건, 기계 자신들을 소유한 자들을 위해서건, 더 이상 신체의 도식을 연장하지 않는다는 것이다. 생시몽주의자들인 수학자들과 오귀스트 콩트Auguste Comte에 의해 사회적 역할이 고양되었던 은행업자들도 새로운 프롤레타리아트의 일원들과 마찬가지로 기계와 관련해서는 소외된다. 바로 이 점을 지적함으로써 우리가 말하고자 하는 바는, 소유 계급들 안에 존재하는 소외를 이해하기 위해 주인과 노예의 변증법을 상정할 필요는 없다는 것이다. 기계에 관한 소유 관계는, 매우 상이한 사회적 상태에 상응하는 것이긴 하지만, 비-소유 관계만큼 소외를 포함한다. 기계의 양쪽에서, 그 위와 그 아래에서, 노동자인 요소들의 인간과 산업 후원자인 앙상블들의 인간이 모두, 기계의 형태로 개별화된 기술적 대상과 진정한 관계를 맺지 못한다. 자본과 노동은 기술적 대상과 관련해서, 그리고 산업적 조직화 속에 담겨 있는 기술성과 관련해서, 양자 모두 역시 불완전한 두 존재 양식들이다. 그것들의 명백한 대칭은 자본과 노동의 결합이 소외를 축소시킨다는 것을 전혀 의미하지 않는다. 자본의 소외는 노동에 관한 소외, (주인과 노예의 변증법에서처럼) 세계와의 접촉에 관한 소외가 아니라, 바로 기술적 대상에 관한 소외이다. 이는 노동에 대해서도 마찬가지다. 노동에 결여되어 있는 것은 자본이 소유하고 있는 것이 아니며, 또한 자본에 결여되어 있는 것은 노동이 소유하고 있는 것이 아니다. 노동은 요소들에 대한 통찰을 소유하고 있고, 자본은 앙상블들에 대한 통찰을 소유하고 있다. 그러나 [양자의] 혼합물이 아니라 중간에 있는intermédiaire et non mixte 존재자, 즉 기술적 개체에 대해 통찰할 수 있는 것은, 요소들에 대한 통찰과 앙상블들에 대한 통찰을 결합함으로써 되는 것이 아니다. 요소,

개체, 앙상블은 시간적 계열 위에서 서로 잇따르는 것이다. 요소의 인간은 개체에 비해 뒤늦게 온다. 그렇다고 개체를 포함하지 않았던 앙상블들의 인간이 개체에 비해 앞서 있는 것도 아니다. 그는 과거에서 온 앙상블의 구조 속에 현재의 기술적 개체를 가두려고 한다. 노동과 자본은 기술성의 담지자인 기술적 개체에 비해 뒤늦게 온다. 기술적 개체는 그것을 가동시키는 노동이나 그것을 관리하는 자본과 동일한 시기에 속하지 않는다.

자본과 노동의 대화는 과거에 속하는 것이기 때문에 거짓이다. 생산 수단들의 공유화는 그 자체로 소외의 축소를 가져올 수 없다. 그것이 소외를 축소시킬 수 있는 것은 오로지 그 공유화가 개체화된 기술적 대상에 대한 이해를 인간 개체가 획득하는 데 선결조건이 되는 한에서일 뿐이다. 기술적 개체에 대한 인간 개체의 이런 관계는 형성하기 가장 까다로운 것이다. 이 관계는 기술적 문화를 상정하는데, 이 기술적 문화는 노동과 운행의 태도들(노동은 요소들의 이해에 해당하고 운행은 앙상블들의 이해에 해당한다)과는 상이한 태도들의 역량을 도입하는 것이다. 노동과 운행은 인과성보다 목적성의 우위를 공통적으로 갖는다. 이 두 경우들에서 노력은 획득할 어떤 결과를 향해 기울여진다. 수단들의 사용이 결과에 비해 소수성의 상황에 처하고, 운행 도식은 운행 결과보다 덜 고려된다. 이와 반대로, 기술적 개체의 경우에는 인과성과 목적성 사이의 그런 불균형이 사라진다. 기계는 외면상 어떤 결과를 획득하기 위해 만들어진다. 그러나 기술적 대상이 점점 더 개별화될수록, 이 외적 목적성은 작동의 내적 정합성을 위해서 점점 더 사라진다. 작동은 외부 세계와 관련되어 존재하기 이전에 그자신과 관련되어 방향 설정된다. 이것이 바로 기계의 자동성이고, 이것이야말로 기계의 자기-조절작용이다. 기계의 작동은 조절의 수준에 있는 것이지, 단지 인과성이나 목적성의 수준에 있는 것이 아니다. 자기-조절된 작동 안에서는, 모든 인과성이 목적성의 의미를 가지며, 또한 모든 목적성이 인과성의 의미를 갖는다.

2. 열역학과 에너지론으로부터 비롯한 진보 개념이 나타내는 인간과 기술적 대상의 관계에 대한 비판. 정보이론에 의거하여

인간이 개별화된 기술적 존재자와 관계 맺을 수 있는 것은 바로 작동 도식들에 대한 직관 때문이다. 인간은 기계와 서로 대등한 위치에서 짝을 맺을 수 있다. 이때 인간은 기계의 조절에 참여하는 존재자인 것이지, 단지 앙상블들을 합체하면서 기계를 조종하거나 활용하는 존재자이거나 물질[재료]과 요소들을 제공하면서 기계를 사용하는 존재자인 것만은 아니다. 이를 지적함으로써 우리가 말하고자 하는 것은, 경제이론도 에너지론도 인간과 기계의 이런 짝짓기를 설명할 수 없다는 것이다. 경제적이거나 에너지적인 연결들은 그들 사이의 진정한 짝짓기를 정의하기에는 지나치게 외재적인 연결들이다. 동일한 자기-조절작용 기능들이, 인간에 의해서만 또는 기계에 의해서만 실행될 때보다 인간-기계 쌍에 의해 더욱 섬세하게 훨씬 더 잘 실행될 때, 인간과 기계의 개체간interindividuel 짝짓기가 존재한다.

　메모리[기억장치]라는 것을 예로 들어 보자. 인공적인 작동들과 생명적 기능들 사이의 허구적인 동일시들을 모두 제쳐 놓는다면, 인간과 기계는 과거를 활용하는 데 있어서 상보적인 두 측면들을 나타낸다고 할 수 있다. 기계는 매우 복잡한 단형적 자료들을 풍부하고 정확한 디테일과 함께 매우 오랜 시간 동안 보존할 수 있다. 300미터 길이의 녹음테이프는, 50에서 10,000 헤르츠 주파수대에서는 대략 한 시간 정도 지속하거나 아니면 5,000 헤르츠 이상의 주파수대로 범위를 줄이고자 한다면 두 시간 정도 지속하는, 어떤 소음들과 소리들의 녹음 기록을 보존할 수 있다. 같은 크기의 필름 한 통은, 각 이미지마다 약 250,000 화소들이 구분될 수 있도록 500개 주사선走查線들의 순서가 지정되어 있는, 약 반시간 동안 펼쳐지는 장면들을 기록할 수 있다. 그래서 녹음테이프는 서로 구분되는 3,600,000개의 음향 사건들을 기록할 수 있는 반면, 영화필름은 서로 구분되는 120,000,000개 화소들을 기록할 수 있다(이런 숫자의 차이는 단지 녹음테이프의 입자가 감광필름의 것보다 더 크다는 점에서만 비롯되는 것이 아니다. 사실상 크기의 차원은 동일하다. 그 차이는 무엇보다 음향기록이 테이프의 선형적 트랙에 관련되는 반면, 영상기록은 거의 모든 감광점들이 정보 매체가 될 수 있는 표면들의 잇따른 분할에 관련된다는 바로 이 사실에서 비롯한다). 그런데 여기서 기계의 보존 기능을 특징짓는 것은, 그것이 구조를 전혀 갖지 않는다는 점이다. 필름은 예컨대 기하학적 이미지들과 같이 매끈하게 잘라진 모양들보다 모래 더미의 무질서한 이미지를 더 잘 기록한다. 심지어 어떤 한도 안에서는, 모래알갱이들의 무질서한 획일성이 매끈하게 잘린 표면들의 선명한 대조들보다 훨씬 더 잘 기록되는데, 이는 분명한 윤곽을 가진 매우 밝은 감광면들의 주위에 후광효과라는 것을 만들어 내는 빛의 방사 현상이 필름 안에서 일어나기 때문이다. 마찬가지로, 녹음테이프도 어떤 형태와 연속성을 갖고 있는 음악 소리들보다 잡음들이나 소음들을 더 잘 기록한다. 질서라는 건 형태들의 선별 능력이 없는 기계에 의한 이런 기록 보존을 위해서 존재하는 것이 아닌 것이다. 인간의 지각이야말로 기록된 자료들을 보거나 들을 때 지각의 단위들인 형태들을 알아본다. 그러나 기록 그 자체가 그런 형태들을 실제로 포함하고 있는 건 아니다. 기계들의 보존 기능은 형태들의 기록과 재생에 관해서는

무능력하다. 이런 무능력은 일반적이며, 모든 수준들에서 다 존재한다. 계산기가 음극선의 스크린 위에 바로 읽을 수 있는 숫자들로 결과들을 보여줄 수 있기 위해서는 상당한 복잡성이 요구된다. **숫자계산기**|numéroscope*는 코드화를 사용해서 대략 숫자들로 읽혀질 수 있는 그림들이 얻어질 수 있도록 해주는 매우 정교하고 복잡한 조립품들로 이루어진다. 숫자 5를 쓰는 것보다 리사주 도형|Lissajous figure을 산출하는 것이 훨씬 더 쉬운 것이다. 기계는 형태들을 보존할 수 없지만, 코드화를 통해서 형태들을 공간적이거나 시간적인 분할로 번역할 수는 있다. 이 분할은 녹음테이프의 경우처럼 매우 잘 지속될 수도 있고, 감광필름 속에 있는 은銀 알갱이들처럼 결정적일 수도 있으며, 또는 어떤 유형의 계산기들에서 사용되는 것처럼 조작操作 도중에 결과들을 부분적으로 보존하기 위해서 각 끝에 압전기 수정을 포함하고 있는 수은주 안을 통과하는 일련의 임펄스들처럼 완전히 잠정적일 수도 있다. 하나는 해독과 기입용이고 다른 하나는 유지용인 두 개의 전자총(R.C.A 셀렉트론과 M.I.T의 메모리관)이 장착되어 있고, 영상송신용 진공관과 약간 비슷한, 어떤 종류의 음극선관 안에서 모자이크면 위에 숫자들을 기록하는 경우처럼, 그 분할은 매우 사라지기 쉬우면서도 유지될 수 있는 경우도 있다. 매체의 가소성可塑性이 기록 기능의 진정한 가소성과 혼동되어선 안 된다. 셀렉트론의 베릴륨으로 된 모자이크면 위에 기록된 숫자들을 천분의 1초 안에 지우고 다른 숫자들로 대체하는 것이 가능하다. 그러나 그 동일한 매체 위에 연속적으로 기록하기를 성공시킨 그 신속함이 기록 그 자체의 가소성을 의미하는 것은 전혀 아니다. 각각의 기록은

---

* [옮긴이] 점성술에서 운세를 알아보기 위해 이름과 생년월일시들을 넣은 후 운명의 숫자들을 산출하는 기계.

그 자체만 보면 완벽하게 굳어져 있다[가소성이 전혀 없다]. 물론 녹음테이프의 산화철 알갱이들의 자화磁化를 지우고 새롭게 기록하는 것은 가능하다. 그러나 새로운 기록은 이전 기록과 완전히 분리된다. 만일 첫번째 기록이 제대로 지워지지 않았다면, 두번째 기록을 수월하게 하는 게 아니라 오히려 잘 안 되게 방해할 것이다.

이와 반대로, 인간의 기억mémoire인 경우에는, 보존되는 것이 바로 형태다. 보존이라는 것 자체가 형태들의 선택 능력이자 경험의 도식화 능력인 기억의 제한된 한 측면일 뿐이다. 어떤 소리들을 고정시키는 데 이미 기록되어 있는 녹음테이프가 새로운 녹음테이프보다 탁월하다면 기계도 비슷한 기능을 해낼 수 있을지 모르지만, 그렇지 못하다. 기계들의 기억이 갖는 가소성은 매체의 것인 반면, 인간의 기억이 갖는 가소성은 내용 그 자체의 가소성이다.** 인간에게 개별기억들souvenirs을 보존하는 기능은 기억 mémoire에 있다고 말할 수 있는데, 이는 형태들과 도식들의 총체인 기억이 자신의 형태들을 개별기억에 연결함으로써 그 개별기억을 기록하고 받아들이는 것이기 때문이다. 반면, 기계에서의 기록은 선행하는 기억 없이 이루어진다. 이런 본질적인 차이로부터 귀결되는 것은 인간의 기억이 무질서한 요소들을 고정시키는 것에 관해서는 상당히 무능력하다는 점이다. 상이한 형태와 색상을 지닌 50장의 표들이 책상 위에 무질서하게 펼쳐져 있을 때 각각의 상대적인 위치를 파악하기 위해서는 아주 오랜 시간이 필

** 동일한 형태를 계속해서 여러 번 고정시킬 때, 새 녹음테이프는 이미 사용된 녹음테이프와 똑같거나 우수하다. 반면, 음극선관은 항상 동일한 이미지를 그 위에 안착시키다 보면, 그 이미지를 더 잘 고정시킬 수 있게 되기는커녕, 그 이미지가 차지했던 화소점들에서 오히려 민감성을 상실하게 되므로, 오래 사용한 이후에는, 예전의 이미지들보다 동일한 화소점들에서 형성되지 않는 새로운 이미지들을 받아들이는 데 더 민감해진다.

요할 것이다. 공간 안에 있는 여러 대상들의 상대적인 위치를 확인해야 할 때는 흐릿하게 촬영된 사진이 차라리 인간의 직접적인 확인보다 더 낫다. 기계의 기억이 다양성과 무질서에서는 승리한다. 반면, 인간의 기억은 형태들의 단일성과 질서에서 승리한다. 통합하거나 비교하는 기능이 나타날 때마다, 가장 복잡하고 가장 잘 구축된 기계도 인간의 기억이 달성할 수 있는 것에 비하면 아주 열등한 결과를 내놓는다. 계산기는 번역할 수 있게 코드화될 수 있지만 그 번역은 아주 초보적이고 거친 수준에 머무른다. 그것은 축약된 어휘와 고정된 표현들을 가지고 있는 단순화된 기본 언어로 두 언어 각각을 우선 환원시킨다. 왜냐하면 기계에는 통합의 가소성이 결여되어 있기 때문인데, 이 통합의 가소성이야말로 기계의 기억과 구분되는 기억의 생명적 측면이다. 계산기나 번역기(이것은 어떤 방식으로 코드화된 고전적인 계산기에 지나지 않는다)의 **스토리지**storage[저장장치]*는 현재가 하는 기능과는 매우 다르다. 인간의 경우에 현재는 기억이 지각의 수준 자체에 존재하게 한다. 기억은 이 지각을 가로지르면서, 문장과 이전 문장들의 일반적인 표현의 견지에서 또는 발화자의 과거 경험 전체의 견지에서, 현재의 말에 어떤 의미를 부여한다. 이미 획득된 경험이 새로 획득되는 경험들을 해석하고 고정시키는 데 코드로 쓰이는 것처럼, 서로 겹쳐지며 무리를 이루어 모인다는 의미에서 형태의 능력pouvoir de forme을 지닌 내용들을 인간의 기억은 받아들인다. 인간에게서는 그리고 더 일반적으로 생명체에게서는 **내용 자체가 코드화 역할을 한다**. 반면, 기계 안에서는 코드화와 내용이 조건과 조건 지어지는 것으로 서로 분리된 채로 있다. 인간의 기억 안에 도입된 하나의 내용은 이전 내용들 위에 포개지면서 형태

---

* 저장을 의미하는 영어단어.

를 취하고자 한다. 생명체는 그 안에서 **후험적인 것**$^{a\ posteriori}$이 **선험적인 것**^{a} ^{priori}으로 변하게 만드는 것이다. 기억이란 **후험적인 것**들이 선험적인 것들로 되게 하는 기능이다.

그런데 복잡한 기술적 조작^{操作}은 기억의 두 형태를 다 활용할 것을 요구한다. 비-생명적인 기억, 기계의 기억은 다른 요소들과 맺는 관계를 통해 어떤 의미작용을 부여받으면서, 경험 속에 통합된 개별기억의 융합된 특성보다 세부사항들의 충실한 보존이 더 요구되는 경우에 유용하다. 기계의 기억은 자료의 기억이고, 측정 결과의 기억이다. 인간의 기억은 여러 해의 간격이 있어도 어떤 상황에 의해 환기될 수 있는 기억인데, 이는 그 상황이 다른 상황과 동일한 의미작용들, 동일한 느낌들, 동일한 위험들을 함축하고 있기 때문에, 아니면 단순하게 경험을 구성하는 암묵적인 생명의 코드화에 따라 그런 연결이 의미를 지니기 때문에 가능한 것이다. 두 경우들에서 기억은 자기-조절작용을 허용한다. 그러나, 인간의 기억은 생명체 안에서 유효하고 그 안에서만 발전될 수 있는 의미작용들의 총체에 따라서 자기-조절작용을 허용하는 반면, 기계의 기억은 생명체가 아닌 존재자들의 세계 안에서 의미를 갖는 자기-조절작용의 기초가 된다. 인간의 기억을 작동시키는 의미작용들은 기계들의 기억을 작동시키는 의미작용들이 시작하는 바로 그 지점에서 멈춘다.

인간과 기계의 짝짓기는 두 기억들에 공통된 코드화가 발견될 수 있는 순간부터, 그래서 한쪽에서 다른 쪽으로의 부분적인 전환가능성을 실현하여 협력작용이 가능할 수 있도록 하는 바로 그 순간부터 존재하기 시작한다. 이런 짝짓기의 한 예를 제공하는 것이 호출전화[폰콜]에 상비되어 있는 색인이다. 상이한 항목들로 분류된 많은 영역들에서 최근 얻어진 결과물들을 기입하는 요약된 자료들이 녹음테이프에 기록된다. 카탈로 그와 호출전화 장치는 실렉터들^{sélecteurs}을 통해서 녹음테이프의 어딘가에 기록되어 있는 것을 신속하게 재생할 수 있게 한다. 여기서, 인간의 기억이란 각 항목들에 해당하는 용어들과 이름들이 의미작용을 소유할 수 있게 하는 것이다. 반면, 기계는 정해진 일련의 임펄스들이 자기재생판의 특정 지점에 전압이 걸리도록 하는 것이다. 기계의 이런 선택 능력은 고정되어 있고 엄격하게 정해져 있어서, 찾는 사람이 다른 번호가 아니라 바로 이 호출번호를 돌리고자 결심하게 하는 것과는 매우 다른 것이다. 그런데 기계와 인간의 짝짓기를 보여 주는 이런 단순한 경우는 다른 경우들에서 존재하는 짝짓기 양식을 이해할 수 있게 한다. 즉 완전한 단 하나의 기능이 두 존재자들에 의해 완수될 때의 짝짓기가 있다. 이런 가능성은 기술적 기능이 정해진 자기-조절작용을 허용할 때마다 매번 존재한다. 자기-조절작용을 허용하는 기능들이란 임무의 수행이 단지 모방할 모델에 의해서만(어떤 목적성에 따라서) 조종되는 것이 아니라, 조건으로서 개입하는, 임무 수행의 부분적인 결과물에 의해서도 조종되는 것들이다. 수공업적 장인의 작업 안에서 정보취득을 통한 이런 조정은 빈번하다. 여기서 인간은 연장을 움직이는 동력이면서 동시에 순간적으로 부분적인 결과들에 따라 자신의 행동을 조절하는 지각 주체이기도 하다. 연장은 연장이면서 동시에 도구, 즉 신체기관들을 연장하는 행동 수단이면서 동시에 회귀하는 정보의 채널이기도 하다. 이와 반대로, 완전하게 닫힌 개체로서 인간을 대체하고 있는 기계는 일반적으로 자기-조절작용 체계를 지니지 않는다. 그것은 미리 정해져 있는 조건화에 따라서 정형화된 몸짓들을 잇따라 전개한다. 기계의 이런 첫번째 유형은 자기-조절작용 능력이 없는 기계적^{mécanique} 존재자라고 부를 수 있는 것이다. 그것은 분명 실제적인 기술적 단일체이긴 하지만, 엄밀하게 말해서 기술적 개체라고 할 수는 없다.

반면, 겉보기와는 달리, 인간을 가장 덜 대체하는 것이야말로 진정으로 자동적인 기계다. 이는 이 기계 안에 존재하는 조절 기능이 진행의 가변성이나 일을 수행할 때 작동의 적용가능성을 상정하기 때문이다. 자기-조절작용을 갖는 로봇들에 대한 아주 초보적인 열광은 바로 그 기계들이 인간을 가장 필요로 하는 것들이라는 사실을 망각하게 만든다. 다른 기계들이 인간을 단지 보조자나 조직자로서만 필요로 하는 반면에, 자기-조절작용 기계들은 인간을 기술자로서, 즉 [기계에] 연합되어 있는 것으로서 필요로 한다. 그 기계들의 인간에 대한 관계는 요소나 앙상블의 수준이 아니라 이런 조절의 수준에 놓여 있다. 그러나 바로 이런 조절을 통해서 자동 기계들은 자신들이 그 안에서 작동하고 있는 기술적 앙상블에 연결될 수 있다. 인간 개체가 행동적인 것이든 지각적인 것이든 기본적인 자신의 기능들에 의해서가 아니라 인격이나 성격이 제공하는 자기-조절작용에 의해 집단에 연결되는 것과 마찬가지로, 기계도 자신의 기능에 의해서 추상적이고 선형적인 방식으로만이 아니라 매 순간 앙상블의 요구들에 따라 자기 고유의 일을 수행하는 방식에 의해서도 앙상블에 통합된다. 완전히 분리되어 있는 순수하게 내적인 자기-조절작용이란 없다. 행동의 결과들은 그 자체로서만 결과들인 것이 아니라 외부 환경, 즉 앙상블과의 관계 맺음에 의해서도 결과들인 것이다. 그런데 **자신의 앙상블 안에서 환경을 고려해야만 하는** 자기-조절작용의 이런 측면은 기계가 아무리 완벽하게 자동화되어 있다 하더라도 오로지 이 기계만으로는 실행될 수 없다. 이런 조절의 측면에 적합한 기억의 유형과 지각의 유형은 통합을 필요로 하며, 또한 생명체만이 자기 안에서 실현할 수 있는 **후험적인 것의 선험적인 것**으로의 변형을 요구한다. 기술적 앙상블 안에는 생명체에 속하는 무언가가 존재한다. 그리고 생명의 통합하는 기능은 오로지 인간 존재자들에 의해서만 보장될 수 있을 뿐이다. 인간 존재자는 한편으로는 기계의 작동을 이해할 수 있는 역량을 갖고 있으며 다른 한편으로는 삶 자체를 살아가는 역량을 갖고 있다. 이 두 기능들의 관계 속에 놓여 있음을 인간 안에서 실현하는 것이 바로 기술적 삶$^{vie technique}$이라고 말할 수 있을 것이다. 인간은 그 자신인 생명체와 그가 제작하는 기계 사이의 관계를 담당할 수 있다. 기술적인 조작^{操作}은 기술적이면서 동시에 자연적인 삶을 요구한다.

그런데 기술적인 삶은 기계들을 이끌고 가는 데 있는 것이 아니라, 여러 기계들과 동시적으로나 연속적으로 짝을 맺을 수 있으면서 기계들 사이의 관계를 책임지는 존재자로서 기계들과 동일한 수준에서 존재하는 데 있다. 각각의 기계는 그 자체로 독립적인 모나드에 비유될 수 있다. 기계의 역량들이란 단지 자신의 제작자가 자기 안에 심어 놓았던 것들일 뿐이다. 기계는 마치 자신의 속성들을 발전시키는 실체처럼 자신의 고유성들을 펼친다. 기계는 그 자신의 본질로부터 비롯된 결과다. 이와 반대로, 인간은 모나드가 아니다. 왜냐하면 인간 안에는 **후험적인 것이 선험적인 것**이 되는, 근본 사건$^{l'événement principe}$이 있기 때문이다. 기술자인 인간은 기계들을 제작하기 전이 아니라 기계들이 작동 하는 도중에 이런 기능을 수행한다. 그는 상관관계를 유지하면서 현재의 기능을 떠맡는다. 왜냐하면 그의 삶은 그를 둘러싸고 있고 또 그가 서로서로 연결시키는 기계들의 리듬으로 이루어져 있기 때문이다. 그는 통합 기능을 책임지며, 또한 모나드들을 서로 연결시키고 서로 소통하게 함으로써 자동성의 자기-조절작용을 각 모나드의 바깥으로 연장한다. 기술자는 물론 어떤 의미에서는 앙상블들의 인간이지만, 이는 기업가를 특징짓는 것과는 전혀 다른 방식으로 그런 것이다. 기업가는 노동자와 마찬가지로 목적성에 의해 추동된다. 그는 성과를 겨냥한다. 바로 여기에 그들의 소외가 있다. 반면 기술자는 실행

도중에 있는 조작操作의 인간이다. 그는 관리방침이 아니라 작동 중에 있는 앙상블의 자기-조절작용을 담당한다. 그는 노동의 의미와 산업적 관리의 의미를 자기 안에 흡수한다. 그는 작동의 내적 도식들을 인식하고 그것들 사이를 조직하는 인간이다. 반대로, 기계들은 일반적인 해결들에 대해 무지하며 일반적인 문제들을 해결할 수도 없다. 복잡한 하나의 조작操作을 훨씬 더 많은 수의 단순한 조작操作들로 대체할 수 있는 경우라면 사람들은 매번 기계 안에서 이런 절차를 사용한다. 모든 조작操作들을 일련의 덧셈들로 환원시키는[*] 이진법 체계(십진법 체계 대신에)의 계산기가 바로 이런 경우다.

이런 의미에서, 앙상블의 수준에서 기술철학이 탄생하는 것은 조절에 대한, 즉 정보에 대한 심화연구를 통해서만 가능할 뿐이라고 단언할 수 있다. 진정한 기술적 앙상블은 기술적 개체들을 활용하는 것이 아니라, 상호접속 관계의 기술적 개체들로 짜여진 하나의 조직인 것이다. 기술적 개체들을 정보의 관계망 속에 놓고 고려하지 않으면서 활용하기만 하는 앙상블의 실재로부터 출발하는 모든 기술철학은 기술을 통한 인간의 역량에 대한 철학으로 남을 뿐이지 기술에 대한 철학이 아니다. 힘을 얻기 위해 기계들을 활용하는 장소로서 기술적 앙상블을 취급하는 철학은 기술에 대한 독재적인 철학이라고 부를 수 있을 것이다. 여기서 기계는 단지 수단일 뿐이다. 목적은 자연의 정복, 즉 일차적인 예속화를 이용해서 자연의 힘들을 지배하는 것이다. 그러니까 기계는 다른 노예들을 만들어 내는데 쓰이는 노예인 것이다. 이와 같은 정복의 영감과 노예제 주창자는 인간을 위한 자유의 요청이라는 명분으로 서로 만날 수 있다. 그러나 노예를 다른

---

[*] 근본적인 생명 과정들은 반대로 통합에 속한다.

존재자들, 즉 인간들, 동물들 또는 기계들에로 이전시키면서 자유로워지기란 어려운 것이다. 세계 전체를 예속화하는 데 쓰이는 기계들의 무리를 지배하는 것, 그것 역시 여전히 지배하는 것이며, 모든 지배는 예속화 도식들의 수용을 상정하는 것이기 때문이다.

테크노크라시[기술관료지배체제]의 철학 그 자체는, 그것이 기술관료지배적인 한, 이미 예속화하는 폭력에 감염되어 있다. 독재적인 기술적 앙상블들에 대한 고찰에서 출발하는 기술만능주의는 고삐 풀린 정복 의지에 사로잡혀 있다. 그것은 정도를 벗어나 있으며, 자기 자신에 대한 지배력과 내적 통제를 상실하고 있다. 그것은 진행하고 있는 하나의 힘이지만, 그 힘은 성공과 정복의 상승 국면을 그 자신을 위해 유지하는 것만큼만 영속할 수 있을 뿐이다. 생시몽주의는 나폴레옹 3세의 제2제정 치하에서 승리했다. 건설해야 할 기차역들, 놓아야 할 철로들, 계곡들 위에 걸칠 다리들과 고가교들, 터널들을 뚫어야 할 산들이 있었기 때문이다. 이런 정복적인 공격은 자연 모독의 성격을 지니고 있다. 뚫고, 경작하고, 그때까지 극복할 수 없는 것으로 남아 있었던 것을 극복하면서, 인간은 땅의 깊숙한 내부를 소유하게 된다. 테크노크라시는 이렇게 신성모독의 의미를 취한다. 해협에 다리를 놓는 것, 섬을 육지에 연결하는 것, 지협^{地峽}을 뚫는 것, 이것은 땅의 지형을 바꾸는 것이고, 자연적인 보전상태를 해치는 것이다. 이런 폭력 안에는 정복을 자랑하는 우쭐거림이 들어 있으며, 인간은 창조자라는 혹은 최소한 창조의 감독관이라는 타이틀을 쥐게 된다. 그는 데미우르고스의 역할을 행사한다. 이것이 바로 기술자들의 앙상블에 의해서, 사회 전체에 의해서 다시 꾸게 된 파우스트의 꿈이다. 사실, 테크노크라시즘이 탄생하기 위해서는 기술들이 발전하는 것으로는 충분하지 않다. 테크노크라시즘은 권력이 아닌 지식을, 돈이 아닌 기술에 대한 인식을 소유한 인간 집단들 안에서 행사되는, 모든 구속들로부터 해방되기 위한 합법적인 권력과 기술 실현을 이루고자 하는 어떤 권력에의 도달 의지를 나타낸다. 프랑스에서 테크노크라트들[기술관료들]은 이공과대생들polytechniciens 출신으로, 기술들에 관해서 진짜 기술자들이라기보다는 차라리 조직자들이거나 지적인 활용자들의 처지에 있는 사람들이다. 그 수학자들은 작동의 개별화된 단위들을 통해서가 아니라 앙상블들을 통해서 사유한다. 그들의 주의를 끄는 것은 기계보다는 차라리 기업이다.

게다가, 본래 더 근본적으로는, 심리-사회적 조건화에 기술의 상태로부터 비롯한 조건화가 덧붙여진다. 19세기는 테크노크라시의 기술철학만을 생산할 수 있었는데, 이는 19세기가 조절력이 아닌 동력을 발견했기 때문이다. 바로 그때가 열역학의 시대다. 그런데 어떤 의미에서는, 모터도 분명 하나의 기술적 개체다. 왜냐하면 그것은 상당수의 조절장치들이나 최소한의 자동장치들(흡기장치, 배기장치)을 포함하지 않고서는 작동할 수 없기 때문이다. 그러나 이런 자동장치들은 보조적인 것이다. 그것들은 모터의 회전을 재가동시키기 위한 기능을 가질 뿐이다. 때로는, 고정된 기계들 위에 와트Watt의 **조속기**|governor(원심조절기, 구가 달린 속도조절기) 같은 진정한 자기-조절작용장치를 덧붙여 매우 완성된 방식으로 열기관을 개별화하기도 한다. 그렇지만, 조절장치들은 여전히 부수적인 것으로 남는다. 지극히 불연속적인 회전속도 때문에, 열 기계가 힘을 많이 써야 할 때는 과부하되기 전에 조절기의 레버를 누를 수 있도록 그 주변에서 인간이 신경을 쓰고 있는 것이 좋다. 왜냐하면 엔진은 갑작스런 과부하가 일어나기 전에 이미 속도를 늦추었는데 긴 간격으로 움직이는 조절기가 끼어들 위험이 있기 때문이다. 그래서 커다란 나무 기둥을 널빤지들로 잘라내기 위해 이동식 증기기관locomobile[휴대용 체인톱 또는 엔진톱]을 사용할 때

그렇게 하는 것이다. 인간의 개입이 없다면, 속도조절기가 작동할 때 톱날이 이미 정지했거나 체인이 이미 늘어졌을 것이다. 톱날이 나무기둥을 가격하기 전에 사용자가 1/2초 동안 속도조절기의 손잡이를 눌러야, 엔진이 충분한 동력으로 작동하며 갑작스런 과부하가 발생할 때도 가속 중에 있게 된다. 반면, 와트의 속도조절기는 부하의 변화가 느리고 점진적일 때 아주 유효하고 정확하다. 열역학적 엔진들이 속도 변화 앞에서 이와 같이 무능력한 것은 자기-조절작용이 있을 때조차도 이 자기-조절작용이 실행기들effecteurs과는 구분되는 정보 채널들을 갖고 있지 않다는 사실에서 비롯한다. 와트의 **조속기** 안에는 분명 반응에 따른 조정(피드백) 경로가 있지만, 이 경로는 움직이려 하지 않는 기관을 엔진이 움직일 수 있도록 해주는 실행기의 경로와 구분되지 않는다. 조절기가 연결되는 곳은 바로 출구의 축이다. 따라서 구동핸들, 중심 축, 실린더의 용적 측정 장치, 왕복 운동을 순환 운동으로 변형시키는 시스템으로 구성된 그 앙상블 전체는, 조절기가 엔진의 흡기 시간을 증가시키고 나아가 동력을 증가시키면서 개입할 수 있도록 운동 에너지를 약화시키면서 이미 속도를 늦추어야만 한다. 그런데 실행 경로(에너지 채널)와 소극적 반작용[음성 피드백]réaction négative 경로(정보 채널) 사이의 이런 무구분 안에는 심각한 단점이 있는데, 이것이 조절의 효력을 훨씬 감소시키고 기술적 존재자의 개별화 정도를 축소시킨다. 엔진 속도가 늦춰질 때(조절기가 움직이기 위해서는 필수적인 것), 엔진회전속도의 축소는 동력의 축소를 야기한다(슬라이드 밸브 안에 증기의 압력 강하가 개입하지 않아서 엔진회전 속도가 낮거나 중간 정도인 엔진의 동력은, 잇따르는 피스톤의 동작들에 의해 시간 단위로 수행되는 기본적인 모든 일들의 총합에 비례한다). 각속도角速度의 축소는 조절기가 야기할 목적으로 갖고 있는 속도 증가의 조건들 자체를 훼손시키게 된다.

열역학적 시대를 특징짓는 것이 바로 에너지 채널과 정보 채널 사이의 이런 무구분이고, 이것이 열기관들의 개별화를 한계 짓는다. 이와 반대로, 계측기가 열기관의 출구에 있는 전동축의 계기를 매 순간 측정하고, 이 측정 결과를 증기 흡기장치(또는 그것이 내연기관이라면 탄소화합연료나 탄소화합공기의 흡기장치)로 돌려보낸다고, 전동축에 부과된 저항의 증가를 고려하면서 증기 흡기를 증가시키는 방식으로 그렇게 한다고 상정해 보자. 그러면 저항의 측정이 증기 흡기장치로 거슬러 올라가서 이를 수정시키는 이런 경로는 에너지 채널(증기, 실린더, 피스톤 막대, 핸들막대, 축, 전동축)과 구분된다. 동력을 증가시키기 위해서 엔진이 속도를 늦출 필요가 없는 것이다. 정보 채널을 통한 정보 회귀 간격은 에너지 채널의 시간상수들에 비해 극히 짧을 수 있다. 예를 들어 고정된 증기 엔진의 한 사이클이 대략 1/4초 걸린다면, 1/100초나 1/1000초 정도로 말이다.

따라서 에너지 채널과 구분되는 정보 채널의 사용을 기계 안에 삽입하는 것은 자연스러운 것이고, 이것이 기술철학의 매우 근본적인 변화를 가져왔다. 이런 변화의 도래는 정보를 실어 나르는 매체들, 특히 약한 흐름$^{courant\ faible}$이라는 것의 발전에 의해 조건지어졌다. 사람들은 에너지의 운반자가 아니라 정보의 전달매체로 간주된 전류를 그렇게 부른다. 정보 매체로서의 전류는 오직 헤르츠파들이나 광선속^{光線束}과만 동등한데, 광선속도 헤르츠파들처럼 전자기파들로 이루어져 있다. 그래서 전류와 전자기파들은 공통적으로 지극히 빠른 전송속도와, 진동수나 진폭에서의 눈에 띄는 관성 없이 정확하게 변조되는 역량을 갖고 있다. 변조 역량은 그들을 정보의 충실한 운반자로 만들고, 전송의 신속함은 그들을 정보의 빠른 운반자로 만든다. 따라서 중요하게 되는 것, 그것은 더 이상 전달되는 힘^{puissance}이 아니라 정보 채널을 통해 전송되는 변조^{modulation}의 정확성과 충실성이다. 열역학에 의해 정해진 크기들 이외에 새로운 크기의 범주가 나타났는데, 이것은 정보 채널을 규정할 수 있게 하고 이 채널들을 비교할 수 있게 한다. 새로운 개념들의 이런 정교화 작업은 철학적 사유에 어떤 의미를 갖는다. 왜냐하면 그때까지 기술들 안에서는 의미를 갖지 않았고 오로지 인간의 행위와 사유 안에서만 의미를 가졌던 새로운 가치들의 예를 그런 작업이 철학적 사유에 제공하기 때문이다. 그래서 열역학은 전환conversion 시스템의 효율성이란 개념을 엔진moteur으로 정의했다. 효율은 엔진 입구에서의 에너지 양과 엔진 출구에서 취합되는 에너지 양 사이의 관계 맺음이다. 입구와 출구 사이에는 에너지의 형태 변화가 있다. 예컨대 열기관의 경우에는 열에너지로부터 기계에너지로 이행한다. 칼로리의 역학적 등가물에 대한 인식 덕분에, 엔진 효율을 열에너지의 기계에너지로의 변형으로 정의할 수 있는 것이다. 더 일반적으로 말하자면, 전환을 실행하는 모든 장치들에서, 두 에너지 사이의 관계 맺음을 효율이라고 정의할 수 있다. 화로의 효율은 연소시키고-연소될 수 있는 시스템 안에 들어 있는 화학에너지의 양과 실제로 방출된 열의 양 사이의 관계 맺음에 의해 표상된다. 화로-보일러 시스템의 효율은 화로에 의해 생산된 열발생에너지énergie calorifique와 보일러의 물에 실제로 전달된 열에너지énergie thermique 사이의 관계 맺음에 의해 정의된다. 엔진 효율은 입구에 보내진 뜨거운 증기와 배기장치에서 나오는 차가운 원료로 구성된 시스템 안에 들어 있는 에너지와, 실린더 안의 팽창에 의해 실제로 생산된 기계에너지 사이의 관계 맺음이다(카르노의 법칙에 따라 요구되는 이론적 효율성). 일련의 에너지 변형에서 처음 입구와 나중 출구 사이에 계산된 효율은 부분 효율들의 합이다. 이 원리는 출구에서 취합된 에너지가 입구에서 들어간 에너지와 동일한 본성을 갖는 경우에 똑같이 적용될 수 있다. 배터리를 충전할 때, 전기에너지가 화학에너지로 전환되는 첫번째 부분 효율이 있다. 그리고 배터리를 방전시킬 때, 화학에너지가 전기에너지로 전환되는 두번째 부분 효율이 있다. 축전지의 효율성은 이 두 효율들의 산물이다. 그런데 정보를 전달하기 위해서 한 정보 채널을 사용할 때, 또는 정보를 보존하기 위해 매체 위에 정보를 기록할 때도, 또는 한 정보 매체로부터 다른 정보 매체로 이행할 때조차도(예컨대 기계적 진동으로부터, 진폭과 주파수가 바로 이 진동에 따르는 교류로의 이행) 정보의 손실이 발생한다. 즉 출구에서 전달받은 것이 입구에 있었던 것과 동일하지 않은 것이다.

예를 들어, 전화회선을 정보 채널로 해서 음향 주파수의 흐름을 전달하고자 할 때, 어떤 주파수들은 정확하게 전달된다는 것을 보게 된다. 그것들의 경우에는, 출구에서 전달받은 변조가 회선 입구에 들어간 것과 동일하다. 그러나 전화회선의 대역폭帶域幅은 좁다. 만일 이 채널의 입구에 어떤 소음이나 합성음이 놓여 있다면, 그 결과로 상당한 왜곡이 일어나게 된다. 출구에서 전달받은 변조가 입구에 들어간 것과 전혀 비교할 수 없게 되는 것은 전자가 후자의 감쇠減衰를 통해서 이루어지기 때문이다. 예컨대, 200헤르츠와 2000헤르츠 사이에 포함된 합성음의 기본파는 제대로 전달되지만 그것의 고조파高調波는 벗겨진 채로 전달된다. 또는 그 전화회선은 고조파 일그러짐을 만들어 낸다. 즉 입구에 들어간 사인sine파 소리가 출구에서는 더 이상 사인파 전압으로 나타나지 않게 되는 것이다. 이 두 현상들은 외관상의 차이에도 불구하고 동일한 것들이다. 고조파 일그러짐을 도입하는 회선은 좁은 것이 특징적인 정보 채널이다. 그 회선이 고조파에 대한 공진共振을 지니고 있을 때는, 설령 입구에서는 있지 않았어도 출구에서는 나타나는 고조파를, 입구에 들어간 소리의 현저한 왜곡 없이도, 전달할 수 있다. 완벽한 정보 채널이란 입구에 들어갔던 것의 모든 변조들을, 아무리 풍부하고 복잡한 것들일지라도, 출구에서 내놓는 것일 것이다. 완벽한 정보 채널에도 완벽한 엔진에게 붙이는 것처럼 1에 해당하는 효율성을 붙일 수 있을 것이다.

정보 채널의 효율이 갖는 특성들은 에너지 채널의 특성이 아니다. 그리고 대부분 정보에서의 좋은 효율은 에너지의 나쁜 효율과 짝을 이룬다. 전자기적 확성기는 전기역학적 확성기보다 훨씬 좋은 에너지 효율을 갖지만, 정보 효율은 매우 안 좋다. 변형^{transformation} 시스템 안에서 훌륭한 에너지 효율은 두 요소들이 예민하게 공명하면서 빈틈없는 짝짓기를 이루고 있을 때 획득된다는 것을 생각해 본다면, 이런 사실은 충분히 잘 설명된다. 정전용량을 이용해서 코일들을 특정 주파수에 맞추는 변압기^{transformateur}는 이 주파수에 대해서는 1차 코일과 2차 코일 사이의 탁월한 짝짓기를 지니지만, 다른 주파수들에 대해서는 나쁜 짝짓기를 지닌다. 따라서 그것은 선택적으로 그 주파수를 전달하며, 광역 주파수를 전달하기 위해서 그것을 활용하고자 할 때는 상당한 감쇠를 야기한다. 정보 전달을 목적으로 하는 변압기는 광역 주파수들에 대해서 더 약하지만 항상적인 에너지 효율을 갖는다. 에너지 효율과 정보 효율은 따라서 서로 연결되는 두 크기들이 아니다. 기술자는 두 효율 중 어느 한쪽을 얻기 위해서는 다른 쪽을 희생해야만 한다. 정보 채널에 본질적인 형태, 그리고 그것의 올바른 전달 조건들은 높은 효율을 지닌 에너지 전달의 조건들과는 매우 다르다. 정보 채널에 관련된 문제들의 해결은 적용된 열역학적* 문제들의 해결에 적합한 것과는 다른 정신 태도를 함축한다. 열역학의 기술자는 제작물의 이상비대증을 지향하고 결과들의 확장에 집착하는 경향이 있는데,

---

* 또는 더 일반적으로, 에너지적

이는 열역학적 효율이 엔진과 설비의 크기와 더불어 증가하기 때문이다. 작은 크기의 증기 기계를 만드는 것은 물론 가능하지만, 거기에서 획득되는 효율은 약하다. 아무리 그 기계가 잘 만들어진다 해도, 열 손실과 상당한 기계적 마찰이 두드러지게 작용하기 때문에, 탁월한 효율에 도달할 수는 없다. 터빈은 열에너지를 기계적 에너지로 변형시키는 시스템인데 교류모터보다 상위의 효율을 제공한다. 그러나 터빈이 좋은 조건들에서 작동할 수 있기 위해서는 중요한 설비가 필요하다. 3개의 작은 열 중앙장치들의 효율은 그 작은 3개의 합과 똑같은 출력을 가진 단 하나의 중앙장치의 효율에 비해서 열등하다. 이용되는 기계들의 크기와 함께하는 효율의 이런 증가는 엄밀하게 말해서 열역학의 틀을 넘어서는 에너지의 일반적인 실행 법칙이다. 공장의 전기 변압기는 공칭출력 50와트의 변압기보다 일반적으로 효율이 우월하다. 그럼에도 불구하고, 이러한 경향은 열과 같은 예전의 에너지 형태보다 전기에너지와 같은 새로운 형태의 에너지와 더불어서는 훨씬 덜 나타난다. 높은 효율을 지닌 작은 모델의 전기 변압기를 제작하는 데는 아무도 반대하지 않을 것이기 때문이다. 크기가 작은 출력 장치들의 효율을 약간 대수롭지 않게 여긴다면, 이는 효율 손실이 공장 장치들의 것보다 덜 심각하기 때문이다(가열된 것은 특히 더 쉽게 식는데, 이는 작은 증기 기계가 커다란 것보다 더 약한 효율을 갖게 만드는 이유들 중 하나다).

이 모든 것과 반대로, 정보의 기술자는 자신이 사용하는 장치들에 남아 있는 열역학적 요구들과 가능한 한 양립할 수 있는 가장 작은 크기들을 자연스럽게 찾게 된다. 실제로, 정보는 조절장치에 늦지 않게 개입할수록 더 유용하다. 그런데 정보 전달 기계들이나 장치들의 크기들이 증가하면 관성이나 전송 시간도 증가한다. 예컨대 전신기의 침이 매우 둔하게 된다.

그 침이 찍어 내는 것보다는 케이블이 훨씬 더 많은 신호를 전송할 수 있다. 단 하나의 케이블이 30개의 통화량을 동시에 유통시킬 수 있다. 전극관에서는 캐소드와 애노드 사이 전자들의 전송 시간이 허용될 수 있는 주파수들을 훌륭하게 제한한다. 가장 작은 전극관은 주파수대를 가장 올릴 수 있는 것이지만, 이 전극관은 매우 약한 출력을 갖는다. 왜냐하면 그 관의 작은 크기가 관의 작동을 위험하게 하는 온도에 도달하지 않으면서 충분히 열을 배출할 수 있게 하지 못하기 때문이다. 1946년 이후에 발견된, 크기 축소 경향을 야기한 원인들 중 하나는 정보 기술들의 절대적 필요성에 대한 이런 지상명령의 발견 속에 있을 것이다. 즉 기술적 개체들 그리고 특히 매우 작은 크기를 가진 요소들을(왜냐하면 가장 완벽하기 때문에) 제작하는 것이야말로 최상의 정보 효율을 갖는 것이다.

3. 인간과 기술적 대상의 관계를 이해하는 데 정보에 대한 기술공학적 개념이 갖는 한계들. 기술적 개체들 안에 있는 비결정의 여지. 자동성

그럼에도 불구하고, 기술에 대한 철학이 정보 전달에서의 형태와 형태의 효율에 대한 무조건적인 탐구에 절대적으로 기초할 수는 없다. 그 두 종류의 효율은 분기^{分岐}하는 것처럼 보이고, 실제로 기원에서는 분기하는 것이지만 더 뒤에 가서는 서로 다시 만난다. 정보를 운반하는 데 쓰이는 에너지의 양이 매우 낮은 수준을 향하고 있을 때 새로운 유형의 효율 상실이 나타나는데, 이것은 에너지의 요소적인 불연속성에서 기인하는 것이다. 정보 운반에 쓰이는 에너지는 사실 두 가지 방식으로, 즉 인위적으로는 전달될 신호에 의해서, 본질적으로는 물리적 본성에 따른 요소적 불연속성에 의해서 변조되어 있다. 이 요소적 불연속성은 에너지의 평균수준이 그

에너지의 요소적 불연속성에서 기인하는 순간적인 변화들보다 약간 상위 크기의 질서에 속할 때 나타난다. 인위적인 변조는 따라서 이 본질적인 변조와, 즉 전송할 때 덧붙여지는 백색소음 또는 배경잡음과 혼동된다. 여기서는 고조파 일그러짐이 문제되지 않는데, 왜냐하면 이것은 신호의 변조와 독립적인 변조이고 신호의 왜곡이나 감쇠가 아니기 때문이다. 그런데 배경소음을 축소시키기 위해서, 통과하는 주파수대를 축소시킬 수도 있는데, 이는 또한 다루고 있는 채널의 정보 효율도 축소시키는 것이다. 실용적인 필요들을 위해 충분한 정보 효율을 보존하면서, 또한 신호를 수신하는 데 어려움이 없는 수준으로 배경소음을 유지하도록 충분히 올라간 에너지 효율도 보존하는, 어떤 타협책이 채택되어야만 한다.

이런 대립관계는 정보에 대한 기술철학의 최근 작업들에서 거의 지적되지 않은 것으로서 정보 개념의 일의적이지 않은 특성을 나타낸다. 어떤 의미에서, 정보는 무한히 가변적일 수 있는 것이고, 전달 가능한 주파수대의 폭을 어떤 방식으로도 축소시키지 않으면서 가능한 한 최소한의 손실로 전달될 수 있도록 에너지 효율의 희생을 요구하는 것이다. 가장 충실한 증폭기는 주파수대와 독립적이면서 매우 일정한 에너지 효율을 지닌 것이다. 그것은 전달해야만 하는 다양한 신호들의 열린 계열에 앞서 어떠한 규칙성, 어떠한 고정된 방식, 어떠한 공진共振도 미리 정해 놓지 않으며 어떠한 주파수대도 선호하지 않는다. 그러나 다른 의미에서, 정보는 열교란에 의한 잡음처럼 순수하게 우연적인 현상들의 수준을 넘어서 있어야만 전달될 수 있는 그런 것이다. 따라서 정보는 이 순수한 우연과 구별될 수 있는 어떤 규칙성, 어떤 국지성, 한정된 어떤 영역, 결정된 어떤 고정된 방식을 갖는 것이다. 배경소음의 수준이 높을 때에도, 물론 정보 신호를 포착할 수 있다. 만일 그 신호가 어떤 법칙을 지니고 있다면, 즉 그것을 구성하는 잇따르는 상태들이 시간적 계열로 펼쳐지면서 어떤 예측가 능성을 제공한다면 말이다. 예를 들어, 텔레비전의 경우에는, 타임베이스 들의 주파수가 미리 결정되어 있어서, 동기신호들을 이것들만큼 상당한 배경소음으로부터 추출하게 하는데, 이는 시간의 90% 정도는 동기화 장 치들을 차단하고 있다가, 미리 정해진 회귀 법칙(이것은 장거리 수신에 사 용되는 위상비교 장치다)에 따라서 동기신호$^{top de synchronisation}$*가 도착해야 할 때 지극히 짧은 그 순간(예컨대 백만분의 1초 정도)에만 차단을 해제하 면서 이루어진다. 그런데 동기신호들의 수신은 하나의 정보로 취급되어 야만 한다. 그러나 [동기신호들인] 이런 정보는 배경소음으로부터 더 쉽게 추출된다. 왜냐하면 전체 시간의 매우 짧은 부분에서는 배경소음의 교란 작용을 제한할 수 있고, 이 순간 이외에 떨어지는 배경소음의 모든 표현들 은 유의미하지 않는$^{non-significatives}$ 것으로 버릴 수 있기 때문이다. 그 장치는 수신될 그 동기신호들을 위해 예측된 주기와 매우 가까운 주기를 가진 회 귀 법칙에 따르는 잡음신호를 잡아내는 데는 확실히 유효하지 않다. 이와 같이, 정보에는 두 측면들이 있는데, 이것들은 정보 전달에 요구되는 조건 들이 대립하기 때문에 기술적으로 서로 구분된다. 어떤 의미에서 정보는 미리 정해질 수 있는 연속의 일부를 전혀 이루지 않는, 새로운, 예측불가 능한 일련의 상태들을 가져오는 것이다. 따라서 정보가 정보 채널에 요구 하는 것은 그 정보 채널이 보내는 변조의 모든 측면들에서의 절대적인 사 용가능성이다. 정보 채널은 그 자신으로부터 미리 결정되어 있는 어떠한 형태도 가져와서는 안 되고, 선택적이어서도 안 된다. 완벽하게 정확한 증 폭기라면 모든 주파수들과 모든 진폭들을 전달할 수 있어야 할 것이다. 이

* '기술 용어 해설' 참조.

런 의미에서, 정보는 분자적인 열교란 운동들, 방사선 방사, 열전자 효과
나 광전자 효과에서의 불연속적인 전자 방출처럼 법칙이 없는 순수하게
우연적인 현상들과 공통된 어떤 특성들을 갖는다. 그렇기 때문에 매우 정
확하게 만들어진 증폭기는** 통과 주파수대가 협소한 증폭기보다 더 심각
한 배경소음을 제공한다. 왜냐하면 그것은 다양한 요인들에 의해 다양한
회로들 안에서(열효과에 의해 생기는 저항들 안에서, 또는 전자 방출의 불연
속성에 의해 진공관 안에서) 생산되는 백색소음들을 획일적으로 증폭하기
때문이다. 그럼에도 불구하고 소음은 의미작용을 갖지 않는 반면, 정보는
의미작용을 갖는다. 대립되는 어떤 의미에서 보면, 정보에다가 상대적 획
일화인 어떤 코드를 부여할 수 있기 때문에 정보는 소음과 구분되는 것이
다. 소음이 어떤 수준 이하로 바로 떨어질 수 없는 모든 경우들에서는, 정
보 신호들의 비결정성과 예측불가능성의 여지를 축소시킨다. 이것이 바
로 위에서 지적했던, 위상비교측정기comparateur de phase를 통해 동기신호들
을 수신하는 경우다. 여기서 축소되는 것은, 바로 시간적 비결정의 여지
다. 그 신호는 회귀 현상의 주기 중에서 그 신호의 위상에 의해 완벽하게
결정된 최소한의 부분과 동일한 시간적 간격을 지닌 어떤 특정 순간에 재
생될 것이라고 상정된다. 그 장치는 송신기의 안정성과 수신기의 안정성
이 더 커질수록 그만큼 더 섬세하게 조절될 수 있다. 신호의 예측가능성이
더 증가할수록, 그 신호는 배경소음과 같은 우연한 현상들과 더 쉽게 구분
될 수 있다. 주파수대의 축소에 대해서도 마찬가지다. 너무 현저한 배경소
음 때문에 어떤 회로가 더 이상 말을 전달할 수 없을 때는, 모스 부호로 하
듯이 단 하나의 주파수에 속하는 신호들로 전달할 수 있다. 수신할 때, 단

** 광폭 주파수가 통과하는 것.

하나의 송신 주파수에 일치된 필터는 이 좁은 주파수대 안에 포함되어 있는 주파수의 소리들만을 지나가게 한다. 따라서 희미한 수준의 배경소음은 수신 주파수대가 더 축소될수록 그만큼 더 축소된 수준으로, 즉 더 정확한 공진共振으로 통과한다.

이런 대립은 철학적 사유에 하나의 문제를 제기하는 기술적 안티노미를 나타낸다. 즉 정보는 우연한 사건과 같은 것이지만, 그럼에도 불구하고 우연한 사건과는 구분된다. 모든 새로움을 배제하는 절대적으로 고정된 방식은 또한 모든 정보를 배제한다. 그렇지만, 정보를 소음으로부터 구분하기 위해서는, 비결정의 한계들을 축소하는 특성에 기대야 한다. 만일 타임베이스들이 라이프니츠의 모나드들처럼 정말로 고장날 수 없는 것들[절대적으로 결정된 것들]이라면, 동기화 발진기의 감수성이 포착하는 순간을 원하는 만큼 축소시킬 수 있을지도 모른다. 그러나 그렇게 되면 동기화 임펄스의 정보의 역할은 완전히 사라질 것이다. 왜냐하면 동기화할 것이 아무것도 없을 것이기 때문이다. 동기신호는 동기화 발진기에 관해서 더 이상 어떠한 예측불가능성의 특징도 갖지 않을 것이다. 따라서 신호가 갖는 정보의 본성이 존속하기 위해서는 비결정의 어떤 여지가 존속해야만 한다. 예측가능성은 상당수의 경우들에서 순수한 우연으로부터 정보를 미리 구별해 내고 부분적으로 정보를 미리 형성하면서 정확성의 보충을 수용하는 바탕이다. 이렇게 해서 정보는 순수한 우연과 절대적 규칙성 사이의 중간 길에 놓인다. 시간적으로나 공간적으로 절대적 규칙성으로 인식되는 형태는 정보가 아니라 정보의 조건이라고 말할 수 있을지 모른다. 형태는 정보를 받아들이는 것이고 정보를 수용하는 선험적인 것이라고 말이다. 형태는 선택의 기능을 갖는다. 그러나 정보는 형태나 형태들의 집합에 속하지 않는다. 정보는 형태들의 변화가능성이며, 어떤 형태에 관련된 변동을 가져오는 것이다. 정보는 형태의 어떤 변동에 대한 예측불가능성이지, 모든 변동에 대한 순수한 예측불가능성이 아니다. 그러므로 우리는 순수 우연, 형태, 정보, 이 세 용어들을 구분해야 할 것이다.

그런데, 열역학과 에너지학의 동시대적인 위상에 뒤이어 온 기술철학의 새로운 위상은 지금까지 형태^{form}와 정보^{information}를 전혀 구분하지 않았다. 사실, 생명체와 기계 사이에, 따라서 인간과 기계 사이에 존재하는 결정적인 어떤 간격은, 생명체가 정보를 필요로 하는 반면에, 기계는 본질적으로 형태들을 이용하고 형태들로 구성된다는 점에서 비롯한다. 철학적 사유는 형태와 정보 사이에 존재하는 진정한 관계 맺음을 해명할 수 있어야만 기계와 인간의 짝짓기가 갖는 의미를 분명하게 파악할 수 있을 것이다. 생명체는 정보를 형태들로, 후험적인 것$^{a\ posteriori}$을 선험적인 것$^{a\ priori}$으로 변형시킨다. 하지만 이 선험적인 것도 해석되어야 할 정보를 수용하는 방향으로 항상 향하고 있다. 이와 달리 기계는 몇 개의 도식들에 따라 구성된 것이고, 결정된 방식으로 기능한다. 기계의 기술성이라든지, 요소 수준에서의 기능적 구체화는 형태들의 결정에 속한다.

인간 개체는 따라서 기계들 속에 들어 있는 형태들을 정보로 전환시켜야 하는 존재로 나타난다. 기계들의 조작^{操作}은 정보를 산출시키는 것이 아니라 오로지 형태들의 조합^{assemblage}과 변경일 뿐이다. 기계의 작동은 의미를 갖지 않으며, 다른 기계를 위해서 참된 정보 신호를 발생시킬 수도 없다. 정보의 관점에서 작동을 해석하기 위해서, 그리고 다른 기계를 위하여 그 작동을 형태들로 재전환하기 위해서도, 매개자로서의 생명체가 필요하다. 인간은 기계들을 이해한다. 그 인간은 기계들 위에서가 아니라 기계들 사이에서 행위하는 기능을 가지며, 거기에서 진정한 기술적 앙상블이 실현될 수 있도록 한다. 의미작용들을 발견하는 것은 바로 인간이다. 의미작용^{signification}은 이미 존재하는 형태들과 관련해서 어떤 사건이 얻는 존재가치^{sens}다. 즉 의미작용은 하나의 사건이 정보의 가치를 갖도록 만드는 것이다.

이런 기능은 기술적 개체들을 발명하는 기능을 보충한다. 인간은 기계들의 해석자이면서, 또한 기계를 작동시키는 엄격한 형태들을 기계들의 도식에 입각해서 정초했던 자이기도 하다. 기계란 틀에 박힌 방식으로 고정되어 쌓인 인간의 몸짓이면서 또한 새로운 몸짓을 다시 시작할 수 있게 하는 힘이다. 안정적인 두 상태를 지닌 개폐회로[*]는 사유되면서 동시에 만들어졌다. [발명 당시] 인간은 그것의 작동이 몇 번으로 제한된 것으로 생각했는데, 이제는 그 개폐회로가 균형 뒤집기 조작^{操作}을 무한히 수행한다. 개폐회로는 그것을 만들었던 인간의 조작^{操作}을 결정된 어떤 활동 안에서 영구히 계속한다. 그것을 만들 때 정신적인 작동으로부터 물리적인 작동으로의 어떤 이행이 이루어졌다. 인간이 개폐회로를 생각한 과정과 만들어진 그 개폐회로의 작동의 물리적 과정 사이에는 정말로 근본적인 역동적 유비가 있다. 발명하는 인간과 작동하는 기계 사이에는 동력성^{isodynamisme}의 관계가 존재한다. 이는 형태 심리학자들이 동형성^{isomorphisme}이라 부르면서 지각을 설명하기 위해 상상했던 관계보다 더 본질적인 것이다. 기계와 인간 사이의 유비적 관계는 물체적인 작동들의 수준에 있는 것이 아니다. 기계는 영양을 섭취하지도 않고, 지각하지도 않으며, 쉬지도 않는다. 사이버네틱스 문학은 겉모습의 유비를 부당하게 이용한다. 실제로 진정한 유비적 관계는 인간의 정신적인 작동과 기계의 물질적인 작동 사이에 있다. 이 두 작동들은 일상적인 삶의 과정에서가 아니라 발명

---

* '기술 용어 해설' 참조.

의 과정에서 평행을 이룬다. 발명한다는 것, 그것은 하나의 기계가 작동할 수 있을 것처럼 자신의 사유를 작동하게 만드는 것이다. 너무 단편적인 인과성이나 너무 획일적인 목적성을 따라서가 아니라, 그 기계가 발생할 때 수반되고 생산되는 것이기에 체험되고 인지되는 작동의 역동성에 따라서 말이다. 기계는 기능적으로 작동하는 하나의 존재자다. 그것의 기계적 구조들은 사유 안에 한 번은 있었던, 그 자체로 사유였었던, 정합적인 어떤 역동성을 구체화한다. 사유의 그 역동성은, 발명할 때 작동하는 형태들로 전환된다. 거꾸로, 작동하는 기계는 그 작동의 근본적인 리듬들 부근에서 상당수의 변동들을 겪거나 산출하는데, 그 변동들은 그 기계의 정해진 형태들로부터 귀결한다. 유의미한 것은 바로 그 변동들이며, 또한 그 변동들은 발명 과정에서 사유의 것인 작동의 원형과 관련해서 유의미하다. 기계의 작동의 변동들이 정보가 되기 위해서는 기계를 발명하거나 재발명하는 것이 필요했다. 모터의 소음은 그 자체로 정보의 가치를 갖는 것이 아니다. 그것은 발명에서 나온 작동에 비해서 변경된 작동을 나타내는 것들, 즉 리듬의 변동, 울림이나 빈도의 변화, 일시적인 것들의 변질을 통해서 그런 가치를 취한다. 기계들 사이에 존재하는 상호관계가 순수하게 인과적일 때, 기계들을 서로 해석해 주는 자로서 인간 존재가 개입하는 것이 필수적이진 않다. 그러나 그런 역할은 기계들이 조절을 포함하고 있을 때는 필수적이다. 조절을 포함하고 있는 기계는 사실 그 작동 속에 비결정의 어떤 여지를 품고 있는 기계다. 예컨대 그런 기계는 빨리 작동할 수도 있고 느리게 작동할 수도 있는 것이다. 그렇기 때문에 속도의 변동들은 유의미하다. 그리고 그것들은 기술적 앙상블 안에서, 기계 바깥에서 일어나는 것을 고려할 수 있다. 기계들이 자동화되면 될수록, 속도의 가능한 변동들도 점점 더 감소된다. 그래서 그것들은 감지되지 않을 수도 있다. 그러나 실제로 여기서 일어나는 일은, 훨씬 더 안정적인 다른 발진기에 의해서 동기화된, 역시 매우 안정적인 발진기의 경우에 일어나는 일이다. 즉 그 발진기가 엄격하게 안정적이지 않은 한에서는 정보 수신을 계속할 수 있는 것이다. 비록 그것의 작동에서 비결정의 여지가 감소되었다 해도, 동기화는 여전히 이 비결정 여지의 내부에서 어떤 의미를 갖는 것이다. 동기화 임펄스는 작동 상태들의 회귀가 띠는 이런 시간적 형태에 대해서 매우 가벼운 변동처럼 개입할 때 의미를 갖는다. 마찬가지로 작동들의 비결정성의 감소는 기계들을 서로서로 분리시키지 않는다. 그것은 정보의 가치를 지니는 유의미한 변동을 더 정확하게, 더 엄격하게, 더 섬세하게 만든다. 그러나 그 변동들이 어떤 의미를 갖는 것은 항상 그 기계를 발명할 때의 본질적인 도식들과 관련해서다.

완벽한 자동장치라는 개념은 극단까지 가서 획득된 개념이다. 그것은 모순적인 어떤 것을 감추고 있다. 즉 자동장치란 작동의 비결정 여지가 전혀 없을 정도로 너무나 완벽하면서도, 그럼에도 불구하고 정보를 받아서 해석하거나 내보낼 수 있는 그런 기계일 것이다. 그런데 작동의 비결정 여지가 전혀 없다면 가능한 변동도 더 이상 없다. 그 작동은 무한히 반복되며, 결과적으로 이런 반복은 의미작용을 갖지 않는다. 자동화 과정에서 정보가 유지되는 것은, 오로지 신호들의 미세함이 비결정 여지의 감소와 더불어 증가하기 때문이다. 그리고 이것이야말로 비결정 여지가 극단적으로 축소된다 할지라도 신호들이 유의미한 값을 보존하도록 만드는 것이다. 예를 들어, 만일 발진기들이 주파수 변동에서 천분의 일에 가까운 수준으로 안정적이라면, 동기화하는 임펄스들의 가능한 위상순환은 시간이 흐르면서 10%정도 변화할 수 있을 것이다. 또는 그 임펄스들은 가파른 파면波面에 속하지 않고 가변적인 지속을 가질 것이며, 단지 그 동기화를 위한 정보의 약한 값만을 가질 것이다. 이미 매우 안정적인 발진기들을 동기화하는 데는 부분적으로 절단되어 있는 짧은 임펄스들이, 그리고 그 위상각이 엄격하게 일정한 그런 임펄스들이 사용된다. 정보가 그만큼 더 유의미하거나, 아니면 차라리 신호가 그 신호를 받는 개체의 독립적인 형태와 일치하는 데 더 개입하면 할수록 그만큼 더 정보의 가치를 갖는 것이다. 그래서 동기화될 발진기의 고유한 주파수가 동기화하는 임펄스들의 주파수와 멀리 떨어져 있을 때 동기화는 산출되지 않는다. 반대로 동기화는 독립 주파수와 동기화 임펄스들의 주파수가 서로 가까우면 가까울수록 그만큼 더 약한 신호들에 대해서 생산된다. 그렇지만 이런 관계 맺음은 더 섬세하게 해석되어야 한다. 순환 임펄스들이 어떤 발진기를 동기화할 수 있기 위해서는 그 임펄스들이 작동의 임계주기에, 그러니까 균형이 뒤집어지기 바로 전의, 즉 위상이 새로 시작하기 직전의 주기에 도달해야만 한다. 동기화 임펄스는 후속 위상으로의 이행이 아직 완전하게 수행되지 않은 바로 그 순간에, 그 이행을 가속화하는 매우 적은 양의 보조 에너지로서 나타난다. 즉 그 임펄스가 **시동을 거는 것이다**. 바로 이런 이유로, 동기화의 가장 큰 섬세함, 가장 높은 민감성이 독립 주파수가 동기화 주파수보다 아주 약간 더 낮을 때 획득되는 것이다. 이런 회귀 형태와 관련해서는, 아주 약간 앞서 있는 임펄스들이 의미를 가지며 정보를 실어 나른다. 발진기의 균형이 뒤집어지기 시작하는 그 순간이 에너지의 축적과 더불어 준안정적 상태가 창조되는 바로 그 순간인 것이다.

상태들이 갑작스럽게 역전되지 않도록 작동을 동기화하는 것이 어렵다는 점을 설명해 주는 것이 바로 이런 임계 위상들의 존재다. 예컨대 사인파 발진기가 완화 발진기보다 동기화하기가 더 어렵다. 비결정의 여지가 사인파 발진기의 작동에서는 사실상 덜 결정적이어서 그 주기가 전개되는 모든 순간에 작동이 변화될 수 있기 때문이다. 반면, 완화 발진기에서는 비결정성이 사이클의 지속 시간 전체에 펴져 있는 것이 아니라 사이클의 각 끝에 축적된다. 균형이 뒤집어질 때, 그 완화기relaxateur*는 더 이상 거기에 도달하는 임펄스를 감지할 수 없지만, 그것이 전환 지점point de basculer 위에 있을 때는 지극히 민감해질 수 있다. 반대로 사인파 발진기는 위상이 펼쳐지는 내내 감지할 수 있긴 하지만 신통치는 않다.

이와 같이, 기계들 속에 있는 비결정 여지의 존재는 작동 안에 있는 상당수 임계 위상들의 존재처럼 이해되어야 한다. 어떤 정보를 받아들일 수 있는 기계는 가능성들로 풍부한 민감한 순간들에다가 자신의 비결정성을 일시적으로 국지화할 수 있는 기계다. 이런 구조는 [어느 한쪽으로의] 결정décision의 구조이기도 하지만, 또한 [양쪽을 중간에서 연결하는] 중계中繼, relais의 구조이기도 하다. 정보를 수용할 수 있는 기계들은 그들의 비결정성을 국지화할 수 있는 기계들이다.

작동 결정들décisions의 국지화라는 이러한 개념이 사이버네틱스 주창자들의 저서들에 없는 것은 아니다. 하지만 그 연구가 결여하고 있는 것은, 정보의 수신과 정보의 송신에서 가역성이라는 개념이다. 어떤 기계가 완화 발진기처럼 임계 위상들을 가진 작동을 보여 준다면, 그것은 정보를 받을 수 있을 뿐만 아니라 보낼 수도 있다. 그래서 완화 발진기는 불연속적인 작동 때문에, 임펄스들을 내보낼 수 있는데, 이 임펄스들은 다른 완화기를 동기화하는 데 쓰일 수 있다. 만일 두 완화기들을 연결시킨다면, 그 두 발진기들은 어느 것이 동기화하는 것이고 동기화되는 것인지 정확하게 구분할 수 없을 방식으로 서로 동기화한다. 실제로 그것들은 서로서

---

* '기술 용어 해설' 참조.

로 동기화하며, 그 앙상블은 마치 단 하나의 발진기인 것처럼 작동하는데, 이것은 그 발진기들 각각에 고유한 주기들과는 약간 다른 하나의 주기를 가진다.

베르그손이 두 형용사에 붙인 의미대로, 열린 기계들과 닫힌 기계들을 대립시키는 것은 너무나 평이한 것처럼 보일 수 있다. 그러나 그 차이는 진정한 것이다. 어떤 기계 안에 있는 조절의 존재는 그 기계의 에너지 채널들이 변경될 수 있고 특성을 바꿀 수 있는, 그런 임계 주기들과 임계 지점들을 국지화하는 한에서 그 기계가 열려 있게 한다. 기계의 개별화는 형태들과 임계 요소들 사이의 이와 같은 분리에 견줄 수 있다. 하나의 기계는 그것이 임계 요소들을 소유하는 한에서 외부와의 관계 속에 있을 수 있다. 그런데 기계 속에 있는 임계 지점들의 존재는 인간의 현존을 정당화한다. 그 기계의 체제는 외부에서 들어오는 정보에 의해 변경될 수 있기 때문이다. 그래서 계산기는 일반적으로 말해지듯 단지 개폐회로들의 앙상블인 것만은 아니다. 계산기가 수많은 결정된 형태들, 일련의 덧셈 조작操作을 나타내는 개폐회로 계열들의 작동 형태들을 포함하고 있는 건 사실이다. 그러나 만일 그 기계가 단지 그것만으로 이루어졌다면, 그것은 유용할 수 없을 것이다. 왜냐하면 그것은 어떠한 정보도 받아들일 수 없을 것이기 때문이다. 사실 그 계산기는 결정 도식들schèmes de décisions의 시스템이라고 부를 수 있는 것도 포함하고 있다. 그래서 그 기계를 작동시키기 전에 그 기계를 **프로그램**programmer 해야만 한다. 임펄스들을 제공하는 멀티바이브레이터와 덧셈하는 개폐회로 계열들을 가지고는 아직 계산기라고 할 수 없을 것이다. 계산 가능성을 만드는 것은 바로 어느 정도의 비결정성의 존재이다. 즉 계산기는 프로그래밍이 명령한 선별과 교환의 앙상블을 포함한다. 가이거-뮐러Geiger-Müller의 계수관 이후에 사용되는 것들로서 임펄스들을 계산하며 개폐회로들로 구성된 계수기計數器의 경우처럼 가장 단순한 경우에서조차 작동 안에 어느 정도의 비결정성이 있다. 전압을 받고 있는 가이거 계수관은 새로운 위상이 막 시작되는 순간의 완화 발진기나 막 동요하기 시작하는 순간의 멀티바이브레이터와 동일한 상태 속에 있다. 유일한 차이점은 그 준안정적 상태가(가이거-뮐러 계수관에서 전압이 안정적으로 주어지는 상태에 해당), 계수관 안에서는 보조 에너지가 이 온화를 시작시킬 수 있을 때까지 지속될 수 있는 방식으로 연장되는 반면, 완화기나 멀티바이브레이터 안에서는 진공관이나 사이러트론thyratron 외부의 콘덴서와 저항 회로들의 활동이 계속되기 때문에 일시적이라는 것이다.

이와 같은 비결정의 여지는 정보를 전달할 수 있는 상이한 유형의 모든 장치들에서도 물론 발견된다. 열전자를 사용하든 수정을 사용하든, 3극 진공관 같은 직류 계전기는 정보를 전달할 수 있다. 왜냐하면 전력공급회로의 전극들에 한정된 퍼텐셜 에너지의 존재는 출력회로로 보내지는 현실적인 유효 에너지의 양을 결정하는 데 충분하지 않기 때문이다. 에너지의 현실화actualisation에서 가능성들을 개방하는 이런 관계는 단지 조정 기관에 정보가 도달되는 추가 조건에서만 닫힌다. 직류 계전기는 일종의 변환기transducteur라고, 즉 퍼텐셜 에너지와 이 에너지의 현실화 장소 사이에 삽입되어 있는 변조가능한 저항이라고 정의될 수 있다. 이 저항은 퍼텐셜 에너지와 현실적 에너지 모두에 외재적인 어떤 정보에 의해 변조될 수 있다. "변조가능한 저항"이란 말은 아직 너무나 모호하고 부정확하다. 실제로, 만일 이 저항이 진짜 저항이라면, 그것은 퍼텐셜 에너지의 현실화 영역의 일부를 이룰 것이기 때문이다. 그런데 완벽한 변환기 안에서는 어떠한 에너지도 현실화되지 않는다. 그리고 어떠한 것도 거기에 남아 있는 것으로 두지 않는다. 즉 그 변환기는 퍼텐셜 에너지 영역의 일부도 현실적 에너지 영역의 일부도 이루지 않는다. 그것은 그 두 영역들 사이의 진정한 매개자이며, 에너지 축적의 영역에도 현실화의 영역에도 속하지 않는다. 그것은 그 두 영역들 사이에 있는 비결정성의 여지다. 바로 이것이 퍼텐셜 에너지를 현실화로 이끄는 것이다. 정보가 개입하는 것은 바로 퍼텐셜한 것le potentiel이 현실적인 것l'actuel으로 이행하는 그 과정에서다. 즉 정보가 현실화의 조건인 것이다.

그런데, 이런 변환transduction* 개념은 일반화될 수 있다. 상이한 종류의

---

* [옮긴이] 변환은 개체화와 마찬가지로 시몽동 철학 전체를 관통하는 핵심적인 개념이다. "우리는 변환이라는 말을 물리적이고, 생물학적이고, 정신적이고, 사회적인 하나의 조작(操作, opération)으로 이해한다. 이 조작으로 인해서 어떤 활동이 차츰차츰 어떤 영역의 내부에 퍼져 나가게 되며, 이 퍼져 나감은 그 영역의 여기저기에서 작용된 구조화에 근거하여 이루어진다. 구성된 구조의 각 지역은 다음 지역에 구성의 원리로서 쓰인다. 그래서 이 구조화하는 조작과 동시에 점진적으로 변모가 확장된다. 매우 작은 씨앗에서 출발하여 모액(母液)의 모든 방향들로 확장되며 커져 가는 결정체(結晶體)는 변환적 조작의 가장 단순한 이미지를 제공한다. 이미 구성된 각각의 분자층은 형성 도중에 있는 층을 구조화하는 토대로 쓰인다. 그 결과는 증폭하는 망상(網狀) 구조다. 변환적 조작은 진행 중에 있는 개체화다. [중략] 변환은 전(前)개체적인 긴장 상태의 존재 안에서, 즉 단일성 이상이자 통일성 이상인 존재, 자기 자신과 관련해서 아직 다양한 차원들로 위상변이(또는 상전이)하지(déphasé) 않은 그런 존재 안에서, 구조들과 차원들에 상관하여 출현한다"(시몽동, 『형태와 정보 개념에 비추어 본 개체화』, pp. 32~33). 변환이란, 우선 존재론적 차원에서는 실재의 전 영역(물리적·생물적·심리사회적·기술적인) 각각에서 일어나는 개체화 작용의 전개과정을 지시한다. 시몽동에게 존재 자체는 준안정적인 시스템으로 간주되며, 변환은 이 존재의 생성과 개체발생 과정, 즉 전(前)개체적인 상태에서 개체화된 상태로 개체화 작용을 통해 변화하는 과정을 의미한다. 개체의 발생은 변환적 조작에 의한 존재 시스템의 점진적인 구조화에 해당한다(개체화에 대해서는 105~106쪽 옮긴이 주 참조). 또한 변환은 인식론적 차원에서는 귀납도 연역도 변증법도 아닌 새로운 사유 방법론을 의미하기도 한다. 이는 존재의 생성(개체화)을 추적하는 발생적 방법론이자, 관계를 직관하는 발명적 통찰(서로 관계 맺지 않은 항들 사이에서 상보성과 유비를 파악하여 새로운 관계 설정과 더불어 동시에 관계 항들을 구성하는)의 사유 작용에 해당한다. 이 책에서는 기술적 대상들의 개체화(즉 발명과 진화 또는 발생과 형태변화) 과정과 관련해 이와 같은 변환의 의미를 (특히 정보, 조절, 변조, 직관, 발명 등과 관련하여) 확인해 볼 수 있다. transduction을 induction(귀납)이나 deduction(연역)과의 차이를 강조하기 위해 '관역'이라 번역하는 경우도 있는데, 이는 인식론적 측면만을 강조하는 경향이 있어 적절하다고 여겨지지 않는다. transduction은 한마디로 존재와 사유 두 영역 모두에서 준안정

변환기들 안에서 순수한 상태로 나타난 것을 보면, 변환이라는 것은 작동 안에 국지화되어 있는 비결정의 어떤 여지를 소유하고 있는 모든 기계들 안에서 조절 기능으로 존재한다. 인간 존재, 그리고 더 일반적으로 생명체는 본질적으로 변환기들이다. 기본적인 생명체인 동물은 그 자체로 하나의 변환기다. 그것은 화학 에너지들을 저장했다가 다양한 생명 조작操作들의 과정으로 그것들을 현실화한다. 베르그손은 에너지 퍼텐셜들을 형성하고 그것들을 갑작스럽게 소비하는 생명체의 이런 기능을 분명하게 해명했다. 그러나 베르그손은 여기서 생명을 형성하는 것일 시간적 응축의 기능을 보여 주는 데 몰두했다. 그런데 축적의 완만함과 현실화의 순간적인 터트림 사이의 관계 맺음이 항상 존재하는 것은 아니다. 생명체는 열 조절이나 근육 긴장에서처럼 천천히 자신의 퍼텐셜 에너지를 현실화할 수 있다. 본질적인 것은 퍼텐셜강화potentialisation와 현실화actualisation의 시간적 체제들의 차이가 아니라, 생명체가 이 퍼텐셜 에너지와 이 현실적 에너지 사이에서 변환기처럼 개입한다는 사실이다. 즉 생명체는 **변조하는 것이**며, 에너지 저장소나 실행기가 아니라, 변조가 그 생명체 안에 있다는 것, 바로 그것이 중요한 것이다. [그렇다고 해서] 생명체가 동화작용을 한다고 말하는 것이 더 이상 충분하지 않다는 건 아니다. 동화작용assimilation은 변환 기능들 안에서 현실화될 수 있고 방출될 수 있는 퍼텐셜 에너지의 원천이기 때문이다.

　그런데 기계들에 대한 인간의 관계는 변환 기능들의 수준에서 이루

적인 어떤 구조를 산출하는 조작(操作) 과정을 의미한다. 무엇보다 이 점을 살려야 되고, 게다가 변환기(transducteur) 역할을 하는 개체의 기능, 기계들을 창안하는 발명의 사유 역량 등에 대한 이 책의 논의들을 참조하면, transduction은 '변환'으로 번역하는 것이 적절하다고 생각된다.

어진다. 실제로 인간이 자신의 신체 속에 축적할 수 있는 것보다 훨씬 탁월한 에너지 축적을 보장하는 기계들을 구축하는 것은 매우 쉽다. 인간 신체의 것들보다 탁월한 실행기들을 구성하는 인공적인 시스템들을 사용하는 것도 물론 가능하다. 그러나 생명체의 것에 비교될 만한 변환기들을 구축하는 것은 매우 어렵다. 사실, 생명체는 정확하게 말해서 기계들이 가질 수 있는 것들과 같은 하나의 변환기가 아니다. 생명체는 변환기이면서 그 이상의 무언가이기 때문이다. 기계적인 변환기들은 비결정의 여지를 포함하는 시스템들이다. 반면, 정보는 결정^{détermination}을 가져오는 것이다. 하지만 이 정보는 변환기에 주어져야만 한다. 변환기는 정보를 발명하지 않는다. 예컨대 실행기가 작동하는 방식에서 비롯하는 어떤 신호를 통해서 (열기계의 출력 축 위에 있는 게이지), 생명체의 지각 메커니즘과 비슷한 메커니즘으로, 정보는 변환기에 주어진다. 이와 달리, 생명체는 그 자신에게 스스로 정보를 제공하는 역량을 갖는다. 심지어 모든 지각이 부재할 때조차도 그러한데, 이는 해결해야 될 문제들의 형태를 변경하는 역량을 생명체가 소유하고 있기 때문이다. 기계들에게는 문제들이라는 것이 없고, 다만 변환기들이 변조하는 데이터들이 있을 뿐이다. 애쉬비$^{\text{William Ross Ashby}}$의 호메오스타트^{homeostat}*처럼 상호 교환가능한 도식들을 따라서 서로서로 작용하는 다수의 변환기들은 문제들을 해결하는 하나의 기계를 이루지 않는다. 상호인과작용의 관계 속에 있는 그 변환기들은 모두가 **동일한 시간 속**에 있다. 그것들은 현실적인 것 안에서 서로서로를 조건짓는다. 그것들에게 문제라는 것은 결코 없다. 앞에 던져져 있는 것, 미리 앞서 있는

---

* [옮긴이] homeostat(영): 자동제어장치. 상호 연결된 여러 요소들 사이의 균형을 자동으로 유지시키는 장치. 영국의 사이버네틱스 신경학자 애쉬비가 『대뇌를 위한 디자인』(*Design for Brain*, 1952)에서 사용한 용어.

것, 뛰어넘어야만 하는 것, 그런 것이 없다. 하나의 문제를 해결하는 것, 그것이 바로 문제를 뛰어넘는 능력이고, 그 문제의 데이터들 자체인 형태들을 개조할 수 있는 능력이다. 진짜 문제들의 해결은 하나의 생명적 기능이다. 이는 기계 속에는 존재할 수 없는 회귀 작용의 양식을 상정한다. 즉 미래의 현재로의 회귀, 잠재적인 것의 현실적인 것으로의 회귀. 기계에게는 진정한 잠재적인 것이 없다. 기계는 어떤 문제를 해결하기 위해서 자신의 형태들을 다시 만들 수 없다. 애쉬비의 호메오스타트가 작동 중에 그 자신을 스스로 교정시킬 때(왜냐하면 이 기계에다가 그 자신의 선별기들에 작용하는 기능faculté을 부여할 수 있기 때문이다), 그것은 이전의 모든 작동을 무화시키는 특성들로의 도약을 산출한다. 매 순간에 그 기계는 현실적인 것 안에 존재한다. 그리고 외관상 자신의 형태들을 변화시키는 그 기능은 거의 유효하지 않은데, 왜냐하면 이전의 형태들이 전혀 남아 있지 않기 때문이다. 모든 것은 마치 새로운 기계가 있었던 것처럼 진행된다. 매번의 작동은 일시적이다. 그 기계가 자기 교정하면서 형태들을 변화시킬 때, 그것은 문제의 해결을 지향하고 있는 다른 형태를 갖기 위해서 자기 교정하는 것이 아니다. 해결해야 될 문제에 대한 예감을 통해서 지향되는 형태들의 변경이란 것이 없다. [여기서는] 잠재적인 것이 현실적인 것에 대해 반응하지 않는다. 왜냐하면 잠재적인 것이 기계에 있어서는 잠재적인 것으로서의 역할을 할 수 없기 때문이다. 기계는 현실적으로 만들어져 있는, 전적으로 주어져 있는 어떤 것에 대해서만 반응할 수 있을 뿐이다. 잠재적인 것의 견지에서 스스로를 변경시킬 수 있는 기능, 생명체가 소유하고 있는 그 기능이 바로 시간의 의미인데, 기계는 이것을 갖지 못한다. 기계는 살지 않기 때문이다.

기술적 앙상블들을 특징짓는 것은 기술적 대상 각각의 작동이 지닌 비결정 여지의 수준에서 기술적 대상들 사이의 관계가 세워진다는 사실이다. 기술적 대상들 사이의 이런 관계는, 그것이 비결정성들의 상관관계 속에 놓여 있는 한에서, 문제제기적problématique 유형에 속한다. 그리고 이런 이유로 그 관계는 기술적 대상들 그 자신들에 의해서 보장될 수 없다. 그 관계는 어떤 계산의 대상이나 결과가 될 수 없다. 살아 있는 존재를 위한 그리고 살아 있는 존재에 의한 문제처럼 그 관계는 제기되고 사유되어야만 한다. 인간이 기계들에 대해 책임이 있다고 말하면서, 우리가 인간과 기계 사이의 짝짓기이라고 불렀던 것을 표현할 수 있을지도 모른다. 이 책임감은 생산물을 산출하는 생산자의 것이 아니다. 그것은 제3자의 것, 즉 어떤 난점의 증인에게 속하는 것인데, 이 증인은 유일하게 그 난점을 사유할 수 있기 때문에 유일하게 그 난점을 해결할 수 있는 자다. 인간이야말로 기계들의 증인이고, 그 기계들을 상호 관련지어 표상한다. 기계들은 서로의 관계 맺음을 사유할 수도 없고 살아갈 수도 없다. 기계들은 단지 인과작용의 도식들에 따라서 현실적인 것 안에서 서로에 대해 작용할 수 있을 뿐이다. 기계들의 증인으로서 인간은 그 기계들의 관계에 책임이 있다. 개별적인 기계는 인간을 표현하지만, 인간은 기계들의 앙상블을 표현한다. 왜냐하면 모든 기계들의 기계는 없지만, 모든 기계들을 겨냥하는 사유는 있을 수 있기 때문이다.

　기술공학적 태도라고 부를 수 있는 것은, 인간이 기술적 존재의 사용에 대해서만 몰두하게 하는 것이 아니라 기술적 존재들이 서로서로 맺고 있는 상관관계에 몰두하게 하는 것이라고 할 수 있다. 문화와 기술 사이의 현실적인 대립은 기술적 대상이 기계와 동일한 것으로 간주된다는 사실로부터 귀결한다. 문화는 기계를 포함하지 않는다. 문화는 기술적 실재에 부적합하다. 왜냐하면 문화는 기계를 닫힌 블록처럼 간주하고 기계적인 작동을 판에 박힌 반복에 불과한 것으로 간주하기 때문이다. 각각의 기계는 절대적인 단위가 아니며, 단지 두 길을 따라서 개방된, 즉 요소들에 대한 관계의 길과 기술적 앙상블 안에서의 개체간[interindividuelles] 관계들의 길이라는 이 두 길을 따라서 개별화된 기술적 실재일 뿐이라는 것을 문화가 발견할 때까지, 기술과 문화 사이의 이 대립은 지속될 것이다. 문화가 기계 옆에 있는 인간에게 할당한 역할은 기술적 실재에 관련해서 잘못되어 있다. 그 역할은 기계란 실체적인 것이고 물질적인 것이며 따라서 평가절하되는 것이라고 상정한다. 그러나 실제로 기계는 문화가 그렇게 상정하는 것보다는 덜 일관적이고 덜 실체적이다. 기계는 한 덩어리로 인간과 관계 맺고 있는 것이 아니다. 그것은 그 요소들의 자유로운 복수성 속에서, 또는 기술적 앙상블의 내부에서 다른 기계들과 그것이 맺는 가능한 관계들의 열린 계열 속에서 인간과 관계 맺고 있다. 문화는 기계에 대해서 정당하지 못하다. 그 판단이나 편견에서만이 아니라, 인식의 수준 자체에서도 그러하다. 기계를 거부하는 문화의 인지적 지향은 실체론적이다. 기계를 그 자체로 완성되고 달성된 것으로 간주하며 기계의 현실적 상태나 물질적 결정들과 기계 그 자체를 일치시키는 환원적 시선 속에 기계는 갇혀 있다. 예술 대상의 경우에, 이와 비슷한 태도는 팽팽한 캔버스 위에 칠해져 있는 갈라지고 말라비틀어진 물감의 면적으로 한 폭의 그림을 환원시키는 데 있을 것이다. 인간 존재의 경우에, 이와 같은 태도는 악덕과 미덕이 또는 성격의 특징들이 고정되어 있는 하나의 집합체로 인간 주체를 환원시키는 데 있을 것이다.[*]

예술을 예술의 대상들로 환원시키는 것, 인간성을 단지 성격적 특징

---

[*] 이런 환원적 태도는 어떤 지역 전체에 반감을 갖는 것(지역주의)으로서도 존재할 수 있다.

들을 지니고 있을 뿐인 일련의 개인들로 환원시키는 것, 이와 같은 것이 바로 기술적 실재를 기계들의 집합으로 환원시킬 때 취하는 태도다. 그런데, 전자의 두 경우에는 그런 태도가 세련되지 못한 것으로 판단되는 반면에, 후자의 경우에는 마찬가지로 파괴적인 환원이 실행되고 있음에도 불구하고 문화의 가치들에 부합하는 것으로 간주된다. 그런 태도는 동일한 인식을 통해 암묵적인 판단을 가져오면서 이루어진다. 집단의 고정관념들 안에서 이방인에 대한 표상이 그런 것처럼 이미 왜곡되어 있는 것이 바로 기계라는 개념이다.

그런데 문화적인 사유의 대상이 될 수 있는 것은 이방인으로서의 이방인이 아니라, 오로지 인간적인 존재자뿐이다. 이방인에 대한 고정관념이 정당하고 적합한 표상으로 변형될 수 있는 것은 오로지 판단하는 존재자와 이방인인 존재자 사이의 관계 맺음이 다양해지고 많아지는 한에서만 가능할 뿐이다. 그 관계 맺음이 다형多形의 운동성mobilité multiforme을 획득해야 그 고정관념에다가도 실재의 한정된 어떤 능력이나 특정한 일관성을 부여할 수 있기 때문이다. 판에 박힌 생각이란 깊이도 없고 융통성도 없는 것으로서 이미지와 같은 2차원적인 인상이다. 이 고정관념이 [적합한] 표상이 되기 위해서는, 이방인과의 관계에 대한 경험들이 여러 가지로 다양해야만 한다. 판단하는 주체에 대해서만 낯선 존재자들이 있는 것이 아니라 다른 이방인들에 대해서도 낯선 존재자들이 있을 때, 이방인은 더 이상 이방인이 아니라 다른 사람이 된다. 서로 간에 불변하는 비대칭적인 상황 속에 주체와 이방인을 가두는 대신에, 인간의 이방인에 대한 이런 관계가 서로 다른 사람들 사이에서 완전히 인정될 때 고정관념은 소멸한다. 마찬가지로, 기계와 관련된 고정관념들이 변경될 수 있는 것은 오로지 인간과 기계 사이의 관계(기계가 배제되는 방식으로 체험되는 만큼 비대칭적인 관계)가 주체와 독립적인 항들, 즉 기술적 대상들 사이에서 실행되는 것으로 객관적으로 보여질 수 있는 한에서만 가능할 뿐이다. 기술적 내용들에 대한 표상이 문화에 편입될 수 있기 위해서는 인간이 기술적 관계를 객관화할 수 있어야 한다.

기계를 편협하게 바라보는 주된 시선은 기술성의 발견으로 이어질 수 없다. 이는 이방인들 중 단 한 부류하고만 맺는 관계가 문화에 따라서 이방인들의 삶의 양식 내부에 스며들거나 그 삶의 내면을 인식할 수 있게 하지 못하는 것과 같다. 여러 기계들과의 빈번한 접촉도 여러 이방인들과의 연이은 만남과 마찬가지로 충분하지 않다. 이러한 경험들은 단지 외국인 혐오의 태도나 외국인 선호의 태도로 이어질 뿐이고, 이 대립된 태도들은 양자 모두 정념에 사로잡혀 있을 뿐이다. 문화를 통해서 이방인을 고려하기 위해서는 서로에게 이방인들인 두 존재자들이 만드는 관계 맺음을 객관적으로 자기 바깥에서 벌어지는 것으로 보았어야만 한다. 마찬가지로, 만일 단 하나의 기술이 문화적인 내용을 제공하는 데 충분하지 않다면, 여러 가지 기술^{polytechnique}도 또한 충분하지 않다. 이 후자는 기술들 일체에 대해 거부의 경향 아니면 테크노크라시적 선호의 경향만을 낳을 뿐이다.

4. 철학적 사유는 기술공학을 정초하면서 기술적 실재가 보편적 문화에 통합되도록 만들어야 한다

기술적 관계가 작동하는 것을 인간이 객관적인 방식으로 볼 수 있게 만들어 준 조건들의 탄생은, 기술적 실재와 그것의 존재가 함축한 가치들에 대한 인식이 문화에 흡수될 수 있는 첫번째 조건이다. 그런데 그 조건들은 충분한 정도의 비결정성을 지닌 기계들을 사용하는 기술적 앙상블들 안에서 실현된다. 인간에게는 기계들 사이의 그 관계 안에 매개자로 개입해야만 한다는 사실이 오히려 기술적 실재들에 대한 문화적 비전을 획득할 수 있게 하는 독립적인 상황을 제공한다. 단 하나의 기계와 비대칭적인 관계 속에 참여함은 기술적인 지혜$^{sagesse\ technique}$라고 부를 수 있는 것의 탄생에 필수적인 것, 즉 한 발 뒤로 물러나서 바라볼 수 있는 거리를 제공할 수 없다. 기계들에 대한 구체적인 연결과 책임감을 포함하고 있으면서도, 개별적으로 다루어진 기계들 각각에 대해서는 자유로운, 오로지 이런 상황만이 기술적 의식화의 그 차분함을 제공할 수 있다. 인간 존재자들 속에서 강렬한 현존을 유지하면서도 모든 판단의 차분함과 깊이를 제공했던 모종의 반성적 거리감 속에서 인간들 사이의^{interhumaine} 관계를 체험하고 명상했던 현인賢人들이 형성되는 데 인문교양$^{culture\ littéraire}$이 필요했던 것과 마찬가지로, 기술적인 문화[기술교양]$^{culture\ technique}$ 역시 기술적 실재들에 대해 책임감을 느끼면서도 특수한 기술적 대상과의 직접적이고 배타적인 관계로부터는 떨어져 있는 그런 인간들에게서 기술적 지혜라고 부를 모종의 지혜가 발전하지 않고서는 형성될 수 없다. 하나의 기계에 대한 자신의 일상적인 작업의 특성들과 양상들을 가로질러서 기술성을 인식하는 것이 노동자^{ouvrier}*에게는 매우 어렵다. 또한 기계들의 소유주이자 기계들을 생산 자본으로 이해하는 인간이 그 기계들의 본질적인 기술성을 인식하는 것도 어렵다. 이런 특수한 형태의 지혜를 발견할 수 있는 유일한 자는 바로 기계들 사이의 관계를 중재하는 자다. 그런데, 이러한 기능은 아직 사회적 지위를 갖지 못하고 있다. 아마 그것은 조직화를 담당하는 엔지

---

* 기사[기계조작자](opérateur)라는 중립적인 용어를 사용하는 것이 적합할 것이다.

니어의 기능이었을 것이다. 만일 그가 즉각적인 효율성에 매여 있지 않고, 기계들의 체제에 외재적인 어떤 목적성에 의해, 즉 생산성이라는 목적성에 의해 지배되지 않았다면 말이다. 우리가 대략적으로 그려 보고자 하는 그 기능은 기계들의 심리학자나 기계들의 사회학자, 통상 기계학자라고 부를 수 있는 자의 기능일 것이다.

생명체와 기계 안에서 일어나는 명령과 전달에 관한 학문인 사이버네틱스에 기초하고 있는 노버트 위너의 생각에서 그런 역할에 대한 소묘를 발견할 수 있다. 사이버네틱스의 의미는 잘못 이해되었다. 왜냐하면 현저하게 새로운 이런 시도가 과거의 개념들이나 경향들의 견지에서 판단되어 축소되었기 때문이다. 명령과 자동제어 도식들에 대한 연구와 정보 이론의 통일을 상정하는 사이버네틱스의 탐구는 프랑스에서 둘로 갈라져 분할된다. 하나는 루이 드 브로이^{Louis de Broglie}와 『광학지(誌)』^{Revue d'Optique}에 연구성과를 출판한 그 연구팀의 정보 이론 쪽이고, 다른 하나는 기술만능주의적이고 테크노크라시적인 경향을 대표하는 알베르 뒤크로^{Albert Ducrocq} 같은 엔지니어들의 자동성에 대한 탐구 쪽이다. 그런데 기술적 실재들에 함축된 가치들을 발견하게 하고 이것들을 문화에 융합시키는 것은 그 두 경향들 사이의 연결이다. 정보 이론은 실제로 과학적 차원에 속한다. 이것은 열 이론이 사용하는 것들과 가까운 조작적 방식들을 사용한다. 반면, 뒤크로의 기술만능주의는 자동 기계들의 작동 안에서 자동성과의 유비를 통해서 실재들의 다른 유형을 해석하게 하는 많은 기능들의 예를 탐구한다. 자동제어 메커니즘들에 대한 이론은 특히 생명의 기원들에 대해 설명하는 가설을 그려 볼 수 있게 한다. 또는 그렇게 유비를 통해서 설명되는 것이 바로 어떤 신경 기능들이거나 정신적 조작^{操作}들의 원리이다. 사실, 이와 같은 유비들은 아무리 그것들이 임의적이지 않다 해도, 생명체와 기계에 공통된 작동들이 있다는 것만을 가리킬 뿐이다. 그 유비들은 그 작동들의 본성 자체에 대한 문제는 그대로 남겨 둔다. 기술만능주의는 그 작동들의 실행을 지배하는 조건들과 도식들의 본성을 탐구하는 심층 연구라기보다는 현상학에 더 가깝다.

물론, 노버트 위너가 정보를 특징지었던 방식을 받아들이지 않는 것도 가능하다. 그의 저서의 핵심적인 가정은 열역학에 의해서 정의된 엔트로피에 역엔트로피가 대립하듯이 배경소음에 정보가 대립한다는 것을 인정하는 데 있다. 그럼에도 불구하고, 설사 분기分岐하는 결정론과 수렴하는 결정론의 이러한 대립이 기술적 실재 전체와 이것의 생명에 대한 관계 맺음을 고려하지 못한다고 해도, 기술적 작동들과 이것들을 사유할 수 있게 하는 수단으로서의 개념들 안에 함축되어 있는 가치들의 앙상블을 발견하고 정의할 수 있게 하는 하나의 방법을, 그 대립은 자신 안에 포함하고 있다. 그러나 노버트 위너의 고찰에 한 가지 더 덧붙이는 것도 가능할 것이다. 저서의 결론에서 그 저자는 자신이 정의했던 개념들이 사회의 조직화를 위해 사용될 수 있는 방법에 대해서 자문한다. 노버트 위너는 큰 집단들이 제한된 집단들보다 정보를 덜 함유한다는 것을 확인한다. 그리고 그는 그 사실을 큰 집단들 안에서는 가장 덜 "항상성을 지닌"homéostatiques 인간 요소들이 관리 기능을 맡는 경향이 있다는 점을 통해서 설명한다. 반면, 어떤 집단 안에 포함되어 있는 정보의 양은, 노버트 위너에 따르면, 그 집단의 항상성의 완벽성의 정도에 비례할 것이다. 근본적으로 정치적이고 도덕적인 그 문제는 따라서 어떻게 항상성의 힘을 나타내는 개체들을 집단의 머리에 놓을 수 있을지를 생각해 보는 데 있을 것이다. 그러나, 노버트 위너가 말하기를, 항상성의 가치를 가지고 있고 또한 정보에 해당하는 것을 지니고 있는 어떠한 개체들도 권력을 취할 수 없다. 그리고 모든 사이버네틱스주의자들 전체는 고양이 목에 방울을 달고자 하는 생쥐들처럼 집단적 운명을 주재하는 인간들 앞에 있다(『사이버네틱스』^{Cybernetics}, p.189). 노동조합의 지도자들에게 그 저자[노버트 위너]가 행했던 시도들은 「제7서간」에서 [현실정치에 대한] 환멸을 말하고 있는 플라톤의 감정을 상기시키는 쓸쓸함으로 그에게 되돌아왔다. 그런데, 기술에 대한 이해와 인간 집단들을 이끄는 힘 사이에서 노버트 위너가 고찰한 것과 전혀 다른 매개물이 발견될 수 있다. 왜냐하면 철학자가 왕이거나 왕이 철학자이거나 하는 것은 어렵기 때문이다. 왕이 된 철학자는 더 이상 철학자가 아니게 되는 경우가 종종 일어난다. 기술과 권력 사이의 진정한 매개는 개체적인 존재일 수 없다. 그것은 오로지 문화의 중개를 통해서만 실현될 수 있을 뿐이다. 왜냐하면 인간이 통치하게 하는 무언가가 있기 때문이다. 즉 인간이 수용했던 문화. 바로 이 문화야말로 의미작용들과 가치들을 인간에게 제공하는 것이다. 그러니까 인간을 지배하는 것은 바로 문화다. 설령 이 인간이 다른 인간들과 기계들을 지배할지라도 말이다. 그런데 이 문화는 대다수의 지배받는 자들에 의해서 창안된다. 그래서 한 인간에 의해 수행된 권력은 엄밀하게 말하자면 그로부터 비롯하는 것이 아니라, 단지 그 인간으로 구체화되고 결정^{結晶}화되는 것이다. 그 권력은 지배받는 인간들로부터 비롯하고 그들에게로 되돌아간다. 바로 거기에 일종의 회귀가 있는 것이다.

그런데, 기술의 발전이 미약했던 시기에는 지배받는 인간들이 문화를 창안하는 것으로도 집단의 모든 문제들을 사유해야 하는 통치에 충분했다. 정보와 인과작용의 회귀가 완전하게 달성되었던 것이다. 왜냐하면 그 회귀는 통치자를 거쳐서 인간 집단에서 인간 집단으로 진행했기 때문이다. 그러나 이것은 더 이상 참이 아니다. 문화는 항상 전적으로 인간에 기초하고 있고, 인간들의 집단에 의해서 창안된다. 그런데 통치자를 거쳐서 지나온 그 문화는 되돌아와서, 한편으로는 인간 집단에, 다른 한편으로는 기계들에 적용된다. 기계들은 자신들에 맞추어 만들어지지 않았던, 그리고 자신들이 부재한, 그런 문화에 의해서 지배된다. 이런 문화는 기계들에게는 부적합하며, 기계들을 대변하지도 않는다. 만일 지배하는 인간이 실재 전체를 포착하지 못하고 있다면, 이는 그 실재가 전적으로 인간적인 토대에 놓여 있는 것이기 때문이다. 지배하는 것과 지배받는 것 사이에 순환적 인과작용의 연결을 만들고 조절하는 것이 바로 문화다. 문화의 출발점과 도착점은 지배받는 자이다. 사회적 항상성의 결여는 바로 이 지배받는 실재의 한 측면이 문화라는 이런 조절 관계 안에 나타나지 않는다는 사실에서 비롯한다.

따라서 기술공학자의 임무는 문화를 창안하는 자들 곁에서, 즉 작가들, 예술가들, 아주 일반적으로는 사회 심리학에서 주목의 대상cynosure*이라 부르는 자들 곁에서, 기술적 존재자들의 대표자로 있는 것이다. 기술적 실재들에 적합한 표상을 문화에 통합시킴으로써 사회를 기계화하는 것이 문제가 아니다. 어떠한 것도 사회를 무조건적 항상성의 영역으로 보게 하지는 못한다. 노버트 위너는 필수적이지 않은 가치들의 가정을 받아들이는 듯 보인다. 즉 항상성을 잘 조절하는 것이야말로 사회의 최종 목표이고 모든 통치 행위를 이끌어 가야 하는 이상이라는 가정. 사실, 생명체는 영원히 같은 상태로 남아 있지 않고 자기 발전하면서 생성하기 위해 항상성에 기초한다. 그와 마찬가지로, 통치 행위 속에도 절대적인 도래의 힘이 있는데, 이 힘은 항상성 위에 적용되는 것이지만 항상성을 넘어서는 것이

---

* [옮긴이] cynosure(영): 만인이 주시하는 대상, 길잡이가 되는 것, 북극성 등을 의미한다.

고 항상성을 사용하는 것이다. 기술적 영역의 고양과 확장을 통해 기술적 실재들의 표상이 문화에 통합됨으로써, 윤리적인 것으로 때로는 종교적인 것으로 잘못 고려된 목적성의 문제들은, 기술적인 것으로 다시 고려되어 제자리로 되돌아가야만 한다. 기술의 미완성은 목적성의 문제들을 신성화하고 인간을 인간 자신이 절대적인 것으로 표상한 목적들에 복종시킨다.

이런 이유로, 단지 기술적 대상들만 그것들이 현실적으로 존재하는 그 수준에서 인식되어야 하는 것이 아니라, 그 기술적 대상들의 기술성도, 즉 종교적 양식과 미학적 양식 같은 다른 양식들 중에서 인간이 세계와 맺고 있는 관계의 한 양식인 기술성도 인식되어야 한다. 기술성만을 보자면, 사이버네틱스 체계를 통해서 우리 시대에 그렇게 했던 것처럼, 기술성은 지배자가 되고자 하고 모든 문제들에 대답을 제공하고자 한다. 사실, 기술성이 그 본질에 따라서 그리고 문화에 올바르게 통합된 채로 정확하게 인식되기 위해서는, 인간의 세계 내 존재의 다른 양식들과 그 기술성의 관계 속에서 기술성이 인식되어야 한다. 기술적 대상들의 복수성에서 출발하는 어떠한 귀납적인 연구도 기술성의 본질을 발견할 수 없다. 따라서 시도되어야만 하는 것은, 철학적 방법을 사용하면서, 발생적 방법에 따라 기술성을 직접적으로 검토하는 것이다.

Ⅲ부

기술성의 본질

기술적 대상들의 존재와 그들의 발생genèse 조건들은 단순히 기술적 대상들만 고려해서는 해결할 수 없는 하나의 문제를 철학적 사유에 제기한다. 즉 사유, 인간의 존재, 그리고 이 인간의 세계 내 존재 방식, 이 모두의 앙상블과 관련해서 기술적 대상들의 발생이 갖는 의미는 무엇인가? 사유와 세계 내 존재 양식mode d'être au monde에 유기적인 특성이 있다는 사실은 기술적 대상들의 발생이 인간의 다른 생산들에, 세계를 대면하는 인간의 태도에 어떤 영향을 미친다고는 생각하게 한다. 그러나 이런 생각은 기술적 대상들이 발생을 겪는 실재이자 이 발생의 계보들만을 진정한 본질로서 지닌다고 하는 표명이 인도한 저 문제를 측면에서 매우 불완전한 방식으로 제기할 뿐이다. 정말이지, 그런 정도의 생각에서는 독립적인 하나의 실재, 다시 말해 특정한 존재 양식을 갖는 것으로 이해된 기술적 대상에 대해 입증하는 것이 아무것도 없다.

만일 그 존재 양식이 어떤 발생에서 비롯하기 때문에 정해진다면, 그 대상들을 산출하는 발생은 아마 [그런] 대상들의 발생만도 아니고, 심지어 기술적 실재의 발생만도 아닐 것이다. 이 발생은 아마 더 먼 곳으로부터, 더 광대한 과정의 제한된 한 측면을 구성하면서 비롯할 것이고, 기술적 대상들을 출현시킨 다음에도 다른 실재들의 산출을 아마 계속할 것이다. 따라서 인식해야만 할 것은 대상들의 것과 대상화되지 않은 실재들의 것을 포함한 기술성 전체의 발생, 그리고 인간과 세계를 포함하는 발생 전체이다. 이 발생 전체는, 아마도 기술성의 발생이 그것의 미약한 한 부분에 불과할 것으로, 기술적 대상들의 발생보다 이전이거나 이후거나 동시적이거나 상관적인 다른 발생들에 의해 지원 받아 평형을 이루고 있을 것이다.

따라서 기술적 대상들의 존재가 갖는 철학적 중요성을 파악하기 위해서는 인간과 세계 사이의 관계 맺음들에 대한 일반화된 발생적 해석으로 나아가야만 한다.

그런데 발생^{genèse}이라는 개념 자체는 정확히 해야 할 필요가 있다. 여기서 발생이라는 말은『형태와 정보 개념에 비추어 본 개체화』$^{l'Individuation\ à}$ $^{la\ lumière\ des\ notions\ de\ forme\ et\ d'information}$ 연구에서 일반적인 개체화 과정으로 정의했던 바로 그 의미로 다루어진다. 퍼텐셜로 풍부하고 단일성 그 이상이며 내적 양립불가능성을 감춘 채 원초적으로 과포화되어 있는 실재에서 양립가능성이 발견되고 구조의 출현으로 인한 해^{解}를 얻어 하나의 시스템이 생성될 때, 바로 그때 발생이 존재한다. 그 구조화는 준안정성의 평형에 기초가 되는 조직의 출현이다. 이와 같은 발생은 어떠한 변형도 더 이상 가능하지 않은 안정적인 상태로 이행함으로써 한 시스템 안에 포함되어 있는 퍼텐셜 에너지가 감손되는 그런 과정과는 대립된다.

세계에 대해 인간이 맺는 관계의 생성이 지닌 의미에 대해 우리가 만든 일반적 가설은 인간과 세계가 형성하고 있는 앙상블을 하나의 시스템으로 간주하는 데 있다. 그렇지만 이 가설은 인간과 세계가 생명체와 그의 환경을 포괄하는 하나의 생명 시스템을 형성한다는 것을 긍정하는 데 그치지 않는다. 사실, 진화는 적응으로, 즉 생명체와 환경 사이의 간극을 축소하여 시스템의 안정된 평형 상태를 추구하는 것으로 간주될 수 있을 것이다. 그런데 적응이라는 개념은 기능이란 개념과 여기에 결부되어 있는 기능적 목적성이란 개념과 함께 인간과 세계가 맺는 관계의 생성이 안정된 평형상태를 향해 가는 경향이 있는 것처럼 고찰하도록 이끈다. 이는 인간의 경우에는 들어맞는 것 같지도 않고, 아마 다른 어떤 생명체의 경우에도 들어맞지 않을 것이다. 발생적 생성$^{devenir\ génétique}$이라는 이 가설에 생기론적 토대를 보존하고자 한다면, 베르그손이 제시했던 생명의 도약^{élan}

vital 개념에 도움을 청할 수 있을 것이다. 그런데 이 생명의 도약 개념은 생명적 생성에 대한 하나의 해석을 허용하기에 앞서, 적응 개념에 결여되어 있는 것을 보여 주는 데 탁월하다. 생명의 도약 개념은 적응 개념과 일치하지 않으며, 두 개념 사이에는 가능한 매개가 없는 대립이 존속한다. 대립되는 이 두 개념은 그들이 형성하고 있는 쌍 안에서, 과포화된 시스템들의 개체화라는 개념으로, 즉 퍼텐셜로 풍부한 시스템의 한가운데에서 구조의 발견을 통한 긴장의 잇따른 해결을 의미하는 개념으로 대체될 수 있을 것 같다. 긴장들과 경향성들은 하나의 시스템 안에 실제로 존재하는 것으로 이해될 수 있다. 퍼텐셜한 것le potentiel은 현실적인 것l'actuel과 마찬가지로 전적으로 실재적인 것le réel의 형태들 중 하나이다. 한 시스템의 퍼텐셜들은 감손됨이 없는 그 시스템의 생성 능력을 구성한다. 이 퍼텐셜들은 미래 상태들의 단순한 잠재성이 아니라, 그 미래 상태들이 존재하도록 밀어붙이는 실재성이다. 생성은 어떤 잠재성의 현실화도 아니고, 현실적 실재들 간의 어떤 갈등으로부터 귀결하는 것도 아니다. 그것은 자신의 실재성 안에 퍼텐셜들을 지니고 있는 한 시스템의 조작操作, opération이다. 생성은 한 시스템이 도달하는 일련의 구조화들, 또는 한 시스템의 잇따른 개체화들이다.

그런데, 세계에 대한 인간의 관계는 점점 더 안정된 평형 상태를 찾아가는 자기-조절적 목적성의 법칙에 따라 규제되는 단순한 적응이 아니다. 그 관계의 진화는 존재의 다른 양식들 중에서 기술성이 관여하는 것으로서 오히려 단계별로 증가하는 진화의 능력을 표현하는데, 이 진화의 능력은 점점 더 변동들을 제한하면서 안정되는 것이 아니라 더 한층 진화될 수 있도록 새로운 형태들과 힘들을 발견하면서 나아간다. 목적성이란 개념 자체가 이런 생성에 적용되기에는 부적합한 것처럼 보인다. 왜냐하면 이 생성의 내부에서 제한된 목적성들을 발견할 수는 있지만(음식물 찾기, 파괴적인 힘들에 대한 방어), 이 모든 특수한 목적들보다 우월한 하나의 목적을 찾아내서 진화의 모든 측면들을 통괄하고 그것들의 방향을 계산할 수 있도록 그것들에 부과할 수 있는 그런 단 하나의 우월한 목적이란 없기 때문이다.

그래서 생명의 도약과 적응 사이의 대립된 측면들보다 훨씬 더 원초적이고, 이 둘을 추상적인 한계-경우로 함축하고 있는 어떤 발생적 도식, 즉 구조들의 잇따른 발명을 수단으로 준안정적 상태에서 준안정적 상태로 이행해 가며 개체화하는 구조화structuration individuante의 잇따른 단계들에 대한 도식을 개입시키는 가설에 호소하는 것이 금지되지 않는다.

대상들을 사용함으로써 스스로를 드러내는 기술성은 세계에 대한 인간의 관계 맺음에서 원초적이고 본원적인 위상이 제기한 문제들을 잠정적으로 해결하는 어떤 구조화 속에서 나타나는 것으로 인식될 수 있다. 그 첫번째 위상은 **마술적 위상**phase magique이라고 부를 수 있다. 이는 마술이라는 말을 가장 일반적인 의미에서 취한 것으로, 존재의 마술적 양식이라는 것을, 단순히 생명체와 그 환경 사이의 것일 어떤 관계에 직접적으로 놓여 있는 전前-기술적이고 전前-종교적인 것으로 간주하는 것이다. 세계에 대한 관계의 마술적 양식이 모든 조직화를 박탈당한 건 아니다. 그것은 오히려 세계와 인간에 결부되어 있는 암묵적인 조직화로 풍부하다. 거기서 인간과 세계 사이의 매개는, 아직 대상들이나 전문화된 인간 존재자들의 도움으로 구체화되거나 별도로 구성되지는 않았지만, 모든 것들 중에 가장 기본적인 첫번째 구조화 속에 기능적으로 존재하고 있다. 바로 이 구조화가 우주 안에서 모양figure과 바탕fond 사이의 구별을 야기하는 것이다. 기술성은 양립불가능성을 해결하는 구조처럼 나타난다. 기술성이 모양의 기능들을 전문화하는 동안, 종교들은 그 자신들의 편에서 바탕의 기능들을 전문화한다. 즉 퍼텐셜로 풍부한 본원적인 마술적 우주는 둘로 나뉘면서 구조화한다. 기술성은 세계에 대한 인간의 관계라는 문제에 주어진 하나의 해解가 지닌 두 측면들 중 하나로서 나타나며, 한정된 종교들의 제도는 이와 동시적이며 상관적인 나머지 다른 한 측면으로 나타난다. 그런데 생성은 기술성의 발견에서 멈추지 않는다. 해解로서 나온 기술성이 다시 문제가 되는 것이다. 이 기술성이 기술적 대상들을 기술적 앙상블들로 이끌어 가는 진화를 통해 하나의 시스템을 재구성할 때 말이다. 마술적 우주가 그러했듯이 기술적 우주도, 종교적 우주와 동시에, 자기 차례에서 포화된 다음 과포화된다. 기술성이 기술적 대상들에 내속되어 있음은 잠정적인 것이다. 이 내속성은 단지 발생적 생성의 한 순간에만 형성된다.

그런데 이런 가설에 따르면, 기술성은 결코 분리된 실재가 아니라 한 시스템의 부분으로 간주되어야만 한다. 기술성은 부분적인 실재이자 잠정적인 실재이며 발생의 결과이자 원리이다. 진화의 결과물인 기술성은 진화 능력의 수탁자受託者이다. 기술성이야말로 첫번째 문제를 푸는 해解인, 인간과 세계 사이의 매개일 수 있는 능력을 지니고 있기 때문이다.

이 가설은 다음과 같은 두 결론들을 도출할 것이다. 우선, 대상들의 기술성이나 사유의 기술성은 완전한 실재로, 또는 독립적인 이름으로 자기 고유의 진리를 소유한 사유 양식으로 간주될 수 없을 것이다. 기술성에 의해 산출된 사유의 모든 형태나 모든 존재 양식은, 종교적인 양식으로부터 비롯된 사유의 다른 양식이나 존재의 다른 양식에 의해 보완되거나 평형을 이룰 것을 요구할 것이다.

그 다음, 원초적인 마술적 단일성의 파열과 양분兩分, dédoublement을 표시하는 기술성의 출현은 종교성과 마찬가지로 진화의 분기分岐 능력을 물

려받는다. 세계에 인간의 존재 양식이 생성할 때, 이 분기의 힘은 수렴의 힘에 의해서, 즉 이 분기에도 불구하고 단일성을 유지하는 관계적 기능에 의해서 보완되어야만 한다. 마술적 구조의 양분兩分은 수렴의 기능이 분기의 능력들에 맞서지 않는다면 실현될 수 없을 것이다.

이러한 두 가지 이유 때문에, 기술성이 어디에서 비롯하는지, 그것이 어디로 도달하는지, 그리고 기술성이 인간의 다른 세계 내 존재 양식들과 어떤 관계들을 유지하는지, 즉 어떻게 기술성이 수렴의 기능들에 실마리를 제공하는지를 연구하는 것이 필수적이다.

그런데, 생성의 일반적인 의미는 다음과 같을 것이다. 사유와 세계 내 존재의 상이한 형태들은 그것들이 막 나타나고 있을 때, 즉 그것들이 포화되어 있지 않을 때 갈라진다. 그 다음, 그 형태들이 과포화되고 새로운 양분兩分들에 의해 구조화되려고 할 때, 그것들은 재수렴한다. 세계 내 존재의 진화하는 형태들의 과포화 덕분에, 수렴의 기능들이 미학적 사유의 무의식적인spontané 수준에서 그리고 철학적 사유의 반성적 수준에서 실행될 수 있다.

기술성은 자신이 적용되는 세계의 실재성을 다시 흡수하면서 과포화된다. 세계에 대한 원초적인 관계를 인간 집단들을 위해 매개하는 종교성은 인간 집단들의 실재성을 흡수하면서 과포화된다. 이렇게 과포화된 기술성은 이론과 실천으로 양분兩分되고, 종교성은 윤리와 교리로 분리된다.

이렇게 기술성의 발생만 있는 것이 아니라, 기술성에서 출발하는 발생도 있을 것이다. 본원적인 기술성이 모양과 바탕으로 양분兩分되어서, 바탕은 기술적인 몸짓들 각각의 적용과는 독립적인 총체성totalité의 기능들에 상응하는 반면, 모양은 특수하고 한정된 도식들로 이루어져서 각각의 기술을 행동 방식으로서 명시한다. 기술들에게 바탕의 실재는 이론적 지식을 구성하고, 특수한 도식들[모양의 실재]은 실천을 제공한다. 반면, 종교들에게 모양의 실재들은 정합적인 교리로 구성되고, 바탕의 실재는 교리로부터 벗어난 윤리가 된다. 기술들로부터 비롯한 실천과 종교들로부터 비롯한 윤리 사이에는, 기술들로부터 나온 과학들의 이론적 지식과 종교적 교리들 사이에서처럼, 유비와 양립불가능성이 동시에 존재하는데, 유비는 표상적이거나 행동적인 측면의 동일성에서 비롯하고, 양립불가능성은 사유의 그 상이한 양식들이 모양의 실재들로부터거나 바탕의 실재들로부터 비롯한다는 사실에서 비롯한다. 철학적 사유는 사유의 표상적인 두 질서와 사유의 행동적인 두 질서 사이에 개입하여 그들을 수렴하게 만들고 그들 사이에 매개를 설립한다는 의미를 갖는다. 그런데 이 매개가 가능하기 위해서는, 이런 사유 형태들의 발생 자체가, 기술성과 종교성 이전의 단계들에 입각하여 완전한 방식으로 인식되고 완수되어야 한다. 따라서 철학적 사유는 기술성의 발생을, 이 기술성을 선행하고 후행하며 둘러싸고 있는 발생적 과정들의 앙상블 속에 통합되어 있는 채로 다시 포착해야만 한다. 이는 단지 기술성 그 자체를 인식할 수 있기 위한 것만이 아니라, 철학적 문제제기를 지배하는 문제들을 그것들의 토대 자체에서 파악하기 위한 것, 즉 지식 이론과 행위 이론을 존재론과 관련해서 파악하기 위한 것이기도 하다.

1장_기술성의 발생

1. 생성에 적용된 위상 개념 : 위상으로서의 기술성

이 연구가 전제하는 것은 기술성이란 인간과 세계로 구성된 앙상블의 존재 양식에서 근본적인 두 위상들 중 하나라는 것이다. 우리는 이 위상phase이라는 말을, 다른 계기에 의해 대체되는 시간적 계기가 아니라, 존재의 양분兩分으로부터 귀결되어 다른 측면aspect과 대립하게 되는 측면으로 이해한다. 위상이란 말의 이런 의미는 물리학에서 사용되는 위상관계rapport de phase라는 개념에서 영감을 받은 것이다. 하나의 위상은 하나의 다른 위상이나 여러 다른 위상들과 관련해서만 인식될 수 있다. 위상들의 시스템 안에는 상호긴장과 평형의 관계 맺음이 존재한다. 완전한 실재인 것은 바로 그 모든 위상들을 앙상블로 취하고 있는 현실적 시스템 그것이다. 각각의 위상은 그 자체로서가 아니라 오로지 다른 위상들과 관련해서만 위상이며, 이 위상이 다른 위상들과 구분되는 것은 유와 종 개념들과는 전혀 무관한 방식으로 이루어진다. 결국, 다수 위상들의 존재는 평형의 중립 중심centre neutre이 실재함을 정의하며, 이 중심과 관련해서 위상변이位相變移, déphasage가 존재한다.* 이런 도식은 변증법적 도식과 매우 다르다. 왜냐하

면 그것은 진보의 동력으로서 필연적인 잇따름도 부정성의 개입도 함축
하지 않기 때문이다. 게다가 위상들의 도식 안에서 대립이란 2위상[2상相]

diphasée 구조라는 특별한 경우에서만 존재하기 때문이다.

위상 개념에 근거한 이러한 도식의 채택은 다음과 같은 원리가 제대로 발휘될 수 있도록 하기 위한 것이다. 즉 이 원리에 따르자면 생동하는 실재의 시간적인 전개는 최초의 활동적 중심에서 시작된 양분兩分에 의해서, 그 다음에는 이 양분兩分에서 귀결되어 분리된 각 실재의 진전에 따른 재결집에 의해서 진행된다. 하나의 위상이 다른 위상이나 위상들의 상징이듯이, 분리된 각각의 실재는 다른 실재의 상징이다. 어떠한 위상도 위상인 한에서는 그 자신과 관련하여 평형인 것이 아니고, 또 진리나 완전한 실재를 보유하지도 않는다. 즉 모든 위상은 불안정한 상태로 있으며, 추상적이고 부분적이다. 오로지 위상들의 시스템만이 자신의 중립 지점point neutre에서 평형 상태를 이루고 있다. 그 시스템의 진리와 실재는 바로 이 중립 지점이고, 바로 이 지점과 관련하여 펼쳐지는 행렬procession이자 전환conversion이다.

우리가 상정하는 것은, 기술성이 세계 내 존재의 공통적이고 중심적이며 본원적인 양식, 즉 마술적 양식의 위상변이에서 귀결된다는 것이다. 이 기술성을 평형 상태로 만드는 위상은 종교적인 존재 양식이다. 기술과 종교 사이의 중립 지점에서, 원초적인 마술적 단일성이 양분兩分되는 순간에 미학적 사유가 나타난다. 그런데 이 사유는 하나의 위상이 아니라, 마술적 존재 양식의 단일성이 파열된 것에 대한 영속적인 환기이자 미래의 단일성에 대한 추구다.

각각의 위상은 자기 차례에서 이론적 양식과 실천적 양식으로 양분兩分된다. 그래서 기술의 실천적 양식과 종교의 실천적 양식도 있고, 기술의 이론적 양식과 종교의 이론적 양식도 있다.

기술과 종교 사이의 거리가 미학적 사유를 탄생시킨 것과 마찬가지로, 이론적인 두 양식들(기술적인 것과 종교적인 것) 사이의 거리는 과학적 지식을, 즉 기술과 종교 사이의 매개를 탄생시킨다. 기술의 실천적 양식과 종교의 실천적 양식 사이의 거리는 윤리적 사유를 탄생시킨다. 따라서 미학적 사유는 과학과 윤리보다 더 원초적인 기술과 종교 사이의 매개이다. 왜냐하면 과학과 윤리의 탄생은 기술과 종교의 한가운데에서 일어나는 이론적 양식과 실천적 양식으로의 양분兩分이 선행해야 하기 때문이다. 바로 이로부터, 미학적 사유야말로 마술의 존재를 연장하면서 중립 지점에 실제로 놓여 있다는 사실이 따라 나오게 된다. 반면, 한편의 과학과 다른 편의 윤리가 중립 지점을 중심으로 하여 서로 대립한다는 사실도 따라 나오는데, 이는 기술 안에 있는 이론적 양식과 실천적 양식 사이의 거리, 그리고 종교 안에 있는 이론적 양식과 실천적 양식 사이의 거리와 마찬가지로, 그와 같은 거리가 과학과 윤리 사이에도 있기 때문이다. 만일 과학과 윤리가 수렴될 수 있고 결합될 수 있다면, 이들은 이 발생적 시스템의 중립축에서 일치할 것이다. 이렇게 해서 이들은 기술과 종교 사이의 위상차déphasage를 존속시켰기에 불완전했던, 마술적 단일성의 첫번째 유사물analogue인 미학적 사유 너머에서, 마술적 단일성의 두번째 유사물[철학적 사유]을 제공한다. 이 두번째 유사물은 완전할지 모른다. 이것이 마술과 미학을 동시에 대체할 것이기 때문이다. 그러나 아마도 이 두번째 유사물은 규범적인 역할을 수행하는 단순한 경향일 뿐일 것이다. 왜냐하면 이론적 양식과 실천적 양식 사이의 거리가 완전히 극복될 수 있다는 것을 증명하는 것은 아무것도 없기 때문이다.

그러므로 기술적 대상들의 진정한 본성을 지시하기 위해서는, 인간과 세계의 관계 맺음들 전체의 발생을 연구하는 것이 필수적이다. 그렇게 되면 대상들의 기술성은 원초적인 마술적 단일성의 양분兩分을 통해 태어난, 인간의 세계에 대한 관계 맺음의 두 위상들 중 하나로서 나타날 것이다. 그러면 기술성은 단지 발생의 한 계기로 간주되어야 하는가? ──어떤 의미에서 보면, 그렇다. 기술성 안에는 잠정적인 무언가가 분명 있어서, 기술성 그 자신이 이론과 실천으로 양분兩分되어 그 다음에 일어나는 실천적 사유와 이론적 사유의 발생에 참여하기 때문이다. 그렇지만 다른 의미에서 보면, 기술성과 종교성의 대립 안에는 결정적인 무언가가 있다. 왜냐하면 인간의 원초적인 세계 내 존재 방식(마술)이 스스로 소진되지 않으면서도 기술적 위상과 종교적 위상으로 양분兩分될 수 있는 잇따른 출자出資를 무한정 제공할 수 있다고 생각할 수 있기 때문이다. 이런 방식으로, 발생 안에는 실질적으로 잇따름이 있을지라도, 상이한 발생들의 잇따른 단계들은 문화의 내부에서는 동시적이며, 또한 동시적 위상들 사이에서만이 아니라 잇따른 단계들 사이에서도 관계 맺음들과 상호작용들이 존재한다. 이렇게 기술은 종교만이 아니라, 또 미학적 사유만이 아니라, 과학과 윤리와도 만날 수 있다. 그런데 만일 이 발생적 가정을 받아들인다면, 과학이나 윤리는 진정한 공통의 토양 위에서 종교나 기술과 결코 마주칠 수 없다는 것을 깨닫게 될 것이다. 왜냐하면 동시에 존재하지만 상이한 등급degré에 속하는 사유 양식들(예컨대 과학과 기술)은 단 하나의 발생적 계보를 형성하지 않으며, 원초적인 마술적 우주의 동일한 추력推力에서 나오지 않기 때문이다. 참된 평형 상태의 관계 맺음들은 오로지 동일한 수준의 위상들(예컨대 기술들의 앙상블과 종교) 사이에서만, 또는 동일한 계보의 일부를 이루는 발생의 잇따른 등급들 사이에서만(예컨대 17세기의 기술들과 종교들의 단계, 그리고 현대의 과학들과 윤리의 단계, 이 둘 사이에) 존재한다. 참된 관계 맺음들은 오로지 중립 지점 주위에서 평형을 이루고 있는 발생적 앙상블 안에서만, 총체적으로 고찰된 앙상블 안에서만 존재한다.

바로 거기가 도달해야 할 목적지다. 반성적 사유는 발생의 잇따른 물결들을 다시 세우고 완성할 임무를 갖는다. 인간과 세계의 관계가 지닌 원초적 단일성이 양분兩分되고, 과학과 윤리가 기술과 종교를 거쳐서 부양되며, 미학적 사유가 이 기술과 종교 사이에서 전개되는 것이 바로 그 발생의 잇따른 물결들을 통해서 보여지기 때문이다. 이 잇따른 양분兩分들 속에서, 만일 과학과 윤리가 발생의 말미에서 서로 접근할 수 없다면, 원초적인 단일성은 상실될 것이다. 그래서 철학적 사유가 미학적 사유와 본원적인 마술적 단일성의 연장선상에서, 이론적 사유와 실천적 사유 사이에 삽입되는 것이다.

그런데 과학적 지식과 윤리의 통일이 철학적 사유 안에서 가능하기 위해서는, 과학과 윤리의 원천들이 동일한 등급에 속하고, 둘 다 같은 시대에 있어야 하며, 발생적 전개에서 동일한 지점에 이르러 있어야만 한다. 기술과 종교의 발생은 과학과 윤리의 발생을 조건짓는다. 철학은 그 고유한 조건이 철학 그 자체에 있는데, 왜냐하면 반성적 사유가 시작되자마자, 철학은 발생적 과정 그 자체의 의미를 의식하면서, 발생들에 대해 철저하게 실행되지 않은 사유를 완성시킬 능력을 갖기 때문이다. 따라서 지식과 윤리의 관계 맺음들에 대한 철학적 문제를 근본적으로 제기할 수 있기 위해서는, 무엇보다 기술들의 발생과 종교적 사유의 발생을 완성해야 할 것이며, 그렇지 않다면 최소한 (왜냐하면 이 작업은 끝이 없을지 모르기 때문에) 그 두 발생들의 실제적 의미를 인식해야만 할 것이다.

2. 원초적인 마술적 단일성의 위상변이

따라서 인간 사유의 다른 기능들에 대한 기술의 진정한 관계 맺음들을 이해하기 위해서는 인간과 세계의 관계 맺음들 중 원초적인 마술적 단일성으로부터 시작해야만 한다. 바로 이런 검토를 통해서야 철학적 사유가 왜 기술의 실재와 문화의 통합을 실현해야만 하는지 파악할 수 있다. 그 통합은 기술공학의 정초를 통해서 기술의 발생 의미를 이끌어 냄으로써만 가능한 것이다. 그렇게 되면 지식과 윤리를 반성적으로 종합하려는 의도에 해로울 수 있는, 기술과 종교 사이에 존재하는 불일치^{disparité}가 약화될 것이다. 철학은 기술공학을 정초해야만 하는데, 이 기술공학이란 기술들의 세계통합운동^{œcuménisme}이다. 왜냐하면 과학들과 윤리가 반성 안에서 만날 수 있기 위해서는, 기술들의 단일성과 종교적 사유의 단일성이, 이들 사유의 형태들 각각이 이론적 양식과 실천적 양식으로 양분^{兩分}되기 전에 먼저 있어야 하기 때문이다.

특수한 한 위상의 발생은 그 자체로 기술될 수 있다. 하지만 이 위상이 그 자신의 의미와 더불어 진정으로 인식될 수 있고 그래서 단일성이라는 자신의 선결조건 속에서 파악될 수 있는 것은, 오로지 이 위상이 발생의 총체성^{totalité} 속에서 다른 위상들과 관계 맺고 있는 위상으로서 제자리에 놓일 때뿐이다. 바로 이 때문에, 기술성을 이해하기 위해서, 이미 구성된 기술적 대상들로부터 출발하는 것은 불충분하다. 그 대상들은 특정한 순간에 나타나지만, 기술성은 그것들에 앞서 있고 그것들을 넘어서기 때문이다. 기술적 대상들은 기술성의 대상화^{objectivation}로부터 귀결된다. 그 대상들은 기술성에 의해서 생산되지만, 기술성은 그 대상들 속에서 소진되지 않으며 그것들 안에 완전히 다 들어가지 않는다.

만일 우리가 인간과 세계의 관계 맺음에서 잇따른 단계들 사이의 변증법적 관계 맺음이라는 관념을 제거한다면, 무엇이 기술성을 출현시키는 잇따른 양분兩分들의 동력일 수 있는가? 형태 이론théorie de la Forme을 참조하여 그 이론이 모양과 바탕 사이에 설립하는 관계를 일반화하는 것이 가능할 수 있다. 게슈탈트 이론[형태 이론]Gestalttheorie은 자신의 기본 원리를 고대 철학의 질료형상 도식에서 가져오고, 물리적 형태발생morphogénèse physique의 현대적 고찰에 근거를 두고 있다. 이에 따르면, 한 시스템의 구조화는 안정된 평형 상태를 향해 가는 자발적 변경에 의존할 것이다. 그러나 실은, 안정적인 평형과 준안정적인 평형을 구별해야 하는 것이 분명한 것처럼 보인다. 모양과 바탕 사이의 구별이 나타나는 것은 시스템의 긴장 상태, 시스템의 그 자신에 대한 양립불가능성, 시스템의 과포화상태라고 할 수 있는 것으로부터 분명 비롯한다. 하지만 구조화란 평형 상태의 가장 낮은 수준을 발견하는 것이 아니다. 안정적인 평형 상태는, 그 안에서 모든 퍼텐셜이 현실화될 것으로서, 나중에 일어날 변형 가능성 전부의 소멸에 해당할 것이다. 그런데 살아 있는 시스템들은 조직화에 있어서 가장 큰 자발성을 분명하게 표현하는 것들로서, 준안정적 평형 상태의 시스템들이다. 한 구조의 발견은 잠정적일지라도 분명 양립불가능성들의 해解이지, 퍼텐셜들의 파괴는 아니다. 그 시스템은 계속해서 살아가며 계속해서 진화한다. 그것은 구조의 출현으로 인해 등급이 낮아지지 않는다. 그것은 여전히 긴장된 채로 있으면서 자신을 변경시킬 수 있다.

만일 이런 보완을 받아들이고, 안정성 개념을 준안정성 개념으로 대체하기를 승인한다면, 형태 이론은 인간과 세계의 관계 생성에서 근본적인 단계들에 대해 설명할 수 있을 것으로 보인다.

원초적인 마술적 단일성은 인간과 세계가 생명적으로 연결된 관계다. 이는 대상과 주체의 모든 구별 이전에 있는, 따라서 분리된 대상의 모든 출현보다도 앞서 있는, 주체적이면서 동시에 대상적인 우주를 정의한다. 인간의 세계에 대한 관계의 원초적인 양식은 단지 세계의 대상화에만 앞서는 것이 아니라, 심지어 대상적인 그 장場 안에서 대상적 단일체들unités objectives[개별대상들]이 분리되는 것보다도 앞서는 것으로 이해할 수 있다. 인간이 연결되어 있는 것은 바로 환경으로서 체험된 우주다. 대상의 출현은 오로지 인간과 세계 사이의 매개médiation가 분리되고 파편화됨으로써만 이루어진다. 그리고 상정된 원리에 따라서, 매개의 이러한 대상화는 원초적인 중립적 중심과 관련해서 매개의 주체화subjectivation를 상관항으로 가져야만 한다. 인간과 세계 사이의 매개는 기술적 대상으로 대상화하고, [동시에] 종교적 매개자로 주체화한다. 그러나 서로 대립하면서 상보적인 이 대상화와 이 주체화보다, 세계에 대한 관계의 첫번째 단계인 마술적 단계가 선행한다. 이 단계 속에서 매개란, 아직 주체화되지도 대상화되지도 않고, 파편화되지도 보편화되지도 않은 채, 단지 생명체를 둘러싼 환경의 구조화들 중 가장 단순하고 가장 근본적인 것, 즉 존재와 환경 사이에 교환이 일어나는 특권화된 지점들로 이루어진 연결망의 탄생일 뿐이다.

마술적 우주는 이미 구조화되어 있다. 하지만 이는 대상과 주체의 분리 이전의 양식에 따라서다. 구조화의 이 원초적인 양식은 우주 안에 요충지들points-clès을 표시하면서 모양과 바탕을 구별하는 양식이다. 만일 우주가 일체의 구조를 결여하고 있었다면, 생명체와 그 환경의 관계는, 특권화된 순간도 특권화된 장소도 없는, 연속적인 시간과 연속적인 공간 속에서 실행될 수 있었을지 모른다. 그러나 실제로는 단일체들의 분리에 앞서서, 특권화된 장소들과 특권화된 순간들을 새겨 넣은 공간과 시간의 망상網狀. réticulation이 창설된다. 마치 인간의 모든 행위 능력과 인간에 영향을 주는 세계의 모든 역량이 바로 그 장소들과 그 순간들에 집중되는 듯이 말이다.

그 장소들과 그 순간들은 자신들을 지탱하고 있는 실재의 바탕 안에 포함되어 있는 힘들을 유지하고, 집중하고, 표현한다. 그 지점들과 그 순간들은 분리된 실재들이 아니다. 그것들은 자신들이 지배하고 있는 바탕으로부터 자신들의 힘을 끌어낸다. 그렇지만 그것들은 환경과 대면하고 있는 생명체의 태도를 국지화하고 집약시킨다.

이런 일반적인 발생적 가설을 따라서, 우리는 세계 안에 있는 인간의 원초적인 존재 양식이, 모든 양분兩分에 앞서 있는, 주체성과 대상성의 원초적인 결합에 상응한다고 상정한다. 그런 존재 양식 안에서 일어나는 모양과 바탕의 출현에 상응하면서, 첫번째 구조화가 마술적 우주를 탄생시키는 것이다. 마술적 우주는 조직들 중에서 가장 원초적이고 가장 생산적인 것을 따라서, 즉 특권화된 장소들과 특권화된 순간들로 세계의 망상網狀이라는 조직을 짜면서 구조화된다. 특권화된 한 장소, 어떤 능력을 지니고 있는 한 장소, 이는 그것이 경계 짓고 있는 영역의 모든 힘과 효력을 그 안으로 끌어 모으는 바로 그런 장소다. 그 장소는 고밀도의 한 덩어리 실재가 지닌 힘을 축약하여 함유하고 있다. 그 장소는 높은 장소가 낮은 지역을 다스리고 지배하듯 실재의 그 힘을 축약하고 다스린다. 숲에서 가장 침투불가능한 부분이 숲의 모든 실재성이 거주하는 곳이듯, 높은 산봉우리는 산의 지배자다.* 마술적 세계는 이렇게 어떤 능력을 지니고 있는 사물들과 장소들의 연결망으로 이루어져 있으며, 그 사물들과 장소들은 또한 마찬가지로 어떤 능력을 지니고 있는 다른 장소들과 다른 사물들에 연결되어 있다. 이 길, 이 구역, 이 성역τέμενος, 聖城은 해당 영역의 모든 힘을, 실

---

* 은유적으로가 아니라 실제로 그렇다. 지질학적인 습곡이 향하고 있는 곳이 바로 그 산봉우리이고, 그 산악지대 전체를 조성했던 것이 바로 밀어 낸 힘이다. 곶은 바다에 의해 침식된 산맥의 가장 견고한 부분이다.

재의 요충지를, 사물들의 자연스러움 및 유연한 가변성을 함유하고 있다.

요충지들, 요지要地들hauts-lieux의 이러한 연결망에서는, 인간적 실재와 객관적 세계의 실재가 원초적으로 구별되지 않는다. 요충지들은 실재적이고 객관적이지만, 거기에서는 인간 존재가 세계로부터 영향을 받으면서 동시에 세계에 행동할 수 있도록 세계와 직접적으로 연결되어 있다. 그것들은 두 실재들 사이의 매듭으로 이루어지기 때문에 서로 혼합되는 실재의 지점들이자 접촉 지점들이고 교환과 소통의 장소들이다.

그런데 이 마술적 사유가 일차적인 것이다. 왜냐하면 그것은 가장 단순하고 가장 구체적이며 가장 광대하면서 가장 유연한 구조화, 즉 망상網狀의 구조화에 상응하기 때문이다. 인간과 세계에 의해 구성된 총체성 안에서 첫번째 구조로 나타난 것이 바로 인간적 노력의 삽입을 실현하는 특권화된 지점들의 연결망이다. 이 지점들을 통해서 인간과 세계 사이의 교환들이 실행된다. 각각의 특이점point singulier은 인간과의 소통 안에서 그 자신이 특수하게 표현하고 있고 그것의 실재를 번역해 내고 있는 그런 세계의 한 부분에 명령하는 역량을 자신 안에 집중시킨다. 인간이 세계에 영향을 미치듯이 세계가 인간에게 영향을 미치기 때문에 가역적인 방식으로 인간-세계 관계 맺음을 불가피하게 만드는 **요충지들**은 그러한 특이점들이라고 부를 수 있을 것이다. 이와 같은 것들이 바로 자연적으로 마술적인 산의 정상들이나 몇몇 협곡들인데, 왜냐하면 이것들이 어떤 한 지역을 다스리기 때문이다. 숲의 심장, 평원의 중심은 단지 은유적으로나 기하학적으로 지시된 지리적 실재들인 것만은 아니다. 그것들은 인간적 노력들을 집중시키는 것처럼 자연적 능력들을 집결시키는 실재들이기도 하다. 그것들은 자신들을 지탱하고 있고 자신들의 바탕을 형성하고 있는 땅덩어리와 관련하여 모양의 구조들이다.

오늘날 삶의 조건들에 입각해서 마술적 사유를 재발견하고자 할 때, 일반적으로 사람들은 미신에서 이 마술적 사유 도식들의 한 예를 찾는다. 사실, 미신들은 마술적 사유의 퇴락한 흔적들이고, 마술적 사유의 진정한 본질을 찾는 데 있어 혼란만 가중시킬 뿐이다. 그래서 이와 달리, 마술적 사유의 의미를 이해하기 위해서는 분명하게 어떤 노력을 요하는 사유의 높고, 고상하며, 성스러운 형태들에 호소하는 것이 적합하다. 예컨대 등정登頂이나 탐사를 뒷받침하는 정서적이고, 표상적이며, 의지적인 지반이 그와 같은 것들이다. 아마도 일상적인 생활에서 이런 예외적인 행위들로 넘어갈 수 있게 하는 동기 부여 속에는 정복욕과 경쟁심이 있을 것이다. 그러나 특히 정복욕을 내세울 때는 공동체를 위하여 개체의 행위를 정당화하는 것이 중요하다. 사실, 개체 존재 안에서나 그런 예외적 행위를 실현하는 자들의 제한된 집단 안에서 실행되고 있는 것은 훨씬 더 원초적이고 훨씬 더 풍부한 사유다.

등정, 탐사, 더 일반적으로는 개척자의 모든 몸짓, 이런 것들은 자연이 내놓은 요충지들에 부착附着하는 것이다. 정상으로 가기 위해 비탈을 기어오르는 것, 이것은 산악지대 전체를 내려다보는 특권화된 장소를 향해 나아가는 것이고, 이는 그 산악지대 전체를 지배하거나 소유하기 위해서가 아니라, 그것과 우정의 관계를 교환하기 위해서다. 요충지에 이렇게 접착하기 이전에는, 엄밀하게 말해서 인간과 자연은 서로에게 적이 아니라 서로에게 낯선 자이다. 등반되지 않은 한, 그 정상은 단지 하나의 정상일 뿐이고, 단지 다른 장소들보다 더 높은 하나의 장소일 뿐이다. 등정이야말로 그 정상에게 더 풍부하고 더 충만한 장소, 추상적이지 않은, 세계와 인간 사이의 교환이 일어나는, 그런 장소의 특성을 부여한다. 정상이란 바로 거기에 서 있어야 산악지대 전체가 절대적인 방식으로 보이는 그런 장소다.

반면, 다른 장소들에서의 전망들은 모두 상대적이고 불완전해서, 정상에서의 전망 지점을 욕망하게 한다. 정해진 길을 따라 어떤 대륙에 도달하게 하는 탐험이나 항해는 아무것도 정복하지 않는다. 그럼에도 불구하고, 마술적 사유에 따르자면 그것들은 가치 있는데, 왜냐하면 그것들은 하나의 요충지인 특권화된 한 장소에서 그 대륙과 접촉할 수 있게 하기 때문이다. 마술적 우주는 실재의 각 영역에 접근하는 장소들의 연결망으로 이루어진다. 다시 말해 그것은 자신들의 독특성과 예외적인 특성을 통해 서로서로 연결되어 있는, 그런 문턱들, 꼭대기들, 경계들, 통과지점들로 구성되어 있다.

경계들의 이런 연결망은 단지 공간적인 것만이 아니라, 또한 시간적인 것이기도 하다. 이런저런 행동을 시작하기 위한 특기할 만한 날짜들, 특권화된 순간들이 존재한다. 게다가 시작이라는 개념 자체가 마술적이다. 비록 특수한 모든 가치가 바로 그 시작의 날짜에 용인되지는 않는다 할지라도 말이다. 지속되어야 하는 어떤 행동의 시작, 길어져야만 하는 시리즈의 첫번째 행위는, 좋든 나쁘든 간에, 행동의 지속 전체와 일련의 노력들 전부를 지배하는 것으로 간주되지 않는다면 그 자체로는 어떤 위엄과 특수한 지도력을 가질 수 없을 것이다. 날짜들은 인간의 의도와 사건들의 자발적 전개 사이에 교환을 허용하는 시간의 특권화된 지점들이다. 운명이 된 인간의 삶 각각에 자연적 시간의 영향이 미치듯이, 이러한 시간적 구조들을 통해서 자연적 생성 안에 인간의 개입이 이루어진다.

오늘날 문명화된 삶에서 수많은 제도들이 마술적 사유에 관련되어 있지만, 이는 그것들을 간접적으로 정당화하는 실용적 개념들에 의해 은폐되어 있다. 특히 휴가, 축제, 바캉스는 문명화된 도시의 삶이 강요한 마술적 능력의 상실을 마술적 충전을 통해 보상해 주는 것들이다. 그래서 휴식과 기분전환을 마련해 주어야 하는 것으로 여겨지는 바캉스 여행은 사실상 옛것이거나 새것인 요충지들을 찾는 것이다. 이 지점들은 시골 사람에게는 대도시일 수 있고, 도시인에게는 시골일 수 있지만, 더 일반적으로 보자면, 도시나 시골의 아무 지점이나 다 그런 지점이 되는 건 아니다. 이런 지점들은 바닷가, 높은 산, 또는 낯선 나라로 가기 위해 넘는 국경선 등이다. 공휴일로 정해진 날짜들은 시간의 특권화된 순간들에 관련된다. 때로는, 독특한 순간들과 독특한 지점들 사이의 만남이 존재할 수 있다.

그런데 일상의 시간과 일상의 공간은 이런 모양들에 바탕으로 쓰인다. 바탕으로부터 분리되면 모양들은 자신들의 의미를 잃어버릴 것이다. 휴가와 기념일은 일상 생활과 관련하여 일상 생활을 멈춤으로써 얻는 휴식이 아니라, 연속적인 바탕과 관련하여 특권화된 장소들과 특권화된 날짜들을 찾는 것이다.

원초적인 마술적 사유 안에서, 모양의 구조는 세계에 내속해 있지 탈착脫着되어 있지 않다. 그 모양 구조야말로 생명체와 환경 사이의 교환들이 일어나는 특권화된 요충지들로 이루어진 우주의 망상網狀이다. 그런데 본원적인 마술적 단일성으로부터 기술들과 종교로 이행할 때 위상변이하는 것이 바로 이 망상網狀 구조다. 모양과 바탕은 그들이 부착되어 있던 우주로부터 탈착되면서 서로 갈라진다. 요충지들은 대상화되고, 매개로서 자신들의 기능적인 특성들만 보존하면서, 어떠한 장소든 어떠한 순간이든 유효할 수 있는 유동적인 도구들이 된다. 모양으로서의 요충지들은 자신들이 관문 역할을 했던 바탕으로부터 탈착되어 환경으로부터 추상된 운반 가능한 기술적 대상들이 된다. 이와 동시에 그 요충지들은 주변 실재에 멀리서 미치던 영향력과 서로 연결된 망상網狀을 상실한다. 그것들은 기술적 대상들로서 오로지 지점 대 지점, 순간 대 순간의 접촉에 의한 작용만 지닌다. 요충지들 간 연결망의 이런 파열은 바탕의 특성들을 해방시킨다. 이 특성들은 세계 저편에서, 탈착된 힘들과 능력들의 형태로, 모든 공간과 모든 지속 안에서, 전全 우주 위를 떠돌기 위하여, 엄밀하게 질적이고 구체적인 자신들 고유의 바탕으로부터 탈착된다. 요충지들이 구체화된 연장들과 도구들의 형태로 대상화하는 동안, 바탕의 능력들은 신적이고 성스러운 형태(신들, 영웅들, 사제들)로 인격화하면서 주체화한다.

　마술적 세계의 원초적인 망상網狀은 이렇게 서로 대립되는 대상화와 주체화의 원천이다. 최초의 구조화가 파열하는 순간에, 모양이 바탕으로부터 탈착된다는 사실은 또 다른 탈착에 의해서 번역된다. 즉 모양과 바탕은 우주에 구체적으로 부착되어 있다가 그 자체로 탈착되어서 서로 대립된 길을 따르게 된다. 모양은 파편화되고, 바탕의 질들과 힘들은 보편화된다. 이 잘게 쪼개짐morcellement과 이 두루 퍼짐universalisation은 모양을 추상적 모양으로 만들고 바탕들을 추상적인 단 하나의 바탕으로 만드는, 생성의 방식들이다. 모양의 특성들과 바탕의 특성들로 갈라지는 매개의 이런 위상변이는 인간과 세계 사이에 있는 거리의 출현을 번역한다. 매개 그 자체는 단지 우주의 한 구조화에 불과한 것이 아니라, 특정한 밀도를 지니고 있다. 그것은 기술 안에서 대상화되고 종교 안에서 주체화된다. 그 이전에는 오로지 생명체와 그의 환경 사이의 단일성만 있었는데, 기술적 대상으로 첫번째 대상을 출현시키고, 신성神性으로 첫번째 주체를 출현시키면서 말이다. 대상성과 주체성은 세계가 아직 완전한 대상의 지위를 갖지 못하고 인간도 아직 완전한 주체의 지위를 갖지 못한 바로 그 순간에, 생명체와 그의 환경 사이에, 인간과 세계 사이에 출현한다. 게다가 대상성은 결코 완전하게 세계와 동연적이지 않으며, 주체성 또한 완전하게 인간과 동연적이지 않다는 점을 지적할 수 있다. 세계를 기술만능주의의 관점에서 보고 인간을 종교적 관점에서 볼 때, 오직 이때에만 세계가 대상 전부인 것처럼 보이고 인간이 주체 전부인 것처럼 보일 수 있다. 순수 대상성과 순수 주체성은 인간과 세계 사이의, 첫번째 형태로 나타난 매개의 양식들이다.

기술들과 종교는 대칭적이고 대립적인 두 매개들의 조직화다. 그러나 그것들은 한 쌍을 이룬다. 그것들은 원초적인 매개의 한 위상으로서만 각자일 수 있기 때문이다. 이런 의미에서 그것들은 결정적인 자율성을 소유하지 않는다. 게다가 그것들이 형성하고 있는 시스템 차원에서 볼 때도, 그것들은 실재적인 것 전체를 담고 있는 것으로 간주될 수 없다. 왜냐하면 그것들은 인간과 세계 사이에 있지만, 인간의 실재와 세계의 실재 전부를 포함하지는 않기 때문이며, 또 완전한 방식으로 거기에 적용될 수는 없기 때문이다. 매개의 대립된 그 두 측면들 사이에 존재하는 거리로부터 도출된 과학과 윤리는 인간과 세계의 관계를 심화시킨다. 과학과 관련해서 그리고 윤리와 관련해서 보자면, 그 두 원초적인 매개들은 규범적인 역할을 한다. 즉 과학과 윤리는 기술과 종교 사이의 거리에 의해 정해진 간격 안에서, 중간 방향을 따르면서 태어난다. 기술과 종교가 앞서 있음으로써 과학과 윤리에 대해서 부여한 방향성은 어떤 각의 이등분선에 대해서 그 각을 제한하는 직선들이 부여한 방향성과 같은 것에 속한다. 각의 양변들은 짧은 선분들에 의해 표시될 수 있는 반면, 이등분선은 무한정 연장될 수 있다. 마찬가지로, 둘 다 매우 원초적인 기술과 종교 사이에 존재하는 거리에 입각해서, 둘 다 매우 정교한 과학과 윤리는 점진적으로, 한계들 없이, 단, 기저에 있는 기술들과 종교의 조건들에 의해 인도되는 한에서 구축될 수 있다.

기술적 사유와 종교적 사유를 탄생시킨 양분兩分의 기원은 참으로 기능적인 망상網狀의 원초적인 구조에 귀속시킬 수 있다. 그 양분兩分은 모양과 바탕을 분리시켜서, 모양에게는 기술의 내용을 주고 바탕에게는 종교의 내용을 주었다. 세계의 마술적인 망상網狀 안에서는 모양과 바탕이 서로 분유된 실재들이었다. 기술과 종교가 출현하는 것은 이 모양과 바탕이 서로에게서 탈착될 때, 그래서 유동적일 수 있고 파편화될 수 있고 세계에 연결되어 있지 않아서 옮겨질 수 있고 직접적으로 조작될 수 있게 되면서다. 기술적 사유는 구조들의 도식성schématisme만을 보유하는데, 이것이 특이점들에 대한 행동의 유효성을 만든다. 특이점들은 예전에 자신들이 모양으로 속해 있었던 세계로부터 탈착되고, 또 서로서로에게서도 탈착되어 움직일 수 없는 망상網狀적 연쇄를 상실하면서, 파편화될 수 있고 마음대로 사용될 수 있게 되고, 또한 재생될 수도 있고 구성될 수도 있게 된다. 높은 장소는 감시초소, 평원에 건설된 전망대, 협로峽路 입구에 놓인 망루가 된다. 종종, 초보적인 기술은 언덕 꼭대기에 망루를 세우거나 곶에 등대를 놓으면서 하는 것처럼, 가장 잘 보이는 지점에다 특권화된 장소를 설치하는 데 그친다. 그러나 기술은 또한 특권화된 지점들의 기능성을 완벽하게 창조할 수도 있다. 기술은 자연적인 실재들로부터 오로지 모양의 능력만을 보존할 뿐이지, 모든 인간적 개입 이전에 주어지고 결정된 바탕 위의 자연적인 부지敷地나 국지성은 보존하지 않는다. 도식성들을 점점 더 파편화하면서 기술은 사물을 연장이나 도구로, 다시 말해 세계로부터 탈착된 하나의 파편으로, 인간이 원하는 순간에 인간이 이끌고 가는 의도대로, 정확하게, 어떠한 장소 어떠한 조건들에서도 유효하게 조작操作할 수 있는 그런 파편으로 만든다. 기술적 사물의 임의사용가능성disponibilité은 세계의 바탕에 종속되어 있던 상태로부터 해방되는 데서 성립한다. 기술은 분석적이고, 점진적으로 접촉을 통해서 조작操作하며, 영향에 의한 연결은 등한시한다. 마술 안에서, 독특한 장소는 한 영역 전체에 대한 행동을 가능하게 한다. 마치 백성 전체를 얻기 위해서 그들의 왕에게 말하는 것으로 족한 것처럼. 그러나 기술 안에서는, 세계로부터 탈착되어 어떠한 순간에서든 어떠한 지점에서든 적용될 수 있는 기술적 대상이 실재 전체를 두루 거쳐가면서 접촉하고 처리해야만 한다. 기술적 대상은 세계의 일부를 이루지 않는다는 점에서 자연적 존재와 구분된다. 그것은 인간과 세계 사이의 매개자처럼 개입한다. 기술적 대상은, 바로 이런 자격으로, 탈착된 첫번째 대상이다. 왜냐하면 세계는 하나의 통일체, 대상들의 앙상블이라기보다는 하나의 환경이기 때문이다. 그러니까, 사실상 실재의 3가지 유형이 있는 것이다. 즉 세계, 인간, 그리고 대상. 이 대상은 세계와 인간 사이에 매개적인 것으로서, 그 첫번째 형태가 바로 기술적 대상의 형태다.

3. 기술적 사유와 종교적 사유의 분기分岐

기술적 사유는 마술적 세계의 원초적인 망상網狀 구조가 파열되면서 비롯된 것으로, 연장이나 도구 같은 대상들로 형성될 수 있는 모양의 요소들 중 일부를 보존한다. 이 기술적 사유는 세계의 모든 요소에 적용될 수 있는 임의사용가능성을 그 탈착에서 얻는다. 그렇지만 그 파열은 어떤 결핍도 생산한다. 기술적인 연장이나 도구는 오로지 모양의 특성들만 보존했을 뿐이기 때문이다. 바탕으로부터 탈착된 이 모양의 특성들은, 하나의 연속적인 실재 안에서 모양과 바탕을 출현시켰던 첫번째 구조화에서 비롯하였기 때문에, 이전에는 직접적으로 바탕에 연결되어 있었던 것들이다. 마술적 우주 안에서 모양이라는 것은 어떤 바탕의 모양이었고, 바탕이라는 것은 어떤 모양의 바탕이었다. 실재적인 것, 이것의 단일성은 모양이면서 동시에 바탕이었다. 모양이 바탕에 대해 갖는 효력이나 바탕이 모양에 미치는 영향력이 사라진다는 문제는 제기될 수 없었다. 왜냐하면 바탕과 모양은 존재의 단일성, 오로지 그것만 구성했을 뿐이기 때문이다. 하지만, 파열 이후에 기술 안에서는, 기술적 대상이 모양의 특성들로 보존했고 고정시켰던 것이 익명의 낯선 바탕, 아무 바탕이나 만나게 된다. 기술적 대상은 형태의 운반자, 모양적 특성들의 잔존물이 된다. 기술적 대상은 이 형태를 바탕에 적용하고자 하는데, 이 바탕도 이제는 모양으로부터 탈착되어 자신의 내밀한 소속 관계를 상실했기에, 어떤 형태와 마주치더라도, 폭력적이고 다소 불완전한 방식이기는 하지만, 그 형태에 의해 형상화될 수 있다. 그래서 모양과 바탕은 서로에 대해 낯선 것이 되고 추상적인 것이 된다.

질료형상 도식은 단지 생명체들의 발생만 기술하는 게 아니다. 심지어 그것은 본질적으로 그것을 기술하지도 않을 것이다. 아마도 그것은 기술들에 대한 경험을 반성하고 개념화한 데서도 비롯하지 않을 것이다. [왜냐하면] 생명체에 대한 인식 이전에, 그리고 기술들에 대한 반성 이전에, 모양과 바탕의 그런 암묵적인 적합성이 있었고, 이것이 기술들에 의해 단절된 것이기 때문이다. 만일 질료형상 도식이 기술적 경험에서 도출된 것처럼 보인다면, 이는 실재적인 것에 대한 경험으로서가 아니라 차라리 하나의 규범과 하나의 이상으로서 그런 것이다. 기술적 경험은 모양 요소들의 흔적들과 바탕 특성들의 흔적들을 사용하면서, 질료와 형상의 상호 소속에 대한, 즉 모든 양분兩分에 선행하는 짝짓기에 대한 첫번째 직관을 재탄생시킨다. 이런 의미에서의 질료형상 도식은 참이다. 고대 철학에서 행해졌던 논리적인 사용에 의해서가 아니라, 기술들이 탄생하기 이전의 인간이 우주의 구조에 대해 가진 직관으로서 말이다. 이 관계는 위계화될 수 없으며, 질료의 그리고 형상의 점점 더 추상화하는 잇따른 단계들이 있을 수 없다. 왜냐하면 질료와 형상 관계의 실제 모델은 바탕과 모양으로 이루어진 우주의 첫번째 구조화이기 때문이다. 그런데 이 구조화는 추상적이지 않을 때에만, 오직 하나뿐인 단계에 속할 때에만 참일 수 있다. [이때] 바탕은 진짜로 바탕이고, 모양은 진짜로 모양이며, 또한 모양은 더 높은 모양을 위한 바탕이 될 수 없다. 아리스토텔레스가 형상과 질료의 관계 맺음들에 대해서 기술한 방식은, 특히 형상을 향한 질료의 열망을 가정할 때("암컷이 수컷을 열망하듯이 질료는 형상을 열망한다"), 이미 원초적인 마술적 사유로부터 멀어진 것이다. 왜냐하면 이 열망은 탈착이 먼저 있었어야만 존재할 수 있기 때문이다. 그런데 질료이자 동시에 형상인 것은 오직 단 하나의 존재뿐이다. 게다가 개체적인 존재 그것만이 형상과 질료를 포함하고 있다고 말해서도 안 될 것이다. 왜냐하면 모양-바탕 구조의 출현은 단일체들의 분리 전부에 앞서는 것이기 때문이다. 어느 요충지와 어느 바탕이 상응하는 상호 관계는, 이 요충지가 다른 요충지들의 연결망으로부터 절연되기를 상정하지 않으며, 이 바탕이 다른 바탕들과 연속성이 없기를 상정하지도 않는다. 이렇게 구조화되는 것은 바로 우주지, 개체들의 앙상블이 아니다. 원초적인 망상網狀의 파열 이후에 출현하는 첫번째 탈착된 존재자들은 기술적 대상들과 종교적 주체들이며, 이들은 모양의 특성들이거나 바탕의 특성들인 것을 떠맡는다. 따라서 이들은 형상과 질료를 완전하게 소유하지 않는다.

마술적 우주의 원초적 구조화의 분열은 기술들과 종교라는 일련의 귀결들을 가져오고, 또 이들을 거쳐서 과학과 윤리라는 그 다음 생성을 조건짓는다. 사실 단일성이란 마술적 세계에 속하는 것이다. 기술들과 종교를 대립시키는 위상차는 환원불가능한 방식으로, 기술들의 내용에는 그 단일성보다 열등한 지위를, 그리고 종교의 내용에는 그 단일성보다 우월한 지위를 허용한다. 바로 이로부터 다른 귀결들 전부가 비롯한다. 대상들의 기술성이 갖는 지위를 분명하게 이해하기 위해서는, 원초적인 단일성을 위상변이하게 만드는 그 생성 속에서 그것을 파악해야만 한다. 바탕의 특성들(등질성, 질적인 본성, 상호 영향의 시스템 가운데에서 요소들의 비구별, 편재와 영원을 낳는 것으로서 시공을 가로지르는 긴 범위에서의 작용)을 보존하고 있는 종교는 총체성의 기능들의 실행을 나타낸다. 하나의 특수한 존재자, 일정한 주의나 노력이 부여된 하나의 대상은, 종교적 사유 안에서는 항상 실재적 단일성보다 더 작고 총체성 안에 포함되어 총체성보다 열등한 것으로 간주되며, 공간 전체가 그것을 넘어서고 시간의 광막함이 그것의 앞과 뒤에 놓여 있는 그런 것으로서 발견된다. 그런 대상, 그런 존재자, 그리고 주체든 대상이든 그런 개체는, 항상 단일성보다 못한 것으로 파악되고, 이들을 무한히 넘어선다고 예측되는 총체성에 의해 지배된다. 초월성의 원천은 특수한 존재자를 지배하는 총체성의 그런 기능 속에 있다. 종교적 관점을 따르자면, 이런 특수한 존재자는 그가 참여하고 있는 총체성에 준거하여 파악되는데, 그가 이 총체성에 근거하여 존재하긴 하지만 결코 이 총체성을 완전하게 표현할 수 있는 건 아니다. 종교는 총체성의 기능을 보편화한다. 이 총체성은 자신을 제한하는 모양에의 모든 집착으로부터 분리되어 있고, 따라서 이로부터 해방된 것이다. 마술적 사유 안에서 세계에 연결되어 있던 바탕들, 따라서 마술적 우주의 구조화 자체에 의해 제한되어 있던 바탕들은, 종교적 사유 안에서는 시간적인 한계와 마찬가지로 공간적인 한계도 없는 하나의 궁극-바탕arrière-fond이 된다. 그것들은 바탕의 적극적인 질들(힘들, 능력들, 영향들, 질)은 보존하지만, 자신들을 **지금 여기**$^{hic et nunc}$에 집착시키는 자신들의 소속과 한계들은 제거한다. 그것들은 절대적인 바탕, 바탕의 총체성이 된다. 우주의 향상은 해방된, 그리고 추상적인, 마술적 바탕들에 입각해서 이루어진다.

종교적 사유는 바탕과 모양의 탈구 이후에 마술적 세계의 다른 부분, 즉 바탕을 그것의 질들, 긴장들, 힘들과 함께 보존한다. 그러나 이 바탕은 그 또한 기술들의 모양 도식들처럼 세계로부터 탈착된 것, 원초적 환경에서 추상되어 있는 것이 된다. 그리고 기술들의 모양 도식들이 그들의 세계 내 부착으로부터 해방되어 대상화되면서 연장이나 도구에 고정되는 것과 마찬가지로, 기술성에 의한 모양들의 유동화가 사용가능하게 만든 바탕의 질들은 주체들에게 고정된다. 인간과 세계 사이의 매개자인 기술적 대상의 출현을 이끈 기술적 대상화는 그 대응물로 종교적 주체화를 갖는다. 기술적 매개가 기술적 대상이 되는 사물을 수단으로 확립되는 것과 마찬가지로, 종교적 매개도 실재적이거나 상상적인 신들이나 사제들 같은 주체들에게 바탕의 특성들을 고정시킴으로써 출현한다. 기술적 매개가 기술적 대상에 의한 매개로 이끄는 동안, 종교적 주체화는 통상 사제에 의한 매개로 이끈다. 기술성이 인간과 세계의 원초적인 복합체가 지닌 모양의 특성들을 보존한다면, 종교성은 바탕의 특성들을 보존한다.

기술성과 종교성은 마술로부터 강등된 형태들도 아니고 마술의 잔재들도 아니다. 그들은 원초적인 마술적 복합체의 양분^{兩分}으로부터, 즉 인간의 본원적인 환경의 망상^{網狀}이 모양과 바탕으로 양분^{兩分}되면서 나온 것들이다. 기술과 종교가 마술의 상속자들인 것은 바로 한 쌍으로서 그런 것이지, 그들 각자로서 그런 것이 아니다. 종교가 기술보다 더 마술적인 것이 아니다. 종교가 양분兩分의 결과 중에서 주체적 위상에 해당한다면, 기술은 동일한 그 양분兩分에서 대상적 위상에 해당하는 것이다. 기술과 종교는 서로 동시대에 속하며, 그들을 각각 따로 보자면, 그들 모두는 그들이 비롯되어 나온 마술보다 더 빈약하다.

따라서 종교는 본성상 총체성totalité에 대한 요구를 나타내야 하는 소명을 갖는다. 종교가 이론적 양식과 실천적 양식으로 양분兩分될 때, 신학 이론을 통해서는 절대적인 단일성을 따라 실재적인 것에 대한 체계적인 표상을 요구하는 것이 되고, 도덕을 통해서는 모든 가언 명령, 즉 특수한 명령보다 우월하고 총체성의 이름으로 정당화되는, 그런 절대적인 행위 규범들을 윤리를 위해 요구하는 것이 된다. 윤리에 그런 것처럼 과학에도 종교는 총체성에 준거하는 원리를 가져오는데, 이는 도덕적 명령의 절대적 특성에 대한 열망이자 이론적 지식의 단일성에 대한 열망이다. 종교적 영감이란 인식과 행위에서의 모든 대상과 모든 주체를 초과하는 무조건적인 총체성에 비해 특수한 존재가 갖는 상대성을 영원히 상기시키는 것이다.

반대로, 기술들은 항상 단일성의 지위 이하에 있는 내용을 받아들이는데, 왜냐하면 요충지들의 원초적 연결망이 파편화되면서 귀결된 구조들과 유효성의 도식들이 세계의 총체성에 적용될 수 없기 때문이다. 본성상 기술적 대상들은 여럿으로 세분된다. 기술적 사유는 이런 복수성에 갇혀 있어서, 진보할 수 있기는 하지만 원초적 단일성을 회복할 수는 없고 오로지 기술적 대상들을 다양화함으로써만 그럴 수 있다. 기술적 대상들을 무한히 다양화해도, 세계에 대한 절대적인 적합성을 재발견하는 것은 불가능하다. 왜냐하면 그 대상들 각각은 오로지 단 하나의 지점과 단 한 순간에서만 세계에 맞설 수 있기 때문이며, 이는 또한 그것들이 국지화되어 있고 특수하기 때문이다. 기술적 대상들을 서로서로 덧붙여서는, 세계를 재구성할 수도 없고, 마술적 사유가 겨냥했던 단일성 속에서 세계와의 접촉을 재발견할 수도 없다.

결정된 대상이나 결정된 작업과 관계 맺을 때, 기술적 사유는 항상 단일성의 수준 이하에 있다. 그것은 여러 대상들, 여러 수단들을 제시할 수 있고 그 중 가장 좋은 것을 선택할 수도 있지만, 그럼에도 불구하고 그 대상이나 그 작업의 단일성 전체에는 항상 부적합한 채로 남아 있다. 각각의 도식, 각각의 대상, 각각의 기술적 조작操作은 기술적 사유가 자신의 목적들과 방향성을 길어 내는 전체tout에 의해 지배되고 지도 받는다. 이 전체는 이제껏 도달된 적 없는 단일성의 원리를 기술적 사유에 제공하고, 기술적 사유는 자신의 도식들을 조합하고 다양화하면서 이 전체를 번역한다.

기술적 사유는 본성상 요소의 관점을 나타내야 할 소명을 갖는다. 그것은 요소적 기능에 부착되어 있다. 기술성은 어떤 영역에 도입하면 이 영역을 파편화하고 이 영역의 단일성에 의해 지배되고 이것에 종속되는 요소적이고 잇따른 매개들의 연쇄를 드러낸다. 기술적 사유는 빠짐없이 차례차례 활동하는 요소적 과정들의 연쇄로 앙상블의 작동을 인식한다. 그것은 항상 단일성 이하에 머무르면서 매개의 도식들을 국지화하고 다양화한다. 요소는 기술적 사유 안에서 앙상블보다 더 안정적이고 더 잘 인식되며 어떤 방식에서는 더 완벽하다. 요소는 진짜 하나의 **대상**이지만, 앙상블은 항상 어느 정도는 세계에 내속되어 있다. 종교적 사유는 그 반대의 평형을 발견한다. 즉 종교적 사유에서는 요소보다 더 안정적이고 더 강하며 더 가치 있는 것이 바로 총체성이다.

기술들은 윤리적 영역에서와 마찬가지로 이론적 영역에서도 요소에 대한 몰두를 가져온다. 과학들 안에 기술들이 가져온 기여는, 기술적 대상들의 조작操作들에 비교될 수 있는 단순한 요소적 과정들로의 분해를 따라서 현상들을 하나하나씩 표상할 수 있게 한 데 있었다. 이런 것이 바로 기계론적 가설의 역할인데, 이 가설 덕분에 데카르트는 무지개를, 구름 속의 물방울들 하나하나에서 빛나는 각각의 입자들을 빠짐없이 따라간 경로의 총괄적인 결과물이라고 생각할 수 있었다. 데카르트가 심장의 작동을 설명한 것도 역시 이와 같은 방법을 따라서다. 그는 하나의 완결된 사이클을 잇따르는 단순 조작操作들로 분해하고, 전체의 작동이 특수하게 배치된(예컨대 판막 각각의 배치) 필수 요소들의 운동 결과라는 것을 보여 주었다. 데카르트는 왜 심장이 판막들과 강腔들을 포함하면서 이렇게 만들어지는지는 의문시하지 않으면서, 이렇게 만들어져 있는 것이 어떻게 작동하는지에 대해서는 의아해 한다. 기술들로부터 끌어낸 도식들의 적용은, 단일성의 차원에서 보여진 총체성의 존재를 해명하지는 않지만, 이 총체성의 순간순간의 작동을 빠짐없이 해명한다.

윤리적 영역에서 기술적 사유는 사용기구가 되는 각 대상의 역량들에 부착된 세부적인 행동 수단들만을 가져오는 것이 아니라, 기술성을 통한 행동의 특정한 반복 또한 가져온다. 그래서 한정된 인간의 어떤 행동은 그 결과가 고려될 때 상이한 단계들을 통해 지나가는 결정된 기술적 작동에 의해서 수행될 수 있었을 것이다. 행동의 요소들과 계기들은 자신들의 기술적 유사물을 갖는다. 그래서 주의의 노력, 기억의 노력은 기술적 작동에 의해 대체될 수 있었을 것이다. 기술성은 행동의 결과들과 부분적으로 동등한 것을 가져온다. 그것은 결과들의 형태로 행동을 완수한 존재자가 그 행동에 대해 자각하는 것을 강화한다. 그것은 행동을 부분적인 결과들로, 요소적인 수행들로 분해시키는 기술적 작동의 것들과 비교함으로써 행동의 결과들을 매개하고 대상화한다. 기술성은 앙상블의 현상을 요소적인 작동들로 분해함으로써 어떻게에 대한 탐구를 과학들 안에 도입한 것과 마찬가지로, 전체적인 행동을 행동의 요소들로 분해하는 탐구를 윤리 안에도 도입한다. 전체로서의 행동이 하나의 결과에 이르는 것으로 고찰된다면, 기술들이 야기한 행동의 분해는 행동의 요소들을 부분적인 결과들을 획득한 몸짓들로 간주하는 것이다. 기술성이 상정하는 것은 하나의 행동이란 그 결과들에 국한된다는 것이다. 행동의 총체성이 주체의 단일성에 근거한다고 보자면, 기술성은 실재적인 총체성에서 포착된 행동의 주체에 대해서도, 총체성에서 파악된 행동 자체에 대해서도 관심을 갖지 않는 것이다. 윤리에서 결과에 집중하는 관심은 과학들에서 어떻게에 대한 탐구에 해당하는 유사물이다. 결과와 과정은 행동의 단일성 이하나 실재적인 것의 앙상블의 단일성 이하에 있는 것이다.

종교가 윤리학에 건네주는 절대적이고 무조건적인 정당화의 선결조건은 의도에 대한 탐구로 번역된다. 이는 기술들에 의해서 영감을 받은, 결과에 대한 탐구와는 대립되는 것이다. 과학들 안에, 기술적 사유가 현상들 각각에 대해 어떻게?의 검토 방식을 가져다준다면, 종교적 사유는 주어진 현상들의 생성과 존재의 의미에 대한 탐구(따라서 왜?에 대답하는)를 필요로 하는 절대적인 이론적 단일성에 대한 요청requête을 도입한다.

단일성보다 열등한 내용을 지닌 기술적 사유는, 이론적 영역에서든, 실천적 영역에서든, 모든 귀납적 사유의 패러다임이다. 그것은 이론적 양식과 실천적 양식으로의 모든 분리 이전에 그 자체로 이 귀납적 과정을 포함하고 있다. 귀납induction이란, 사실 그 말의 엄밀한 의미에서 보자면, 단지 논리적인 과정만은 아니다. 그 내용이 단일성의 지위보다 열등하고, 단일성에 도달하려고 노력하는, 또는 각각의 요소들 역시 단일성보다 열등한 그런 요소들의 복수성에 입각해서 단일성을 향해 가고자 하는, 그런 모든 사고방식démarche은 귀납적인 유형의 사고방식으로 간주될 수 있다. 귀납이 이용하는 것, 귀납이 출발점에 놓는 것, 그것은 바로 요소이다. 그 자체로 충분하지도 않고 완전하지도 않으며 하나의 단일성을 구성하지도 않는 요소. 귀납은 그래서 각각의 특수한 요소를 넘어선다. 이 요소를 다른 특수한 요소들 자체와 조합하면서, 단일성의 유사물을 발견하기 위해서 말이다. 그러므로 귀납 안에는 파편들인 모양의 요소들에서 출발하는 실재의 바탕에 대한 탐구가 존재한다. 베이컨과 스튜어트 밀의 귀납에서처럼 현상들 아래에서 법칙을 찾고자 하는 것, 아리스토텔레스의 귀납에서처럼 동일한 종의 모든 개체들에 공통적인 것을 발견하고자 하는 것, 이는 현상들과 개체들의 복수성 너머에, 실재의 안정적이고 공통된 하나의 바탕, 즉 실재적인 것의 단일성인 바탕이 존재한다고 가정하는 것이다.

기술들로부터 직접적으로 도출되었을 윤리에서도 사정은 다르지 않다. 고대의 행복주의나 공리주의가 그랬던 것처럼, 삶의 전全 지속을 일련의 순간들로 합성하고 삶이 선호한 것을 각각의 상황에서 추출하고자 하는 것, 그리고 삶의 행복을 이 선호된 요소들의 축적으로 구성하고자 하는 것, 이는 삶의 지속의 단일성과 인간적 열망의 단일성을 다수의 순간들로, 잇따른 모든 욕망들의 등질성으로 대체하고자 시도하는 것으로서, 귀납적인 방식에서 비롯하는 것이다. 에피쿠로스주의가 욕망들에게 겪게 한 갈고 닦는 수련은 단지 누적적인 방식으로 진행하는 존재의 연속성에 그것들이 융합할 수 있도록 만드는 것을 목적으로 가질 뿐이다. 이를 위해서 욕망들 각각은 주체에 의해 지배되어야 하고, 단일성보다 더 작은 주체 안에 담겨 있어야 하며, 그래서 진짜 요소처럼 다루어지고 취급될 수 있어야 한다. 이런 이유로 정념들passions은 제거된다. 왜냐하면 정념들은 요소들로 다루어지기를 허락하지 않기 때문이다. 정념들은 주체의 단일성보다 더 크고, 주체를 지배하며, 주체로 하여금 한계들을 벗어나도록 강제하면서, 주체보다 더 먼 곳에서 와서 주체보다 더 먼 곳으로 향한다. 루크레티우스는 정념들이 오류에 근거한다는 것을 보여 주면서 내부의 정념들을 파괴하고자 한다. 그렇지만 그는 사실 그 내부에서 정념에 해당하는 경향성의 요소에 대해서, 즉 주체 안에 삽입되어 있지만 주체보다 더 광대한 힘, 이 힘에 비하자면 주체가 매우 제한된 존재처럼 보이는 그런 힘에 대해서는 염두에 두지 않는다. 이 경향성은 단일성으로서의 주체 안에 포함되어 있는 것으로 간주될 수 없다. 행동의 기원에 속하는 힘들을 도덕적 주체의 단일성에 비해 열등한 지위로 끌고 갔던 그 지혜는 이 힘들을 요소들인 양 조직할 수 있으며, 또한 자연적 주체의 내부에다 도덕적 주체를 재구성할 수도 있다. 그럼에도 불구하고 이 도덕적 주체는 단일성의 수준에 결코 완전하게 도달하지 못한다. 재구성된 도덕적 주체와 자연적 주체 사이에는 메울 수 없는 빈 틈이 존재한다. 귀납적인 사고방식은 여전히 복수성으로 남는다. 그것은 요소들의 다발을 구성하지만, 이 다발은 실재적인 단일성과 등가일 수 없다. 모든 윤리적 기술들은 도덕적 주체를 불만족스럽게 내버려두는데, 이는 그 기술들이 주체의 단일성을 간과하기 때문이다. 주체는 행복한 순간들이, 심지어 끊임없이, 이어지게 될 그런 삶에는 만족할 수가 없다. 요소들마다 완벽하게 성공적인 삶도 여전히 도덕적인 삶이 아니다. 주체의 삶을 만드는 것, 바로 단일성이 그것에 결여되어 있기 때문이다.

그러나 이와 반대로, 의무의 토대인 종교적 사유는 윤리적 사유 안에 무조건적인 정당화의 탐구를 창안한다. 이 탐구는 모든 행위와 모든 주체를 실재적 단일성보다 열등한 것으로 나타나게 한다. 행위와 도덕적 주체는 무한에까지 팽창하는 총체성과 관련해서, 오로지 이 총체성과의 관계 맺음으로부터만 자신들의 의미작용을 이끌어온다. 총체성과 주체의 소통은 불안정한데, 이는 주체가 총체성의 차원이 아닌 자기 고유의 단일성의 차원으로 매 순간 돌아가기 때문이다. 윤리적 주체는 종교적 요구에 의해 탈중심화된다.

2장_기술적 사유와 다른 사유들 사이의 관계 맺음들

1. 기술적 사유와 미학적 사유

이러한 발생적 가설을 따르면, 사유의 상이한 양식들을 서로 평행한 것으로 고찰하는 것은 맞지 않을 것이다. 그래서 종교적 사유와 마술적 사유는 동일한 평면 위에 있지 않기 때문에 서로 비교할 수 없는 것이다. 반면에 기술적 사유와 종교적 사유는 둘 다 동시대에 속하기 때문에 비교하는 것이 가능하다. 하지만 이들을 비교하기 위해서는 마치 하나의 유에 속하는 종들인 양 그것들의 특수한 성질들을 결정짓는 것으로는 충분하지 않고 그것들을 형성시킨 발생적 실현과정을 다시 짚어 봐야만 한다. 왜냐하면 그것들은 원초적인 완전한 사유, 즉 마술적 사유의 양분^{兩分}에서 귀결된 것으로서 한 쌍으로 존재하기 때문이다. 미학적 사유에 관해 보자면, 이것은 도대체가 제한된 하나의 영역도 아니고, 결정된 하나의 종류도 아닌 것이, 단지 하나의 경향성에 지나지 않는 것으로, 총체성의 기능을 유지하는 어떤 것일 뿐이다. 이런 점에서는 미학적 사유가 마술적 사유에 비교될 수 있다. 단, 그것이 마술적 사유처럼 기술과 종교로의 양분^{兩分} 가능성을 지니지 않는다는 점을 분명히 한다면 말이다. 미학적 사유는 양분^{兩分}의 방향으로 나아가기는커녕 단일성에 대한 암묵적인 기억을 유지하는 것이다. 그것은 양분兩分의 위상들 중 어느 한쪽에서 이 쪽과 상보적인 다른 쪽 위상을 호출한다. 미학적 사유는 위상들이 출현하면서 이 위상들과 관련된 사유들이 서로 고립될 수 있는 바로 그 지점에서 유비적 관계를 통해 단일성을 재구성하고자 하며 사유의 총체성을 추구한다.

물론, 미학적 노력을 이와 같은 방식으로 고찰하는 것은 곤란할 것이다. 만일 주어진 문명에서 제도화된 상태로 존재하는 예술 작품들을 이런 식으로 특징짓고자 했다면, 그리고 미학성esthétisme의 본질을 이렇게 정의하고자 했다면 더더욱 그럴 것이다. 그러나 그 예술 작품들이라는 것이 가능하기 위해서는, 그것들이 인간 존재의 근본적인 어떤 경향성에 의해, 그리고 생활 속에 있는 현실적인 어떤 상황들에서 미학적 인상을 느낄 수 있는 역량에 의해 가능하게 되어야만 한다. 문명의 일부를 이루는 예술 작품은 미학적 인상을 사용한다. 그리고 예술 작품은, 때로는 인공적이며 가상적인 방식으로, 어떤 유형의 사유를 실행할 때 총체성에 견주어 보완물을 찾고자 하는 인간의 경향성을 충족시킨다. 예술 작품이 마술적 사유에 대한 향수를 나타낸다고 말하는 것으로는 불충분할 것이다. 실제로, 예술 작품은 마술적 사유의 등가물을 제공한다. 왜냐하면 예술 작품은 주어진 하나의 상황에서 출발하여, 구조와 질의 유비적 관계에 입각해서 가능한 다른 상황들 및 다른 실재들에 관련해서도 보편화되는 어떤 연속성을 재발견하기 때문이다. 예술 작품은 적어도 지각에 있어서는 망상網狀적 우주를 복원시킨다. 그렇지만 예술 작품이 원초적인 마술적 우주를 실제로 재구축하는 것은 아니다. 이 미학적 우주는 부분적인 것이며, 양분兩分에서 나온 실재적이고 현실적인 우주 안에 삽입되어 포함되어 있는 것이기 때문이다. 언어가 비록 사유는 아니지만 사유의 역량을 보유하는 것처럼, 사실상 예술 작품은 미학적 인상을 느끼는 역량을 특히 유지하고 보존한다.

미학적 인상은 인공적인 작품에 관련되지 않는다. 그것은 양분兩分 이후에 오는 사유 양식의 실행에서 완성의 완전성perfection de l'achèvement을 고지한다. 이 완전성은 사유 행위들의 앙상블이 다른 영역들에서 이루어진 사유의 완성을 환기하기 위해 자기 영역의 한계들을 넘어설 수 있도록 만든다. 종교적 행위와 맞먹을 정도로 완벽한 기술 작품, 또는 기술 활동의 효과적인 조직력을 가질 정도로 완벽한 종교 작품이 그런 완전성의 느낌을 준다. 불완전한 사유는 자기 영역 안에 머물러 있지만, 사유의 완전성은 다른 영역으로의 전이μετάβασις εἰς ἄλλο를 허락한다. 이 전이는 사유의 완성 안에서 특수한 행위에 보편적 효력을 부여하며, 이러한 전이를 통해서 처음에 포기되었던 마술적 총체성의 어떤 등가물이 인간적 노력 끝에 재발견된다. 그리고 세계 자체가 긴 우회를 거쳐 도달되는 이 완성에 참여하고 이를 허가하는 것이어야만 한다. 미학적 인상은 한 행위의 온전한 완전성의 느낌을 함축한다. 이 완전성은 그 행위에 명성과 권위를 객관적으로 부여하며, 이를 통해서 그 행위가 체험된 실재에서 주목할 만한 지점point remarquable, 느껴진 실재의 한 매듭이 되도록 만든다. 이런 행위는 세계 안에 삽입되어 있는 인간 삶의 연결망에서 하나의 주목할 만한 지점이 된다. 바로 이 주목할 만한 지점에서 다른 주목할 만한 지점들로, 탁월한 친연성親緣性이 창조되어, 이것이 우주의 마술적 연결망에 상응하는 하나의 유사물을 재구성한다.

하나의 행위나 하나의 사물이 지닌 미학적 특성은 그 행위나 사물의 총체적인 기능, 그 행위나 사물의 존재 자체이며, 이 존재는 대상적이면서 동시에 주체적인 것으로서 주목할 만한 지점과도 같은 것이다. 모든 행위들, 모든 사물들, 모든 순간들은 우주의 새로운 망상網狀에서 주목할 만한 지점들이 될 수 있는 어떤 역량을 자신들 안에 가지고 있다. 각각의 문화는 주목할 만한 지점들이 되기에 적합한 행위들과 상황들의 몇몇을 선택한다. 그러나 주목할 만한 지점이 될 어떤 상황의 소질을 창조하는 것이 문화는 아니다. 그것은 미학적 인상의 자발성에 비해 협소한 길들을 미학적 표현에 허용하면서 단지 특정한 유형의 상황을 차단시킬 뿐이다. 즉 문화는 창조자로서가 아니라 경계로서 개입하는 것이다.

미학적 사유의 운명, 아니 더 정확하게 자신의 완성을 겨냥하는 모든 사유의 미학적 영감이 갖는 운명은 각각의 사유 양식 내부에다가 다른 사유 양식들의 망상網狀과 일치하는 망상網狀을 재구성하는 데 있다. 미학적 경향성이란 사유의 세계통합운동이다. 바로 이런 의미에서, 사유의 종류들 각각이 원숙해지는 것 자체를 넘어서, 원초적 마술의 분열로부터 야기된 분리된 사유들을 서로 접근시키는 궁극적인 망상網狀이 개입하는 것이다. 각 사유의 발전과정에서 일차적인 단계는 고립, 추상, 세계에 부착되어 있지 않음이다. 그 다음, 각 사유는 자신의 발전 과정 자체에 따라서 처음엔 자기 아닌 것은 거부하며 종種으로서 처신했다가, 원리들의 무조건적인 일원론에 따라 스스로를 긍정하게 된 이후에야, 복수성pluralité의 원리에 따라 스스로를 복수화하고 확장한다. 그러니까 각각의 사유는 스스로를 망상網狀화하려는 경향이 있고, 또 세계로부터 떨어져 있다가 그 이후에 다시 그 세계에 부착하려는 경향이 있다고 말할 수 있을 것이다. 기술들은 마술적 세계의 도식적 모양들을 세계로부터 끌어모아 탈착시켰다가, 그 다음에 다시 시멘트와 바윗돌의 일치, 케이블과 계곡의 일치, 철탑과 언덕의 일치 등을 통해서 세계에 결합되기 위해 세계를 향해 돌아선다. 기술에 의해 선택된 새로운 망상網狀이, 세계의 특정한 장소들에 특권을 부여하면서, 기술적 도식들과 자연적 능력들이 상호 협력하는 하나의 동맹 안에서 설립되는 것이다. 바로 여기에서 미학적 인상이 나타난다. 이러한 조화 안에서, 가장 특이한 요충지들을 통해 세계에 삽입되고 재부착되면서 다시 구체적으로 되는 기술의 이러한 자기 극복 안에서, 미학적 인상은 나타난다. 인간과 세계 사이의 매개가 그 자체로 하나의 세계가 되고 세계의 구조가 된다. 이와 마찬가지로, 종교적인 매개도 처음에는 인간 종을 대표하는 전형 모두를 쟁취하기 위해 각각의 교리를 동원하면서 우주의 구체적인 것으로부터 탈착된 독단적 교조주의로 있다가, 나중에는 상대적으로 다원론적인 양상들을 따라서 각각의 문화와 각각의 인간 집단에 스스로를 다시 결부시키는 것, 즉 스스로를 다시 구체화하는 것을 받아들인다. 단일성은 단 하나의 원리와 단 하나의 믿음으로 이루어진 일원론적 단일성이 되는 대신에 연결망의 단일성이 되는 것이다. 기술들과 종교들이 원숙해질수록, 그것들은 세계 속으로 다시 들어가려는 경향, 요컨대 기술들은 지리적인 세계 속으로, 종교들은 인간적인 세계 속으로 다시 융합되려는 경향을 띤다.

오늘날까지도 이 두 망상網狀들, 즉 지리적 세계 안에서의 기술들의 망상網狀과 인간적 세계 안에서의 종교들의 망상網狀은 실제적인 상징 관계 안에서 유비적으로 서로 만날 수 있을 것처럼 보이지 않는다. 그럼에도 불구하고, 아마도 오로지 이런 상태여야만 미학적 인상이, 사유의 힘들이 서로 다시 만난다는 것을 가리키면서 마술적 총체성의 재발견을 선언할 수 있을 것이다. 미학적 인상은 종교적 사유와 기술적 사유에 공통된 것으로서, 마술적 사유의 포기abandon로부터 귀결된 사유의 그 두 반쪽들을 연결시킬 수 있는 유일한 다리이다.

그러므로 철학적 사유는 이론적 양상들과 실천적 양상들이 구분되는 수준에서 기술들과 종교가 가져온 것을 어떻게 다루어야만 하는지 알기 위해서, 그런 양상들의 구분보다 앞선 수준에서 미학적 활동은 기술과 종교가 가져온 것을 어떻게 다루었는지 물을 수 있다. 마술로부터 기술들과 종교로의 이행 안에서 끊어진 것, 그것은 바로 우주의 첫번째 구조, 즉 인간과 세계 사이의 직접적 매개인 요충지들의 망상網狀이다. 그런데 미학적 활동은 바로 이 망상網狀 구조를 보존하고 있다. 물론 미학적 활동이 이 망상網狀 구조를 세계 안에 실제로 보존할 수는 없다. 왜냐하면 미학적 활동이 기술들과 종교를 대체할 수는 없기 때문에, 그리고 그렇게 하는 것은 마술의 재창조일 것이기 때문이다. 그러나 미학적 활동은 기술적이면서도 종교적인 어떤 세계, 그 속에서 자신도 계속 존재할 수 있는 그런 세계를 구축하면서 그 망상網狀 구조를 보존한다. 그 세계는 자연적인 게 아니라 구축된 것이기 때문에 기술적이고, 예술 세계를 만들기 위해서 자연 세계에 기술적 대상들의 적용능력을 사용하기 때문에 기술적이다. 그리고 그 세계는 기술들이 제쳐 놓은 바탕의 힘들, 질들, 특성들을 융합하는데, 바로 이런 의미에서 그 세계는 또한 종교적이다. 종교적 사유가 그것들[바탕의 힘들, 질들, 특성들]을 보편화하면서 그랬듯이 그것들을 주체화하는 대신에, 또 분리된 모양의 구조들에 대해 조작操作하는 기술적 사유가 그랬듯이 그것들을 연장이나 도구 안에 가두면서 대상화하는 대신에, 미학적 사유는 종교적 주체화와 기술적 대상화 사이의 간격 안에 머무르면서 기술적 구조들을 수단으로 바탕의 질들을 구체화하는 데 그친다. 이런 식으로 미학적 사유는 미학적 실재, 인간과 세계 사이의 새로운 매개, 인간과 세계 사이의 중간intermédiaire 세계를 만들어 낸다.

미학적 실재는 사실 엄밀하게 대상이라고 말할 수도 없고 엄밀하게 주체라고 말할 수도 없다. 물론, 그 실재의 요소들이 지닌 상대적인 대상성이 있다. 그러나 미학적 실재는 기술적 대상처럼 인간과 세계로부터 탈착되지 않는다. 그것은 연장도 도구도 아니다. 예컨대 그것은 자연적 실재의 의도적인 조직화이므로 세계에 결부된 채로 있을 수 있다. 또한 그것은 목소리의 변조, 말하는 투, 옷 입는 방식이 되면서 인간에 결부된 채로도 있을 수 있다. 그것은 도구가 지닌 필연적인 탈착가능성의 특성을 갖고 있지 않다. 그것은 인간적 실재 안이나 세계 안에 삽입된 채로 있을 수 있으며 통상 그런 채로 있다. 가령 조각상은 아무데나 세우는 게 아니고 나무도 아무데나 심는 게 아니다. 사물들과 존재자들의 아름다움, 존재 방식들의 아름다움이 존재한다. 미학적 활동은 이러한 아름다움을 느끼면서 시작되고, 자연스럽게 생산되는 아름다움을 존중하면서 아름다움을 조직한다. 기술적 활동은 이와 반대로, 자기의 대상들을 세계로부터 탈착시켜 따로 구성한 다음, 이것들을 추상적이고 폭력적인 방식으로 세계에 적용한다. 미학적 대상은 조각상이나 칠현금처럼 탈착된 방식으로 생산될 때조차도 세계와 인간적 실재의 한 부분인 요충지로 있다. 신전 앞에 놓여 있는 그 조각상은 정해진 한 사회 집단에게는 어떤 의미를 나타내는 것이고, 또 그 조각상에게는 거기 놓여 있다는 사실 자체가, 즉 그것이 사용하고 강화하기는 하지만 창조하지는 않은 어떤 요충지를 점유하고 있다는 사실 자체가 그것이 탈착된 대상이 아니라는 것을 보여 준다. 칠현금은 소리를 생산하는 것으로서 미학적 대상이라고 말할 수 있지만, 그 칠현금의 소리들은 그것들이 이미 인간 안에 존재하고 있는 표현과 소통의 특정한 양식을 구체화하는 한에서만 미학적 대상들이라고 말할 수 있다. 즉 칠현금은 하나의 연장처럼 가지고 다닐 수 있는 것이지만, 그것이 생산하는 소리들, 진정한 미학적 실재를 구성하는 그 소리들은 인간적 실재와 세계의 실재 안에 삽입되어 있는 것이다. 칠현금은 시끄러운 목소리나 군중들의 웅성거림과 더불어서가 아니라, 바람이나 바다의 소리처럼 결정되어 있는 특정한 소음들과 더불어서만, 또는 침묵 속에서만 들릴 수 있을 뿐이다. 그러므로 조각상이 세계 안에 삽입되어 있는 것처럼, 칠현금의 소리도 세계 안에 삽입되어 있음이 틀림없다. 이와 반대로, 연장으로서의 기술적 대상은 세계 안에 삽입되어 있지 않다. 왜냐하면 그것은 어디에서나 움직일 수 있고 어디에서나 작동할 수 있기 때문이다.

미학적 대상을 정의하는 것은 분명 이러한 삽입insertion이지 모방imitation이 아니다. 소음들을 모방하는 음악의 한 소절은 세계 안에 삽입될 수 없다. 왜냐하면 그것은 우주의 특정한 요소들(예컨대 바닷소리)을 보완하는 게 아니라 대체하기 때문이다. 어떤 의미에서는, 조각상이 인간을 모방하고 대체하지만, 그것이 미학적 작품인 것은 그 때문이 아니다. 그것이 어떤 도시의 건축물 안에 삽입되어 있기 때문에, 어떤 곳의 가장 높은 지점을 표시하기 때문에, 어떤 성벽의 끝을 장식하기 때문에, 어떤 탑 위에 있기 때문에 그것이 미학적 작품인 것이다. 세계에 대한 미학적 지각은 여러 가지 요구들을 느낀다. 채워져야만 하는 빈 공간들, 탑을 떠받쳐야만 하는 바위들이 있다는 것을 말이다. 세계 안에는 미학적 창조를 유인하고 고무하는 여러 특이한 장소들, 예외적인 지점들이 존재한다. 인간의 삶 안에도 다른 순간들과 구별되어 작품을 야기할 정도로 특별하게 빛나는 여러 순간들이 존재하는 것처럼 말이다. 작품이란 이러한 창조의 요구로부터, 즉 예외적인 장소들과 순간들에 대한 이러한 감수성으로부터 귀결되는 것으로, 세계나 인간을 복사하는 게 아니라 그것들을 연장시키고 그것들 안에 삽입되는 것이다. 미학 작품은 아무리 탈착되어 있는 경우라 해도 우주와의 단절이나 인간적 삶의 시간과의 단절로부터 비롯하지 않는다. 심지어 그것은 이미 주어져 있는 실재로부터 비롯한다. 단, 이미 주어져 있는 그 실재에 구성된 구조물들을 가져오면서, 즉 구성되지만 여전히 세계 속에 삽입되어 있고 실재적인 것의 일부를 이루는 토대들 위에서 구성되는 그런 구조물들을 가져오면서 말이다. 이렇게 미학적인 작품은 인간적이면서 동시에 자연적인 우주의 요충지들이자 빛나는 예외적 실재들인 작품들의 연결망을 형성하면서 우주를 꽃피우고 연장시킨다. 예전에 마술적 우주의 요충지들이 이루고 있던 연결망보다 훨씬 더 인간과 세계로부터 탈착되어 있는, 예술 작품들의 공간적이고 시간적인 연결망은 인간과 세계 사이에서 마술적 세계의 구조를 보존하는 하나의 매개이다.

물론, 기술적 대상과 미학적 대상 사이에 연속적인 이행이 있다고 단언할 수 있을지도 모르겠다. 왜냐하면 미학적인 가치를 지니고 있으며 아름답다고 할 수 있는 기술적 대상들이 있기 때문이다. 그러면 기술적 대상이 미학적 대상으로 간주될 수 있을 것이기 때문에, 미학적 대상은 우주 안에 삽입되지 않은 것으로, 기술적 대상처럼 탈착되어 있는 것으로 생각될 수도 있을 것이다.

사실, 직접적으로 미학적 관심들에 부응하는 표현 유형을 찾지 않는 한, 기술적 대상들이 그 자체로 아름다운 건 아니다. 이런 경우에 기술적 대상과 미학적 대상 사이에는 진정한 거리가 존재한다. 여기서의 일은 마치 사실상 두 개의 대상들이 존재하고 있는 듯이, 즉 미학적 대상이 기술적 대상을 덮어 싸면서 감추고 있는 듯이 진행된다. 그래서 봉건제가 몰락할 무렵에 세워진 어떤 저수탑이 오래된 돌멩이와 같은 색깔로 칠해진 방어용 요철들을 덧붙여서 위장하고 있는 것을 볼 수 있는 것이다. 기술적 대상이 콘크리트로 된 그것의 물탱크, 그것의 펌프들, 그것의 배관들과 함께 이 기만적인 탑 안에 들어 있는 것이다. 이러한 속임수는 우스꽝스럽고 한눈에 봐도 그렇게 지각된다. 기술적 대상이 자신의 기술성을 미학적인 옷 속에다가 보존하고 있는 셈인데, 이로부터 그로테스크한 인상을 주는 어떤 충돌이 나오는 것이다. 대체로 미학적인 대상들로 기술적 대상들을 변장시키는 것은 가짜가 주는 혐오스런 인상을 만들어 내고 허구를 물질화한 것처럼 보인다.

그러나 어떤 경우에는 기술적 대상들의 고유한 아름다움이 존재한다. 이 아름다움은 그 대상들이 지리적인 세계든 인간적인 세계든 어떤 세계 안에 삽입되어 있을 때 나타난다. 미학적 인상은 따라서 삽입에 관련되는 것이다. 그것은 하나의 몸짓과 같은 것이다. 범선의 돛은 가만히 있을 때는 아름답지 않지만, 바람이 그 돛을 부풀려서 돛대 전체를 기울어지게 하여 그 범선을 바다로 실어갈 때는 아름답다. 곶 위에 세워져 있는 조각상처럼, 아름다운 것은 바로 바람을 맞으면서 바다 위에 떠 있는 돛이다. 바다를 지배하는 암초 주변에 세워진 등대는 아름답다. 왜냐하면 그것은 지리적이면서 인간적인 세계의 요충지에 삽입되어 있기 때문이다. 계곡을 가로지르는 케이블들을 받치면서 서 있는 철탑들의 선이 아름답다. 그러나 그 철탑들을 실어 나르는 트럭 위에 놓여 있을 때의 철탑들이나, 그 케이블들을 옮기는 데 사용되는 커다란 굴림대들 위에 놓여 있을 때의 케이블들은, 봐도 아무런 느낌이 없다. 트랙터는 차고 안에 있을 때 단지 하나의 기술적 대상일 뿐이다. 그러나 그것이 밭갈이를 할 때, 땅이 갈아지는 동안 밭고랑 속에 기울어져 있을 때, 그것은 아름다운 것으로 지각될 수 있다. 모든 기술적 대상은 움직이는 것이든 고정된 것이든, 세계를 연장시키고 세계 안에 삽입되어 있는 한, 그 자신의 미학적 에피파니*를 가질 수 있다. 그러나 아름다운 것은 오로지 기술적 대상만이 아니다. 기술

---

* [옮긴이] 동방박사가 멀리서 별을 보고 예수를 찾아온 일이 신의 출현을 상징하는 사건이듯이, 평범한 사건이나 경험을 통하여 직관적으로 진실의 전모를 파악하는 일, 또는 어떤 사물의 본질에 대한 직관이나 통찰.

적 대상을 구체화하는 것이 바로 세계의 특이점이다. 오로지 철탑들의 선만 아름다운 것이 아니라, 그 선과 암벽과 계곡의 접속이 아름다운 것이고, 케이블들의 긴장과 굴곡이 아름다운 것이다. 바로 여기에, 세계에 적용되는 기술성의 항상 연속된, 무언의, 소리없는 조작操作이 거주한다.

기술적 대상은 아무데서나 어떤 경우에서든 아름다운 것이 아니다. 그것은 세계의 독특하고 특이한 장소를 만날 때 아름답다. 고압선은 계곡에 걸쳐 있을 때 아름답고, 자동차는 천천히 선회할 때 아름다우며, 기차는 출발하거나 터널을 빠져나올 때 아름답다. 기술적 대상은 자신에게 어울리는 바탕을 만나서 자신이 이 바탕의 고유한 모양일 수 있을 때, 다시 말해 자신이 세계를 완성하고 표현할 때 아름답다. 기술적 대상은 자신에게 바탕으로, 말하자면 우주로 쓰이는 더 광대한 어떤 대상과 관련해서도 아름다울 수 있다. 레이더 안테나는 가장 높은 상부 구조 위에 놓여 있어서 범선의 갑판에서 올려다볼 때 아름답다. 그러나 바닥에 놓여 있을 때 그것은 어떤 축 위에 조립되어 있는 아주 조잡한 원뿔 모양의 물건 그 이상이 아니다. 그것은 범선이라는 이 앙상블의 구조적이고 기능적인 완성으로서 아름다웠던 것이지, 우주에 대한 참조 없이 그 자체로 아름다운 건 아니다.

그래서 기술적 대상들의 아름다움을 발견하는 일은 오로지 지각에만 맡겨질 수 없다. 그 대상의 기능을 이해하고 사유하는 것이 필요하다. 달리 말하자면, 기술적 대상들의 아름다움이 우주 안에 기술적 도식들을 삽입한 것으로서 이 우주의 요충지들에서 나타날 수 있기 위해서는 기술적 교육이 필요하다. 예컨대 산 위에 놓여 있는 무선중계기는 다른 산 위에 놓여 있는 무선중계기를 향하고 있는데, 아주 작은 다이폴을 초점에 놓은 파라볼라형 반사체를 가지고 보통 높이의 탑만을 봐왔을 사람에게, 어떻게 이 무선중계기의 아름다움이 드러나겠는가? 구름과 안개를 가로질러서 한 탑에서 다른 탑으로 전파 다발을 보내고 받는 것으로서 그 모양의 구조들 전체를 이해하는 것이 필요하다. 눈에 보이지도 않고 감각되지도 않지만, 실재적이고 현실적인 이런 전송과 관련해서야, 비로소 맞은편에 있는 산들과 탑들에 의해 형성되는 앙상블이 아름다운 것이다. 왜냐하면 이 탑들은 무선 케이블을 구성하기 위해서 두 산들의 요충지들에 놓여 있기 때문이다. 이런 유형의 아름다움은 기하학적인 구성물의 아름다움만큼이나 추상적이다. 그래서 대상의 기능이 그것의 구조에 비추어 이해되어야 하고, 이 구조와 세계의 관계 맺음이 정확하게 상상되고 미학적으로 느껴져야 한다.

기술적 대상은 그것이 연장시키고 있는 인간 세계에로의 통합을 통해서 상이한 방식으로 아름다울 수 있다. 연장이란 자연스러운 방식으로 신체를 확장하고 어떻게 보면 신체의 구조적인 특성들을 증대시키고 있는 것처럼 보이는데, 이 신체에 아주 잘 적응할 때의 행동 안에서 연장은 아름다울 수 있다. 하나의 단검은 그것을 쥐고 있는 손 안에서만 진짜 아름답다. 마찬가지로, 하나의 연장, 하나의 기계, 또는 하나의 기술적 앙상블은 인간 세계 안에 삽입되어 이 세계를 표현하면서 회복시킬 때 아름답다. 만약 전화 교환국에 늘어서 있는 계기판들이 아름답다면, 이는 그것들이 그 자체로 아름다워서도 아니고, 또 그것들은 아무곳이든 놓일 수 있기 때문에 그것들이 지리적 세계와 맺는 관계에 의해서 아름다운 것도 아니다. 그것들이 아름다운 이유는, 여러 가지 색깔로 움직이는 자리들을 매 순간마다 추적하는 빛나는 표시등들이, 교차되는 회로들을 통해 서로서로 연결되는 여러 인간 존재자들의 실제적인 몸짓들을 재현하고 있기 때문이다. 전화 교환국은 가동 중일 때 아름답다. 왜냐하면 그것은 매 순간한 도시와 한 지역에서의 삶이 지닌 한 측면을 표현하고 실현하기 때문이다. 거기서 하나의 불빛은, 어떤 기대, 어떤 의도, 어떤 욕망, 어떤 새로운 긴급함이며, 아무에게도 들리진 않을 테지만 멀리 있는 어떤 다른 집 안에서는 울려 퍼지게 될 전화 벨소리다. 이런 아름다움은 운행 안에 있는 것이어서, 단지 순간적인 상태에서만 그런 것이 아니라, 사용량이 많은 피크 타임들과 사용량이 적은 야간시간대 간의 리듬으로도 만들어지는 것이다. 전화 교환국은 그것의 대상적 특성들 때문이 아니라, 집단적인 삶과 개인적인 삶의 요충지이기 때문에 아름다운 것이다. 이와 마찬가지로 플랫폼에 있는 신호기는 그 자체로 아름다운 게 아니라, 신호기로서, 즉 기차의 멈춤을 지시하고 알리거나 선로를 비워 두게 하는 그것의 능력에 의해서 아름다운 것이다. 역시 마찬가지 방식으로, 기술적 실재로서, 다른 대륙으로부터 우리에게 전달되는 헤르츠 변조[무선전신]는 거의 들을 수도 없고 혼신混信된 잡음들과 왜곡으로 가끔 이해할 수 없게 도착되지만 기술적으로는 아름답다. 왜냐하면 헤르츠 변조는 멀리 떨어져 있는 곳에 인간이 현존한다는 증거를 우리에게 가져오면서, 그것 자신이 바로 그 인간 현존의 유일한 에피파니가 되면서, 장애물들과 거리의 극복이라는 임무를 달성하기 때문이다. 가까이서 고성능 방송을 청취하는 것이 기술적으로 아름다운 것이 아니다. 왜냐하면 그것은 인간을 드러내고 하나의 존재를 나타나게 하는 그런 능력에 의해서 가치평가되는 것이 아니기 때문이다. 그리고 다른 대륙에서 보낸 신호의 수신을 아름답게 만드는 것은 단지 극복된 어려움 때문만은 아니다. 그것은 바로 우리 자신과 동시대에 속함에도 불구하고 알려지지 않은 채 있었을지 모를 한 인간 실재를 우리가 감지할 수 있도록 만들면서 현실적인 존재로 연장하여 나타내며 우리 앞에 출현시키는 그 신호의 능력 그것 때문이다. "화이트 노이즈[백색소음]"는 소통하려는 인간 존재의 의도를 그 자체로 증거하고 있을 때, 의미를 지닌 변조만큼이나 훌륭한 기술적 아름다움을 갖는다. 배경 소음의 수신이나 연속적인 단순한 사인파 변조의 수신도 인간 세계 안에 삽입될 때에는 기술적으로 아름다운 것일 수 있기 때문이다.

따라서 미학적 대상은 엄밀하게 말해서 하나의 대상은 아니지만, 미학적 대상 자신을 품고 있는 실재 안에 삽입된 채로 있으면서 자연적 세계나 인간적 세계를 연장하는 것이라고 말할 수 있다. 미학적 대상은 우주의 주목할 만한 지점인 것이다. 이 지점은 공들인 노력으로부터 귀결되며 기술성의 혜택을 받고 있다. 그러나 이 지점이 임의적으로 세계 안에 놓이는 것은 아니다. 종교적인 매개자처럼, 이 지점은 세계를 표현하고 바탕의 힘들과 질들을 집중시킨다. 이 지점은 순수한 대상성과 순수한 주체성 사이의 중간적 지위 속에서 스스로를 유지한다. 기술적 대상이 아름다울 때는, 바로 그 기술적 대상이 미학적 실재처럼 자연적이거나 인간적인 세계 안에 삽입되어 있기 때문인 것이다.

미학적 실재는 자신을 보편화하지도 주체화하지도 않는다는 점에서 종교적 실재와 구분된다. 예술가는 작품과 혼동되지 않는다. 만일 어떤 우상숭배자들이 생겨난다면 그들은 우상숭배자들로 인정된다. 미학적 실재가 보편적인 총체성의 기능과 혼동되는 것을 막아 주는 것은 바로 예술 작품의 기술성이다. 예술 작품은 여전히 인공적인 것이고, 국지적인 것이며, 어떤 순간에 생산된 것이다. 그것은 세계보다 그리고 인간보다 더 앞서 있지도 우월하지도 않다. 예술 작품들의 앙상블은 마술적 세계를 계승하며 그 세계의 구조를 유지한다. 즉 그것은 기술들과 종교 사이에 있는 중립 지점을 표시한다.

그렇다고 미학적 우주가 단순히 이전 시기로부터 살아남은 잔존물이거나 나머지인 것은 전혀 아니다. 그것은 마술로부터 기술들과 종교로의 이행에서 분기分岐하였지만 언젠가는 단일성을 향해 재수렴해야만 할 생성의 의미를 표시한다. 종교의 내부에서처럼 기술들의 내부에도 미학적 관심이 내재함은 종교적 사유와 마찬가지로 기술적 사유도 단지 완전한 사유의 한쪽 위상만을 나타낸다는 사실의 징표다. 기술들과 종교는 직접적으로 소통할 수 없지만, 미학적 활동의 중개로 그렇게 할 수 있다. 가령, 주목할 만한 지점과 특이한 순간에 세계 안으로의 삽입이 존재하는 경우에는, 어떤 종교적 몸짓이 아름다울 수 있는 것처럼 어떤 기술적 대상도 아름다울 수 있다. 아름다움의 규범은 사유의 서로 대립되는 두 양식들 안에 존재하며, 그 규범은 이 두 사유 양식들을 동일한 우주에 적용시키면서 서로를 향하도록 만든다. 미학적인 작품을 통하여 종교적 행위는 삽입된다. 이 종교적 행위 자체가 작품이 되기 때문이다. 어떤 성가, 어떤 찬송, 어떤 미사 집전은 **지금 여기**hic et nunc에 삽입된다. 종교적인 몸짓은 그것이 자연 세계와 인간 세계를 연장시킬 때 아름답다. 그래서 성사聖事*는 종교적인 몸짓이며, 또한 그것이 정해진 사람들에게 적용되는 것이라서 특정한 장소와 특정한 순간에 행해지면서 세계 안에 삽입될 때 아름답다. 즉 바탕의 질들이 구조들을 새롭게 만나는 것이다. 종교적 사유가 종교적 가치를 갖는 순간들과 장소들의 연결망을 재발견하는 것은 바로 식의 거행이 갖는 아름다움을 통해서다. 종교적 몸짓들은 그것들이 어떤 장소와 어떤 시기에 속해 있을 때 아름다운 것이지, 세계와 연결되지 않은 외적인 장식들에 의해 아름다운 것이 아니다. 어떠한 시간에도 어떠한 장소에도 속하지

---

* [옮긴이] (주로 가톨릭에서) 형상 있는 표적으로 형상 없는 성총을 나타내는 거룩한 행사. 세례, 견진, 고백, 성체, 병자, 신품, 혼인 등의 행사.

않는 그 장식들은 의식儀式의 공허한 불모성 안으로 종교적 사유를 고립시킨다. 그것들은 미학적 가면을 쓴 기술적 대상처럼 그로테스크한 것의 차원에 속한다. 종교적 사유는 우주 전체 바탕의 힘들과 질들을 어떤 한 장소와 어떤 한 순간에 개입시키면서 공간적-시간적 연결망 안에 총체성의 기능을 삽입시킬 때 아름답다. 게다가 기술적 사유 안에서처럼, 미학적으로 가치 있는 이러한 재삽입은 오로지 이 재삽입이 자연적이거나 인간적인 세계의 요충지들을 만날 때에만 실행될 수 있다. 신전이나 성소聖所는 우연히, 추상적인 방식으로, 세계와 아무런 관계 없이 지어지는 게 아니다. 성사聖事의식을 요구하는 인간 삶의 순간들이 존재하듯이, 성소聖事를 호출하는 자연적 세계의 장소들이 있다. 미학적 인상이 종교적 사유 안에서 생겨나기 위해서는, 종교가 우주의 바탕의 힘들과 질들을 함축하면서 종교라는 이름으로 따로 구성되는 것이 필요하다. 그러나 또한 자연적인 세계와 인간적인 세계가, 근본적으로 미학적인 것인 어떤 규범에 따라서, 종교적인 장소들과 순간들에서 연장되고 구체화되기를 기다리는 것이 필요하다.

미학적 실재는 이렇게 주어진 실재에 덧붙여져 있는 것이다. 하지만 주어진 실재 안에 이미 존재하는 선들을 따라 그렇게 있는 것이다. 미학적 실재는 마술적 우주가 분리하는 순간에 기술들과 종교가 되었던 모양의 기능들과 바탕의 기능들을 주어진 실재 안에 재도입하는 것이다. 미학적 활동이 없다면, 기술들과 종교 사이에는 구조도 없고 질들도 없는 실재의 중립지대만이 존재할 것이다. 미학적 활동 덕분에, 중심 잡힌 평형 상태로 머물러 있는 이 중립지대가 어떤 밀도와 어떤 의미를 재발견하는 것이다. 이 중립지대는 미학적인 작품들을 통해서 마술적 사유의 분리 이전에 있던 우주의 앙상블에까지 펼쳐지는 망상網狀 구조를 회복한다.

기술적 사유가 도식들, 즉 바탕의 실재가 없는 모양의 요소들로 이루어지고, 종교적 사유가 모양의 구조들이 없는 바탕의 질들과 힘들로 이루어져 있다면, 미학적 사유는 모양의 구조들과 바탕의 질들을 결합한다. 기술적 사유처럼 요소들의 기능들을 표상하거나, 종교적 사유처럼 총체성의 기능들을 표상하는 대신에, 미학적 사유는 요소들과 총체성을, 즉 모양과 바탕을 유비적인 관계 속에서 함께 유지한다. 세계의 미학적 망상^{網狀}은 유비들의 연결망이다.

사실, 미학적인 작품은 유일한 중간 실재로서, 오로지 세계나 인간에만 연결되어 있는 게 아니다. 그것은 또한 다른 작품들에도 연결되어 있다. 이 다른 작품들과 혼동되지 않고, 이것들과 물질적으로 연속적이지 않으면서도, 그리고 자신의 동일성을 지키면서도 말이다. 미학적 우주는 본질적인 유비적 관계를 따라서 한 작품에서 다른 작품으로 이행하는 그 능력에 의해서 특징지어진다. 유비는 뒤따르는 항이 앞선 항을 부정하지 않으면서도 한 항에서 다른 항으로 이행할 수 있는 가능성의 토대다. 그래서 솔라주^{Bruno de Solages}는 일반적으로 부분적인, 동일성의 관계 맺음일 뿐인 유사성과 구별하기 위해서, 유비를 관계 맺음들의 동일성이라고 정의한 바 있다. 사실 완벽한 유비는 두 실재들을 특징짓는 내적인 관계 맺음들의 동일성 그 이상이다. 그것은 모양의 구조들의 이런 동일성이지만, 또한 두 실재들의 바탕의 동일성이기도 하기 때문이다. 더 근본적으로 보면, 그것은 심지어 두 존재자들의 내부에서 실재의 바탕과 모양 구조가 서로 교환되고 소통하는 양식들의 동일성이기도 하다. 그것은 두 실재들 안에 있는 모양과 바탕의 짝짓기의 동일성인 것이다. 또한 순수하게 기술적인 사유의 영역이나 순수하게 종교적인 사유의 영역 안에는 진짜 완전한 유비가 존재하지 않는다. 유비는 존재자들의 존재의 근본적인 조작^{opération}

fondamentale d'existence des êtres이라고 이름붙일 수 있을 어떤 것, 모양과 바탕을 출현시키면서 그 존재자들을 전개시키는 어떤 생성이 그 존재자들 안에 있게 하는 그것에 근거한다. 미학적인 것은 존재자들이 출현하는, 스스로를 나타내는 그 방식, 즉 스스로를 양분兩分하면서 모양과 바탕으로 되는 그 방식을 포착한다. 기술적 사유는 오로지 존재자들의 모양의 구조들만을 포착하며, 이들을 자신의 도식들에 동화시킨다. 종교적 사유는 오로지 존재자들의 실재의 바탕들만을 포착하며, 이를 통해 바탕들은 순수하거나 불순하고, 신성하거나 세속적이고, 고결하거나 오염된다. 바로 이 때문에 종교적 사유는 순수한 것과 불순한 것 같은 동질적인 범주들과 부류들을 만들어 내고, 이러한 부류들에 포함시키거나 배제하는 방식으로 존재자들을 인식한다. 기술적 사유는 존재자들이 지닌 모양의 구조들을 해명하면서 존재자들의 작동을 분석하고 재구성한다. 기술적 사유는 조작하고opère, 종교적 사유는 판단하며juge, 미학적 사유는 조작하면서 동시에 판단한다. 미학적 사유는 각 존재의 단일성 안에서, 연결하고 보완하는 방식으로 실재의 바탕의 질들을 포착하고 구조들을 구축하기 때문이다. 기술적 사유처럼 단일성의 수준 이하에서 항상 머무르거나, 종교적 사유처럼 그 수준 이상에서 항상 머무르는 대신에, 미학적 사유는 한정된 존재자의 수준, 즉 인식의 대상이자 조작操作의 대상 수준에서 단일성을 알아본다.

미학적 사유가 유비를 근본적인 구조로 갖는 것은 한정된 존재자들의 단일성을 존중하기 때문이다. 기술적 사유가 존재자들을 파편화하고 복수화하는 것은 모양의 특성들에게 특권을 부여하기 때문이다. 종교적 사유는 존재자들을 총체성으로 융합하는데, 여기서 존재자들은 질의 측면에서나 힘의 측면에서 모두 이 총체성에 흡수되어 단일성보다 덜한 것이 된다. 존재자들을 그들의 단일성의 수준에서 포착하기 위해서는, 그리고 분할이나 통합에 의해 각자의 단일성을 무화시키지 않으면서 그들을 여럿으로 포착하기 위해서는, 각각의 존재자가 다른 우주들을 배제하지 않는 완전한 하나의 우주처럼 조작操作되고 판단되어야만 한다. 그 존재자의 생성의 구성적 관계, 모양과 바탕을 구별하면서 동시에 결합하는 그 관계가, 존재자의 한 단일성에서 존재자의 다른 단일성으로 전치될 수 있어야 한다. 미학적 사유는 존재자들을 개체화된 것들로서 포착하고, 세계를 유비 관계에 있는 존재자들의 연결망으로서 포착한다.

따라서 미학적 사유는 오로지 마술적 사유에 대한 기억인 것만은 아니다. 그것은 기술들과 종교들로 스스로를 양분兩分하는 사유의 생성의 단일성을 유지하는 것이다. 왜냐하면 기술적 사유가 존재자를 단일성의 수준 이하에서 파악하고 종교적 사유가 그 수준 이상에서 파악하는 반면에, 미학적 사유는 존재자를 그 존재자 자신의 단일성 안에서 포착하기를 계속하는 것이기 때문이다.

미학적인 작품은 완전하고 절대적인 작품이 아니다. 그것은 완전한 작품을 향해 나아갈 것을 가르치는 것이다. 완전한 작품은 정원 안에 있는 조각상처럼 있는 게 아니라 세계에 실제로 속하는 것처럼 세계 안에 있어야 하고 세계의 일부를 이루고 있어야만 한다. 아름다운 것은 정원이고 집이지, 이 정원 안에 있는 조각상들이 아니다. 비록 이것들이 저마다 각각 아름다워서 그 정원을 아름답게 만든다고 할지라도 말이다. 조각상 덕분에 정원이 아름다운 게 아니라, 정원 덕분에 그 조각상이 아름다운 것으로 출현할 수 있는 것이다. 한 인간의 삶 전체와 관련해서야 어떤 한 대상이 아름다울 수 있는 것이다. 게다가 아름다운 것은 엄밀하게 말해서 결코 대상이 아니다. 아름다운 것은, 그 대상에 관해서 행해지고 있는, 세계의 실재적인 한 측면과 인간의 한 몸짓 사이의 만남, 바로 이것이다. 그러니까 미학적이라고 정의된 미학적 대상은 미학적 인상을 배제하지 않고서는 그렇게 있을 수 없는 것이다. 미학적 대상은 사실 하나의 혼합물이다. 그것은 인간의 특정한 몸짓을 호출한다. 게다가 그것은 이 몸짓을 만족시키고 이것에 상응하는 실재의 한 요소도 포함한다. 이 실재의 요소는 그 몸짓이 거기에 적용되고 그 안에서 완수되는, 그 몸짓의 표현매체^{support}이다. 미학적 대상이 단지 그것들[인간의 몸짓과 실재의 요소] 사이의 객관적으로 상보적인 관계 맺음에 지나지 않는다면 그런 미학적 대상이란 아무것도 아닐 것이다. 즉, 선들이 만일 순수한 관계 맺음들에 속한다면, 그것들은 조화로울 수 없을 것이다. 수와 측정으로부터 분리된 대상성은 아름다움을 구성하지 않는다. 완벽한 원은 그것이 원이기에 아름다운 게 아니다. 하지만 어떤 곡선은 그것의 수학적 공식을 발견하는 것은 매우 어려울지 몰라도 아름다울 수 있다. 어떤 신전을 아주 정확한 비율로 재현하고 있는 선판화^{gravure au trait}*는 지루하고 뻣뻣한 인상만을 주지만, 시간에 의해 부식되고 반쯤 무너져 내린 그 신전 자체는 전문적인 복원의 완전무결한 그 축소그림보다 훨씬 더 아름답다. 그래서 미학적 대상이 엄밀하게 말해 하나의 대상이 아닌 것이다. 미학적 대상은 또한 부분적으로는 그 안에서 몸짓이 실행되고 완수될 수 있는 대상적 실재를 기다리고 있는, 주체적 실재, 즉 몸짓에 속하는 상당수의 호출문자들^{caractères d'appel}**을 보관하는 곳이기도 하다. 미학적 대상은 대상이면서 동시에 주체다. 그것은 주체를 기다린다. 그 주체를 움직이게 하기 위해서, 그리고 그 주체 안에 한편으로는

---

* [옮긴이] 18~19세기 무렵 사진이 본격화되기 전 삽화를 담당하며 출판인쇄용으로 사용되던 오목판화의 일종. 지폐 속의 그림처럼 아주 작은 선들로만 사물을 표현한다.
** [옮긴이] 벨 문자. 종소리 문자. 경보나 신호에 사용하는 특수 기능 문자.

지각을, 다른 한편으로는 참여를 불러일으키기 위해서. 참여는 몸짓들로 이루어지고, 지각은 이 몸짓들에게 대상적 실재의 원조를 제공한다. 정확한 선들로 그려진 완벽한 축소그림 안에는 모양으로 나타난 대상적 요소들 전부가 분명 존재한다. 그렇지만 거기에는 생생한 몸짓들을 탄생시키는 어떤 능력을 대상들에게 제공하는 그 호출문자는 더 이상 존재하지 않는다. 사실 그 신전에게 호출문자를 제공하는 것은 그 신전의 기하학적인 비율들이 아니다. 그것은, 그 신전이 서늘하고 어둡고 견고한 돌멩이 덩어리로서 세계 안에 존재한다는 사실, 그리고 그런 덩어리로서의 신전이 우리의 노력하거나 욕망하는 능력들, 우리의 두려움이나 우리의 약동을 일차적이고 전前지각적인 방식으로 굴절시킨다는 사실, 바로 그것이다. 세계에 통합되어 있는 이런 질의 무게야말로, 우리 지각의 흥미를 끄는 기하학적인 모든 요소보다 먼저 그 돌무더기가 우리의 경향성들을 움직이는 동력이 되게끔 만드는 것이다. 그 복원물이 그려져 있는 종이장 위에는 기하학적인 특성들밖에 없다. 이 특성들은 차갑고 의미가 없는 것들이다. 왜냐하면 그것들이 지각되기 전에 경향성들의 각성이 일어나지 않았기 때문이다. 예술 작품은 오로지 이런 기하학적인 특성들, 이런 한계들이 질적인 흐름을 수용하고 고정시키는 한에서만 미학적일 뿐이다. 이런 질적인 존재를 정의하기 위해서 마술에 대해 이야기하는 것은 전혀 유용하지 않다. 그것은 마술적인 것인 만큼이나 분명 생명적인 것biologique이다. 그것은 우리의 굴성屈性, tropismes의 약동에, 다시 말해 아직 대상들을 포착하진 못하지만 높은 곳이나 낮은 곳, 어두운 곳이나 밝은 곳으로 향하는 길들과 방향들은 포착할 줄 아는 존재자로서 지각 이전의 세계 안에 있는 우리의 원초적인 존재에 관련된다. 바로 이런 의미에서, 그리고 경향성들을 불러내는 것이라는 점에서 보자면, 미학적 대상이란 잘못 명명된 것이다. 왜냐하면 대상이란 오로지 **지금 여기**$^{\text{hic et nunc}}$ 국지화된 것으로 지각에 의해 파악될 때에만 대상이기 때문이다. 그러나 미학적 대상은 그 자체로도 그렇고 지각 이전에도 대상으로 간주될 수 없을 것이다. 미학적 실재는, 세계가 모든 대상 이전에 있다고 할 수 있는 바로 이런 의미에서 전前대상적이기 때문이다. 미학적 대상은 이 대상에게 안정성을 부여하고 이 대상을 오려 낸 어떤 발생 끝에 온 대상이다. 이런 발생 이전에는, 주체적이지도 않지만 아직 대상적이지도 않은 어떤 실재가 존재한다. 이 실재는 호출문자들, 방향성들, 엄밀한 의미에서의 굴성屈性들을 포함하는, 세계 안에 있는 생명체의 특정한 존재 방식이다.

실재적인 미학적 인상은 대상에 좌지우지될 수 있는 것이 아니다. 미학적 대상의 구성은 망각되었던 마술을 복원시키는 데에는 불가피하게도 헛된 노력일 뿐이다. 진정한 미학적 기능은 마술적일 수 없다. 그것은 단지 기능적으로만 마술에 대한 회상이자 재수행일 수 있을 뿐이다. 그것은 거꾸로 올라간 마술, 반대 방향에서의 마술이다. 맨 처음의 마술이 우주를 독특한 지점들과 독특한 순간들로 망상網狀화하는 것이었다면, 예술은 과학, 도덕, 신비주의, 의식儀式 등에 입각해서 새로운 망상網狀을 솟아오르게 하고, 따라서 이 새로운 망상網狀을 통해서 하나의 실재적인 우주를 솟아나게 하는 것이다. 바로 이 우주 안에서 자기 분열된 노력이 하나로 완성된다. 이 자기분열된 노력은 기술과 종교에 의해서, 그러니까 마술의 그 두 표현들을 통해서 이루어진 우주의 구조화하는 최초의 노력에 의해서 겪게 된 내적 탈구에서 비롯된 것이다. 예술은 우주$^{\text{l'univers}}$를 재구성한다, 아니 차라리 하나의 우주$^{\text{un univers}}$를 재구성한다. 반면, 마술은 하나의 우주로부터 출발하는데, 이는 방향과 능력이 실린 영역들로 그 우주를 이미 분화시키고 절단하는 어떤 구조를 수립하기 위해서다. 예술은 인간적 노력에 입각하여 하나의 우주를 겨냥하고 하나의 단일성을 재구성한다. 그러므로 예술은 이렇게 마술과는 반대다. 하지만 잇따른 두 탈구들 이후에만 예술은 전적으로 그런 존재일 수 있을 뿐이다.

예술에는 두 가지 부분적인 형태들이 존재한다. 신성한 예술과 세속적인 예술. 신비적인 태도와 의식儀式적인 태도 사이에, 예술은 매개자로서 개입할 수 있다. 이런 예술은 사제의 행위 같은 것이긴 하지만 그렇다고, 사제의 자격을 갖는 것일 수는 없다. 신비적인 태도와 의식儀式적인 태도를 종교의 자리에서 출현시켰던 분열 속에서 사라져 버린 매개자의 어떤 것을 그 예술은 다시 발견한다. 신성한 예술은 몸짓이면서 동시에 실재이고, 대상이면서 동시에 주체다. 왜냐하면 예술은 미학적 태도이면서 동시에 작품이기 때문이다. 작품은 실행되어야만 존재할 수 있다. 그것은 영감으로부터 나온다. 예술은 예술적 활동과 대상화된, 즉 현실화된 작품으로 이루어진다. 이런 의미에서, 축하의식이 있기 때문에 매개가 있다는 것이다.

마찬가지로, 세속적인 예술은 예술적 노동의 결과인 자신의 대상을 이론적 지식과 도덕적 요구 사이에 세운다. 일반적인 취향의 용어로 다시 말하자면, 미는 진과 선 사이에서 중개仲介한다. 미학적 대상은 대상적 구조들과 주체적 세계 사이를 중개하는 연장outil과 같다. 그것은 지식과 의지 사이의 매개자다. 미학적 대상은 지식의 측면들과 의지의 측면들을 집중시키고 표현한다. 미학적인 표현과 창조는 지식이자 행위다. 미학적 행위는 지식처럼 그 자신 안에서 완성된다. 그러나 미학적 지식은 신비스럽다. 그것은 행위의 능력을 은닉하고 있다. 미학적 대상은 지식과 행위 사이를 중개하는 조작opération intermédiaire의 결과물이다.

그런데, 만일 미학적 인상이 존재하지 않는다면, 미학적 대상도 존재할 수 없을 것이다. 미학적 대상은 단지 세계의 다양한 요소들과 주체의 다양한 몸짓들 사이에 진정한 만남이 이루어졌다는 것의 표시인 자연적인 미학적 인상을 준비하고, 전개하고, 간직하는 것일 뿐이다. 모든 미학적 대상은 신성하거나 세속적이지만, 미학적 인상은 신성하면서 동시에 세속적이다. 미학적 인상은 대상의 매개와 동시에 인간의 매개를 상정한다. 미학적 인상 안에서, 인간은 운명적인 사제이고, 마찬가지로 대상은 운명적인 대상이다. 여기서 운명은 의지와 일치한다.

바로 이를 통해서, 예술 작품이 경향성들을 부추기고 이 경향성들의 지표들인 감각가능한 질들이 있음을 내포한다는 사실이 설명된다. 또한 바로 이를 통해서, 대상이 지닌 일관성의 특성들을 예술 작품에 부여하는 일정한 구조화도 설명된다. 예술 작품은 실천적 판단과 이론적 판단을 동시에 호출한다.

그러나 미학적 판단이 반드시 어떤 예술 작품을 앞에 두고 행해지는 것은 아니다. 예술 작품은 미학적 판단이 그 앞에서 무의식적으로 일어나는 자연적 존재를 사용하기 때문이다. 게다가, 예술 작품이 어떤 지속을 나타낼 때는, 미학적 판단이 처음부터 완전하게 수행되는 상태로 주어지지 않는다. 처음엔 보다 이론적이고 윤리적이다가, 그 작품의 완수가 가까워짐에 따라 점점 더 순수하게 미학적으로 되는 판단의 어떤 진화가 있는 것이다. 고대 비극은 작품의 전개 과정에서 일어나는 이러한 양상의 진화에 대한 한 예를 제공한다. 여기서는 오로지 대단원만이 진정한 미학적 판단에 해당한다. 그리고 이 대단원에 선행하는 지속은 실천적 판단들과 이론적 판단들을 포함한다. 회화나 조각처럼 시간이 아니라 공간을 사용하는 작품에 대한 이 같은 미학적 관조에서는, 미학적 인상의 순수한 발견과 융화 이전에, 그것을 본 첫 순간에 이론적 판단들과 실천적 판단들 사이에 어떤 구별이 존재한다. 그래서 심지어 예술 작품은 항상 이론적 판단과 실천적 판단 사이의 어떤 탈구에 대한 경험을 제공할 거라고 말해질 수도 있을 것이다. 만약 그 예술 작품을 유지하기 위해서 있어야 하는, 저변에 깔려 있는 기술적 판단의 견고함이 없었더라면, 즉 예술 작품은 만들어진 것이라는 판단이 없었더라면 말이다.

미학적 판단은 일반적으로 기술적인 판단과 순수하게 미학적인 판단의 혼합물로 되어 있다. 물론, 예술 작품에 대한 지각의 전개 과정에서 순수하게 미학적인 판단의 계기들이 있을 수 있다. 그러나 만일, 이해의 단일성을 유지하기 위해서, 예술 작품의 그 저변이 만들어진 실재로서 그리고 바로 이런 자격으로 실재적 기원의 단일성을 갖는 실재로서 존재하지 않았다면, 미학적 판단은 이론적 판단과 실천적 판단으로 분리되는 경향성을 가진다고 생각될 수 있었을 것이다. 미학적 이해 안에 기술적 판단이 들어 있다는 바로 이런 이유로 미학적 판단이 삶보다는 예술 안에서 더욱 쉽게 나타나는 것이다. 삶 안에서는 미학적 판단이 극히 드물다. 왜냐하면 그것은 오로지 세계를 분극화하는 어떤 노력과 어떤 기다림의 끝에서만, 그리고 세계의 우발적인 결정들이 보편화되고 구체화된 이 기다림과 우연히 일치하게 된다면, 그때서야 도래할 수 있을 어떤 만남을 필요로 하기 때문이다. 그래서 환멸이 미학적인 표현보다 훨씬 더 흔한 것이다.

진정한 미학적 인상은 신성한 예술의 인상과 세속적인 예술의 인상을 자기 안에서 결합하면서, 오로지 (세속적 예술로서의) 미학적 대상만, 또는 신성한 예술의 인간적 몸짓만이 아닌, 둘 다를 동시에 일어나게 한다. 인간은 그런 미학적 인상 속에서, 미학적 가치를 지닌 대상들의 세계 가운데서 의식儀式을 거행하는 것이다. 고대 비극은 신성하면서 동시에 세속적이다. 그것이 가장 참된 삶에 근접하는 것은 그 삶이 비극의 인상을 제공하는 한에서, 즉 인간 존재에게서 하나의 매개자를 읽어 내는 인상을 제공하는 한에서다. 인간의 각 몸짓은 신성한 어떤 미학적 가치를 갖는다. 그것은 삶의 총체성과 세계 사이에 개입한다. 그것은 참여하게 만든다. 운명은 예외적 가치를 지닌 몸짓들의 연결망을 통해서 세계의 실재와 삶의 노선이 이렇게 일치하는 것이다. 매개적인 모든 몸짓은 미학적이다. 예술 작품의 바깥에서조차도, 아니 본래 예술 작품의 바깥에서. 완전한 미학적 몸짓은 신성하면서 동시에 세속적인 것으로서, 일반적으로 신성하거나 아니면 세속적이거나 둘 중 하나인 예술 작품 안에서는 찾아보기 어렵다. 완전한 미학적 인상은 운명적인 인상과 분리될 수 없다. 그것은 신성한 것에 속하는 것으로서 실재적인 것의 한정된 한 영역에 제한되지 않는다. 또한 그것은 세속적인 것에 속하는 것으로서 인공적으로 대상화하는 표현 방식을 갖지 않는다.

신성한 것과 세속적인 것은 실재적인 삶 안에서 그리고 미학적인 인상 안에서 서로 만난다. 신성한 예술과 세속적 예술은 단지 완전하고 실재적인 미학적 인상의 보조물들일 뿐이다. 이 인상은 신성하든 세속적이든 예술 작품으로부터 나오지 않으며, 심지어 그 인상이 나타나는 순간에 예술 작품이 거기 있기를 요구하지도 않는다. 인공적인 예술 작품이 자신들을 인솔하기를 요구하지 않는 낭만주의자들은 애초부터 하나의 예술 작품으로 만들어진 분명한 예술 작품의 도움 없이도 삶 안에서 진정한 미학적 인상을 발견한다. 그런데 낭만주의는 단지 예술을 삶에 다시 갖다 묶는, 그래서 신성한 것과 세속적인 것을 용접하는, 그런 비극적인 사유의 측면들 중 하나일 뿐이다. 예술에서 장르들의 혼합은 낭만주의의 직접적인 귀결이다. 그러나 낭만주의의 진정한 미학적 인상은 예술 작품 안에 있지 않다. 그것은 삶의 태도들 안에 있다. 반대로, 고전주의 예술에서는 신성한 예술과 세속적 예술의 결합이 없다. 예술의 형태들은 따라서 양자 서로 분리되어 있고, 진정한 미학적 인상은 예술 작품 안에 있다.

제도화된 예술은 서로 매우 가까운 사유들 사이의 부분적인 결합을 실행할 수 있다. 그러나 그것은 종교적 사유와 기술적 사유를 완전하게 접근시킬 수 없다. 제도화된 예술은 예술 작품들을 생산하지만 단지 미학적 존재를 향한 출발의 움직임에 불과할 뿐이며, [도달된] 그 미학적 존재에서야, [양자의 결합이] 실제로 실행된 것을 표시하는, 그런 만남이 주체에게 일어날 수 있다. 참된 미학적 인상은 실재로서 느껴진 실재의 영역에 속한다. 제도화된 예술, 인공적인 예술은 여전히 참된 미학적 인상을 발견하기 위한 하나의 준비이자 하나의 언어에 불과하다. 참된 미학적 인상은 마술적 사유만큼이나 실재적이고 심원한 것이다. 그것은 마술적 단일성을 그 자신 안에서 재구성하며, 오랜 탐구 이후에 이런 단일성을 회복하는 것으로, 특수한 상이한 양상들 사이의 실재적 만남으로부터 나온다. 미학적인 양상은 따라서 분화와 각각의 전개 이후에야 가능한 모든 양상들의 재결합이다. 그것은 그 단일성의 능력에서, 기능적으로, 원초적인 마술적 사유와 가장 가까운 것이다. 그러나 미학적 인상은 그것이 사유 양상들의 여러 수준들 사이에 일어난 작위적 구성의 결과물이 아닌, 실재적 만남을 표현할 때에만 마술과 기능적으로 진짜 동등한 것일 수 있다. 제도화된 예술의 참된 의미나 기능은 단지 사유의 분화된 양상의 수준들을 관통하는 단일성에의 요구를 유지시키는 것일 뿐이다. 만일 제도화된 예술이 미학성이 된다면, 즉 생생하게 느껴진 것으로 간주된 실재적이고 최종적인 어떤 만족을 그 제도 예술이 제공하고 대신하고자 한다면, 그것은 진정한 미학적 인상의 출현을 막는 장막이 될 것이다.

이런 의미에서 마술적 사유로부터 미학적 사유로 가는 연속적인 선이 있다고 말해질 수 있을 것이다. 마치 사유의 양상적 수준들 각각에는,

부서진 원초적 단일성의 상징적 번역인 다른 수준들의 저변이 존재하는 것처럼 말이다. 그래서 기술 안에는 그 반대쌍인 종교적 사유가 현존하며, 기술에다 어떤 완전성의 의미, 즉 기술적 아름다움을 가져다주는 것이다. 또 종교적 사유 안에는 자신의 매개를 기술적 영역으로 확장하려는 욕망이 존재하며, 종교적 사유는 기술적 사유의 규범들이 침투하는 것을 자신의 규범들로 막으면서 동시에 어떤 기술성을 향해, 정해진 규칙성을 향해, 기술적 아름다움이 기술성을 미학화하듯이 자신을 미학화하는 형태들을 향해 나아가고자 한다. 종교적 사유의 내부에는, 부서진 마술적 단일성을 회복하고자 하는 보완적인 힘에 대한 추구를 나타내는 종교적 아름다움이 있다. 기술적 사유 안에 기술적 대상을 매혹적으로 만들어 주는 아름다움에 대한 추구가 있듯이. 기술적 대상이 예술의 대상이고자 하듯이 사제는 예술가이고자 한다. 두 매개자들은 마술적 단일성에 적합한 그들의 균형을 발견하기 위해서 스스로 미학화한다.

그럼에도 불구하고, 분명하게 주목해야만 하는 것은, 기술의 경우에서처럼 종교의 경우에서도, 너무 이른 그런 미학화는 정적인 만족으로, 즉 완전한 만족 이전의 거짓 완성으로 향하는 경향이 있다는 것이다. 참된 기술성과 참된 종교는 그런 미학성으로 향해서는 안 된다. 그 미학성은 상호균형맞추기를 통해서 너무나 쉽게 마술적 단일성을 유지하고, 너무 덜 진척된 전개 수준에서 그런 식으로 마술과 종교를 보존하는 것이다. 사유의 실재적인 전개가 요구하는 것은, 사유의 상이한 태도들이 서로서로 탈착될 수 있고 심지어 서로 대립될 수도 있다는 것이다. 왜냐하면 그것들이 단 하나의 주체에 의해서 동시에 사유되고 전개될 수 없기 때문이다. 사실, 사유의 그 상이한 태도들은 하나의 주체가 그것들을 실현하고, 깊은 내면에서 본질적인 방식으로 그것들을 담당하기를 요구하며, 그것들 중 하나를 그 주체 자신의 존재와 삶의 원리로 삼기를 요구한다. 심지어 하나의 태도가 전개될 수 있기 위해서는, 그 사유가 여러 대상들 사이에서 교환되어야 하고 시간의 계열을 따라 전개되며 하나의 전통이 되면서 시간적 차원을 차지해야 한다. 이로부터 정해진 어떤 [사유의] 유형이 한 사회적 집단에 그 집단의 존재의 토대로서, 그 존재를 정당화하는 신화로서 융합되는 것이다.

그런데, 하나의 사유는 사회적이고 집단적이 되면 될수록 점점 더 그 집단에 개인들을 참여시키는 수단으로 쓰이게 되고, 또한 그 사유는 점점 더 특수해지며, 역사적 요소들을 짊어지고, 전형화하게 된다. 따라서 미학적 판단의 두번째 기능은 바로 전문화된 사유의 상이한 유형들을 대변하는 사회 집단들 사이의 소통을 준비하는 것이다. 우리는 지금까지 [사유의] 그 상이한 양상들을 마치 인간 주체는 개체이고 공동체^{collectivité}가 아닌 것처럼 제시해 왔다. 실제로는 그 주체가 집단적 존재^{être collectif}인 한에서, 예술이 다양한 태도들 가운데 가장 두드러지는 것들을 공동으로 취하게 하는 예비작업의 역할을 하는 것이다. 기술자들과 사제들이 있고, 학자들과 행동가들이 있다. 그 인간들에게 어떤 것을 공동으로 갖게 하고 그들의 생각들을 교환하는 방식을 발견하게 하는 본원적인 마술의 임무는 미학적인 지향 안에 거주한다. 미^美라는 범주는, 어떤 전문화된 사유 안에서, 상보적인 사유들의 요구들이 그 전문화된 사유의 수행 자체를 통해서 암묵적이고 내재적인 방식으로 충족된다는 것을 고지하는 것이다. 아름다움의 인상은 어떤 노력의 처음에는 결코 나올 수 없으며 오직 그 노력의 끝에서만 솟아나올 수 있는 것이다. 왜냐하면 그 노력은 처음엔 자기 고유의 방향으로 진행하다가, 그 노력의 수행이 증가함으로써 자신이 목표하지 않았던 것이자 있지 않았던 것을 마주쳐야만 하기 때문이다. 아름다움

이 매력적인 것은, 바로 그것이 우리가 실현하고자 하지 않았던 것의 실현이라는 점에서, 또한 그것을 위해서 우리가 직접적으로 노력하진 않았지만 그럼에도 불구하고 총체성을 향한 어떤 경향성을 통해 모호하게나마 보완의 필요성으로 느껴졌던 것이라는 점에서다. 총체성을 향한 경향성은 미학적 추구의 원리다. 그러나 이 같은 추구는 **끝없이 나아가기**|progressus ad indefinitum를 시작한다. 왜냐하면 그 추구는 각 질료[물질] 안에서의 완전성에 대한 의지인 반면에, 이 완전성은 그것이 실현되고자 한 영역과는 다른 영역들을 정확하게 겨냥하기 때문이다. 이런 조건들에서, 미학적 추구는 안정적인 규범들을 찾을 수 없다. 왜냐하면 그것은 부정적인 특성들에 의해, 즉 하나의 사유 양식은 똑같이 가치 있는 다른 사유 양식들을 자기 바깥에 허용한다는 그런 느낌에 의해 추동되기 때문이다. 미학적 경향성이란 한 결정된 영역에서 다른 모든 영역들의 등가물을 실현하기 위한 노력이다. 하나의 영역이 더 특수해지고 전문화할수록, 미학적 요구가 하나의 완벽한 작품을 구성하도록 추동하면 할수록, 이 완전성은 다른 영역들에서도 같은 가치를 갖기 위한, 그리고 그 국지적인 완성의 과잉을 통해 이를 실현하기 위한, 자기 초극의 의지다. 마치 이 국지적인 완성이, 사방으로 뻗어나가는 넘치는 잉여로서, 그 영역이 아닌 것[해당 영역을 넘어가는 것]일 수 있는 능력을 가진 것처럼.

예술은 그래서 특수한 존재 안에 있는 보편성에 대한 의지, 즉 자기 양식을 초극하고자 하고, 자신의 한계들을 초극함으로써 자기 안에서 모든 양식들을 실현하고자 하는 그런 의지다. 완전성은 제한사항대로 철저하게 실현된 규범성이 아니라, 너무나 큰 탁월성excellence의 발견이다. 이 탁월성은 그 자체로 작동하며, 다른 양식들 모두에 도달할 뿐 아니라 [그 양식들의 탁월성이] 떨어지면 다시 회복시켜 줄 수 있을 정도로 풍부한 충만함을 지니고서 그 자체로 퍼져 나간다. 사실, 미학적인 기획 안에는 아마도 어떤 가상이 있을 것이다. 왜냐하면 사유의 결정된 한 양식이 자신의 완전성에 근거해서 다른 모든 양식들과 등가일 수 있는 것은 아마도 불가능할 것이기 때문이다. 그렇지만 미학적 지향은 그런 자기 초극의 가능성에 대한, 그런 등가성에 대한 또는 탁월성들의 상호 전환 가능성에 대한 긍정을 포함한다. 예술은, 각각의 양식 안에 구현되어 있고 한 양식의 그 자신에 근거한 운동을 통해서 다른 양식들을 발견하고자 하는 구체적인 탁월성의 추구다. 예술이 마술적인 것은 바로 여기서다. 예술은 하나의 양식에서 떠나지 않으면서, 오로지 그것을 팽창시키고, 그것을 다시 시작하고, 그것을 완벽하게 하면서만 다른 양식들을 발견하고자 한다. 실재 우주의 어떤 망상網狀 구조에 대한 가정이 있기 때문에 마술이 있다. 즉, 각각의 양식은 객관적으로는 그 자신의 내부에 머무르면서 마술적으로는 그 자신으로부터 빠져 나온다. 이것은 다른 양식들 또한 그와 같은 내적 추구를 따른다는 것을 상정한다. 한 양식의 안정성이 다른 양식의 안정성과 소통하는 것이 아니라, 탁월성과 탁월성이, 미학적 지향과 미학적 지향이 소통하는 것이다.

변환성transductivité이란 말을 다시 사용하자면, 예술이란 서로서로에 대하여 상이한 양식들의 변환성을 확립하는 것이라고 할 수 있을 것이다. 즉 예술이란 하나의 양식mode 안에서 비-양상적non-modal으로 있는 것이다. 한 개체 주위에 그에게 연합된 전前개체적 실재가 남아 있어서 그 개체로 하여금 공동체의 제도 안에서 소통할 수 있게 하는 것처럼 말이다.

미학적 지향은 이런 한에서, 사유의 상이한 양식들 사이에 수평적인 관계를 확립하는 것이다. 그것은 공통 유에 대한 참조 없이도 한 영역에서 다른 영역으로, 한 양식에서 다른 양식으로 이행할 수 있게 하는 것이다.

미학적 지향은 한 영역에서 다른 영역으로 끌고 가는 변환적 능력^{pouvoir} ^{transductif}을 감추고 있다. 그것은 한계를 넘어서 넘쳐흐르기를 요구한다. 그것은 고유성, 한계, 정의 속에 포함된 본질, 외연과 내포의 상관관계 등의 방향과는 정반대다. 미학적 지향은 이미 그 자신 안에 총체성의 요구, 앙상블의 실재에 대한 추구가 있다. 미학적 지향이 없다면, 점점 더 세밀해지는 전문화의 내부에서 동일한 실재들의 무한정한 추구가 있을 것이다. 이 때문에 미학적 지향은 어떤 추구의 중심 방향들에 입각해서 볼 때 영속적인 일탈인 것처럼 보인다. [하지만] 이 일탈은 실제로 영역들의 임의적인 파편화 아래서 실재적 연속성을 추구하는 것이다.

미학적 지향은 양식들을 서로 연결시키는 변환적 연속성^{continuité} ^{transductive}의 확립을 허용한다. 이렇게 해서 종교적 사유의 양식들로부터 기술적 사유의 양식들로(더 정확하게 말하자면, 종교-이후$^{post-religieuse}$의 사유로부터 기술-이후$^{post-technique}$의 사유로), 신학적인 것, 신비적인 것, 실천적인 것, 이론적인 것의 차원에 따라서 이행되는 것이다. 그런데 이러한 변환적 관계는 공간적인 표상에 의해서만 파악될 수 있을 정도로 닫혀 있는 것이다. 실제로는 이론적인 것에서 신학적인 것으로 이행하고, 신비적인 것에서 실천적인 것으로 이행한다. 즉 대상적인 두 차원들과 주체적인 두 차원들 사이에 연속성이 있는 것이다. 또한 기술과 종교, 두 영역들 각각의 내부에는 주체적인 차원으로부터 대상적인 차원으로 가는 연속성도 있다.

그래서 미학적 지향은 전문화된 어떤 영역을, 즉 예술의 영역을 창조하지 않으며, 아니 최소한 창조해서는 안 될 것이다. 예술은 실제로, 하나의 영역 위에서 전개되며 암묵적인 내적 목적성, 즉 전문화하면서 분리되고자 하는 실재의 한 영역의 변환적 단일성을 보존하라는 목적성을 지닌다. 예술은 의미작용의 상실에 대한, 그리고 자신의 운명 안에서 존재의 앙상블에 결합되지 못하는 것에 대한 근본적인 반작용이다. 예술은 보상이 아니며, 아니 보상이어서는 안 되며, 갑작스럽게 도래하는 실재지만 오히려 원초적인 단일성이고, 이 단일성을 따라 펼쳐지는 어떤 전개의 서두다. 예술은 고지하고, 미리 그려 보이고, 소개하고, 또는 완성하지만, 실현하지는 않는다. 그것은 심오하고 통일된 영감, 시동시키고 신성화하는 영감이다.

예술이란, 그 예술이 인정하는 한에서, 실재들의 앙상블을 어떤 방식으로든 요약하여 시간의 다른 단위, 역사의 다른 계기로 옮길 수 있게 만드는 것이 아닌지 또한 의문시할 수 있을 것이다. 예술은, 그 예술이 실현하는 축하의식과 취임식 피날레에서, 지금 여기서$^{hic\ et\ nunc}$ 완수되고 국지화된 실재를 시간과 공간을 가로지를 수 있을 실재로 변형시킨다. 그것이 인간의 그 완수된 행위를 끝나지 않도록 만든다. 예술은 상이한 실재들을 영원하게 만든다고 통상 말해진다. 그러나 사실, 예술은 영원하게 하는 것이 아니라, 국지적으로 완수된 실재에게 다른 장소들과 다른 순간들로 이행할 수 있는 능력을 주면서 변환적으로 만드는 것이다. 예술은 영원하게 하는 것이 아니라 다시 태어나고 다시 실행되는 능력을 주는 것이다. 예술은 본질^{quiddité}의 씨앗들을 남긴다. 예술은 지금 여기$^{hic\ et\ nunc}$ 실현된 특수한 존재자에게 그 자신으로 있을 수 있는 능력을, 그러나 언젠가는 다시, 그리고 무수히 많이 그 자신일 수 있는 능력을 제공한다. 예술은 개성^{個性,} ^{eccéité}[이것임]의 속박들을 풀어 준다. 예술은 동일성이기를 그치지 않으면서 반복될 수 있는 능력을 그 동일성에 부여하면서 개성[이것임]을 다양화한다.

예술은 존재론적 한계들을 극복하며, 존재와 비-존재에 관해 자유롭다. 존재는 [과거에] 있었던 바를 부정하거나 거부하지 않으면서도 변화할 수 있고 반복될 수 있다. 예술은 매번 새로 시작하는 실재를 무화시키지 않는 되풀이의 능력이다. 바로 이 점에서 예술은 마술적이다. 모든 실재는, 공간과 시간 안에서 독특한 것인데, 그럼에도 연결망 안에 있는 실재이어야만 한다. 이 지점[독특한 실재]은, 연결망의 각 매듭이 자신의 개성을 무화시키지 않으면서도 그 지점에 응답하며 그 지점 자신이 되는, 그런 무수히 많은 다른 지점들의 대응물이다. 바로 거기에, 실재적인 것의 이런 망상網狀 구조 안에, 미학적 신비라 부를 수 있는 것이 거주한다.

2. 기술적 사유, 이론적 사유, 실천적 사유

미학적 활동의 수렴 능력은 오로지 기술과 종교의 원초적인 형태들 사이의 관계 수준에서만 충분하게 실행된다. 그러나 기술과 종교의 자율적인 전개 안에 포함되어 있는 그 수렴 능력은 기술과 종교 각각의 양분兩分으로부터 비롯한, 더 이상 미학적 사유의 자연적인 수준에 있지 않은 사유 양식들의 새로운 질서를 창조한다. 이 양식들과 관련해서 보자면, 미학적 사유는 원초적인 것처럼 보인다. 미학적 사유는 자기 고유의 실행을 통해서 이 양식들을 수렴시킬 수 없으며, 그것의 활동은 오로지 철학적 사유의 노력을 방향짓고 유지하기 위한 패러다임으로서만 사용된다. 미학적 사유와 마찬가지로, 철학적 사유도 대립되는 위상들 사이의 중립 지점에 위치한다. 그러나 그 수준은 마술적 단일성의 위상차로부터 귀결된 일차적인 대립의 것이 아니다. 그것은 기술적 사유와 종교적 사유가 [각각] 양분兩分되어 산출된 결과물들 사이의 이차적인 대립의 수준이다. 그런데, 기술성의 생성에 잘 들어맞으면서 어떻게 철학적 사유가 미학–이후post-esthétique

수렴의 역할을 완전하고 효과적인 방식으로 수행할 수 있는지를 알기 위해서는, 이 이차적인 양분兩分을, 특히 기술적 활동의 것을 연구하는 것이 필수적이다.

사유의 일차적인 양상들modalités의 수준(기술, 종교, 미학)은 소통과 표현의 간헐적인 사용만으로 특징지어진다. 물론, 미학적 사유는 소통되기 쉬운 것이고, 기술들과 종교들조차도 어느 정도는 배울 수 있고, 전달될 수 있으며, 가르쳐질 수 있다. 그렇지만 사유의 그런 원초적인 형태들이 전달되는 것은 오히려 주체의 모의상황체험mise en situation을 필요로 하는 직접적인 테스트에 의해서다. 그 사유 형태들이 창조하는 대상들, 그 대상들의 드러남은 감각 영역에 들어갈 수 있다. 그러나 사유의 도식들, 그 사유들 자체를 형성하고 키우는 인상들과 규범들은 표현의 차원에 직접적으로 속하지 않는다. 즉 한 편의 시를 배울 수 있고 한 폭의 그림을 감상할 수는 있지만, 이것이 시나 회화를 배우는 것은 아니다. 그 사유의 정수는 표현을 통해 전달되지 않는다. 왜냐하면 사유의 그 상이한 유형들은 인간과 세계 사이의 매개들에 속하지, 주체들 사이의 만남에 속하는 것이 아니기 때문이다. 그 사유 유형들은 주체간 시스템système intersubjectif의 변경을 상정하지 않는다.

이와 반대로 사유의 이차적인 양상들은 소통과 표현을 상정하며, 표현적 소통의 매듭인 판단의 가능성을 함축한다. 또한 그것들은 발화의 내용을 대하는 주체의 태도들과 양상들을 본래적인 의미에서 내포한다.

그런데 기술성은 판단의 어떤 유형들에, 특히 이론적인 판단과 실천적인 판단에, 아니면 최소한 몇몇 이론적인 판단들과 몇몇 실천적인 판단들에 도입된다.

사실, 기술성만이 소통된 사유 양상들의 과포화와 양분兩分에 의해서 발생되는 건 아니라는 점을 지적해야 할 것이다. 종교적 사유 또한 판단들의 기초다.

종교적 사유의 양분兩分과 마찬가지로, 기술적 사유의 양분兩分은 이 사유의 과포화 상태로부터 비롯한다. 원초적인 수준에서는 종교적 사유가 그런 것처럼 기술적 사유도 판단들을 내리지 않는다. 판단들은 그 사유 양상들이 분화될 때 나타난다. 왜냐하면 그 양상들은 판단의 양상들이기 이전에 사유의 양상들, 특히 표현의 양상들이기 때문이다. 판단이란 단지 표현적 소통의 결절 지점일 뿐이다. 소통의 도구인 한에서 그것은 하나의 양상을 소유한다. 왜냐하면 양상은 표현의 유형에 의해서 정의되기 때문에, 그러니까 그것은 판단을 앞서거나 뒤서면서 감싸고 있는 표현적 지향이기 때문이다. 양상은 판단 안에 포함되지 않는다. 그것은 판단을 나타나게 한다. 판단은 표현의 양상을 구체화하지만, 모조리 다 그렇게 하지는 못한다.

기술적 활동 안에서는 행동이 좌초했을 때, 다시 말하자면 그 행동이 자신이 융합한 세계와 함께 과포화된 양립불가능한 시스템을 형성할 때, 대립된 두 양상들이 출현한다. 만일 단 하나의 몸짓이 항상 동일한 결과물에 도달했다면, 만일 기술적 행동이 균열 없이 단일가치만 지녔다면, 대립된 양상들의 출현은 없었을 것이다. 기술적 사유는 항상 수행된 행위의 유효성을 암묵적으로 파악했을 것이고, 그 행위와 구별되지 않았을 것이다. 그러나 기술적 몸짓의 좌초는 기술적 행위를 대립된 두 실재들로 위상 변화하게 만든다. 모양의 실재는 인간이 터득하는 수단들로서 행동의 도식들, 습관들, 구조화된 몸짓들로 이루어지고, 바탕의 실재는 기술적 몸짓이 적용되는 세계의 능력들, 크기들, 질들로 이루어진다. 기술적 몸짓의 기초가 되는 이 바탕의 실재는 사물들의 역동성이다. 이것이 사물들을 생산하고, 사물들에게 비옥함, 효력, 사용가능한 에너지를 준다. 기술이 찾는 것은 구조로서가 아니라 능력으로서의 사물, 즉 경향성들, 질들, 고유한 효력들의 저장소로서의 물질이다. 이것은 행동의 표현매체이자 보조자로서의 자연, 몸짓이 효과적일 수 있도록 하는 데 그 효력이 기대되는 보조제로서의 자연이다. 이것은 퍼텐셜들을 비축하고 있는 것으로서의 자연, 부족할 때 그 본성^{nature}을 드러내는 피지스^{φύσις}다. 자연은 인간의 도식적인 몸짓과는 다른 것이다. 인간의 몸짓은 기술적으로 유효하기 위해서 이 생산적인 자연을 따라 수행되어야 한다. 자연의 이러한 퍼텐셜리티^{potentialité}는 단순한 잠재성^{virtualité}보다 훨씬 더 풍부한 것으로서 가능성^{possibilité} 양상의 토대다. 논리적 가능성은 피지스의 진정한 잠재성의 약화된 반영물, 즉 기술적 지향이 실패할 때 인간의 몸짓과 피지스의 구별 안에서 파악되고 이해된 것일 뿐이다.

그런데 잠재성은 이론적이고 객관적인 양상이다. 왜냐하면 그것은 인간의 능력에는 속하지 않는 것, 그럼에도 어떤 능력인 것에 해당하기 때문이다. 그것은 순수한 능력, 절대적인 능력이다.

기술적 행동의 좌초는, 잠재성과 동시에, 이 잠재성의 주관적 대응물, 즉 소망$^{l'optatif}$으로서의 가능적인 것$^{le\ possible}$을 발견하게 한다. 도식들의 앙상블은 불완전한 실재다. 행동의 도식들은 행동의 발단들이고, 어떤 조작^{操作}이 실현되도록 세계에 가해진 자극들이다. 이 행동은 의지된 것이고, 바랄 만한 것으로 제기된 것이며, 인간이 실현하고자 한다는 점에서 이미 실제적으로 원해진 것이다. 그러나 그것은 그 자체 안에 자신의 모든 자율성을 소유하고 있진 않다. 왜냐하면 인간적 소망은 단지 행동의 씨앗으로서의 가치만 갖기 때문이고, 이것이 실행되기 위해서는 세계의 잠재성을 만나야만 하기 때문이다. 모양의 실재가 바탕의 실재에 상응하듯이, 실천적으로 바라는 것은 이론적으로 잠재적인 것$^{le\ virtuel}$에 상응한다. 바로 거기에, 모든 양상에 앞서서 기술적 단일성 안에 직접적으로 주어져 있는 암묵적인 짝짓기가 있다. 하나는 이론적이고 다른 하나는 실천적인 이 두 양상들의 출현은, 인식이면서 동시에 행동이었던 일차적 단일성의, 즉 완전하고 구체적인 기술적 사유의 파열을 표현한다.

그러나 바로 그것은 실천적 사유와 이론적 사유의 원천들 중 하나일 뿐이다. 잠재성들의 선결조건은 과학이 아니며, 도식들의 가능성이 실천적 사유도 아니다. **자연철학**^{physiologie*}은 과학의 일차적인 실패이긴 하지만 과학은 아니다. 퍼텐셜한 잠재성$^{virtualité\ potentielle}$ 개념은 항상 특수하다는 걸 주목하는 것이 본질적으로 중요하다. 그 개념은 부분별로 취해진, 요소적으로 분할된 실재를 겨냥한다. 그것은 세계의 앙상블에 관련되지 않는다. 퍼텐셜이란 것도 실재적인 것의 한 특정한 영역의 퍼텐셜이지, 그것이 형태짓는 안정적인 시스템 안에서 실재적인 것 전체의 퍼텐셜은 아니다. 잠재성의 바로 이런 특성은, 거의 주목받지 못했지만, 기술성으로부터 비롯한다. 기술적인 행동은 실제로 국지적인 능력들에 따라서 유효하거나 유효하지 않거나 한다. 그것은 기술적인 몸짓 아래 현실화될 준비가 되어 있는 어떤 잠재성을 **지금 여기에서**$^{hic\ et\ nunc}$ 만나야만 한다. 이 잠재성은 삽입되어 있고, 국재화되어 있으며, 특수한 것이다. 소망이 주관적으로 가능한 것이듯이, 잠재성은 객관적으로 가능한 것이다. 따라서 잠재성의 이런 양상이 하나하나씩 겪은 항들의 축적을 통해서 진리를 발견하고자 하는 귀납적 사고방식을 지배한다는 것은 자연스럽다. 귀납은 그 원초적인 형태들에서, 필연성이 아니라 잠재성에 근거해서 정초된다. 귀납을 통해 획득

---

* 이 말은 "이오니아 자연철학자들"이라고 말할 때의 의미로 사용한 것이다.

된 진리는 그 잠재성이 아닌 다른 것일 수 있을지 모른다. 실재적인 것을 향해 가는 것은 바로 잠재성의 그 모든 항들의 덧붙임이고, 그 항들은 하나하나 다 잠재적이지만, 서로서로 축적되고 연결된 그 모든 잠재성들의 시스템은, "자연의 법칙들"에 상응하는, 도처에 있으며 항상 사용가능한 하나의 잠재적인 것$^{un\ virtuel}$이 갖는 안정성, 기본적인 안정성의 등가물을 향해 가고자 하기 때문이다. 그러나 자연의 법칙들 이전에, 일차적인 귀납적 사고방식을 정초하기 위한, 자연의 능력들, **피지스들**^{φύσεις}, 결과들을 산출하는 역량들이 있다. 귀납적 사유는 특수한 능력들을 축적하고, 이것들을 유사성과 영역들에 따라 정리하며, 발견될 수 있는 자연적 능력들에 맞춰 실재적인 것을 분류하는, 그런 사유다. 그 첫번째 형태로, 귀납적 사유는 기술적 행동을 위한 일람표를 준비한다. 이 표는 그 행동이 불러일으킬 수 있는 모든 능력들을 정의하면서, 그리고 감각적 인상들의 다양성 아래에서도 항상 취할 수 있을 정도로 충분히 심층적으로 그 능력들을 식별하면서, 기술적 실패를 피할 수 있도록 만들어진 것이다.

귀납적 사유는 따라서 그 내용에 의해서만 정의되지 않는다. 그것은 기술들의 분열로부터 산출된 이론적 사유의 형태다. 방법의 측면에서 보자면, 그것은 특수한 체험들의 타당성을 축적하여 그 속에서 전체적인 발화^{énonciation}의 타당성을 파악하면서, 요소들과 특수한 경험들로부터 집합전체와 앙상블의 긍정으로 진행하는 사유다. 내용의 측면에서 보자면, 이 사유는 예컨대 무거운 것과 가벼운 것, 차가운 것과 축축한 것, 딱딱한 것과 유연한 것, 썩기 쉬운 것과 썩지 않는 것 등과 같은, 세계의 발생적 능력들과 질들을 붙들고 있는 사유다. 첫번째 귀납적 사유가 추구하는 것들의 모든 특성들은 기술적 조작^{操作}들 안에 함축되어 있었던 것들이다. 그렇다고 이것이, 이론적인 귀납적 사유가 실용적인 사유라는 것을, 즉 행동을 지향하면서 기술적 행동을 가능하게 하는 것만을 목표로 갖는 그런 사유라는 것을 의미하는 것은 전혀 아니다. 정확하게 말하면 오히려 그 반대다. 귀납적인 사유는 직접적이고 파편적이며 국지화된 기술적 행동의 실패로부터 비롯하고, 이 실패는 모양의 실재와 여기에 연합되어 있었던 바탕의 실재 사이의 탈구를 야기하는데, 귀납적 사유는 바탕의 실재들을 조직화하기 때문이다. 그러나 그 귀납적 사유가 아무리 행동을 지향하고 있지 않다 해도, 그것은 그래도 자신의 기술적 기원의 흔적을 지니고 있다. 바탕의 실재, **피지스**φύσις를 파악하기 위해서는, 그 사유가 한정된 기술적 조작操作에 연합되어 있어야만 했기 때문이다. 귀납이 붙들고자 하는 것은 바로 행동의 소망이 불러일으킨 것이다.

실패를 통해서, 기술적 사유는 세계가 기술들에 몽땅 융합되는 것은 아니라는 것을 발견한다. 만일 세계가 모양의 구조들로만 이루어졌다면, 승리한 기술은 결코 장애물들을 만나지 않았을 것이다. 그러나 인간 몸짓에 동질적인 모양의 구조들 너머에는, 그 인간 몸짓의 효력에 대한 무조건적인 제한으로서 부정적으로 개입하는 실재의 다른 유형이 존재한다. 만일 물이 펌프의 실린더 안에서 어떤 높이로든 올라갈 수 있었다면, 가정용 물탱크 제조자의 기술로도 충분했을 것이다. 즉, 도달해야 할 높이가 더 높을수록 펌프 실린더의 구축, 관들의 접합, 밸브들의 연마처리는 더 완벽해야 될 것이긴 하지만, 영역의 변화나 새로운 유형의 개념 사용 없이, 도달할 결과의 중요성과 구축의 기술적 노력 사이에는 단지 비례 배분만 있으면 될 것이다. 그러나 빨아올리는 펌프들 안에서 물이 어떤 높이 이상으로 올라오지 않을 때는, 그 기술적인 개념들이 부적합한 것이 된다. 문제가 되는 것은 더 이상 기술적 대상의 완전성이 아니다. 가장 훌륭한 가정용 물탱크 제조자도 물이 10m 33cm 이상으로 올라오게 할 수만 있을 뿐이다. 세계는 자발성이 없는 온순한 물질을 기술적 몸짓에 맡기지 않는다. 기술적 조작操作에 들어오는 세계는 중립적인 바탕이 아니다. 그 세계는 모양의 기술적 도식들에 대립하는 반反-구조들contre-structures을 갖고 있다. 그런데 세계의 그 저지 능력들은 각 기술의 공리계axiomatique 안에 개입한다. 그것들은 기술들이 개선될 때 그 공리계를 과포화시키는 조건들을 무진장 비축하고 있다. 즉, 물받이가 붙은 물레방아, 아르키메데스식 나선 양수기는 반反-구조를 만나지 않지만, 가정용 물탱크 제조자의 정교한 기교는 빨아올리는 펌프가 그 저지 능력을 만나도록 만들 수 있다. 그리고 특별히 주목해야 하는 것은, 그 저지 능력으로부터 비롯하는 새로운 조건이 기술적 개선의 조건들에 동질적이지 않다는 점이다. 기술적 개선의 조건들은, 개선되면서 체계화되는 대상의 구체화과정을 통해서 그 자체로 포화상태에 이르는 경향이 있다. 그러나 그런 조건들 외에, 그것들과 양립가능하지 않은 방식으로 자연에 의해 부과되는 조건이 개입하는 것이다.

기술적 사유가 실천과 이론으로 양분兩分하는 것은 바로 부서진 양립가능성을 되찾기 위해서다. 기술들에서 나온 이론적 사유는 조작操作의 조건들 총체를 동질적이고 정합적인 새로운 방식으로 사유할 수 있게 하는 그런 사유다. 그래서, 정수역학hydrostatique이 펌프 실린더 안에서 물을 끌어올리는 조건들에 대한 동질적인 새로운 시스템을 발견하게 한 것이다. 물이 올라오는 것은 물관의 바닥과 꼭대기에서 실행된 압력들의 차이에 의해 설명되는데, 기술적인 예전의 조건들(물관의 꼭대기에 잔류 압력을 존속시키는 펌프 실린더 안의 누수, 밸브의 열림에 대한 최소 압력)과 비-기술적인 예전의 조건들(액체관의 높이, 대기압, 액체의 증기압) 사이에 본성상의 차이는 더 이상 없다. 이 모든 조건들은 자연적이면서 동시에 기술적인 압력이란 개념을 중심에 놓는 사유의 동질적 시스템 안에서 함께 결합된다.

기술적 실패는 사유가 새롭게 변화하지 않을 수 없도록 만든다. 즉 그것은 기술적 조작操作의 모양 도식들과, 이 모양 도식들이 기술적 몸짓 안에서 갖는 효력에 자연이 부여한 한계들의 표상을 양립가능하게 만들면서 동질적인 방식으로 융합하는 새로운 공리계를 정초하게끔 강제한다. 관념적인notionnelle 양립가능성을 확립하는 이 새로운 표상이 바로 개념concept이다. 과학이 개념적인 것conceptuelle은 그것이 기술들로부터 나왔기 때문이 아니라, 그것이 기술적 몸짓들과 이 몸짓들에 세계가 부여한 한계들 사이의 양립가능성의 시스템이기 때문이다. 만일 과학이 기술들로부터 바로 도출되었다면, 그것은 개념들이 아니라 오로지 모양의 도식들만으로 이루어졌을 것이다. 자연적인 질들, 피지스들φύσεις, 기술적 몸짓들의 표현매체로서의 사유들은 개념들의 가장 원초적인 유형을 구성하며, 귀납적인 과학적 사유의 발단들을 표시한다.

이 탐구[기술적 사유의 양분兩分]의 다른 귀결은 실천적 사유의 출현인데, 이 실천적 사유는 실재적인 것 안에 삽입되어 있는 건 아니지만, 역시 애초에 서로 분리되어 있던 도식들의 집합으로 이루어져 있다. 기술적 몸짓에 적용하기로부터 자유로운, 그 소망들은 세계의 객관적인 잠재성들처럼 서로서로에게 맞추어 조화를 이루고 있고, 이론적 지식에서의 귀납과 유사한 과정을 따라서 실천적 앙상블을 형성하고 있다. 바로 거기에 행동의 부조리함이 아닌non-absurdité, 노력의 유효성이 갖는 가치들과 같은 가치들을 가진 실천적 도덕의 토대들이 있다. 이러한 가치들은 집단화되고 체계화되기 전에 먼저, 세계 안에 삽입되어 있는 행동 안에서 느껴지고 체험되어야만 한다. 게다가 그것들은 결코 완전하게 체계화될 수도 없다. 왜냐하면 그것들은 이론적인 귀납적 지식이 실재적인 것의 법칙들과 사물들의 속성들의 복수성에 이르는 것과 마찬가지로, 상이한 가치들의 복수성에 이르기 때문이다. 기술들로부터 나온 이론적 사유와 실천적 사유가 복수적인 것으로 남아 있게 되는 것은 그것들의 귀납적인 특성 때문이다. 어떤 행위를 하는 데 있어서, 실행하기 쉽고 간단한 것이 왜 하나의 가치인지, 또 효율적인 것이 왜 또 다른 하나의 가치인지 말할 수는 없다. 용이함과 효율성 사이에 분석적인 연결이 없기 때문이다. 그렇지만, 간단하면서 동시에 효율적인 것이 행동에 있어서는 하나의 가치다. 지금 여기^{hic et nunc}에 삽입되어 있고 실제로 적용되었던, 예전의 기술적 경험만이 실천적 도덕의 이러한 여러 가치들의 목록에 근거를 제공할 수 있다. 실천적 사유 안에서 형성된 것들은, 더 이상 기술적 규범들은 아니지만, 실패에 부딪치는 기술적 행동의 경험에서 나온다. 이 기술적 행동은 자신의 객관적 근거들은 귀납적인 이론적 지식에서, 자신의 주관적 근거들은 실천적 도덕의 규범들에서, 서로 상관적으로 찾아 해명한다.

복수적이고, 분할적이고, 귀납적인, 그리고 애초에 경험적이었기 때문에 복수적인, 이런 [기술적 사유의] 특성에는 종교적 사유와 관련된 양분^{兩分}의 결과물이 대립한다. 종교적 사유 역시, 실은, 그것이 인간과 세계 사이의 매개로서 자기 자신과 양립가능하게 남아 있을 수 있기 위해 주체적이고 대상적인 많은 요소들을 흡수하는 지점에서 스스로 과포화될 때, 이론적 양식과 실천적 양식으로 양분^{兩分}된다. 종교적 사유가 보편적 표상에 대한 자신의 요구 안에서 사회 구조들을 번역하면서 흡수하는 것은 본질적으로 집단 주체적인 것^{subjectif collectif}이다. 사회적 추론들을 담당하게 된 종교적 사유는 더 이상 인간과 세계 사이의 매개를 실현시킬 수 없다. 그것은 따라서 표상적 요구와 규범적 요구로, 보편적인 신학적 교리와 보편적인 윤리로 양분兩分된다. 이 두 전문화 속에서, 종교적 사유는 자신을 종교적 사유로 특징짓는 것, 즉 단번에 주어지는 무조건적인 단일성과 총체성의 요구를 보존한다.

종교적 사유도 기술적 사유처럼 사실상 자기 능력의 한계들을 마주치는데, 이 한계들은 그것의 공리계에 융합될 수 없다. 만일 종교적 사유가 나머지도 없고 틈도 없이 세계와 인간에 적용되었다면, 그것이 나타내는 총체성에 대한 존경의 기능이 결코 부족하지 않았을 것이다. 그러나 원초적인 마술적 망상網狀으로부터 나온 것들과는 다른 총체성의 차원들이 솟아나온다. 개체적 경향성들, 그리고 특히 시간을 가로질러 전개되고 구조화되는 사회 집단들이 매개를 허용하지 않는 총체성의 능력들을 지닌다. 각각의 도시가 자신의 세계관, 자신의 무조건적 명령들을 가져온다. 도시들이 제국으로 발전되어 나갈 때 델포이가 언제까지나 중립적인 땅으로 남아 있을 수는 없다. 마술적 우주의 바탕의 특성들 가운데 일부를 이루지 않는, 그렇지만 또한 바탕의 특성들로서 있는, 그런 능력들이 우주 안에 있다. 오라클[신탁]의 능력은 자신과 같은 차원에 속해 있는 다른 능력을 만난다. 이 다른 능력은 그 오라클의 능력과 양립가능할 수 있어야 하는 것이지만, 원초적인 종교적 표상의 일부를 이루지는 않는 것이다. 그것은 순수하게 바탕에 속하는 것이 아닌 능력이다. 그것은 구조의 어떤 것을 지니며, 세계관을 특수하게 분리한다. 하나의 도시는 하나의 총체성이고, 하나의 제국은 자신이 보편적이기를 바라지만 완전히 그렇게 되지는 않는다. 종교적 사유는 따라서 이론적 사유와 실천적 사유로 양분兩分된다. 실천적 사유가 행동의 코드를 제공하는 동안, 이론적 사유는 테오리아θεωρία를 정초하면서 하나의 탁월한 표상 안에서 세계의 질들과 힘들을 양립가능하게 하려고 애쓴다.

종교성을 표현하는 이론적 지식은 우주와 인간을 일원화하는 체계적 표상을 찾는다. 부분으로 가기 위해 전체로부터 출발하고, 순간의 특수성을 이해하기 위해 시간의 앙상블로부터 출발하면서 말이다. 기술들로부터 나온 이론적 지식이 조작적인 반면에, 이 일원적이고 연역적인 지식은 본질적으로 관조적이다. 이 지식은 인식하는 주체가 인식될 실재에 비해 나중에 오며 열등한 상황 속에 있다는 의미에서 관조적인 것이다. 그 인식 주체는, 자신의 관찰에 제공된 무질서한 자연 안에 질서를 가져오는 귀납적인 지식에서처럼, 잇따른 몸짓들을 통해서 인식되는 그 실재를 구성하지 않는다. 관조적인 연역적 지식에 있어서, 인식의 노력은 오로지 이미 존재하는 질서를 의식화하는 것일 뿐이지 결과로서 질서를 놓는 것이 아니다. 그 지식은 존재를 변화시키지 않으며, 존재를 파악하기에는 항상 부분적으로 불충분하게 남아 있다. 존재는 그 지식보다 이전에 있으며, 이 존재 가운데서 지식은 마치 이 존재의 반영인 양 펼쳐지는 것이다.

과학들에서 수數의 사용은 기술적 기원보다는 종교적 기원을 갖는 것이 분명해 보인다. 수는 사실상 본질적으로 연역을 허용하는 구조, 특수한 실재를 앙상블에 조회하여 그 앙상블에 통합시키기 위해 파악하게 하는 구조다. 플라톤이 정의한 철학자들의 수는 철학적 측량법을 상인들의 것에 대립시킨다. 순수하게 실천적인 절차는 존재자들 사이의, 그리고 코스모스로 인식된 전체와 존재자들 사이의 관계들의 존재를 인식하게 하지 않기 때문이다. 관념적인 수들은 관여participation의 관계를 허용하는 구조들이다. 『형이상학』에서 수-관념들에 대해 아리스토텔레스가 했던 비판은 플라톤의 수-관념들이 지닌 현저하게 구조적인 그 특성을 고려하지 않는다. 왜냐하면 귀납적인 사유 도식들을 따르는 아리스토텔레스는 세는 조작操作을 통해서 수를 생각하기 때문이다. 그런데 수를 사용하는 이론적 사유는 본질적으로 관조적이고 종교적 기원을 갖는다. 그 사유는 존재자들을 세거나 측정하고자 하는 게 아니라, 그 존재자들이 세계의 총체성에 비추어 얼마나 자신들의 본질 안에 있는지를 평가하고자 한다. 이 때문에 그 사유는 각각의 특수한 사물의 본질적인 구조를 수 안에서 찾는 것이다. 총체성의 기능과 일원론적 영감에 의해 특징지어진 종교적 사유는 이론적 지식의 이차적인 원천이다. 종교적 사유의 지향이 보편적인 모양의 실재들, 세계의 질서, 존재 전체의 경제를 파악하는 데 있다는 점에 주목해야 한다. 그 종교적 사유는 이런 탐구 안에서 볼 때 형이상학적이지 자연학적이지 않다. 왜냐하면 그것은 기술적 사유가 분리시키는 것처럼 국지적인 바탕의 실재들, 능력들 또는 **피지스들**φύσεις의 귀납적 축적을 목표로 하지 않기 때문이다. 그것은 전체의 모양, 보편적인 구조적 선들을 찾는다. 따라서 이론적 지식의 연역적 원천으로부터 나온 탐구는 귀납적 탐구의 결과물들을 결코 완전하게 만날 수 없을 거라고 할 수 있을 것이다. 왜냐하면 그 사고방식들은 하나는 바탕의 실재에, 다른 하나는 모양의 실재에 근거하고 있기 때문이다.

실천적 차원에서, 종교적 사유는 무조건적으로 주어진 원리로부터 출발하고 그 원리로부터 특수한 규칙들로 내려오는 의무의 윤리를 탄생시킨다. 종교에 의해 지배되는 사유 형태들의 이론적 일원론과 실천적 일원론 사이에는 유비가 있다. 세계의 질서는 그것이 아닌 다른 것일 수 없다. 그것은 잠재성의 반대이다. 그것은 할 수 있는 모든 인식보다 심지어 모든 생성보다 앞서 있는 현실성이다. 즉, 이론적인 연역적 인식의 양상은 필연성이다. 실천적 차원에서 필연성의 이론적 양상에 해당하는 것이 바로 명령의 유일하고 무조건적인 특성, 즉 정언적인 특성이다. 바로 이런 명령이 명한다. 종교로부터 나온 윤리의 원리를 정의하는 데는 칸트가 정언명령이라고 제시한 그 방식이 적합할 것이다. 만일 칸트가 그 정언명령을 이성의 보편성에 연결시키지 않았다면 말이다. 종교적 정언명령은 이성적 존재자 그 이전의 절대적인 것이다. 그것은 단번에 절대적이다. 존재의 총체성이 특수한 모든 행동보다 먼저 존재하고, 또한 도덕적 행동의 주체인 특수한 존재자를 실재가 담고 있듯이, 그 특수한 행동을 무한히 넘어서기 때문이다. 도덕적 명령의 정언적 특성은 총체성의 요구를 번역하며, 이 요구는 행위하는 존재자의 특수성에 비하자면 전능하다. 정언명령은 무엇보다 총체성에 대한 존경이다. 그것은 바탕의 실재의 자기-정당화된 타고난 특성으로 이루어진다. 정언명령 안에서 도덕적 주체가 존경하는 것, 그것은 바로 자신을 무한히 넘어서며, 자신의 행동을 조건 짓고 정당화하는(이 행동이 그 안에 포함되어 있는 것이기에) 총체성으로서의 실재적인 것이다. 특수한 모든 행동은 총체성에 근거해서 취해지고, 존재의 바탕 위에서 펼쳐지며, 이 바탕 안에서 자신의 규범성을 발견한다. 행동은 바탕을 지어내지도 못하고 변경하지도 못한다. 행동은 오로지 바탕에 자신을 적용하는 것만, 거기에 자신을 맞추는 것만 할 수 있을 뿐이다. 바로 여기에 윤리의 기술적 원천과 대립하는, 윤리의 이차적 원천이 있다.

따라서 이론적 사유의 두 원천들과 실천적 사유의 두 원천들이 있다고 할 수 있겠다. 기술과 종교는, 그것들이 과포화상태에 있었고 하나는 바탕의 내용을 다른 하나는 모양의 내용을 발견했기 때문에 양분兩分되는 바로 그 순간에, 결정된 것이다. 이론적 사유는 기술들의 바탕의 내용과 종교들의 모양의 내용을 모은다. 그래서 그것은 귀납적이고 연역적이게, 조작적이고 관조적이게 된다. 실천적 사유는 기술들의 모양의 내용과 종교들의 바탕의 내용을 모은다. 이는 실천적 사유에게 가언적인 규범들과 정언적인 규범들, 다원론과 일원론을 제공한다.

완전한 지식과 완전한 도덕은 이론적 차원과 실천적 차원에서 각각 대립하고 있는 두 원천들로부터 나온 사유 양식들의 수렴 지점에 있을 것이다. 그런데, 대립되는 두 요구들 사이에 나타나는 것은 단일성의 발견보다는 오히려 충돌이다. 이론적 사유도 실천적 사유도, 기저基底의 두 방향들이 만나는 지점에 진정으로 존재할 어떤 내용을 완전하게 발견하는 데이르지 못한다. 그러나 그 방향들은 판단별로 행위별로 존재할 수 있는 유일한 양상들을 정의하면서 규범적인 능력들처럼 작용한다.

이론적 차원에서는, 중앙에서 종합하는 그 양상이 바로 실재의 양상이다. 실재적인 것은 우선적으로 주어지는 것이 아니다. 그 안에서 귀납적인 지식과 연역적인 지식 사이의 만남이 이루어질 것이다. 이 만남의 가능성의 근거, 다원론적 인식과 일원론적 인식의 양립가능성에 상관적인 근거가 바로 그것이다. 실재적인 것은 잠재적인 것과 필연적인 것의 종합이고, 아니 차라리 그것들의 양립가능성의 근거다. 그것은 귀납적 다원론과 연역적 일원론 사이에서 완전한 실재로서 이해된 모양-바탕 관계의 안정성이다.

이와 상관적으로 실천적 차원에서는, 기술들로부터 나온 실천적 사유의 소망 양상과 정언명령 사이에, 실천적 가치들의 다원론과 정언명령의 일원론 사이에, 바라는 것과 의무가 만나는 바로 그 지점에, 중심적인 도덕적 범주가 존재한다. 이 양상은 이름을 받지 않았다. 왜냐하면 극단적인 용어들만(가언명령들과 정언명령) 주목되었기 때문이다. 그렇지만 그 양상이 실천적 차원에서는 이론적 차원에서의 실재에 해당한다. 그것은 양립가능성 규범의 단일성과 가치들의 가능한 복수성을 함축하면서, 행동의 최적 조건optimum을 겨냥한다. 그 최적 조건은 총체성의 무조건적인 요구와 가치들의 복수성을 양립가능하게 하는 행동의 어떤 특성이다. 행동의 최적 조건은 가언명령들과 정언명령의 가능한 수렴을 가정하고, 실재적인 것의 구조들의 발견이 귀납적 다원론과 연역적 일원론을 양립가능하게 하듯이 이 양립가능성을 구성한다.

이론적 사유와 실천적 사유는 중립 중심을 향한 수렴을 실현하는 한에서, 그래서 원초적인 마술적 사유의 유사물을 발견하는 한에서, 성립된다고 말할 수 있을 것이다. 그렇지만 이론적 단일성과 실천적 단일성은 이론적 판단과 실천적 판단의 중앙에 있는 두 양상들(실재 그리고 행위의 최적 조건)의 요구에 의해서 가정된 것으로서, 이론적 질서와 실천적 질서 사이에 어떤 틈을 존속시킨다. 마술적 단일성을 모양과 바탕으로 분리한 원초적 파열은 이론과 실천으로 나뉘어지는 사유의 두 양상적 특성으로 대체되었다. 이론적이고 실천적인 각각의 양식은 모양과 바탕을 소유한다. 그러나 그것들이 원초적인 마술적 사유의 완전한 유산, 인간의 세계 내 존재의 완전한 양식을 받았던 것은 오로지 쌍으로서의 그들에게만 있는 일이다. 사유의 생성의 분기分岐가 완전하게 균형잡히기 위해서는, 이론적 질서와 실천적 질서 사이의 거리가 극복되어야만 할 것이다. 이는 결정적인 종합의 역량을 가지고 있으면서, 마술에 대한, 그리고 미학적 활동에 대한 기능적인 유사물로서 제시될 수 있는, 그런 사유의 유형에 의해서 가능할 것이다. 달리 말하자면, 미학적 사유가 기술과 종교 사이의 원초적 대립의 수준에서 이루었던 작품을, 이론적 사유와 실천적 사유의 관계라는 수준에서 다시 취해야만 할 것이다. 이 작업, 바로 이것을 완수해야만 하는 것이 철학적 반성이다.

그런데 철학적 작품이 실현될 수 있기 위해서는 이 반성의 기초들이 단단하고 완전해야 한다. 다시 말해, 확립될 관계의 의미가 나타날 수 있도록 사유의 이론적이고 실천적인 형태들의 발생이 전부 완전하게 실행되어야만 한다. 철학적 사유는 따라서, 수렴의 역할을 할 수 있기 위해서 무엇보다 이전의 발생들에 대해 각성하고, 그것들의 참된 의미 안에서 양상들을 파악하도록 해야 하며, 철학적 사유의 진정한 중립 중심을 결정할 수 있어야 한다. 사실, 이론적 사유와 실천적 사유는 항상 불완전하고 미완성이다. 그것들의 지향과 그것들의 방향이 파악되어야만 한다. 그런데 이 방향과 이 지향이 사유의 형태들 각각의 현실적인 내용에 대한 검토에 의해서 주어지지는 않을 것이다. 인식되어야만 하는 것은 바로, 각각의 기원들에 입각한 각 형태의 생성의 방향이다. 그래야 철학적 노력이 자신이 따르면서 수행해야만 하는 방향을 발견할 수 있다. 철학적 사유는 맨끝에 가서야 자신이 수렴의 힘으로 개입하게 되는 그 생성을 다시 떠맡아야만 한다. 철학적 사유 그 자체는, 이론적 사유와 실천적 사유를 솟아나게 한 분리 이전의 관계적 양식들로 기술적 사유와 종교적 사유를 전환시킬 수 있다. 실현가능한 종합이 사유의 그 형태들 사이에 이루어질 수 있다는 것을 증명하는 것은 사실 아무것도 없다. 분리에 앞서 존재하면서 미학적 사유를 철학에 연결시키는 기저基底의 공통 영역이 없다면 말이다. [미학과 철학 사이의] 이 중간 양식을 문화라고 이름 부를 수 있다. 그래서 철학은 종교들과 기술들을 문화적 내용으로 번역하면서 문화를 건설하고 조절할 것이다. 아주 특별하게, 철학은 기술적 사유와 종교적 사유의 새로운 발현들manifestations을 문화 속에 도입하기를 임무로서 가질 것이다. 문화는 그래서 사유의 상이한 형태들의 발생에 동반하면서, 또 수렴하는 힘들의 실행 결과를 보존하면서, 중립 지점에 있을 것이다.

기술들의 요소적인 사유 그리고 종교들의 모태인 총체성들의 사유, 이들의 최근 형태들을 수렴하고자 노력하는 것은, 사유의 그 두 유형들이 단지 세계와 개체 인간 사이뿐만 아니라 지리적인 세계와 인간적인 세계 사이의 매개에도 적용된다는 사실에 의해서 가능하게 된다. 사유의 그 두 유형들은 인간적 실재를 대상으로서 소유하고 이 새로운 임무에 입각해서 창안된다. 그것들은 인간적 실재를 상이한 방향들로 굴절시킨다. 이런 대상의 공동체는 철학적 반성의 중개로 문화의 구축에 기초로 쓰일 수 있다. 인간에 대한 기술들이 존재한다. 그리고 모든 기술은 어느 정도는 집단 속에 있는 인간의 기술이다. 왜냐하면 인간은 기술적 앙상블의 결정에 개입하기 때문이다. 기술적 활동의 포화상태는 사유의 이론적 양식과 실천적 양식으로의 분열과는 다른 구조화로 인도될 수 있다. 철학적 사유는 기술적 사유를 더 오랫동안 더 완전하게 기술로 남아 있게 할 수 있다. 그래서 기술적 사유와 종교적 사유의 분리 이전에 있던 인간의 세계 내 존재의 대립된 두 위상들의 관계 맺기를 시도할 수 있도록 말이다. 철학적 사유는 이렇게 생성을 다시 붙잡는 것을, 즉 그것의 의미를 심화시키고 더 풍요롭게 만들 수 있도록 그것을 지연시키는 것을 임무로서 가질 것이다. 이론적 양식과 실천적 양식으로 사유의 근본적인 위상들이 분리되는 것은 아마도 시기상조일 것이다. 철학적 노력은, 이 철학적 노력의 발생적 지향 없이는 자발적으로 수행되지 않을 어떤 발생의 끝에서야 가능한 그들의 수렴을 발견하기 위해서, 기술성과 종교성을 보존할 수 있다. 철학은 그래서 발생적 본질들의, 발견만이 아닌, 생산도 제시할 것이다.

3장_기술적 사유와 철학적 사유

기술과 종교 사이에 존재하는 대립이 첫번째 위상에서는 개체 인간의 운명을 사유하는 종교와 자연 세계를 정교화하는 기술이 서로 대조를 이루는 데 있었다. 그러나 기술과 종교의 두번째 단계가 있다. 자연적 세계를 정교하게 다듬은 다음에 인간적 세계의 정교화로 방향을 돌린 기술적 사유는 인간적 세계를 요소적 과정들로 분석하고 분리한 다음, 모양의 구조들은 보존하고 바탕의 질들과 힘들은 제쳐 두면서, 조작적 도식들에 따라 재구성한다. 이런 인간적 세계의 기술에 대응하는 다른 쪽은, 역시 인간적 세계에서 출발하지만 이를 총체성에서 파악하는 사유의 유형들이다. 관습은 그런 사유 유형들을 종교라고 부르지는 않는다. 왜냐하면 전통적으로 종교라는 이름은 세계를 정교화하는 기술들과 동시대적인 사유 양식들에게 붙여지기 때문이다. 그렇지만 인간적 세계에 적용된 기술들에 대립되면서 총체성의 기능을 떠맡는 사유 양식들은 범세계적인 커다란 정치적 운동들로서 종교의 기능적 유사물임이 분명하다. 그러나 [한편의] 인간의 기술들과 [다른 편의] 정치적이고 사회적인 사유들은 마술적 사유의 양분兩分의 새로운 물결에서 비롯한다. 예전의 기술들과 종교들은 자연적 세계로서 거의 절대적으로 간주된 원초적인 마술적 우주의 분리로부터 부양되면서 전개될 수 있었고, 인간적 세계는 원초적인 마술적 망상^{網狀} 안에 담긴 채로 남아 있었다. 반면, 인간에 대한 기술들이 이 망상^{網狀}을 파열시켰던 그 순간부터, 그리고 인간을 기술적인 재료^{matière}로 간주했던 그 순간부터, 모양-바탕 관계의 이 새로운 파열에서는 인간 존재자들을 단일성의 수준 이하에서 파악하는 사유(인간 공학의 기술들)와 단일성의 수준 이상에서 파악하는 또 다른 사유(정치적이고 사회적인 사유들)가 동시에 솟아나왔다. 예전의 기술들과 예전의 종교들처럼 자연적 세계의 마술적 망상^{網狀}의 파열로부터 비롯한 인간적인 기술들과 정치적인 사유들은 서로 반대편으로 나아간다. 기술들은 모양의 특성들을 수단으로 인간에 작용하며, 이 인간을 시민으로서, 노동자로서, 가족 공동체의 일원으로서 복수화하면서 연구 검토한다. 이 기술들이 고려하는 것, 특히 사회 집단들로의 통합이나 집단들의 단결력과 같은 것의 기준들로 염두에 두는 것은 분명 모양의 요소들이다. 사회측정법^{sociométrie}이 소시오그램^{sociogramme}*의 선들로 [관계의] 선택들을 변형시키면서 그렇게 했듯이, 그 기술들은 그런 [사회적] 태도들을 구조적 요소들로 변형시킨다. 사회적이고 정치적인 사유들은 인간을 분석하는 대신에, 바탕의 질들과 힘들에 의해 정의된 범주들 안으로 인간을 들어가게 만들면서 인간을 분류하고 판단한다. 마치 종교들이 각 개체를 신성하거나 세속적인 것, 순수하거나 불순한 것의 범주 안으로 들어가게 만들면서 분류하고 판단했듯이 말이다. 특정한 장소들과 특

---

* [옮긴이] 사회측정법(sociometry)은 오스트리아 출신 정신과 의사 J. C. 모레노에 의해 창안된 것으로, 일정 집단 안에서 구성원들 간에 작용하는 끌어당기는 힘이나 밀어내는 힘을 측정하고 평가함으로써, 인간관계와 집단구조의 특성을 수량적으로 측정하고 분석하는 방법을 말한다. 소시오그램은 한 집단에 소속된 사람들 사이의 선택관계나 거부관계 등 집단의 구조를 공간화된 도표로 나타낸 것이다.

정한 순간들의 신성한 특성에 대한 기술들의 신성모독에 맞서 종교들이 기술들에다가 금지의 형태로 그 장소들과 그 순간들에 대한 존경을 부과하면서(예를 들어 휴무 축제일들을 통해서) 대항하듯이, 마찬가지로 사회적이고 정치적인 사유들은 그들이 서로간에 대립할 때조차도 인간에 대한 기술들을 제한하고 자신의 실재를 존경하라고 강요한다. 마치 인간에 대한 기술들이 총체성에 대한 존경에 반하는 불경한 것이었다는 듯이 말이다. 따라서 인간적 세계는 인간에 대한 기술들에 의해서는 그 요소들 안에서, 또 사회적이고 정치적인 관심에 의해서는 그 총체성 안에서 표상된다. 그러나 이 두 표상들은 충분하지 않다. 왜냐하면 단일성을 지닌 인간적 세계는 오로지 중립 지점에서만 파악될 수 있을 것이기 때문이다. 기술들은 인간 세계를 복수화하고, 정치적 사유들은 그것을 상위의 단일성으로, 즉 개체가 집단 안에서 그렇듯이, 인간 세계가 그 안에서 실제적 단일성을 잃어버리는, 변화하는 인류 총체의 단일성으로 통합시킨다.

그런데, 인간적 실재의 개체화의 참된 수준은, 자연적 세계에 대응하는 미학적 사유처럼, 인간적 세계에 대응하는 사유, 즉 그 미학적 사유에 유사한 사유를 통해서 파악되어야 할 것이다. 이 사유는 아직 형성되지 않았지만 이에 해당하는 것이 바로 철학적 사유인 것처럼 보인다. 미학적 활동을 암묵적인 철학으로 고려할 수도 있겠지만, 미학적 사유는 인간적 세계에 적용해 보았자 인간의 기술들과 사회 정치적인 사유들 사이의 안정적이고 완전한 관계를 구축하는 데는 충분하지 않은 것처럼 보인다. 인간적 세계는 자연적 세계에 연결되어 있기 때문에, 그런 [관계의] 구축이 사실 별도로 있을 수는 없을 것이다. 인간에 대한 기술들은 자연적 세계를 정교화하는 기술들이 갑작스럽게 발전하면서 사회적이고 정치적인 체제들을 변경시켰던 바로 그 순간에 별도로 분리된 기술들로서 솟아나왔다.

따라서 단지 인간에 대한 기술들과 사회적이고 정치적인 사유들 사이에서만이 아니라, 인간에 대한 기술들과 세계에 대한 기술들, 종교적인 사유와 사회적이고 정치적인 사유, 이 모두를 다 포함하여 요소의 기능들 전부와 앙상블의 기능들 전부 사이에서 관계가 확립되어야만 한다. 철학적 사유가 이와 같은 정교화 작업에 적합하다. 왜냐하면 철학적 사유야말로 사유의 상이한 형태들의 생성을 인식할 수 있기 때문에, 그리고 발생의 잇따른 단계들 사이에 어떤 관계를 세울 수 있기 때문에, 특히 자연적인 마술적 우주의 파열을 실행한 단계와 인간적인 마술적 우주의 분리를 실행하고 실행 도중에 있는 단계 사이에 어떤 관계를 세울 수 있기 때문이다. 하지만 미학적 사유는 각각의 양분兩分과 동시대적이다. 설령 인간에 대한 기술들과 사회적이고 정치적인 사유 사이에 새로운 미학을 창조하는 것이 가능하다 할지라도, 서로 잇따르는 두 미학들을 연결시키기 위해서는 미학들의 미학으로서 철학적 사유가 필요할 것이다. 그래서 철학은 사유의 생성에서 탁월한 중립 지점을 형성할 것이다.

그러므로 철학적 노력이 수행해야 할 유일한 임무로서 가지게 되는 것은 바로 사유의 기술적인 양식들과 비-기술적인 양식들 사이의 단일성을 탐색하는 것이다. 그러나 이 임무는 서로 다른 두 가지 노선을 취할 수 있다.

첫번째 노선은 미학적 활동을 모델로 보존하고, 인간적 세계에 대한 기술들이 그 세계의 총체성(이에 대한 관심이 사회적이고 정치적인 사유들을 활성화한다)의 기능들을 마주칠 수 있도록, 인간적 세계의 미학을 실현하고자 하는 데 있다. 두번째 노선은 총체성의 기능을 맡고 있는 사유들과 기술들을 그것들의 원초적 상태에서 취하는 것이 아니라, 이론적 양식과 실천적 양식으로의 양분兩分이 일어난 다음에서야 오는, 그래서 과학과 윤리로 재결합하게 되는 그런 기술들과 사유들을 취하는 것이다. 그런데 훨씬 더 긴 우회를 거치는 이 두번째 노선이 문제제기의 요구사항들뿐만 아니라 전통에 따라서도 철학적 탐구에 잘 맞는다. 그러나 이 노선은 개념들과 방법들의 현실적인 상태에서는, 칸트가 이론적인 것과 실천적인 것을 각각 독립적 지위를 부여하면서 두 영역들로 구별하고자 애썼던 바로 그 지점에서 어떤 곤경에 부딪힐 것처럼 보인다. 데카르트는 이미 이론적 지식을 완성하기 이전에 잠정적이나마 도덕을 정초하고자 했었다. 과학과 윤리의 관계라는 이 문제의 해결할 수 없는 특성은 다음과 같은 사실에서 기인하는 것은 아닌지 물을 수 있다. 즉 과학과 윤리가 완벽하게 정합적이고 통합적인 진정한 종합들이 아니라, 기술적인 사유의 기여와 종교적인 사유의 기여 사이에, 말하자면 요소들에 대한 인식의 요구들과 총체성의 기능들에 대한 인식의 요구들 사이에 별로 안정적이지 않은 어떤 타협에 속한다는 사실 말이다. 이런 경우에는, 종교의 내부에서와 마찬가지로 기술의 내부에서도 이론적 양식과 실천적 양식을 솟아나게 한 양분兩分 그 이전에 있었던, 기술과 종교를 대립시키는 위상변이 안에서 사유 양식들의 발생을 그 기저基底에서 다시 취하는 것이 필요할 것이다. 미학적 활동이 정초하는 것처럼 불완전하고 불확실한 관계의 중개 공간을 창조하는 대신에, 철학적 사유는 기술들에 대해서 그리고 종교에 대해서 반성하면서, 아마도 서로 직접적으로 완전하게 일치할, 반성적 기술공학과 종교로부터 온 영감을 발견할 수 있을 것이다.

이런 관계는 이론적 양식과 실천적 양식으로의 양분兩分 이전에서 포착된 것이어서 이론적이면서 동시에 실천적일 것이다. 철학적 사유는 자연적이면서 동시에 인간적인 단 하나의 세계 속에 기술들과 종교를(정치적이고 사회적인 사유는 여기서 종교와 같은 차원에 있고 종교처럼 다루어질 수 있는 것으로 간주된다) 삽입시키고자 하면서 미학적 활동이 부분적인 방식으로만 완수했던 역할을 실제적으로 완벽하게 충족시킬 것이다. 이런 삽입이 가능하기 위해서는 기술적 사유와 종교적 사유가 단일성의 수준에, 단일성보다 더 낮거나 더 높지 않게 있어야만 할 것이다. 복수성과 총체성의 구조들은 서로서로 유비적으로 연결된 단일성들의 연결망에 의해 대체되어야만 할 것이다.

이런 발견을 가능하게 하는 조건은 기술과 종교의 망상網狀적 구조화에 도달할 수 있도록 기술의 의미와 종교의 의미를 심화하는 것이다. 기술과 종교는 서로의 내용적 연속성에서 일치할 수 있는 것이 아니라, 그들 각각의 영역에 속하는 상당수의 특이점들을 통해서, 그리고 이 특이점들의 일치를 통해서 세번째 영역인 문화적 실재의 영역을 형성하면서 일치할 수 있다.

기술적 사유는 결정된 한 영역 안에서의 활용 도식들보다 더 광대한 도식들의 발견을 통해서 구조화될 수 있다. 기술의 다원주의는 사실 기술적 대상들의 다양성으로부터만이 아니라 활용 영역들과 전문 직업인들의 다양성으로부터도 귀결된다. 매우 다양한 사용을 지닌 기술적 대상들은 유사한 도식들을 포함할 수 있다. 기술적 실재의 진정한 요소적 단일성은 실천적 대상이 아니라 구체화된 기술적 개체이다. 이 구체화된 기술적 개체들에 대한 반성을 통해서 진짜 순수한 기술적 도식들(상이한 방식의 인과작용, 조정, 제어의 도식들 같은)을 발견하는 것이 가능하다.

기술들에 적용된 반성적 노력은 그 모든 기술들을 아우르는 하나의 기술이 도식들의 일반화를 통해서 발전될 수 있다는 사실로 특징지어진다. 순수 과학을 정의하는 것과 마찬가지로, 순수 기술이나 일반 기술공학의 정초를 생각할 수 있는데, 이는 기술들 속에 적용되어 나타나는 이론과 학들과는 매우 다른 것이다. 사실, 과학들의 영역에서 이루어진 발견이 새로운 기술적 장치들을 탄생시킬 수 있다는 것은 분명하다. 그러나 과학적 발견이 기술적 장치가 되는 것은 연역적으로 직접적인 방식으로 이루어지는 건 아니다. 과학적 발견이 기술적 탐구에 새로운 조건들을 제공하긴 하지만, 발명의 노력이 기술적 대상을 출현시키기 위해 수행되어야만 한다. 달리 말하자면, 과학적 사유는 조작적 도식이 되거나 조작적 도식들의 표현매체가 되어야 한다는 것이다. 이와 정반대로, 순수 기술공학이라 부를 수 있는 것은 여러 과학들이 협력하는 지점에, 또한 여러 직업들로 분배된 전통적인 여러 기술 영역들이 협력하는 지점에 있다. 그래서 순환 작용의 도식들과 그것들의 다양한 체제들은 어느 한 특수한 기술의 속성이 아니다. 이런 도식들은 정보전달과 자동제어에 관련된 기술들에서 처음으로 주목받았고 개념적으로 정의되었다. 왜냐하면 거기서 그 도식들이 중요한 실천적 역할을 하기 때문이었는데, 사실 그것들은 열기관의 기술 같은, 맥스웰이 이론적으로 연구했던 그런 기술들에서 이미 사용되었다. 그런데 기술들의 복수성을 포함하는 내용의 모든 사유, 또는 적어도 기술들의 열린 복수성에 적용되는 모든 사유는 바로 그렇기 때문에 기술적 영역을 넘어간다. 신경계의 작동에 포함되어 있는 어떤 과정들은 몇몇 자연현상들과 마찬가지로 회귀적 인과작용 도식들을 이용해서 사유될 수 있다. 예컨대 이완 도식은 기술 장치에 적용되건, 간헐천의 작동에 적용되건, 파킨슨병의 떨림 현상에 적용되건 항상 자기 동일적이다. 인과작용과 조정에 관한 일반이론은 한 영역의 전문성을 뛰어넘는다. 비록 그 이론의 개념적 기원들이 어떤 특수한 기술로부터 나온 것이라 할지라도 말이다.

이런 이유로, 일반화된 기술공학의 도식들은 분리된 기술적 대상 그 이상에 도달한다. 그것들은 특히 기술적 대상들과 자연적 세계 사이의 관계 맺음을 적합한 방식으로 사유할 수 있게, 즉 경험주의를 넘어서는 방식으로 세계 안에 기술들의 삽입을 보장할 수 있게 한다. 예측되고 계산될 수 있는 일련의 작용–반작용 가운데에 있는 기술적 대상은 더이상 세계로부터 분리된 대상, 즉 마술적 세계의 원초적 구조화가 파열되면서 귀결된 것이 아니다. 기술적 대상화에 의해 단절된 모양–바탕의 관계 맺음은 일반 기술공학 안에서 다시 발견된다. 바로 이를 통해서, 기술적 대상은 자신이 삽입되어야만 하는 환경에 따라 발명되고, 특수한 기술적 도식은 자연적 세계의 특성들을 반영하고 통합한다. 기술적 사유는 기술적 개체에 연합된 환경의 존재 양식과 요구들을 융합하면서 확장된다.

이렇게 됨으로써, 종합기술적 기술공학[폴리테크닉 테크놀로지]이 분리된 기술들을 대체함에 따라 기술적 실재들 그 자체는 그들의 실현된 대상성 안에서 연결망의 구조를 획득한다. 기술적 실재들은 장인들의 노동처럼 그 자체로 족한 것이 아니라, 서로서로 관계를 맺고 있으며, 또한 그들이 요충지들의 그물코 안에 가둬 둔 세계와도 관계를 맺고 있다. 연장들은 자유롭고 추상적이며 언제 어디든 운반 가능하지만, 기술적 앙상블들은 자연적 세계에 구체적으로 연결된 진정한 연결망들에 속한다. 바리케이트가 아무데나 설치될 수 없듯이 태양로^{太陽爐}도 그런 것이다. 전통적인 문화의 몇몇 개념들은 기술들의 발전이 각 장소와 각 지방의 특수한 성격을 사라지게 만들고 지역의 장인적인 표현방식들과 관습들을 사라지게 한다고 가정하는 것처럼 보인다. 그러나 실제로 기술들의 발전은 이로 인해 파괴되는 것보다 훨씬 더 중요하고 훨씬 더 견고하게 뿌리박혀 있는 구체화를 창조한다. 지역적인 관습인 장인의 관습은 단순한 영향에 의해서

한 장소에서 다른 장소로 옮겨질 수 있다. 그것은 인간적 세계 외에는 거의 뿌리박혀 있지 않다. 그러나 이와 반대로, 기술적 앙상블은 근본적으로 자연적 환경 안에 뿌리박혀 있다. 예컨대 탄광들은 고생대층에는 없다.

이런 식으로 자연적, 기술적, 인간적 세계의 몇몇 요지要地들이 형성되는 것이다. 자연적이면서 동시에 인간적인, 이런 종합기술[폴리테크닉]적 우주를 만드는 것은 바로 그 요지要地들의 상호접속인 앙상블이다. 이 망상網狀의 구조들이 사회적이고 정치적이 된다. 기술들은 존재 안에서 자연적 세계에 대해서나 인간적 세계에 대해서 분리되어 있지 않다. 그런데, 기술적 사유에 있어서는, 기술들이 마치 분리되어 있었던 것처럼 남아 있는데, 이는 그 구체적인 앙상블들의 기술적 망상網狀을 이론화할 수 있을 정도로 충분히 전개된 사유가 존재하지 않기 때문이다. 철학적 사유에 부여된 임무가 바로 이를 형성하는 것이다. 아직까지 문화 속에 나타나지 않은 새로운 실재가 바로 거기에 있기 때문이다. 기술적인 결정들과 규범들을 넘어서, 종합기술[폴리테크닉]과 기술공학[테크놀로지]의 결정들과 규범들을 발견해야만 할 것이다. 고유한 자신의 구조들을 갖는 복수의 기술들로 이루어진 하나의 세계가 존재하며, 이 세계는 문화의 내용 안에서 자기에게 적합한 표상들을 발견해야 할 것이다. 전력, 전화, 철도, 도로 등의 상호접속 구조들을 가리키기 위해 통상 사용되는 연결망이란 일반적 용어는 너무나 불명확하고, 또 그 연결망들 안에 존재하며 이 망들을 인간적 세계와 자연적 세계에 기능적으로 연결시키는, 이 두 세계들 사이의 구체적 매개와 같은, 인과작용과 조정의 특수한 체제들을 고려하지 않는다.

기술적 대상들에 적합한 표상들을 문화 속에 도입하는 것은 기술적 연결망의 요충지들을 인간 집단들의 앙상블을 위한 실재적인 준거항들로 만드는 결과를 낳을 것이다. 그것들[기술적 요충지들]이 현실적으로는 오로지 그것들을 이해하는 자들에게만, 즉 각각의 전문성을 지닌 기술자들에게만 그렇게 될 뿐이고, 다른 인간들에게는 단지 실천적 가치만 지니며 매우 혼동된 개념들에 해당할지라도 말이다. 기술적 앙상블들이 자연적이고 인간적인 시민권을 갖지 않은 것처럼 세계 안에 도입되는 데 반해, 몇몇 기술적 앙상블들보다 구체적인 조절 능력을 덜 가진 산이나 곶은 세계에 대한 표상의 부분을 이루며 한 지역의 모든 인간들에게 인식된다.

그럼에도 불구하고, 일반 기술공학의 창안이 어느 정도나 기술들과 종교를 접근시킬 수 있는지 물을 수 있다. 복잡한 조작들의 진정한 도식들과 기술적 앙상블들의 통합에 대한 인식은 과정들에 대한 이론적 의식과 동시에 그 과정들 안에 포함된 규범적 가치가 없었다면 그런 접근을 허용하는 데 불충분할 것이다. 사실, 통합된 기술들의 망상網狀 구조들은 아무 장소든 추상적으로 운반할 수 있고 아무 순간이든 활용할 수 있으며 어떤 행동을 위해 자유로이 쓸 수 있는 단지 그런 수단들은 더 이상 아니다. 사람들은 연장들과 도구들을 바꾸며 스스로 직접 하나의 연장을 지어 내거나 수리할 수도 있다. 하지만 연결망을 바꾸지는 못한다. 그들이 직접 하나의 연결망을 구축해 낼 수는 없다. 오로지 연결망에 접근하고 거기에 적응하며 거기에 참여할 수만 있을 뿐이다. 연결망은 개체적 존재의 행동을 지배하고 속박하며 각각의 기술적 앙상블도 지배한다. 이로부터 자연적 세계와 인간적 세계에 참여하는 한 형태가 기술적 활동에 견디기 어려운 집단적 규범성을 부여하는 것이 비롯한다. 이는 쉴리 프뤼돔Sully Prudhomme이 환기시켰던 것처럼(석공, 제빵업자, 전문가들의 연대성) 직업들의 다소 추상적인 연대성만이 아니라, 매 순간마다 다양한 조정 작용을 통해 존재하는 지극히 구체적이고 현실적인 연대성이다. 기술적 연결망들을 통해서 인간적 세계는 높은 정도의 내적 공명을 획득한다. 행동을 부추기는 역량들, 힘들, 퍼텐셜들이 마치 원초적인 마술적 우주 안에 존재할 수 있는 것처럼 기술적 세계의 망상網狀 안에 존재한다. 기술성은 세계의 일부를 이루는 것으로서, 단지 수단들의 앙상블에 지나지 않는 것이 아니라, 행동을 부추기는 자극들과 행동 조정장치들의 앙상블이다. 연장이나 도구가 규범적인 능력을 갖지 않는 것은 그것들이 항상 개체의 성향에 따르기 때문이다. 반면, 기술적 연결망들은 인간 활동의 내적 공명이 기술적 실재들을 통해서 더 커질수록 그만큼 더 규범적인 능력도 갖는다.

그런데 기술적 앙상블들에 대한 가치부여와 그것들의 규범적 가치는 순수한 기술성 그 자체를 목표로 하는 매우 특별한 존경의 형태를 야기한다. 문화 속에 침투될 수 있는 것은 바로 이런 존경의 형태, 즉 상상력의 위세가 아니라 기술적 실재에 대한 인식에 근거하고 있는 존경의 형태다. 대도시의 출구에 있는 주요 도로는 이런 존경의 형태를 불러일으킨다. 항구, 철도교통조절센터, 비행장의 관제탑 등도 마찬가지다. 이것들은 그것들이 포함하고 있는 기술적 대상들의 직접적인 위세 때문이 아니라 요충지들이기 때문에 그런 능력을 소유하고 있는 연결망의 요충지들이다. 그런 이유로 약 10년 전 파리 천문대의 시계가 과학연구자들이 지하묘지를 통해 지나가면서 저질렀던 떠들썩한 방문으로 인해 가볍게 교란되었던 것이다. 기술적 신성함에 대한 이런 모독의 여파는 그 당시에 매우 심각한 것이었다. 그런데 만일 바로 그 시계가 교육을 위한 실험실에 있었더라면, 그리고 사람들이 그 시계의 작동의 자동 조절 작용을 보기 위해서 의도적으로 그것을 고장냈더라면, 그 신성한 것에 대한 모독에 상응하는 어떠한 심적 동요도 불러일으키지 않았을 것이다. 사실, 천문대의 시계가 교란된 것이 스캔들이 되는 것은 그것이 바로 연결망의 요충지(그것은 라디오를 통해서 매 시간을 알리는 신호들을 보낸다)이기 때문이다. 그리고 그런 교란이 나타날 수 있었던 것은 실천적인 위험 때문이 결코 아니었다. 왜냐하면 그것은 너무 사소하고 바다 위의 배들이 심각한 오류를 저지를 정도로 중대한 것이 아니었기 때문이다. 실은, 바로 거기에는 그것이 끌고 올 수 있는 실천적 귀결들과는 독립적인, 소위 말해서 신성모독이 있다. 타격을 입은 것은 바로 준거 시스템의 안정성인 것이다. 게다가 십중팔구 문학 연구자들은 그와 같은 시도를 할 생각조차 갖지 않았을 것이다. 왜냐하면 그들에게 그 천문대의 시계는 그와 같은 규범적인 가치를 갖지 않기 때문이다. 그들에게 그 시계는 성스러운 것이 아니다. 그것이 기술적 본질에서 인식되는 것도 아니고, 그들의 문화 속에 적합한 개념들에 의해 표상되지도 않기 때문이다. 존경과 비존경의 이런 형태들은 자연적이면서 인간적인 세계에 통합되어 있는 기술성 안에서 유용성을 뛰어넘는 가치들의 내속을 드러내 보여 준다. 기술적 실재의 본성을 알아보는 사유는, 하이데거의 표현을 따르자면, 분리된 대상들이나 사용기구들 너머로 가서, 그 분리된 대상들과 전문화된 직업들 너머에서, 기술적 조직화의 본질과 중요성을 발견하는 사유다.

전통적인 종교적 사유는 새로운 기술들에 대항하여 씨름하는 편견 안에서 자신에 대한 자각의 수단을 발견하는 것처럼 보인다. 실제로 겨냥되는 것은 기술들 자체가 아니라 문명의 유형인데, 이 문명은 기술들과 동시대의 것이면서 전통적인 종교들만이 아니라 동시대에 있는 예전의 기술들도 제쳐 두는 그런 유형이다. 오늘날의 기술들이 그들과 동시대에 있지 않은 종교들이 아니라 사회적이고 정치적인 사유들과 짝이 되어야 할 거란 사실을 통해서 볼 때, 그런 [전통 종교와 새로운 기술의] 대립은 그 근거 자체에서 왜곡된 것이다. 어떤 시대에 속하는 한 위상과 다른 시대 속하는 그와 대립된 위상 사이의 대립 안에서가 아니라, 같은 시대 기술들과 종교들의 짝짓기가 실현된 이후에라야만 잇따른 단계들의 연속성이 지각될 수 있는 것이다.

그런데 우리 시대의 사회적이고 정치적인 사유들을 기술들의 최근 발전들과 동시대적인 것으로 고려한다면, 그 사유들이 자연적이고 인간적인 세계 안으로의 삽입에 적합한 차원에서 종교들의 절대적 보편성의 특성을 되살린다는 점을 보게 된다. 물론, 모든 정치적이고 사회적인 독트린은 **지금 여기**ʰⁱᶜ ᵉᵗ ⁿᵘⁿᶜ의 바깥에서 무조건적인 방식이라고 할 수 있는 절대적인 것으로 나타나려는 경향이 있다. 그럼에도 불구하고, 사회적이고 정치적인 사유는 구체적이고 현실적인 문제 제기들을 받아들인다. 발전 과정 중에 있는 기술적 사유처럼 그 사유는 요충지들과 본질적인 순간들을 지닌 세계에 대한 망상網狀적 표상에 도달한다. 그 사유는 기술적 실재를 단순한 수단 이상으로 취급하며 자연적이고 인간적인 세계에로 삽입되는 망상網狀의 수준에서 분명하게 파악하면서 그 기술적 실재에 적용된다. 그래서 최근의 사회적이고 정치적인 3가지 커다란 독트린들이 각자 독자적인 방식으로 통합된 기술들에 대한 표상과 가치부여를 흡수했다. 국가사회주의적 사유는 국민의 운명을 기술 확장에 연결시키는, 심지어 이런 확장을 주도하는 견지에서 이웃 국민들의 역할도 생각하는 어떤 구상에 집착한다. 미국 민주주의 독트린은 기술적 진보와 그것을 문명에 흡수하는 것에 대한 특정한 정의定義를 포함한다. 사회적인 것이자 문화적 실재를 형성하는 것인, 삶의 수준이라는 생각은 기술공학적인 중요한 항목들을 담고 있는 내용(이러저러한 도구나 사용기구의 소유만이 아니라, 이러저러한 연결망을 사용할 줄 알고, 거기에 기능적으로 부합될 수 있는 것)을 지니고 있다. 끝으로 맑스적 공산주의 독트린은, 그것의 체험되고 실현된 측면들에서 보면, 기술적 발전을 수행해야 할 사회적·정치적 노력의 본질적인 측면으로 고려한다. 그것은 공장들의 설립, 견인차들의 활용을 통해서 그 자신을 의식화한다. 정치적인 수준에서, 거대 국가들이 그들 자신들에 대해 갖는 의식은, 그들의 기술적 수준에 대한 표상(단지 힘에 대한 평가에 불과한 것)만이 아니라, 기술적 실재의 중개를 통한, 현실적 우주 전체 안으로의 그들의 삽입에 대한 표상도 포함한다. 기술들의 변화는 우주의 정치적 성좌라 부를 수 있을 것의 변경을 가져온다. 요충지들이 세계의 표면으로 이동한다. 석탄은 오늘날보다 세계대전의 전날에 더 중요하고, 석유는 오늘날에 더 중요하다. 이런 구조들이 경제적인 구조들보다 더 안정적이고 경제적인 구조들을 지배한다. 광맥을 향한 어떤 이동 경로들은 상당수의 경제적 변경에도 불구하고 로마의 정복 이래로 안정적으로 남아 있다. 사회적 사유와 정치적 사유는, 연결망으로 고찰된 기술성의 삽입 지점들과 일치하는 문제적 지점들, 상당수의 주목할 만한 지점들에 따라 세계안에 삽입되어 있다.

우리는 이를 통해서 사회적이고 정치적인 구조들이, 역시 기술적 상태에 의해 결정될 경제적 상태를 표현하는 데 그친다고 말하려는 게 아니다. 우리가 말하고 싶은 것은, 정치적이고 사회적인 사유의 요충지들이 세계 안에 삽입되고 분배되는 것은 최소한 부분적으로라도 기술적 요충지들의 것과 일치한다는 것, 그리고 이 일치가 점점 더 완벽해지는 것은 기술들이 서로 연결되어 있는 고정된 앙상블들의 형태로, 그 기술들이 결정하는 그물코들 안에 인간 개체들을 구속하면서, 우주 안에 점점 더 삽입되는 만큼이라는 것이다.

그럼에도 불구하고, 정치적 사유의 구조들과 기술적 사유의 구조들을 이렇게 형식적으로 접근시키는 것은 비-기술적인 사유 형태들에 대한 기술들의 관계라는 문제를 해결하지 못한다. 정치적이고 사회적인 사유들이 자신들의 구조들을 기술적 사유의 구조와, 특히 인간적 세계에 적용된 기술적 사유의 구조와 일치시키는 데 도달하는 것은, 사실 보편성을 분명히 포기한 대가인 것이다. 정치적이고 사회적인 사유는 수입품들이나 수출품들 같은 상업의 표상들과, 다시 말해 기술들의 존재로부터 귀결된 것들이긴 하지만 그 기술들이 인간 집단들에 의해 활용된 방식을 번역하는, 그런 경제적 실재들과 충분히 완벽하게 일치하는 데 도달한다. 인간 집단들에 의한 기술들의 그 활용 양식들 자체가 종속되어 있는 기술들은 더 이상 자연적 세계에 적용되는 것이 아니라 인간적 세계에 적용되는 것이고, 최소한 기술적 대상들이나 기술적 앙상블들, 즉 생산의 수단들이나 사고파는 기관들로 간주될 수 없는 것들은 생산하지 않는 그런 기술들이다. 따라서 기술적 사유와 비-기술적 사유의 일치는 실제로 비-기술적 영역에서만큼이나 기술적 영역에서도 작용되는 매우 큰 추상화나 단순화를 대가로 해서만 가능하다고 할 수 있을 것이다.

이런 단순화는 본질적으로, 한편으로는 자연적 세계의 기술들과 인간적 세계의 기술들 사이의 단절에서, 다른 한편으로는 종교적 사유와 정치적이고 사회적인 사유들 사이의 단절에서 형성된다. 바로 이런 단절에 의해서, 자연적 세계의 기술의 요구들을 포기한 덕분에, 인간적 세계의 기술들은 진정한 단일성 이하의 요소적 복수성 안에 남아 있도록 강제되지 않고 여론, 대중, 집단들의 전체성 안에서 진정한 단일성을 파악한다고 믿게 되는 것이다. 실제로는, 인간적 세계의 그 기술들은 예를 들어, 집단들의 구체적인 실재 안에서 작용하는 대중매체가 마치 그 실재로부터 구별되는 것인 양 **대중매체**mass media를 연구하면서, 요소적 사유를 전체적인 실재들에 계속 적용하고 있다. 모양과 바탕 사이의 단절이 인간적 세계의 기술들 안에 존속하고 있고, 이 단절은 심지어 너무나 분명하지만, 이 단절은 기술들의 실행 안에서 눈에 띄지 않게 지나간다. 왜냐하면 그 기술들이 움직이기 위해서 바탕의 모양들이라고 부를 수 있는 것, 즉 덜 형식화되어 있고 덜 제도화되어 있는 것들을 추구하기 때문이다. 하지만 이런 특성에도 불구하고, 그 기술들은 완전하고 전체적인 실재가 아니라 여전히 모양의 실재들로 남아 있다.

　마찬가지의 불충분함이 정치적이고 사회적인 사유 안에서도 나타나는데, 이 사유는 어떤 집단의 영향에 의해 정치화되거나 사회화되지 않은 실재 종교적 사유를 특징짓는 총체성들에 대한 진정한 고찰과, 어떤 순간이나 어떤 집단의 필연성들을 표현하는 데 신화적으로 적용되는 것, 이 둘 사이의 중간에 있는 것이다. 보편화될 수 있는 독트린으로 창설되는 것이 일반적으로 한 집단의 신화다. 그래서 정치적이고 사회적인 사유가 그 기원들과 그 지향에서 보편적이지 않은 것을 보편화하려는 이런 무리한 요구 때문에 투쟁의 사유인 것이다. 이제, 인간 공학의 기술들과 정치적이고 사회적인 사유 사이의 거리가 크지 않다는 것이 분명히 이해된다. 인간 공학으로 정의된 어떤 기술이 정치적이고 사회적인 어떤 선택을 이끌 수 있듯이, 어떤 정치적 운동이 프로파간다의 수단으로 전환된 광고의 기술들을 사용할 수도 있다. 그러나 이런 만남, 이런 상호 동조는 오로지 진정한 기술성을 특징짓는 요소적 기능들에 대한 충실성의 포기를 대가로 해서만, 그리고 종교적 사유를 특징짓는 총체성의 기능들을 표상하려는 임무의 포기를 대가로 해서만 존재할 수 있을 뿐이다. 상투적인 기법들^{procédés}의 앙상블과 신화 사이의 동맹은 기술성과 총체성에 대한 존경 사이의 만남이 아니다.

그러므로 철학적 사유는 기술적 사유의 잇따른 단계들 사이의 연속성, 그리고 종교적이다가 그 다음엔 사회적이고 정치적이 되는 사유의 잇따른 단계들 사이의 연속성을 유지해야만 한다. 기술성은 자연적 세계에 적용된 기술들로부터 인간적 세계에 관련된 기술들에 이르기까지 유지되어야만 한다. 마찬가지로 총체성에 대한 관심도 종교들로부터 사회적이고 정치적인 사유에 이르기까지 유지되어야만 한다. 이런 연속성이 없다면, 총체성의 기능에 관련된 사유들과 기술들의 생성에 실재적인 이런 단일성이 없다면, 자연적 세계에 관련된 형태들과 인간적 세계에 관련된 형태들 사이에 거짓 대화가 성립한다. 예컨대, 인간 공학의 기술들은 단지 산업 기술들(과학적 경영scientific management) 안에서의 한 변수에 지나지 않을 뿐이거나, 아니면 전통적인 종교적 사유는 자신에게 더 근접한 세계관을 채택하는 현실적인 정치사회적 사유를 선택하면서 자신의 보편성의 능력을 포기한다.

이 연구는, 그 대상을 고려해 볼 때, 사유의 종교적인 형태들과 사유의 사회적이고 정치적인 형태들 사이의 연속성을 확립하는 문제에 몰두해서는 안 된다. 그럼에도 이 연구는, 세계에 대한 기술과 인간에 대한 기술을 서로 접근시키려는 노력과 그런 몰두의 노력이 대칭을 이루는 한에서는 그렇게 해야만 한다.

그런데, 만일 인간에 대한 기술들이 요소들을 분석하는 기능을 결여하고 있고 경험적인 기법들(편리한 유명론 안에서 전개되는 통계학적 개념론이 번역하는 것)에 의해 대략적으로 작용한다면, 이는 그 기술들이 실재적인 대상, 즉 요소, 개체, 앙상블로부터 탈착되기를 받아들이기 때문이다. 거기엔 인간적 세계로부터 분리된 진정한 기술들이 있을 수 없다. 인간적 세계에 대한 기술들은 상투적인 기법들을 변화시키지 않는 한, 순전히 심리학적인 것은 아닌 객관적인 매체support를 가져야만 한다. 달리 말하자면, 인간적 세계에 우리가 영향을 미칠 수 있는 것은 바로 자연적 세계와 인간적 세계에 동시에 삽입되어 있는 기술적 앙상블들을 확장시킴으로써, 비로소 이 앙상블을 통해서 그리고 이 자연적이고 인간적인 앙상블을 따라서 가능하다는 것이다. 자연적 세계와 인간적 세계 사이의 매개인 기술적 사유는 이 매개의 중개를 통해서만 인간적 세계에 영향을 미칠 수 있을 뿐이다. 인간적 실재는 그것이 이미 기술적 관계 안에 참여하고 있을 때에만 기술의 대상일 수 있을 뿐이다. 오로지 기술적 실재의 기술만 합법적으로 있을 뿐이다. [그래서]기술적 사유는 인간과 세계의 관계적 지점들의 연결망을 발전시켜야만 한다. 기술공학이 되면서, 즉 관계적인 그 지점들을 조직화하는 데 몰두하는 2차 등급의 기술이 되면서 말이다. 그러나 거기서는 비-기술적인 실재, 즉 자연적이고 자발적인 인간적 세계라 부를 수 있을 것에 기술적 사유를 합법적으로 적용시킬 수 없을지 모른다. 기술공학은 오로지 이미 기술적인 실재 위에서만 전개될 수 있기 때문이다. 반성적 사유는 기술공학의 촉진을 실현해야 하지만, 기술적 실재의 영역 바깥에서 기술적 도식들과 기법들을 적용하고자 시도해서는 안 된다.

달리 말하자면, 노동이 물질 위에서 가능한 것처럼, 인간적인 실재가, 특히 인간적 실재 중에 변경될 수 있는 것인 문화가 기술들에 융합되어야만 하는 것이 아니다. 문화는 잇따른 세대들, 동시적인 인간 집단들, 잇따르거나 동시적인 개체들, 이들 사이를 능동적으로 중개하는 것이다. 오히려 기술적 앙상블들을 흡수해야만 하는 것이 바로 문화다. 그래서 체험된 총체성으로 간주되는 문화가 기술적 앙상블들의 본질을 인식하면서 그 기술적 앙상블들을 따라 인간의 삶을 조절할 수 있도록 해야 한다. 문화는 모든 기술 그 위에 있어야만 한다. 그러나 그것은 기술들의 진정한 도식들에 대한 인식과 직관을 자신의 내용에 융합해야만 한다. 이 문화를 통해서 인간이 세계에 대한 자신의 관계, 그리고 인간 자신에 대한 자신의 관계를 조절하게 하는 것, 이것이 바로 문화다. 그런데 만일 문화가 기술공학을 융합하지 않는다면 그것은 모호한 지대를 포함할 것이고, 인간과 세계의 짝짓기에 자신의 조절적 규범성을 가져올 수 없을 것이다. 왜냐하면 기술적 앙상블들의 세계와 인간의 짝짓기 안에는 활동과 조정의 도식들이 존재하는데, 이것들은 반성적이지만 직접적인 연구를 통해서 정의된 개념들^{concepts} 덕분에만 분명하게 사유될 수 있을 뿐이기 때문이다. 문화는 기술들과 동시대적이어야만 하고 단계별로 자신의 내용을 갱신하며 다시 취해야만 한다. 문화가 오로지 전통적이기만 하다면 그 문화는 거짓이다. 왜냐하면 문화란 특정 시대에 속하는 기술들의 조절 표상을 암묵적으로 저절로 포함하고 있기 때문이고, 또한 그런 전통적이기만 한 문화는 이 조절 표상을 적용될 수 없는 세계 속으로 잘못 가져가기 때문이다. 그래서 기술적 실재들을 사용기구들과 동일시하는 것은, 평가절상하면서 동시에 평가절하하는, 유용성이라는 규범적 관념에 근거한, 문화의 상투적인 태도다. 사용기구와 유용성이라는 이런 관념은 인간적 세계 안에서 기술적 앙상블들이 하는 효과적이고 현실적인 역할에는 부적합하며, 따라서 효과적인 방식의 조절일 수도 없다.

기술적 실재들에 적합한 표상의 중개를 통해 진행하는 문화적 조절의 기여가 박탈되면 인간과 세계의 짝짓기는 고립된 상태에서 비-통합적 방식으로 아노미적[무규범적]으로 전개된다. 그 여파로, 인간을 감싸고 있는 기술적 실재들의 조절이 없는 그런 전개는, 최소한 외관상으로라도 기술들에 대한 문화의 암묵적 불신을 정당화한다. 일반적인 문화가 모든 기술들을, 조절하는 게 아니라 억제하게 되니까, 스스로를 정당화하는 하나의 문화가 하나의 기술을 장려하는 인간적 환경 안에서 전개된다.

그런데, 기술적 실재에 대한 관념적이고 철학적인 의식화는 기술들을 융합하는 문화적 내용의 창조에 필수적이다. 그러나 그것이 충분하지는 않다. 아무것도 사실상 기술적 실재가 개념들concepts에 의해 적합하게 인식될 수 있다는 것을 입증하지 않는다. 개념적인 인식은 구조들과 사용들에 따라 분류될 수 있는 분리된 기술적 대상들의 수준에서 기술적 실재를 분명하게 지시할 수 있고 포함할 수 있다. 그러나 그 인식은 기술적 앙상블들에 대한 인식으로 간신히 들어갈 수 있을 뿐이다. 기술적 앙상블들에 대한 인식이 획득되기 위해서는 인간 존재가 실제로 모의상황 속에 있어 봐야만 하는데, 이는 그가 시험해 봐야만 하는 것이 바로 어떤 존재 양식이기 때문이다. 연장, 도구, 독립된 기계는 그것들로부터 탈착된 채로 있는 주체에 의해서 지각percevoir될 수 있다. 그러나 기술적 앙상블은 오로지 직관에 의해서만 파악될 수 있을 뿐이다. 왜냐하면 그것은 인간의 재량에 따르는 추상적이며 조작가능한 탈착된 하나의 대상으로 간주될 수 없기 때문이다. 기술적 앙상블은 모의상황과 [그 안에서의] 존재에 대한 시험에 관련된다. 즉, 그것은 주체와의 상호 작용에 연결되어 있다.

여행이 인간의 모의상황체험 방식을 형성하기 때문에 여행을 문화의 획득 수단으로 간주했었던 옛날과 마찬가지로 모의상황체험에 대한 기술적인 시험들을 앙상블과 관련해서, 즉 문화적 가치를 소유하고 있는 것으로서 실질적인 책임을 지니고 있는 하나의 앙상블과 관련해서 고려해야만 할 것이다. 정확하게 말하자면, 모든 인간 존재는 어느 정도는 기술적 앙상블들에 관여해야만 할 것이고, 이 앙상블과 관련해서 정해진 임무와 책임을 가져야만 할 것이며, 보편적인 기술들의 연결망에 이어져 있어야만 할 것이다. 게다가 개체적 인간은 기술적 앙상블들 중 단 한 종류의 것만 시험해 봐서는 안 되고, 여러 가지 것들을 시험해 봐야만 한다. 여행자가 여러 사람들을 만나며 그들의 풍습을 시험해 봐야 하듯이 말이다.

그런데, 이런 류의 시험들은 각각의 기술들 안에 있는 인간의 조건에 참여하기 위한 노력으로서라기보다는 오히려 기술의 각 유형과 기술적 앙상블의 모의상황을 시험해 보는 방식들로 인식되어야만 한다. 왜냐하면 각 기술 안에는 기술자들, 인부들, 노동자들, 간부들이 있고, 또한 상이한 기술들 안에서, 각각의 수준에 따라, 엄밀하게 사회적인 것으로서의 조건들이 충분히 유사할 수 있기 때문이다. 기술적 연결망 안에서의 특수한 모의상황체험은, 인간이 오로지 관리하기만 하는 것이 아니라 거기에 참여하고 있는 일련의 작용들과 과정들 내부에서, 그리고 인간을 대면하는 한에서, 시험되어야만 한다.

철학자는, 그 역할을 예술가에 비교할 수 있는데, 기술적 앙상블 안에서 그 모의상황을 반성하고 표현하면서, 그 안에서의 상황에 대한 의식화를 도울 수 있다. 그러나 분명한 감각이 깨어나서 실제 시험의 의미를 파악하게 할 때, 그는 여전히 예술가처럼 단지 타자 안에 어떤 직관을 야기하는 자일 수 있을 뿐이다.

그런데, 우리가 주목해야만 하는 것은 기술적 앙상블들에 대한 문화적 각성과 표현 수단으로서의 예술은 제한되어 있다는 점이다. 예술은 지각^{αἴσθησις}을 통해서 받아들여지고, 그래서 자연스럽게 대상, 연장, 도구, 기계를 파악하는 경향이 있다. 그러나 진정한 기술성, 문화에 통합될 수 있는 기술성은 표현된 것^{manifesté} 안에 있지 않다. 번쩍이며 발산하는 색깔들의 화려한 사진들, 소음들, 소리들, 이미지들의 모든 녹음들은, 일반적으로 기술적 실재를 이용하는 데 머무르는 것이지 이 실재를 드러내 보여 주는 것^{révélation}이 아니다. 기술적 실재는 사유되어야만 한다. 그것은 또한 그것의 작용^{action} 도식들에 참여함을 통해서 인식되어야만 한다. 미학적 인상이 솟아나올 수는 있지만, 이는 단순한 스펙터클의 결실로서가 아니라, 오로지 실재적인 직관과 참여의 이런 개입 이후에라야만 가능한 것이다. 모든 기술적인 스펙터클은 기술적 앙상블에의 통합이 선행되지 않으면 유치하고 불완전하게 남아 있게 된다.

그런데, 기술적 참여의 직관들은 종교적이고 정치-사회적인 사유의 힘들과 질들에 대립되지 않는다. 정치-사회적 사유는 종교적 사유와 관련해서 연속적이다. 이는 엄밀히 말해서, 그것이 현실적이고 이미 실현된 총체성이 아니라(왜냐하면 이 총체성은 있는 그대로의 자신이고, 절대자이며, 행동을 추동시킬 수 없기 때문에), 현실적인 구조들 아래에 있는 더 광대한 앙상블들의 저변이고, 새로운 구조들의 이 알림을 타당하게 하는 것일 때, 그렇다. 정치-사회적 사유가 표현하는 것은 바로 부분에 대한 총체성의 관계, 현실적인 부분에 대한 잠재적인 총체성의 관계다. 종교들이 절대적인 총체성의 기능을 표현한다면, 정치-사회적 사유는 상대적인 총체성의 기능을 표현한다. 또한 종교들이 현실적인 총체성의 기능을 표현한다면, 정치-사회적 사유는 잠재적인 총체성의 기능을 표현한다. 그런데, 기술적 앙상블들로의 통합에 대한 직관들과 정치-사회적인 직관들 사이에 상보적인 관계가 있을 수 있는데, 이는 기술적 직관들이 **지금 여기**^{hic et nunc} 삶의 역사와 삶의 조정의 결과물을 표현하는 반면에, 정치-사회적 직관들은 장래를 향한 투기, 퍼텐셜들의 능동적인 표현이기 때문이다. 정치-사회적 사유들은 현실적으로 주어져 있는 모든 구조를 뛰어넘는 경향성들과 힘들의 표현이다. 기술적 앙상블들에 관련된 직관들은, 인류가 만들었던 것, 만들어진 것, 만들고 실행했기 때문에 구조화된 것을 표현한다. 그래서,

모양의 실재는 현실성의 시스템 안에 주어져 있고 바탕의 능력은 퍼텐셜들을 포함하며 생성을 예비하고 있는 한에서, 모양의 능력은 기술들 안에, 바탕의 능력은 정치-사회적 사유 안에 투여되어 있을 수 있는 것이다. 대상화된 기술적 요소와 보편적인 종교적 사유 사이의 관계 맺음이라는 수준에서는 불가능한 그 관계가 현실성의 표현인 기술적 앙상블과 잠재성의 표현인 정치-사회적 사유 사이에 확립될 때는 가능해진다. 이 현실성과 이 잠재성 사이에 걸쳐 있는 직감적이고 실재적인 생성에 의해서 현실성과 잠재성 사이에 상보성이 있다. 철학적 사유는 현실성과 잠재성의 상관관계를 파악하고, 이 관계의 정합성을 확립하면서 그것을 유지한다.

따라서 요소에 대한 직관과 앙상블에 대한 직관을 양립가능하게 만드는 것은 바로 생성에 대한 직감, 자연적 세계와 인간적 세계를 동시에 생성하게 하는 기술들의 역량이다. 앙상블들의 수준에서 이루어진 기술적 직관은 획득된 결과물이자 토대로서의 생성을 표현한다. 정치적-사회적 직관은 동일한 실재 안에서의 경향성들의 삽입, 잠재성들과 생성의 힘들의 표현이다. 연장들에 결부된 기술적 사유와 보편화하는 종교적 사유의 수준에서 사유의 두 유형들 간의 직접적 만남은 있을 수 없는데, 이는 생성의 매개가 가능하지 않기 때문이다. 각각의 연장, 연장들을 조작하는 분리된 각각의 기술은 안정적이고 결정적인 것처럼 주어진다. 보편화하는 종교적 사유 또한 초시간성의 바탕에 준거하여 안정적이고 결정적인 것으로 주어진다. 이와 반대로, 조직자나 요소의 명목으로 인간을 포함하는 앙상블들 안에 기술성을 도입하는 것은 기술들을 진화하게 만든다. 이와 동일한 정도로 동시에, 인간 집단들의 진화적 특성이 의식되고, 이 의식이 정치-사회적 사유를 창조한다. 한편으로는 토대로 쓰이는 정해진 사유를, 다른 한편으로는 목적으로 쓰이는 가능한 장래를 표현하고 있는, 생성의 양면에서 태어난 앙상블들의 기술적 사유와 정치-사회적 사유는, 기원에서의 그들의 조건들과 세계 안에 있는 그들의 삽입 지점들에 의해서 짝을 이루고 있다.

　　따라서 기술적 사유와 정치-사회적 사유가 일치할 수 있는 것은 바로 기술적이고 정치-사회적인 구조들의 영속적인 변화에 대한 전망 안에서다. 장인들의 사유를 활성화시킨 요소적 기술성과, 기술들의 이 일차적인 전개와 동시대에 속하는 보편적 토대의 종교성은, 기술적 앙상블들의 생성에 대한 사유와 총체성들의 생성에 대한 사유에 패러다임으로 쓰일 수 있다. 요소적 기술성과 보편적 종교성의 규범이 없다면, 생성 중에 있는 앙상블들의 기술적 사유와 진화 중에 있는 공동체들의 정치-사회적 사유가 그들의 서로에 대한 긴장을 상실할 것이다. 기술적 앙상블들에 대한 사유는 요소들에 대한 사유에 의해서, 그리고 인간적 세계의 생성에 대한 사유는 총체성의 기능에 대한 사유에 의해서 영감을 받아야만 한다. 그래서 사유의 두 형태들이 각자의 자율성을 보존하면서 서로 혼동되지 않고, 서로에게 구속되지 않으면서, 유비적으로 서로 만나야만 한다. 왜냐하면 세계에 대한 원초적인 관계로부터 나온 사유의 기능적인 총체성은 원초적인 위상변이의 결과물들의 실재적인 양극화를 통해서 유지되어야만 하기 때문이다. 문화는 이 양극화에 의해 인도된다. 그것은 기술적 사유와 종교적 사유 사이에서 전개된다. 정치-사회적 사유 안에서 표상되는 인간 집단들에 대한 이해에다가, 앙상블들의 기술성에 대한 체험된 이해를 연결시키는 것이 바로 그 문화다.

　　과거, 즉 마술적 사유의 첫번째 양분兩分의 수준에서 나타난 기술적 사유와 종교적 사유의 첫번째 형태들, 그리고 또 이 첫번째 양분兩分의 중립 지점에서 제기된 미학적 활동성은 문화적 내용이라는 명목으로, 즉 현실적 사유에 규범들을 제공하는 기반으로 보존되어야만 한다. 그러나 보존되어야만 하는 것은 오로지 문화적 내용으로서만이다. 현실적인 앙상블들의 기술성에 대한 표상을 요소들, 즉 연장들이나 도구들의 표상으로 대체하고자 하는 것은 생성에 반[反]하는 오류일 것이다. 왜냐하면 현실적 실재 속에서 체험된 기술성은 더 이상 요소들의 수준에만 있는 것이 아니라, 또한 본질적으로 앙상블들의 수준에도 있기 때문이다. 요소들로의 분할이 예전에 그랬듯이, 오늘날에는 앙상블들이 기술성의 수탁자들이다. 앙상블들의 기술성을 그 실재성에서 파악하기 위해서는, 과거 속으로 다시 돌아가 요소들의 기술성에 대한 인식으로부터 사유가 출발해야만 한다. 왜냐하면 앙상블들의 기술성은 요소들의 기술성으로부터 귀결하기 때문이다. 현실적인 것을 그 실재성 속에서 이해하기 위해서는 사유가 문화적인 것le culturel으로부터 현실적인 것l'actuel으로 나아가야만 한다. 마찬가지로, 종교적 사유는 총체성의 의미에 대한 영속적인 상기이다. 잠재적인 것을 그 가치 속에서 파악하고 촉진시키기 위해서는, 문화가 문화적인 것에서 잠재적인 것으로 진행하면서, 보편화된 종교적 사유 안에 뿌리박혀 있는 정치-사회적 사유를 갱신해야만 한다.

그런데, 기술들 안에는 문화적이지 않은 것이 있다. 이것은 자신의 규범들, 자신의 도식들, 자신의 특수한 어휘를 부과하려고 하는, 결정된 각 기술의 유일성unicité이다. 기술들이, 그들의 실제적 본질 안에서 오로지 문화적인 것만 파악되기 위해서는 복수성의 다발로 제시되고 시험되어야만 한다. 이런 복수성이 요소들을 파악하는 기술적 조건의 일부를 이룬다. 역으로, 종교적 사유는 그 자체로 무조건적인 단일성으로 파악되어야만 한다. 종교들 안에서 문화에 반대되는 것, 그것은 그것들의 가능한 복수성,

즉 결정된 종교적 전통들 간의 대립이다. 그렇지만 종교들은 전통들인 한, 필연적으로 뿌리박혀 있기 때문에, 문화가 상위구조를 창조해야만 하고, 바로 여기에 입각해서 상이한 종교들이 종교로서의 자신들의 단일성 안에서 나타나야 한다. 이것이 세계통합운동의 의미, 종교들을 문화에 통합하는 조건, 문화의 의미 안에서 종교들이 풍요로울 수 있는 조건이다. 열린 종교들이 실제로 있을 수 있는지, 닫힌 종교들과 열린 종교들 사이의 대립이 베르그손이 세웠던 것만큼 분명한 것인지는 아마도 확실하지 않을 것이다. 그러나 종교들의 열림은 그 자신을 위해 각기 어느 정도 닫혀 있는 상이한 종교들에게 공통된 기능이다.

그런데 세계통합운동이 먼 과거에 구축되는 것은 어려웠다. 그것은 문화를 정초하고자 하는 반성적 사유를 수단으로 해서만 구성될 수 있기 때문이다. 그것은 그 자체로 그리고 본질적으로 철학적인 개방이다. 그것은 종교들의 근본적인 의미에 대한 의식화를 필요로 한다. 이는 원초적 마술에서 출발한 사유의 생성 안에 종교들을 다시 놓으면서만 이루어질 수 있을 뿐이다. 오늘날까지 제한된 세계통합운동들이(기독교 내부에서처럼) 탄생했지만, 보편적인 세계통합운동은 종교적 실재가 문화에 통합될 수 있도록 철학적 반성이 발전되어야만 가능하다.

기술공학의 설립은 세계통합운동의 의미와 동일한 의미를 갖는다. 그러나 그것이 결과로서 갖는 것은, 공통관념들notions communes과 어휘의 일반적인 표준화에 입각해서, 요소들의 고유한 본질에 의해서가 아니라 사용에 의해서 만들어진 직업 용어들의 거짓 전문성을 대체하면서, 기술적 대상들의 진정한 요소적 특수성을 파악하는 것이다. 이 기술공학에 입각해서, 원초적 기술성의 수탁자인 복수의 기술적 대상들이 기술적 앙상블들의 구성을 위한 토대로 쓰이게 된다. 세계통합운동에 입각해서는, 원초적 총체성 기능의 수탁자인 종교적 사유의 보편화하는 유일성이 정치적이고 사회적인 사유에 토대로 쓰이게 된다. 기술공학은 복수성에 입각해서 단일성을 향한 전환을 실행하는 반면에, 우선적으로 단일성을 파악하는 세계통합운동은 정치적-사회적 삽입의 복수성을 향한 가능한 전환을 수행하거나 수행하게 한다. 망상網狀 구조를 실현하는 단일성과 관련되어 있는, 우월성supériorité의 지위와 복수성의 지위 사이의 만남이라는 수준에서, 매개가 사유 생성의 중립 지점에서 가능할 수 있기 위해서는, 복수성의 기능과 단일성의 기능에 대한 의식적인 파악이 토대로서 필수적이다.

그럼에도 불구하고, 철학이 기술들의 의미를 문화에 통합시킬 수 있기 위해서는, 철학이 제한된 임무를 의무감으로 수행할 수 있을 듯이, 엄밀한 의미에서의 철학 바깥에 있는 문화에 철학이 적용되는 것으로는 불충분하다. 모든 철학적 활동은 사유의 반성성 때문에 인식 양식의 개혁이기도 하고, 또한 인식이론 안에 반향을 일으킨다. 그런데 기술성의 발생적 특성에 대한 의식화는 개념concept, 직관intuition, 이념idée 사이의 관계 맺음들에 관한 문제를 새로운 방식으로 제기하도록, 그리고 이와 상관해서 유명론과 실재론의 의미를 교정하도록 철학적 사유를 이끌어야만 한다.

사실, 기술적인 조작操作이 본질적으로 귀납적인 사유의 패러다임을 제공하는 반면에, 종교적 관조는 연역적인 이론적 사유의 모델을 제공한다고 말하는 것으로는 불충분하다. 이 이중의 패러다임체계는 과학들에 제한되지 않는다. 그것은 다른 영역들에다 옮겨놓을 수 있고 거기서 활용될 수 있는 인식의 양식들을 제공하는, 그런 철학적 반성에까지 확장된다. 게다가 기술적인 조작操作과 종교적 관조는 차후의 모든 인식을 위한 암묵적인 공리계들을 제공한다. 인식의 양식(개념, 직관, 이념에 의한)을 암묵적인 공리계에 연결하는 끈이 실제로 있다. 이 암묵적인 공리계는 인식될 실재와 인식하는 주체 사이에 존재하는 관계 맺음을 통해서, 즉 인식될 실재의 첫번째 지위에 의해서 형성된다. 사실, 기술적 사유는 하나하나씩 취해진 요소들에 대한, 그것들의 조합에 대한, 그리고 앙상블을 구성하는 그것들의 상호 관계들에 대한 가지성^{可知性, intelligibilité}의 모델을 제공한다. [여기서] 인식될 실재적인 것은 인식의 노력 그 끝에 있다. 그것은 총체성으로 단번에 주어진 한 덩어리가 아니다. 요소들의 조합이라고 인식될 수 있기 때문에 요소들로 이루어져 있다고 볼 수 있는 이 실재는 본질적으로 대상이다. 이와 달리, 연역적 사유의 패러다임인 종교적 사유는, 사유하는 주체에 의해서 명확해질 수 있을 뿐이지 구축되거나 생산되는 것이 아닌, 무조건적인 가치를 지닌 것으로 단번에 알려진 앙상블의 기능에서 출발한다. 종교적 사유는, 인식 안에서는 결코 완전하게 해소될 수 없지만 어떤 표상이 만들어질 수는 있는 존재에 대한 관조, 존재에 대한 존경의 모델을 제공한다. 존재와 관련해서, 인식과 이를 받아들이는 주체는 불완전하고 열등하게 남아 있다. 실제로 참된 주체이자 유일하게 완전한 주체는 바로 존재다. 인식의 주체는 일차적인 주체를 참조하고 그에게 참여함으로써 성립하는, 단지 이차적인 주체일 뿐이다. 인식은 존재의 불완전한 중복으로 생각된다. 왜냐하면 인식의 주체가 진정한 주체가 아니기 때문이다. 인식의 관조적인 그 양식은 철학에서 관념론적 실재론의 기초다. 에이도스^{εἶδος}는 사유되기 이전에 그 자체로 존재하는 존재의 구조, 존재의 보여진 상^{une vue de l'être}이다. 그것은 본질적으로 그리고 단번에 인식의 도구가 아니다. 그것은 무엇보다 우선적으로 존재의 구조다. 그것이 영혼 안에서 표상이 되는 것은 오로지 이차적인 방식으로만, 참여를 통해서만이고, 영혼과 이데아들[이념들] 사이의 친연성의 관계 덕분이다. 인식은 주체에 의해서 형상화되는 것도 아니고 구축되는 것도 아니다. 인식의 발생이란 없다. 오로지 정신에 의한 실재적인 것의 발견이 있을 뿐이다. 인식은 존재의 모방이다. 왜냐하면 존재는 본질적으로 그 자체로 주체이며, 이차적이고 불완전한 주체, 인간인 이 주체에 의한 모든 의식화 이전에 있기 때문이다. 이와 같은 형이상학적 공리계의 예로서, 플라톤의 경우에서 인식 이론을 지배하는 것을 취해 볼 수 있다. 즉 선^{Bien}은 절대적이고 일차적인 주체다. 그것은 다수의 이데아들을 구조화하는 것이고, 각각의 이데아는 다른 것이 아닌 바로 이 이데아인 것으로서, 완전하게 그 자신에 대해서 주체일 수 없다. 선은 한정된 인식보다 앞서 있고 우월한 것으로서 이 인식의 가지성과 타당성을 보장하는 주체로서 총체성의 기능의 형이상학적 번역이다. 모든 인식은 어떤 의미에서 선에 대한 인식인데, 이는 선 그 자체를 직접적으로 인식하는 것이 아니라 간접적으로 반영^{reflet}을 통해서 인식하는 것이다. 왜냐하면 이데아에 의한 인식을 있게 만드는 것은 절대적인 주체인 존재의 유일한 총체성이며, 특수한 인식의 모든 노력은 그것을 향한 상승 운동이기 때문이다. 인간의 인식은 선으로부터 이데아들을 통해서 대상들에게로 가는 존재론적 여정의 반대 방향으로, 즉 대상들로부터 이 대상들의 이데아들로, 이데아들로부터 선으로, 유비의 관계를 따라서 거슬러 올라가면서 수행된다.

이와 정반대로, 조작적 인식은 자신의 대상을 구성할 가능성을 스스로에게 제공한다. 그것은 자신의 대상을 지배하고, 조작가능한 요소들에 입각해서 그 대상에 대한 표상의 발생을 출현시키고 다스린다. 마치 장인이 정합적으로 조각들을 모아서 자기 앞에 놓여져 있는 대상을 구축하듯이 말이다. 조작적 인식의 도구인 개념^{concept}은 그 자체가, **지금 여기**$^{hic\ et\ nunc}$의 특수성 안에 주어진 경험에 입각해서 추상화와 일반화 과정을 함축하

는 수집 작용^{opération de rassemblement}의 결과물이다. 여기서 인식의 원천은 **지금 여기**|hic et nunc 안에 있으며, 모든 인간적 몸짓에 앞서 있고 심지어 지배하는 무조건적인 총체성 안에 거주하는 것이 아니다. 인간의 몸짓들은 존재하기도 전에 그리고 실행되기도 전에 이미 그 총체성에 의해서 조건지어져 있다. 관조적 인식에 있어서 실재적인 것은 절대적인 주체다. 반면 조작적 인식에 있어서 실재적인 것은 항상 대상이다. 이 대상은 마치 하나의 나무 조각이 제작 과정에서 앙상블에 융합되기를 기다리며 작업대 위에 놓여져 있는 것처럼, "앞에 놓여져 있는 것"이라는 일차적인 의미에서의 대상이다. 실재적인 것은, 조작적 인식^{connaissance opératoire}에 있어서, 인식의 조작^{opération de connaissance}에 선행하지 않는다. 그것은 그 조작적 인식을 뒤따른다. 일상적인 경험에 따르면 실재적인 것이 그 인식을 선행하는 것처럼 보이지만, 실재적인 인식에 따르면 실재적인 것이 그 조작적 인식을 뒤따른다. 왜냐하면 이 인식은 요소들의 조작을 통해서 자신이 그 실재적인 것을 재구축했을 때에만 그 실재적인 것을 파악하기 때문이다.

그런데 인식의 두 양식들 사이의 이런 대립은 중요하다. 왜냐하면 계속되는 철학 학파들은 더 이상 연대할 수 없는 사유의 두 흐름들이 있다는 것, 전반적으로 후험론^{aposteriorisme}과 선험론^{apriorisme}이라는 말로 지시될 수 있는 것들이 있다는 것을 보여 주기 때문이다. 후험론, 경험론, 개념론, 부분적인 유명론(왜냐하면 지식이, 추상 속에서 획득되면서, 요소적 원천들로부터 멀어지기 때문에)은 개념^{concept}을 활용하는 조작^{操作}으로 인식을 정의한다. 선험론, 연역론, 관념론, 최소한 무주론^{acosmiste}은 아닌 실재론은 이념^{idée}을 수단으로 한 실재적인 것의 파악을 인식으로 정의한다.

그러나, 만일 기본적인 두 형이상학적 공리계들 사이의 이런 대립과 이런 양립불가능성의 원천이, 기술과 종교로 세계 내 존재의 원초적인 양식이 양분兩分되었다는 점에 있다면, 철학적 인식은 개념이나 이념에 의한 존재 파악에 만족할 수 없다는 것을, 인식 양식의 어느 한쪽을 계승하는 것에 그쳐서도 안 된다는 것을 인정해야만 할 것이다. 철학적 인식은 수렴 기능을 지닌 것으로서, 개념들과 이념을 자신의 단일성 안에서 결합시키면서, 인식의 우월하고 간접적인 양식에 호소해야만 한다. 그런데 직관을 이념과 동일시하는 것은 전적으로 정확한 것이 아니다. 직관에 의한 인식은 **선험적**이지도 **후험적**이지도 않은 존재 파악이다. 그것은 이 존재와 같은 수준에, 그것이 파악하는 존재être의 현존existence과 동시대에 속한다. 그것은 이념idée에 의한 인식이 아니다. 직관은 인식된 존재의 구조 안에 이미 포함되어 있지 않기 때문이다. 직관에 의한 인식은 이 존재의 일부를 이루지 않는다. 그것은 하나의 개념concept도 아니다. 그것은 축적에 의한 발생을 막는, 자율성과 독특성을 부여해 주는 내적 단일성을 소유하고 있기 때문이다. 결국, 직관에 의한 인식은 진정으로 매개적이다. 이는 그것이 존재를 이념처럼 절대적인 총체성에서 파악하지도 않고, 개념처럼 요소들의 조합을 통해서도 파악하지 않으며, 구조화된 앙상블을 구성하는 영역들의 수준에서 파악한다는 의미에서 그런 것이다. 직관은 감각적인 것도 가지적인 것도 아니다. 그것은 알려진 존재의 생성과 주체의 생성 사이의 유비, 두 생성들의 일치다. 직관은 개념처럼 단지 모양의 실재들에 대한 파악도 아니고, 이념처럼 단일성에서 이해된 실재적인 것의 바탕의 총체성에 준거하는 것도 아니다. 그것은 어떤 발생이 실행되는 시스템들을 형태화하는 것으로서의 실재적인 것에 말을 건다. 그것은 발생적 과정들에 대한 고유한 인식이다. 베르그손은 직관을 생성에 대한 인식의 고유한 양식으로 만들었다. 그러나 베르그손의 방법은, 물질의 영역과 같은 영역에 직관을 금지시키지 않는다면(물질의 영역은 직관적 이해에 필수적인 역동적인 특성들을 나타내지 않는 것처럼 보이기 때문에 직관의 적용이 금지된 것인데), 일반화할 수 있다. 사실, 직관은 발생이 일어나는 모든 영역에 적용될 수 있다. 왜냐하면 직관은 개념적 인식처럼 각 존재자를 요소들로 분해하지도 않고, 또한 그 존재자의 동일성을 더 광대한 총체성의 바탕에 관련시켜 상대화하며 파괴하지도 않으면서, 각 존재자를 단일성의 수준에서 취하며 그 존재자들의 발생을 뒤따르기 때문이다. 개념은 자신의 기술적 본성으로부터 본질적으로 모양의 실재들을 파악하는 역량을 보존한다. 반대로 이념은 특별히 바탕의 실재들에 대한 인식에 알맞다. 직관은 구조의 발생, 즉 모양과 바탕 사이의 상관관계의 발생이 일어나는 양상블들을 고려하면서 매개자처럼 개입한다. 직관은 그래서 특히 철학적 인식의 태도다. 이 직관 덕분에 사유가 존재의 발생적 생성의 공식인 존재의 본질에서 존재를 파악할 수 있고, 또한 수렴 기능이 보장되도록 그 생성의 중립 지점에 남아 있을 수 있기 때문이다.

직관에 있어서 단일성의 수준은 이념에 의한 인식에서처럼 총체성도 아니고 개념적 인식에서처럼 요소도 아니다. 바로 이러한 직관을 통해서, 철학적 사유는 원초적 마술의 것이었던, 그 다음엔 미학적 활동의 것이었던, 존재에 대한 관계를 다시 찾아내는 것이다. 알려진 존재, 즉 세계는 기원에서는 대상도 아니고 주체도 아니다. 그것은 기계론적인 과학적 인식에서처럼 조작적 사유에 종속될 때 대상으로 상정된다. 그것은 스토아학파의 우주처럼 관조적 인식을 불러일으킬 때 주체로 상정된다. 그러나 대상이라는 관념은 기술적 기원에 남아 있고, 주체라는 관념은 종교적 기원에 남아 있다. 그 관념들은 전자든 후자든 세계에 또는 인간 존재에 완전하게 적용되지 않는다. 왜냐하면 그것들은 그것들이 양상블로 취해질 때에만 완전한 총체성을 형성할 것이기 때문이다. 사실, 대상이란 관념과 주체라는 관념은, 그것들의 기원에 근거해서도 철학적 사유가 뛰어넘어야만 하는 한계들이다. 철학적 사유는 직관을 따라서, 중립 지점에서, 매개적 인식 안에서, 대상을 따르는 인식과 주체를 따르는 인식을 수렴시켜야 하기 때문이다. 철학적 사유는 그래서 개념적 인식과 이념적 인식의 가능성들이 다 소진된 이후에야, 즉 실재적인 것에 대한 기술적 의식화와 종교적 의식화 그 이후에야, 비로소 형성될 수 있을 뿐이다. 철학은 기술적 구축과 종교적 경험 이후에 온다. 철학은 그것들을 분리시키는 간격 안에서 직관의 역량으로서 정의된다. 기술과 종교는 그러니까 실재적인 것에 대한 철학적 직관을 야기시키는 두 극단의 지도자들인 셈이다.

철학적 사유 안에서, 기술과 종교 사이의 관계 맺음은 변증법적이지 않다. 왜냐하면, 기술과 종교가 세계 내 존재의 원초적인 양식의 서로 대립적이면서 상보적인 두 측면들이라는 정확히 그런 한에서, 그 두 극단들이 쌍으로서 함께 유지되어야만 하기 때문이다. 즉, 그것들은 동시적인 것이다. 철학적 문제들의 해명은, 단 하나의 위상으로부터 나온, 단 하나의 양상만 지닌 사유의 특성을 받아들이면서는 타당해질 수가 없다. 실재에 대한 미학적 관점은 철학적 탐구를 만족시킬 수 없다. 왜냐하면 그것은 오로지 실재적인 것 중에서 선택된 영역들에만, 그것들 안에서 모양의 실재들과 바탕의 실재들의 일치가 차후의 정교화 작업 없이 가능한 그런 영역들에만 적용되기 때문이다. 미학적 사유는 그 자체로 바로 능동적이지 않다. 그것은 그것이 출발하는 실재적인 것 위에 영향을 미치지 않는다. 그것은 그 실재적인 것으로부터 탈착하면서 그것을 이용하는 데 그친다. 그것은 실재의 측면들을 굴절시키지만 반영하지는 않는다. 이와 반대로, 철학적 사유는 미학적 활동보다 더 멀리까지 간다. 왜냐하면 발생적 생성에서 출발하는 철학적 사유는 그 생성을 완수하기 위해서 그 생성 안으로 다시 복귀하기 때문이다. 실로, 직관이란 실재적인 것과의 이론적이면서 동시에 실천적인 관계이다. 직관은 실재적인 것을 인식하면서 그것에 대해 작용한다. 직관은 그 실재적인 것이 생성하는 바로 그 순간에 그 실재적인 것을 파악하기 때문이다. 철학적 사유는 또한 존재 안에서 결정되는 모양-바탕의 망상網狀 구조 안에 삽입되고자 하는 철학적 몸짓이기도 하다. 철학은 존재 영역들의 망상網狀적 다양성diversité인 총체성과 복수성 사이의 이런 중간적 본성의 수준에서, 구조화의 능력으로, 생성의 문제들을 해결하는 그런 구조들을 발명하는 역량으로 개입한다.

직관은 모양의 측면과 바탕의 측면을 실재적 단일성 속에서 재발견한다. 왜냐하면 요소들과 총체성은 존재의 구체적인 양상블이 아니기 때문이다. 존재의 단일성은 능동적인 중심이며, 이 중심에 입각해서 양분兩分에 의한 모양과 바탕이, 즉 한편의 요소들과 다른 한편의 총체성이 존재하는 것이다. 직관은 존재의 이 단일성, 요소들과 총체성의 재결합을 인식하고 완수한다. 직관은 그 자체로 모양과 바탕의 관계다. 직관은 이념처럼 그것이 파악하는 존재와 공통본성을 지닌 것이 아닌데, 왜냐하면 이런 공통본성connaturalité은 존재의 양상블이 아닌 바탕만 파악할 수 있기 때문이다. 또한 직관은 한정된 모양만을 보존하기 위해서 존재의 구체적인 것을 포기하는 개념처럼 추상적이지도 않다. 모양과 바탕의 원초적인 관계를 파악하기에, 직관은 존재에 대하여 유비적이다. 직관은 완전한 실재론도 순수 유명론도 정당화하지 않지만, 인식의 범위를 고찰하는 두 방식들을 안정적으로 혼합하는 인식이다. 직관은 존재와 등가가 아니다. 그것은 실재적 이념으로서 존재에 속하지 않는다. 그것은 존재에 대하여 유비적이다. 왜냐하면 그것은 모양과 바탕의 관계인 것을, 동일한 생성을 통해서 존재처럼 구성하기 때문이다. 직관은 기술들과 종교가 출현하기 이전에 마술적 사유가 그것의 전조였던, 바로 그 완전한 존재를 존재 안에서 다시 발견한다. 그러므로 사유의 생성에 따라서, 직관의 세 유형이 존재한다고 말할 수 있을 것이다. 마술적 직관, 미학적 직관, 철학적 직관. 미학적 직관은 마술적 사유가 기술들과 종교로 양분兩分하는 때와 동시간대에 속하며, 사유의 대립된 두 위상들의 진정한 종합을 실행하지는 못한다. 그것은 단지 어떤 관계의 필연성을 지시하며 제한된 한 영역 안에서 암시적으로 그런 종합을 실행할 뿐이다. 이와 달리, 철학적 사유는 진정으로 그 종합을 실행시켜야만 하고, 기술적 사유 전체와 종교적 사유 전체의 최종 성과에 동연적인, 그런 문화를 구축해야만 한다. 미학적 사유는 그래서 문화의 모델이지만 문화 전체는 아니다. 그것은 문화 그 자체라기보다는 차라리 문화를 고지하는 것, 문화를 요구하는 것이다. 왜냐하면 문화는 실제로 모든 기술적 사유를 모든 종교적 사유에 결합시켜야만 하기 때문이고, 이를 위해서 문화는 철학적 직관들을 통해서 만들어져야만 하고, 이 직관들의 기원을 개념들과 이념들 사이에 실행된 짝짓기들로부터 이끌어내야 하기 때문이다. 미학적 활동은 기술들과 종교 사이의 간격을 채운다. 반면 철학적 사유는 이 간격의 영향력을 파악하고 번역한다. 철학적 사유는 이 간격을 정태적으로 비어 있는 영역으로서가 아니라, 사유의 두 양식들의 분기分岐에 의해 정해진 방향으로서, 실질적으로positivement 의미있는 것significatif으로서 고려한다. 미학적 사유가 생성에 의해 조건 지어져 있는 반면, 철학적 사유는 분기分岐하는 생성을 따라가면서 그 생성을 다시 수렴시키기 위해서 탄생한다.

기술적 대상들의 기술성은 따라서 두 상이한 수준들에서 존재할 수 있다. 본원적이고 원초적인 기술적 대상들은, 마술적 사유가 중요한 기능적 의미작용을 포기하자마자 출현한 것들인데, 연장들과 도구들로서, 기술성의 실재 수탁자들이 분명하다. 그러나 그 기술적 대상들은 오로지 어떤 기사[기계조작자]^{opérateur}에 의해 사용될 수 있는 한에서만 대상들일 뿐이다. 그 기사의 몸짓들은 비록 생명체 안에 포함되어 있는 것들이긴 하지만 역시 기술적 실재의 몸짓들의 일부를 이룬다. 생명체는 기술적인 일에 쓰이는 발명의 기능과 정교화의 기능, 지각적 능력을 담고 있다. 실재적 단일성은 연장보다 일에 더 속하는 것이다. 그러나 일은 대상화될 수 없고, 엄밀하게 말해서 반성되지는 않지만, 체험되고, 경험되고, 수행될 수 있을 뿐이다. 두번째 수준에서, 기술적 대상들은 기술적 앙상블들의 일부를 이룬다. 그 결과, 첫번째 수준에서도 두번째 수준에서도, 기술적 대상들은 심지어 구성된 이후에도 그 자신들에 의해 존재하는 절대적인 실재들로 간주될 수 없다. 그들의 기술성은 오로지 인간 기사[기계조작자]의 활동이나 기술적 앙상블의 작동 안에 통합됨으로써만 이해된다. 따라서 자연적 존재자들을 대상으로 할 수 있는 귀납과 비교할 수 있는 귀납에 입각해서 대상의 기술성을 이해하려는 것이 타당할 것이다. 기술적 대상은, 그것이 연장이기 때문이건 어떤 한 앙상블의 요소이기 때문이건, 모든 기술성을 오로지 그것만이 품고 있는 것은 결코 아니기에, 철학적 사유를 통해서, 즉 인간과 세계 사이의 관계 양식들의 생성에 대한 직관을 갖는 사유를 통해서 인식되어야만 한다.

이 발생적 방법의 사용은 장인적 조작^{操作}의 기술성이나 기술적 앙상블의 기술성에 준거하여 기술적 대상을 정의하는 것이지, 아마도 기술성일 대상의 어떤 속성에 입각하여 조작^{操作}의 기술성이나 앙상블의 기술성을 정의하지는 않는다. 그렇지만, 기술적 대상의 발생의 그 조정과 그 기능적인 특성은 기술적 대상의 특수한 생성 유형에 의해서, 즉 우리가 기술적 대상의 구체화라고 이름 붙였던 것에 의해서 매우 효과적으로 번역된다. 이 구체화의 과정은 기술적 대상들의 예들을 상당수 검토해 보면 바로 이해될 수 있다. 그러나 기술성 전부가 모조리 그 안에 들어가지는 못하지만 어쨌든 기술성이 그 대상 안에 내속하고 있는 이런 구체화의 의미는 오로지 인간과 세계의 관계 맺음에서 기술적인 양식들과 비-기술적인 양식들의 발생을 추적하는 철학적 사유에 의해서만 이해될 수 있을 뿐이다. 그래서 이 연구에서는 우선 기술적 대상들에, 그 다음에는 사유의 앙상블 안에서 기술적 사유가 처한 상황과 역할에 대한 연구에 발생적 방법을 사용한 것이다.

결론

오늘날까지 기술적 대상의 실재는 인간 노동의 실재 다음에 오는 이차적인 수준에서 받아들여졌다. 기술적 대상은 인간 노동을 통하여 이해되어왔고 노동을 보조하는 도구로서 또는 노동의 산물로서 사유되고 판단되어 왔던 것이다. 그렇지만 인간 자신을 위해서는 기술적 대상 안에 인간적인 것이 존재한다는 사실이 노동의 관계를 거치지 않고도 직접 나타날 수 있게 하는 방향 전환을 가져오는 것이 필요할 것이다. 기술성이 노동의 위상인 것이 아니라 노동이야말로 기술성의 위상으로 인식되어야만 한다. 왜냐하면 노동이 한 부분을 차지하고 있는 앙상블이 바로 기술성이고, 그 반대가 아니기 때문이다.

　　노동에 대한 자연주의적 정의는 불충분하다. 노동이란 인간 집단이 자연을 개발하는 것이라고 말하는 것, 이것은 인간을 조건짓는 것이자 인간이 적응하는 것인 자연 앞에서 종^種으로서의 인간이 노력을 들여 행하는 반작용^{réaction élaborée}으로 노동을 환원시키는 것이다. 자연-인간 관계 안에서의 그런 결정론이 일방적인 것인지 아니면 상호성을 포함하는 것인지가 여기서 관건은 아니다. 상호성의 가설도 기본적인 도식, 즉 조건화[조건형성]^{conditionnement}의 도식과 노동의 반작용적인 측면을 바꾸지는 못한다. 그래서 노동이 기술적 대상에다가 자신의 의미를 부여하지, 기술적 대상이 노동에다가 자신의 의미를 부여하는 게 아니다.

하지만 [여기서] 제안된 관점에서는, 노동은 기술적 조작操作, opération의 측면으로 이해될 수 있으며, 이 기술적 조작操作은 노동으로 환원되지 않는다. 노동은 오로지 인간이 자기 기관을 연장들의 운반자로 제공해야 할 때만, 즉 인간이 심-신 단일체로서 자신의 기관을 움직임으로써 인간-자연 관계를 단계별로 펼쳐 내야 할 때에만 있는 것이다. 노동은 인간이 자기 자신 안에서 인간 종과 자연 사이의 매개를 실현시키는 활동인데, 우리가 말했던 것은, 이런 경우에 인간은 연장들의 운반자로서 작용한다는 것이다. 왜냐하면 그 활동 안에서 인간은 자연에 근거해서 행동하며 이런 행동을 몸짓 하나하나에 의해 순차적으로 이어가기 때문이다. 인간이 종과 자연 사이의 매개 기능을 기술적 대상에 맡길 수 없을 때, 그리고 인간 자신이 자신의 신체, 자신의 사유, 자신의 행동을 통해서 그 관계 기능을 수행해야만 할 때, 노동이 있는 것이다. 그러니까 인간은 생명체로서의 자기 고유의 개체성을 이런 조작操作을 조직화하기 위하여 빌려 주는 것이다. 바로 이런 점에서 인간이 연장들의 운반자인 것이다. 반대로, 기술적 대상이 구체화될 때는 자연과 인간의 혼합물이 그 대상의 수준에서 형성된다. 이 기술적 존재자에 근거한 조작操作은 정확하게 말해서 노동이 아니다. 사실, 노동 안에서, 인간은 인간적이지 않은 실재와 합치하고, 이 실재에 순응하며, 자연적 실재와 인간적 의도 사이로 어떤 방식으로든 이끌려 들어간다. 노동 안에서 인간은 형태forme를 따라 질료matière를 빚어 낸다. 그는 형태를 완성하면서 일을 마무리하는데, 이 형태는 결과물로 의도된 것이고, 선행 필요들에 따라 진행된 작업의 끝에 가서야만 획득되어야 하는 것을 미리 결정해 놓은 것이다. 이런 형태-의도$^{forme-intention}$는 노동이 실행되는 질료의 일부를 이루지 않는다. 그것은 인간을 위한 유용성이나 필요를 표현하는 것이지 자연으로부터 비롯하는 것이 아니다. 노동의 활동성은 인간적 기원을 갖는 형태와 자연적 질료 사이의 연결을 만드는 것이다. 노동은 질료와 형태만큼 이질적인 두 실재들을 일치시키고 협력작용하게 만드는 활동인 것이다. 그런데 노동 활동은 인간이 종합적으로 관계 맺도록 만드는 그 두 항들에 대해서 인간 자신이 의식하게 만든다. 왜냐하면 노동자는 자신이 접근시켜야만 하는 그 두 항들에 시선을 고정시켜야만 하고 (이것이 노동의 규범이다), 그 접근이 이루어지게 되는 복잡한 조작^{操作}의 내면 자체에 대해서는 주목하지 못하기 때문이다. 노동은 그 항들에 유리하도록 [그 항들 사이의] 관계를 은폐한다.

게다가 종종 노동자의 노예 상태는 질료와 형태가 일치되도록 해주는 그 조작^{操作}을 더 불투명하게 만드는 데 기여해 왔다. 어떤 노동을 통솔하는 인간은 주어진 질서 안에서 내용으로 모양이 갖춰져야 하는 것에 대해 그리고 [작업이] 실행되는 조건인 일차 질료에 대해 몰두하지만, 형태화$^{la\ pris\ de\ forme}$를 완수시키는 조작^{操作} 그 자체에 대해서는 주목하지 않는다. 주의는 형태와 질료에 주어지지, 조작^{操作}으로서의 형태화에 대해서는 주어지지 않는다. 그래서 질료형상 도식의 쌍에서는 두 항들은 분명하지만 그들의 관계는 불투명하다. 질료형상 도식은 바로 이런 특수한 측면에서 노동으로 환원된 기술적 조작^{操作}을 철학적 사유 안으로 전환한 것이고, 존재자들의 발생에 대한 보편적 패러다임으로 취급된다. 그 패러다임의 기저에 있는 것은 분명 기술적 경험이지만, 매우 불완전한 기술적 경험이다. 철학에서 질료형상 도식의 일반화된 활용은 그 도식의 기술적 토대의 불충분성에서 기인하는 불투명성을 도입한다.

사실, 직공이나 노예와 함께 작업장 안에 [몸소] 들어가는 것이나, [직접] 선반旋盤을 가동시키고 거푸집을 담당하는 것조차도 충분하지는 않다. 노동하는 인간의 관점은 여전히 너무나도 형태화에 대해 외재적이다. 이 형태화야말로 유일하게 그 자체로 기술적인 것인데 말이다. 그가 형태화를 그 자체로 사유할 수 있기 위해서는 점토와 함께 거푸집 안으로 침투해 들어갈 수 있어야 하며, 거푸집과 점토를 동시에 만들 수 있어야 하고, 그것들의 공통 조작操作을 체험하고 느낄 수 있어야만 할 것이다. 왜냐하면 노동자는 기술적 조작操作을 준비하는 기술적 연쇄의 두 반쪽들을 정교화하기 때문이다. 그는 점토를 준비하고 그것을 엉겨 붙은 덩어리 없이 기포가 생기지 않게 유연하게 만들면서 거푸집에 상관하여 준비시킨다. 그는 나무로 거푸집을 만들면서 형태를 물질화하고 이 물질이 구부러질 수 있고 형태를 이룰 수 있도록 만들어 놓는다. 그 다음, 그는 점토를 거푸집 안에 넣고 누른다. 형태화의 조건은 바로 거푸집과 눌린 점토에 의해 구성된 그 **시스템**이다. 거푸집을 따라 형태를 취한 것은 바로 점토다. 점토에 형태를 부여하는 것은 직공이 아니다. 노동하는 인간은 매개를 준비하지만, 그 매개를 완수하지는 않는다. 매개의 조건들이 만들어진 이후에 그 자체로 완수되는 것이 바로 매개다. 또한, 비록 인간이 그런 조작操作에 매우 가까이 있다 할지라도, 그는 그것을 인식하지 못한다. 그의 신체가 그 조작操作이 수행되도록 밀어붙이고 완수될 수 있게 할 수는 있지만, 그 기술적 조작操作에 대한 표상이 그 노동 안에서 나타나지는 않기 때문이다. 결여된 것은 바로 그 본질적인 것이고, 은폐되어 있는 것은 바로 기술적 조작操作의 능동적인 중심이다. 인간이 기술적 대상들을 사용하지 않고 노동을 실천해 왔던 시간 동안 내내, 기술적 지식은 오로지 암묵적이고 실천적인 형태로만, 습관들과 직업적인 몸짓들을 통해서만 전달될 수 있을 뿐이었다. 실제로, 이런 운동적인 지식savoir moteur이 형태로부터 나오는 것과 질료로부터 나오는 것인 기술적 연쇄의 두 반쪽들을 정교화할 수 있게 하는 지식이다. 그러나 그 지식은 더 멀리 가지 않으며 더 갈 수도 없다. 그것은 조작操作 그 자체 앞에서 멈춘다. 그것은 거푸집 안으로 침투하지 못한다. 본질적으로, 그것은 전前-기술적이고 비-기술적이다.

이와 반대로, 기술적인 지식은 [기술적 조작의] 중심을 준비할 수 있는 상이한 정교화 작업들을 바로 그 중심에 입각해서 발견하기 위하여 거푸집 내부에서 일어나는 것으로부터 출발하는 데 있다. 인간이 더 이상 연장들의 운반자로서 개입하지 못할 때, 그는 그 조작操作의 중심을 어둠 속에 내버려둘 수 없다. 기술적 대상에 의해 생산되어야만 하는 것이 사실 바로 그 중심인데, 이것은 사유되지도 않고, 느껴지지도 않으며, 습관을 형성하지도 않는다. 작동할 기술적 대상을 구축하기 위해서, 인간은 기술적 조작操作과 일치하며 이 조작을 수행하는 그 작동을 표상할 필요를 갖는다. 기술적 대상의 작동은 기술적 조작操作과 동일한 인과시스템의, 실재의 동일한 차원의 일부를 이룬다. 기술적 조작操作의 준비와 이 조작의 작동 사이에는 더 이상 이질성이 없다. 기술적 작동이 기술적 조작操作을 예측하듯이 이 조작은 그 작동을 연장한다. 작동fonctionnement은 조작opération이고, 조작은 작동이다. 기계의 노동에 대해서 단지 작동이라고만 말할 수는 없다. 그것은 조작操作들로 정렬된 하나의 앙상블이기 때문이다. 형태와 질료는, 이것들이 아직도 존재한다면, 동일한 수준에 있으며 동일한 시스템의 일부를 이룬다. 기술적인 것과 자연적인 것 사이에는 연속성이 있다.

기술적 대상의 제작은 형태와 질료 사이의 이런 불투명한 지대를 더 이상 포함하지 않는다. 전前-기술적인 지식은 (질료형상 도식처럼) 관계의 내면성을 발견하지는 않으면서 항들의 쌍을 구성한다는 의미에서 또한 전前-논리적이다. 반대로, 기술적인 지식은 관계의 내면성을 탐구한다는 의미에서 논리적이다.

그런데, 노동의 관계로부터 비롯한 패러다임체계는 기술적 조작操作과 기술적 지식으로부터 나온 패러다임체계와 매우 다르다는 것을 확인하는 것이 극히 중요할 것이다. 질료형상 도식은 우리 문화의 내용 중 일부를 이룬다. 그것은 고대 문명 이래로 전수되어 왔고, 우리는 많은 경우들에서 마치 그 도식이 완벽하게 정당화된 것처럼, 아마도 부당하게 일반화되었을 특수한 경험에 관련된 것이 아니라, 보편적인 실재와 동연적인 것처럼 생각한다. 노동을 통해서 불투명하게 인식된 형태화의 특수한 경우들로 모든 기술적 조작操作들을 다루기보다는, 오히려 형태화를 특수한 하나의 기술적 조작操作으로 다루는 것이 필요할 것이다.

이런 의미에서, 기술적 대상들의 존재 양식에 대한 연구는 그것들의 작동 결과들에 대한 연구, 그리고 기술적 대상들을 대면하는 인간의 태도들에 대한 연구에 의해 연장되어야만 할 것이다. 기술적 대상의 현상학은 그래서 인간과 기술적 대상 사이의 관계의 심리학으로 연장될 것이다. 그러나 이 연구에는 피해 가야 할 두 가지 위험요소가 있다. 그리고 그 위험요소들을 피해 갈 수 있게 하는 것은 바로 기술적 조작操作의 본질이다. 기술적 활동은 순수 사회적 영역의 일부도 아니고, 순수 심리적 영역의 일부도 아니다. 그것은 그 둘 중의 어느 하나와 일치시킬 수 없는 집단적 관계의 모델이다. 기술적 활동이 집단적인 것의 유일한 양식도 유일한 내용도 아니지만, 그것은 집단적인 것에 속하며, 어떤 경우에는 그 기술적 활동 주위에서 공동 집단groupe collectif이 태어날 수 있다.

우리가 여기서 이해할 사회 집단이란 동물들이 그런 것처럼 환경 조건들에 대한 적응에 따라서 형성되는 것을 말한다. 노동이란 인간 존재자가 종으로서의 인류와 자연 사이에 매개자가 되도록 해주는 것이다. 그 대립항에 있는, 그러나 같은 수준에 속하는 상호심리학적^{interpsychologique} 관계는 매개 없이 상호성을 세우면서 개체 앞에 개체를 놓는다. 이와 반대로, 기술적 활동을 통해서 인간은 매개들을 창조하고, 이 매개들은 그들을 생산하고 사유한 개체로부터 탈착될 수 있다. 개체는 그 매개들로 스스로를 표현하지만 그것들에 부착되지는 않는다. 기계는 다른 인간을 위한 도구가 될 수 있는 일종의 비인격성^{impersonnalité}을 지닌다. 그 기계로 결정^{結晶}화되는 인간적 실재는 바로 그 기계가 탈착될 수 있다는 사실 때문에 소외될 수 있다. 노동은 노동자에 부착되고, 역으로 노동자는 노동의 중개를 통해서 자신이 작업하는 자연에 부착된다. 기술적 대상은 인간에 의해 사유되고 구축된 것으로서, 단지 인간과 자연 사이의 매개를 창출하는 데만 국한되지 않는다. 그것은 인간적인 것과 자연적인 것의 안정적인 혼합물이고, 인간적인 것과 자연적인 것을 포함한다. 그것은 자신의 인간적인 내용에다가 자연적 대상들의 것과 비슷한 구조를 부여하고, 이 인간적 실재의 자연적인 원인들과 결과들을 세계 안에 삽입시킨다. 인간의 자연에 대한 관계는 단지 모호한 방식으로 체험되고 실천되기만 하는 것이 아니라 안정성과 일관성의 지위를 가지며, 일관성은 그 관계를 법칙들과 질서정연한 항구성을 지닌 하나의 실재로 만들어 준다. 기술적 활동은 기술적 대상들의 세계를 건립하면서 그리고 인간과 자연 사이의 대상적인 매개를 일반화하면서 집단 노동 특유의[종^種적인] 반작용의 끈보다 훨씬 더 풍부하고 잘 정의된 끈을 따라서 인간을 자연에 다시 연결시킨다. 인간적인 것을 자연적인 것으로, 그리고 자연적인 것을 인간적인 것으로 전환하는 가능성은 기술적 도식성^{schématisme}을 통해서 확립된다.

기술적 조작^{操作}은 순수 경험론이 아니라 하나의 구조화된 세계를 구축하면서 인간과 자연에 관련된 새로운 어떤 상황을 나타나게 한다. 지각은 자연적 세계가 살아 있는 인간에게 직접적으로 제기한 문제에 관련된다. 과학은 그와 같은 문제가 기술적 우주를 통해서 제기된 것에 관련된다. 장애물 없는 노동에 대해서는 감각으로 족하다. 지각은 노동의 수준에서 야기된 문제에 해당한다. 반면, 기술들이 성공하는 한, 과학적 사유는 태어나려고 하지 않는다. 기술들이 좌초할 때라야 과학이 임박해진다. 과학은 기술들의 수준에서 만들어진 문제제기에 상응하는데, 기술적 수준에서는 그 해답을 발견할 수 없다. 기술은 지각과 과학 사이에 개입해서 그 수준을 변화시키고자 한다. 기술은 도식들, 표상들, 통제 수단들, 인간과 자연 사이의 매개들을 제공한다. 탈착될 수 있게 된 기술적 대상은 이런저런 조립에 따라 다른 기술적 대상들과 함께 집단화될 수 있다. 기술적 세계는 연합들과 접속들의 무한정한 임의사용가능성을 제공한다. 왜냐하면 그것은 기술적 대상으로 결정^{結晶}화된 인간적 실재의 해방을 산출하기 때문이다. 하나의 기술적 대상을 구축하는 것은 임의사용가능성을 예비하는 것이다. 산업 연합이 기술적 대상들을 가지고 실현할 수 있는 유일한 것은 아니다. 조직화된 매개들의 조절된 연쇄를 통해서 인간을 자연에 다시 연결시키고, 인간 사유와 자연 사이의 결합을 창조하고자 하는, 비-생산적인 연합들이 또한 실현될 수 있다. 기술적 세계는 여기서 전환가능성^{convertibilité}의 시스템으로 개입한다.

기술적 대상을 실용적인 것으로 고려하게 추동하는 것은 바로 노동이라는 패러다임이다. 기술적 대상은 실용적인 특성을 본질적인 정의로서 자기 안에 담고 있지 않다. 기술적 대상은 결정된 조작操作을 실행하는 것, 결정된 도식에 따라 특정한 작동을 수행하는 것이다. 그러나 기술적 대상은 바로 탈착가능한 그 특성 때문에 절대적인 방식의 인과 연쇄에서 고리처럼 사용될 수 있다. 단, 그 대상은 연쇄의 양쪽 끝에 오는 것에 의해 영향을 받지 않는다. 기술적 대상은 노동의 유사물을 수행할 수 있지만, 또한 결정된 생산을 위한 모든 유용성을 벗어나서 정보를 실어나를 수도 있다. 기술적 대상을 특징짓는 것은 노동이 아니라 바로 작동이다. 또한 실용적인 일들에 사용되는 것과 인식에 사용되는 것으로, 기술적 대상들에 대한 두 범주가 존재하지도 않는다. 모든 기술적 대상은 과학적일 수 있고, 또한 그 역도 가능하다. 정반대로, 단지 교육에만 사용될 뿐인 단순화된 대상을 과학적이라고 부를 수 있을지 모르지만, 그것은 기술적 대상보다 덜 완전할 것이다. 육체노동자와 지식인의 위계적인 구별은 기술적 대상들의 세계 안에선 유지되지 않는다.

따라서 기술적 대상은 노동의 범주보다 더 넓은 범주, 즉 조작적 작동fonctionnement opératoire이라는 범주를 가져온다. 이 조작적 작동은 가능성의 조건으로서 발명 행위를 그 토대에 상정한다. 그런데 발명은 노동이 아니다. 그것은 자연과 인간 종 사이에 육체적-심리적 인간을 통해 행사된 매개를 상정하지 않는다. 발명은 단지 적응하고 방어하는 반작용이 아니다. 그것은 과학적 지식과 동일한 차원에 속하는 정신적 조작操作이자 정신적 작동이다. 과학과 기술적 발명 사이에는 수준의 동등성이 있다. 발명과 과학을 허용하는 것이 바로 정신적 도식이다. 산업적 앙상블 안에서는 생산적인 것으로서, 또 실험적 조립 안에서는 과학적인 것으로서 기술적 대상을 사용하게 하는 것 역시 바로 그 정신적 도식이다. 기술적 사유는 모든 기술적 활동 안에서 나타나며 발명의 차원에 속한다. 그것은 소통될 수 있고, 참여를 정당화한다.

이로부터, 노동의 사회적 공동체를 넘어서, 조작적 활동에 의해 지원되지 않는 개체간^{interindividuel} 관계 저편에, 기술성의 정신적이고 실천적인 우주가 설립된다. 그 안에서 인간 존재자들은 자신들이 발명하는 것을 통해서 소통한다. 그 자신의 본질에 따라 이해된 기술적 대상, 즉 인간 주체에 의해 발명되었고, 사유되었고, 요구되었고, 책임 지워졌던 것으로서의 기술적 대상은, 우리가 **개체초월적**^{transindividuelle}이라 부르고자 하는 관계의 표현매체이자 상징이 된다. 기술적 대상은 정해진 정보의 운반자로서 읽혀질 수 있다. 만일 그것이 활용되거나 사용되기만 하면서 종속되어 있을 뿐이라면, 받침대나 굄목으로 사용될 책과 마찬가지로, 그것은 어떠한 정보도 가져올 수 없을 것이다. 자신의 본질에 따라서, 즉 그 대상을 정초했던 발명의 인간적 행위를 따라서 평가되고 인식된 기술적 대상은 기능적인 가지성이 침투되어 있고 자신의 내적 규범들에 따라 가치부여된 것으로서 순수한 정보를 가져온다. 순수한 정보란 우발적이지 않은 것, 즉 정보를 받는 주체가 정보의 표현 매체에 의해 전달된 형태들과 유사한 형태를 자기 안에 불러일으킬 때에만 이해될 수 있는 것이라고 할 수 있다. 기술적 대상 안에서 인식되는 것, 그것은 바로 형태이고, 어떤 문제를 해결한 사유와 조작적 도식의 물질적 결정화^{結晶化}다. 이 형태는 이해되기 위해서 주체 안에 그와 유사한 형태들을 필요로 한다. 정보는 절대적으로 새로운 것의 도래가 아니라, 주체와 관련해서 하나는 외생적이고 다른 하나는 내생적인, 두 형태들의 관계 맺음으로부터 귀결하는 의미작용이다. 따라서 하나의 기술적 대상을 유용한 것으로서만이 아니라 기술로서 받아들이기 위해서는, 그것이 사용기구로서가 아니라 정보의 운반자이자 발명의 귀결로서 판단되기 위해서는, 그것을 받아들이는 주체가 자기 안에 기술적 형태들을 지니고 있어야만 한다. 따라서 기술적 대상의 중개를 통해서 **개체초월성**transindividualité*의 모델인 인간 사이의interhumaine의 관계가 창조된다. 이를 통해서 이해할 수 있는 것은, 서로서로 분리시키면서 형성된 개체성을 수단으로 하거나 아니면 감성의 **선험적인** 형식들처럼 모든 인간 주체에게 동일하게 있는 것을 수단으로 해서가 아니라, 전前-개체적 실재의 하중을 수단으로, 개체적 존재와 더불어 보존되며 퍼텐셜들과 잠재성을 담고 있는 자연의 그 무게를 수단으로, 개체들을 관계 맺게 하는 그런 관계다. 기술적 발명으로부터 나온 대상은 자신을 생산했던 존재자의 무

---

* [옮긴이] 개체초월성(transindividualité)은 개체들 사이의 관계 맺음과 집단화 가능성을 특징짓는 시몽동 고유의 핵심 개념이다. 이는 상호주관성(intersubjectivité)이나 개체상호성(interindividualité)과 같이 단지 서로 분리된 실체인 개체(또는 주체/주관)들 사이의 소통관계를 의미하는 것이 아니다. 개체초월성은 개체화를 통해 개체들을 산출한 이후에도 소진되지 않은 전(前)개체적인 퍼텐셜이 개체들의 저변을 여전히 관통하고 있으면서 준안정적인 개체들의 변화와 집단화를 가능하게 하는 동력으로 작동하고 있음을 강조한다. "개체화는 전(前)개체적 실재 전부를 소진하지 않는다. 준안정성의 체제는 개체에 의해 유지될 뿐만 아니라 개체에 의해 운반된다. 그래서 구성된 개체는 자신과 더불어 전(前)개체적 실재에 연합된 어떤 부하(負荷)를, 그 전(前)개체적 실재를 특징짓는 모든 퍼텐셜들에 의해 활성화된 무게를 실어 나른다. 개체화는 물리적 시스템에서의 구조 변화처럼 상대적이다. 퍼텐셜의 어떤 수준이 남아 있고, 개체화들은 여전히 가능하다. 개체에 연합되어 남아 있는 이러한 전(前)개체적 자연은 새로운 개체화들을 출현시킬 수 있는 미래의 준안정적 상태들의 원천이다"(시몽동, 『형태와 정보 개념에 비추어 본 개체화』, p. 28). 전(前)개체적 실재를 의미하는 개체초월적인 것(le transindividuel)은 개체화의 결과물, 즉 개체화된 것이 개체들을 '넘어서'(trans-) 있다는 점에서 '초월적'이라는 것이지 개체들 '바깥에' 실재한다는 점에서 초월적이라는 것이 아니다. 전(前)개체적인 것은 새로운 개체화를 진행시킬 수 있도록 여전히 개체화된 것들에 연합되어 있다. 아직 개체화되지 않은 것으로서 개체들 안에 거주하는 전(前)개체적인 실재가 개체들을 가로질러 직접 서로 소통함으로써 개체 수준에서 해결되지 않던 문제들을 개체초월적인 집단적 수준에서 해결할 수 있게 한다. 개체들은 하나의 준안정적 시스템이 다른 준안정적 시스템으로 변화하는 과정에서 전(前)개체적인 것을 실어 나르는 변환적 매개자의 역할을 한다. 마치 연결망의 각 고리가 자신의 개성을 무화시키지 않으면서도 자기를 넘어서 다른 고리들과 소통하듯이, 개체초월성은 개체들을 '바깥에서' 관계 짓는 것이 아니라, 개체들을 '가로지르며' 그러나 개체들의 수준을 넘어서는 집단적인 것의 수준에서 개체들이 서로 관계 맺을 수 있음을 가리킨다(개체화에 대해서는 105~106쪽 옮긴이 주 참조).

언가를 자신과 더불어 실어 나르고, **지금 여기에**[hic et nunc] 가장 덜 부착되어 있는 것을 그 존재자로부터 표현한다. 즉 기술적 존재 안에 인간적인 본성 [자연]이 있다고 말할 수 있을 것이다. 이 본성[자연][nature]이라는 말이 인간 안에 형성된 인간성보다 심지어 더 이전에 있는, 본원적인 것으로 남아 있는 것을 지시하기 위해서 사용될 수 있다는 의미에서 말이다. 인간은 각 개체 존재에 결부된 채로 남아 있는 이 **아페이론**[ἄπειρον], 자연적인 자기 고유의 표현매체를 사용하면서 발명한다. 개체 존재로서의 인간으로부터 출발하는 어떠한 인류학도 개체초월적인 기술적 관계를 이해할 수 없다. 생산적인 것으로 인식된 노동은, 그것이 **지금 여기에**[hic et nunc] 국지화된 개체로부터 비롯하는 한에서는 발명된 기술적 존재를 이해할 수 없다. 발명하는 것은 개체가 아니라 바로 주체다. 그리고 이 주체는 개체보다 더 광대하고, 더 풍부하며, 개체화된 존재의 개체성 이외에 자연의 어떤 하중, 비-개체화된 존재의 어떤 무게를 포함하고 있다. 노동 공동체처럼 기능적 연대성을 지닌 사회 집단은 오로지 개체화된 존재자들만을 관계 속에 넣는다. 이런 이유로 그 사회 집단은 개체화된 존재자들을 국지화시키고, 필연적인 방식으로,『자본』의 이름으로 맑스가 기술했던 것처럼, 심지어 모든 경제적인 양상의 바깥으로 소외시킨다. 전[前]-자본주의적인 소외는 노동으로서의 노동에 본질적인 것이라고 정의할 수 있을 것이다. 게다가, 이와 대칭적으로, 심리학적인 개체간 관계는 구성된 개체들 이외의 것은 더 이상 관계 맺게 할 수 없다. 그런 관계는 노동처럼, 육체적 작동에 의한 관계 맺음 대신에 정서적이고 표상적이며 의식적인 어떤 작동들의 수준에서 개체들을 관계 맺게 하는데, 그만큼 그 개체들을 소외시킨다. 노동의 소외는 탈착된 심리적인 것의 소외처럼 다른 소외를 통해서 보상될 수 없다. 이는 정신적 작동들을 수단으로 문제들을 해결하기 위해 노동 문제에 적용된 심리학적 방법들의 약점이 무엇인지를 알게 해준다. 그런데 노동의 문제들은 노동에 의해 야기된 소외에 관련된 문제들인데, 이 소외는 잉여가치의 운동에 의해 야기된 것으로 오로지 경제적인 것만은 아니다. 맑스주의도, 반ᄇᆞᆨ맑스주의(인간 관계들을 통해서 노동을 연구하는 심리학주의)도, 진정한 해답을 발견할 수 없다. 왜냐하면 노동으로서의 노동 그 자체가 소외의 원천인데, 그 두 입장들은 모두 소외의 원천을 노동 바깥에 두기 때문이다. 우리는 경제적 소외가 존재하지 않는다고 말하려는 것이 아니다. 우리가 말하려는 것은, 소외의 일차적인 원인이 본질적으로 노동 안에 있다는 것, 맑스가 기술한 소외는 단지 소외의 양상들 중 하나일 뿐이라는 것이다. 소외의 경제적 측면을 위치 지을 수 있도록 이 소외라는 관념은 일반화될 필요가 있다. [우리의] 이런 입장에 따르면, 경제적 소외는 이미 상부구조들의 수준에 있을 것이고, 노동 안에 있는 개별 존재자의 상황에 본질적인 그 소외에 해당하는 것, 즉 더 암묵적인 어떤 토대를 상정할 것이다.

만일 이 가설이 정당하다면, 소외를 축소시키기 위한 참된 길은 사회적인 것의 영역(계급과 노동공동체와 더불어)도 아니고, 사회심리학이 습관적으로 고찰하는 개체간 관계들의 영역도 아닌, 개체초월적인 집단적인 것collectif transindividuel의 수준에 위치 지을 수 있을 것이다. 기술적 대상은 사회적 구조들과 심리적 내용들이 노동에 의해 형성되었던 세계 안에서 자신의 출현을 이루어 내었다. 따라서 기술적 대상은 새로운 구조들을 지닌 기술적 세계를 창조하는 대신에, 노동의 세계 안으로 인도된 것이다. 기계는 그래서 기술적 지식을 통해서가 아니라 노동을 통해서 인식되고 활용된다. [하지만] 노동자의 기계에 대한 관계 맺음은 부적합하다. 왜냐하면 노동자가 자신의 몸짓으로 발명 활동을 연장하지 않으면서 기계에 대해 작용하기 때문이다. 노동에 특징적인 **중심의 어두운 지대**^{zone obscure} centrale가 기계의 활용 위로 다시 옮겨진다. 이제 어두운 지대에 있는 것은 바로 기계의 작동, 기계의 생산내력, 기계를 만든 것의 의미작용, 기계가 만들어진 방식 등이다. 질료형상 도식이 지닌 원초적인 중심의 어두움이 보존된다. 인간은 기계 안에 들어오는 것과 거기서 나가는 것은 인식하지만 거기서 일어나는 것은 인식하지 못한다. 직공의 바로 앞에서 어떤 조작操作이 실행되긴 하는데, 그 조작操作에 직공 자신이 참여하지는 못한다. 그가 비록 그 조작操作을 명령하거나 그것의 시중을 든다 해도 말이다. 명령한다는 것은 여전히 그 명령을 받는 것에 외재적으로 남는 것이다. 명령한다는 것이 여전히 미리 설정되어 있는 조립을 따라서 일이 시작되도록 하는 것일 때, 즉 기술적 대상의 구축 도식 안에서 시동시키기 위해 예측되어 있는 그런 시동을 위해서 명령하는 것일 때 그렇다. 노동자의 소외는 기술적 지식과 활용 조건들의 실행 사이의 파열에 의해 번역된다. 이런 파열은 너무나 첨예해서 현대적인 공장들 대부분에서 조절자의 기능은 기계 사용자, 즉 직공의 기능과 엄격하게 구분되어 있고, 또 직공들에게 자신들 고유의 기계를 그 자신들이 직접 조절하는 것을 금지시킨다. 그런데 조절 활동은 발명과 구축의 기능을 가장 자연스럽게 연장하는 것이다. 조절réglage이란 비록 제한적이긴 하지만 끊임없이 반복되는 발명이다. 사실, 기계는 수정이나 수리나 조절의 필연성 없이, 그것이 구축될 때 단번에 존재하게 되는 것이 아니다. 발명의 원본적인 기술적 도식은 각각의 견본 안에서 더 잘 실현되거나 덜 실현되거나 하는 것으로, 각각의 견본이 더 잘 작동하거나 덜 작동하게 만드는 것이다. 기술적 대상의 각 견본이 지닌 물질성과 특수성을 참조하는 것이 아니라 발명의 기술적 도식을 참조함으로써 조절과 수리가 가능하고 효과를 얻는다. 인간이 받는 것, 그것은 기술적 사유의 직접적인 생산물이 아니라, 기술적 사유에 입각해서 다소간의 정확성과 완전성을 가지고 수행된 제작의 견본이다. 이 제작 견본은 기술적 사유의 상징이자 형태들의 운반자이며, 이 형태들이야말로 기술적 사유의 수행을 연장하고 완성하기 위해서 주체가 만나야만 하는 것이다. 사용자는 자기 안에 그 형태들을 소유하고 있어야만 한다. 그래야 그 기술적 형태들과, 기계를 통해 전달되고 이 기계 안에서 더나 덜 완전하게 실현되어 있는 형태들이 만나면서 의미작용이 솟아나고, 이 의미작용에 입각해서 기술적 대상에 대한 노동이 단순한 노동이 아닌 기술적 활동이 되는 것이다. 기술적 활동은 단순한 노동, 소외시키는 노동과는 구분된다. 기술적 활동은 단지 기계의 활용만이 아니라, 발명과 구축 활동을 연장하는 것인, 기계의 보전이나 조절이나 개량, 기술적 작동에 기울이는 주의의 특정한 비율 또한 포함하는 것이기 때문이다. 근본적인 소외는 기술적 대상의 개체발생^{ontogénèse}과 이 기술적 대상의 존재 사이에 산출되는 파열 안에 있다. 기술적 대상의 발생이 실제로 그것의 존재의 일부를 이루어야만 하고, 인간이 기술적 대상과 맺는 관계는 기술적 대상의 연속적인 발생에 대한 이런 주의를 포함해야만 한다.

가장 많은 소외를 받는 기술적 대상들은 역시 무지한 사용자들에게 주어진 것들이다. 이런 대상들은 점진적으로 그 지위가 손상된다. 그것들은 잠깐 동안은 새것이었지만 곧 이런 특성을 상실하면서 맨 처음에 주어졌던 완전성의 조건들로부터 멀어지기만 할 수 있기 때문에 점차 가치가 떨어지게 된다. 허약한 기관들의 납땜은, 발명가와 동일한 제작자, 그리고 경제적 절차를 통해 유일하게 기술적 대상의 사용을 획득한 사용자, 이 둘 사이의 단절을 보여 준다. 보증은 제작자와 사용자 사이의 이런 관계의 순수한 경제적 특성을 구체화한다. 사용자는 어떠한 방식으로도 제작자의 행위를 연장하지 않는다. 보증을 통해서, 그는 필요하다고 생각되면 제작 활동의 재개를 제작자에게 부과할 권리를 산다. 이와 반대로, 제작과 사용이 분리되어 있지 않은 기술적 대상들은 시간 내내 그 지위가 손상되지 않는다. 그것들을 구성하는 상이한 기관들은 활용 과정에서 연속적인 방식으로 대체되고 수리될 수 있는 것으로 인식된다. 보전은 구축과 분리되지 않고 그것을 연장하며, 어떤 경우에는, 예컨대 작동 과정에서 표면 상태들을 바로잡음으로써 구축을 연장하고 완성하는 시험운행을 수단으로 해서 그것을 완성한다. 시험운행이 제한조건들로 인해 사용자에 의해서 실천될 수 없을 때는, 비행기 모터의 경우처럼 기술적 대상을 조립한 이후에 제작자에 의해 시험되어야만 한다.

따라서, 제작과 사용 사이의 인위적인 단절로부터 야기된 소외는 단지 기계를 사용하고 기계 위에서 노동하는, 그리고 이 노동 너머로는 기계와 관련된 자신의 관계를 밀고 나갈 수 없는, 그런 인간 안에서만 감지될 수 있는 것이 아니다. 그런 소외는 그 파열이 더 강화되는 것만큼 더 신속하게, 또한 기계 사용의 문화적 경제적 조건들 안에도, 기계의 경제적 가치 안에도, 기술적 대상의 평가절하라는 형태로 영향을 미친다.

경제적 개념들은 노동에 특징적인 소외를 이해하는 데 불충분하다. 노동의 태도들은 그 자체로 기술적 사유와 기술적 활동에 부적합한데, 이는 그 태도들이 기술적 대상에 대한 인식을 가능하게 할, 과학들에 가까운, 명시적인 지식의 양식과 형태들을 포함하지 않기 때문이다. 소외를 축소시키기 위해서는 노동, 수고로움, 육체의 사용을 함축하는 구체적인 적용, 작동들의 상호작용을 기술적 활동 안에서 단일성으로 귀결시켜야 할 것이다. 즉 노동이 기술적 활동이 되어야만 한다. 그렇지만, 경제적 조건들이 그 소외를 증대시키고 안정시킨다는 것은 정확하다. 기술적 대상은 산업 생활에서 그것을 사용하는 인간들에게 속하지 않는다. 소유 관계는 게다가 매우 추상적이고, 노동자들이 기계들의 소유자가 되는 것으로는 소외를 급격히 축소시키는 데 충분하지 않을 것이다. 기계를 소유한다는 것은 기계를 인식한다는 것이 아니다. 그럼에도 불구하고, 비-소유는 노동이 실행되는 기계와 노동자 사이의 거리를 증가시킨다. 비-소유는 이 관계를 여전히 더 취약하고, 더 외재적이며, 더 일시적으로 만든다. 기술적 대상의 사용자가 단지 이 기계의 소유자이기만 한 것이 아니라 그 기계를 선택하고 보전하는 인간이기도 한, 그런 사회적이고 경제적인 양식을 발견할 수 있어야만 할 것이다. 그런데, 노동자는 자신이 선택하지 않았던 기계 앞에 놓여 있다. 기계 앞에 놓여 있음la mise en présence은 사용 조건들의 일부를 이루며, 생산의 경제-사회적 측면에 통합된다. 반대로, 기계는 대부분 그 자체로 작동하는 절대적인 기술적 대상으로 제작되며, 기계와 인간 사이의 정보 교환에는 거의 들어맞지 않게 되어 있다. 인간 공학human engineering은 명령 기관들과 통제 신호들의 최적의 배치상태를 발견하고자 애쓰면서 충분히 멀리까지 가지 않는다. 아주 유용하게도, 바로 그 지점이야말로 기계와 인간을 짝짓는 진정한 조건들에 대한 탐구의 출발 지점이다. 그러나 인간과 기계 사이의 소통의 근거 자체로까지 파고들어가지 않는다면, 그 탐구들은 거의 무효가 될 위험이 있다. 어떤 정보가 교환될 수 있기 위해서는 인간이 자신 안에 기술적 문화를, 즉 기계가 가져온 형태들과 만나면서 의미작용을 야기할 수 있을 그런 형태들의 앙상블을 소유하고 있어야 한다. 기계는 모든 사회적 수준들에서 우리 문명의 어두운 지대들 중 하나로 남아 있다. 이 소외는 직공들만큼이나 공장장에게도 존재한다. 산업 생활의 진정한 중심, 바로 이것과 관련해서 모든 것이 기능적 규범들에 따라 질서정연해져야만 하는 것, 이것이 바로 기술적 활동이다. 기계가 누구에게 속하는지, 새로운 기계들의 사용권은 누가 가지며, 그것을 거부할 권리는 누가 갖는지 묻는 것, 이것은 문제를 뒤집어 놓는 것이다. 자본과 노동의 범주들은 기술적 활동에 관련하여 비본질적이다. 산업 영역에서 규범들과 권리의 근거는 노동도 소유도 아니고 기술성이다. 인간 사이의 소통은 노동의 가치들이나 경제적 기준들을 통해서가 아니라, 기술적 활동을 통해서 기술들의 수준에서 확립되어야만 한다. 사회적 조건들과 경제적 요인들은 상이한 앙상블들의 일부를 이루고 있기 때문에 서로 조화를 이룰 수가 없다. 그것들은 기술이 우위에 있는 조직화 안에서만 매개를 발견할 수 있을 뿐이다. 인간이 인간을 만날 때 어떤 계급의 구성원으로서가 아니라 자신의 활동과 동질적인 기술적 대상 안에서 자신을 표현하는 존재자로서 만날 수 있는 그런 기술적 조직화의 수준이란, 바로 주어져 있는 사회적인 것$^{le\ social}$과 개체상호적인 것$^{l'interindividuel}$을 초월하는, 집단적인 것$^{le\ collectif}$의 수준이다.

기술적 대상에 대한 관계는, 별도의 극히 드문 경우들을 제외하고서는 개체별로 적합하게 될 수 없다. 우리가 개체초월적이라 부르는, 집단적인 개체간 실재$^{réalité\ interindividuelle\ collective}$를 존재하게 만드는 데 도달하는 한에서만, 그 관계는 확립될 수 있을 뿐이다. 왜냐하면 그 실재가 발명적 역량들과 여러 주체들의 조직자들 사이에 짝짓기를 창조하기 때문이다. 소외되지 않는 지위에 따라 사용된, 소외 없는 기술적 대상들의 존재와, 개체초월적인 그런 관계의 구성 사이에는, 상호인과작용과 상호조정의 관계가 있다. 산업 생활과 기업들은 기업 운영 위원회의 수준에 기술 위원회가 포함되기를 바랄 수 있을 것이다. 효과적이고 창조적이기 위해서는 기업 운영 위원회가 본질적으로 기술적이 되어야 할 것이다. 한 기업 안에서 정보 채널들의 조직화는 기술적 조작^{操作}과 관련해서 비본질적인, 순수하게 개체간 관계들이나 사회적 위계의 선들이 아니라, 기술적 조작操作의 선들을 따라야만 한다. 기업은 기술적 대상들과 인간들의 앙상블로서 자신의 본질적인 기능에 입각해서, 즉 자신의 기술적 작동에 입각해서 조직화되어야만 한다. 조직화의 앙상블이 계급들의 대립으로서 순수하게 사회적인 앙상블로서가 아니라, 또는 상호심리학적인 도식으로 앙상블을 환원시키는 것으로서 각자 심리현상을 소유하고 있는 개체들의 결합으로서가 아니라, 기술적 작동의 단일성으로서 사유될 수 있는 것은 바로 기술적 조작操作의 수준에서다. 기술적 세계는 집단적인 것의 세계이며, 이것은 순수 사회적인 것에 입각해서도, 심리적인 것에 입각해서도, 적합하게 사유될 수 없다. 기술적 활동을 그 구조 자체에서 비본질적인 것으로 간주하는 것, 그리고 기술적 활동을 계기로 나타나는 인간 사이 관계들이나 사회적 공동체들을 본질적인 것으로 취급하는 것, 이는 집단들 간의 관계들과 개체들 간의 관계들에서 기술적 활동이라는 중심 자체의 본성을 분석하지 않는 것이다. 사회적인 것의 중심으로 노동이라는 관념을 보존하는 것, 그리고 그 반대편에서 자본과 경영의 수준에서 인간관계들을 보는 심리학주의가 지속하는 것, 이는 기술적 활동이 그 자체로 사유되지 않고 있음을 보여 준다. 기술적 활동은 사회학적이거나 경제적인 개념들을 통해서만 이해되고 있을 뿐이며, 그것의 실재적 본질의 수준에서 파악되는 것이 아니라 상호심리학적인 관계들의 계기로서 연구되고 있을 뿐이다. 어두운 지대가 자본과 노동 사이에, 심리학주의와 사회학주의 사이에 존속하고 있다. 개체적인 것과 사회적인 것 사이에, 개체초월적인 것이 전개되는데, 이것은 현실적으로 식별되지 않고 있으며, 기업 경영이나 노동자의 노동이라는 극단적인 두 측면들을 통해서 연구되고 있다.

생산성이라는 기준, 생산성에 의해서 기술적 활동을 특징짓고자 하는 의지는 문제의 해결로 인도될 수 없다. 기술적 활동과 관련해서 생산성이란 매우 추상적이고, 그 활동의 본질을 보기 위해 그 활동 안으로 들어가는 것을 허락하지 않는다. 매우 상이한 여러 기술적 도식들이 동일한 생산량에 귀결될 수 있다. 숫자는 도식을 표현하지 못한다. 생산성에 대한 연구 그리고 그것을 개량하는 수단들에 대한 연구는 질료형상 도식만큼 완전하게 기술적 지대의 어두움을 존속시킨다. 그런 연구는 오로지 이론적인 문제들을 뒤죽박죽으로 만드는 데 기여할 수 있을 뿐이다. 아무리 그것이 현실적인 구조들 안에서 실천적인 역할을 하고 있다 할지라도 말이다.

그런데, 철학적 사유는 의무론적인 문제들의 차원에서, 사회적인 것과 심리적 개체들 사이를 중개하면서 기술적 실재에 대해 해명하는데 어떤 역할을 수행할 수 있다. 기술적 활동을 인간의 실천적 필요들 가운데 있는 것으로 분류하면서는, 즉 노동의 범주로 나타나게 만들면서는 그 기술적 활동 자체를 이해할 수 없다. 베르그손은 기술적 활동을 **호모 파베르**homo faber에 연결시켰고 기술적 활동과 지성의 관계를 보여 주었다. 그러나 기술성의 근거로 제시되는 단단한 것들의 취급manipulation이라는 그런 관념 안에는 진정한 기술성의 발견을 막는 전제가 들어 있다. 베르그손은 사실상 닫힘과 열림, 정적인 것과 역동적인 것, 일하기와 꿈꾸기의 가치론적인 이원론으로부터 출발한다. 노동은 인간을 단단한 것들의 취급에 결부시키며, 행동의 필연성들은 역동적인 것에 비해 정적인 것에, 시간에 비해 공간에 탁월하게 일치하는 추상적인 개념화 작업의 원리에 속한다. 노동의 활동은 따라서 신체에 결부되어 있는 물질성 안에 갇히게 된다. 기술적 도식들을 활용한다고 베르그손이 직감했던 과학 자체가 실천적이고 실용적인 기능을 갖는 것으로 간주될 정도로 이것은 너무나 참이다. 이런 의미에서 보면, 푸앵카레^{Jules-Henri Poincaré}에게서 그리고 베르그손과 푸앵카레 모두에게 영향을 받은 르 루아^{Édouard Le Roy}에게서 감지할 수 있는, 어떤 실용주의가 섞여 있는 과학적 유명론의 광대한 흐름에 베르그손은 아주 가까이 위치해 있을 것이다. 그런데, 과학들에 대한 이런 실용주의적이고 유명론적인 태도가 기술성에 대한 부정확한 분석에서 출발하는 건 아닌지 물을 수 있다. 과학들이 실재적인 것을 목표로 하고, 사물을 원한다는 것을 주장할 수 있기 위해서, 과학들이 기술들과의 관계 맺음 없이 존재한다는 것을 보여 줄 필요는 없다. 왜냐하면 실용적인 것은 노동이지, 기술적 활동이 아니기 때문이다. 노동의 몸짓은 직접적인 유용성에 의해 인도된다. 그러나 기술적 활동은 긴 정교화 작업의 끝에서만 실재적인 것과 결합할 뿐이다. 그것은 법칙들에 근거하며 즉흥적인 것이 아니다. 기술적인 비결들이 유효하기 위해서는 그것들이 실재적인 것 자체의 법칙들에 따라서 실재적인 것에 도달해야만 한다. 이런 의미에서, 기술들은 그것들이 보여 줄 수 있는 그 모든 유용성의 측면들에도 불구하고 객관적이다. 과학적 지식은 기술들이 실재적인 것 앞에서 좌초하거나 기술들 사이에서 서로 일치하지 않을 때 출현한다. 그런데, 실용주의는 오로지 과학들을 기술들로 부당하게 환원시키기 때문에, 단지 이것 때문에만 거짓인 것은 아니다. 실용주의는 과학을 기술적 활동으로 귀결시키면서 과학이 즉흥적인 순수한 처방으로 환원된다고 믿기 때문에 또한 거짓인 것이다. 기본적으로, 실용주의는 노동과 기술적 조작^{操作}을 혼동하고 있다.

따라서 기술적 대상들의 존재 양식에 대한 분석은 이런 의미에서 인식론적 중요성을 갖는다. 베르그손의 것과 같은 이론은 노동을 여가에 대립시키고, 여가에다가 꿈꾸기의 형태로 근본적인 인식론적 특권을 부여한다. 이러한 대립은 고대인들이 노예상태의 직업들과 자유분방한 직업들 사이에 했던 대립을 다시 반복하는 것이다. 자유분방한 직업들은 순수 인식의 가치를 갖는 무사심한 것인 반면에, 노예상태의 직업들은 유용성의 가치만을 지닐 뿐이다. 실용주의는 가치들의 위계를 뒤집어 놓는다는 특색을 띠면서, 참^{vrai}을 유용성으로 정의한다. 그러나 실용주의는 유용성의 규범과 참의 규범 사이의 대립 도식을 보존하며, 그 결과 아무리 이런 태도를 가장 엄격하고 가장 극단적인 귀결들로 밀고 간다고 해도, 결국 실용주의는 인식의 차원에서 상대주의에, 또는 유명론에 도달한다. 과학은 더 이상 참이 아니라, 행동을 위해서 공통 지각보다 더 유용한 것이 된다.

이와 반대로, 만일 자연과 인간 사이의 진정한 매개에 호소할 수 있다면, 즉 기술에 그리고 기술적 대상들의 세계에 호소할 수 있다면, 더 이상 유명론적이지 않은 인식 이론이 가능할 것이다. 인식화가 실행되는 것은 조작$^{操作,\ opération}$을 통해서다. 그러나 **조작적인 것**^{opératoire}은 **실천적인 것**^{pratique}과 동의어가 아니다. 기술적 조작^{操作}은 즉각적인 유용성의 우연을 따르는 주체의 의사에 맞춰 모든 방향으로 휘어지는 임의적인 것이 아니다. 기술적 조작^{操作}은 자연적 실재의 진정한 법칙들을 이용하는 순수한 조작^{操作}이다. 인공적인 것은 가짜인 것, 또는 자연적인 것으로 이해된 인간적인 것이 아니라, 되살아난 자연적인 것$^{naturel\ suscité}$에 속한다. 고대에는, 조작적 인식과 관조적 인식의 대립에서 관조를 더 높이 평가했고, 이를 조건지었던 **스콜레**^{σχολή*}에 더 높은 가치를 부여했다. 철학적 사유는, 그것이 전통으로부터 비롯된 것이고 또 전통으로부터 나온 도식들을 사용하는 한에서는, 노동과 **스콜레** 사이를 중개하는 그 실재에 대한 참조를 포함하

---

* [옮긴이] '스콜레'는 '여유, 여가, 자유 시간'을 의미하는 고대 그리스어이다. 이 '스콜레'에 해당하는 라틴어 단어가 '학교'를 의미하는 '스콜라'이다. 이런 어원적인 의미에 따르면, '학교'는 일하지 않고 노는 시간에 강연을 듣거나 토론을 하는 장소라는 의미를 갖는다.

지 않는다. 가치론적 사유 그 자체는 두 수준들에 속하며, 노동과 관조 사이의 이런 대립을 반영한다. **이론적인 것**과 **실천적인 것**이란 개념들은 이런 대립적인 구분에 여전히 준거하고 있다. 이런 의미에서, 철학적 사유에 내속하는 이원론, 이론적인 것과 실천적인 것에 이중으로 준거하는 데서 기인한 원리들과 태도들의 이원론은, 철학적 사유 안에서 반성의 영역으로 취급된 기술적 활동의 도입을 통해서 근본적으로 변경될 것이라고 생각할 수 있다. 고대인들이 노동에서 발생과 소멸의 세계, 즉 생성의 세계 안으로의 추락을 보았다면, 베르그손은 단지 단단하고 정적인 것들과 관계 맺는 기능을 노동에 부여하면서 **스콜레**와 노동의 상응을 전복시켰을 뿐이다. 고대인들이 영원한 것을 인식하는 역할을 관조에 부여했다면, 베르그손은 지속과 운동자에 일치할 수 있는 능력을 **스콜레**에 귀속시켰다. 그러나 이러한 방향전환은 이원성의 조건과, 인간의 노동에 해당하는 항(이 항이 움직이는 것이든 정적인 것이든 간에)에 대한 평가절하를 변화시키지는 못한다. 행동과 관조 사이의, 불변하는 것과 움직이는 것 사이의 이런 대립은, 기술적 조작操作을 반성의 영역으로서 심지어 패러다임으로서 철학적 사유 안으로 도입하는 것 앞에서 중단되어야만 하는 것처럼 보인다.

부록

기술 용어 해설

개폐회로Basculeurs

두 개의 평형 상태를 포함하는 배선회로 장치. 두 평형 상태가 모두 안정적일 때 개폐회로는 중립적이라고 말해진다. 하나는 안정적인 평형 상태고 다른 하나는 불안정한 평형 상태라면 단안정적monostable[일정 시간 동안 불안정한 상태에서도 움직일 수 있는]이라고 말해진다. 이 경우 개폐회로는 외부 신호의 영향으로 안정적인 상태에서 불안정한 상태나 준안정적인 상태로 이행한다. 만일 이 단안정 개폐회로가 외부 신호가 사라질 때 안정 상태로 저절로 돌아온다면 그것은 단안정 개폐회로라고만 불린다. 반대로 신호가 사라진 이후에도 준안정적인 상태가 한동안 연장된다면(그 지속 시간은 회로의 특성에 의해 결정되어 있다), 그 장치는 지연된 단안정 개폐회로라고 불린다.

　에클-조르당Eccles-Jordan 회로는 중립적인 개폐회로를 형성한다. 두 개의 동일한 3극관이, 하나가 차단되면(제어그리드의 현저한 음극화로 인해 전도(傳導)하지 않는 상태) 다른 하나는 전도되는 방식으로 연결되어 있다. 한쪽 3극관의 애노드 퍼텐셜의 일부는 저항분할브릿지를 통해 다른 쪽 3극관의 그리드에 전달된다. 외부 신호는 두 애노드들에 무차별적으로 도달하고, 저항분할브릿지와 콘덴서를 통해 동시에 두 그리드들에 전달된다. 음극화된 임펄스들의 형태를 띤 그 신호들은 차단된 3극관에서는 작용하지 않지만 전도된 3극관의 상태는 변화시킨다. 바로 이것이 그 장치를 개폐회로 상태로 만드는 것이다. 즉 [둘 중에] 먼저 전도하는 3극관은 전도하지 않게 되고, 전도하지 않는 3극관은 전도하게 된다.[*]

이런 회로는 계산기들에서 종종 사용된다. 왜냐하면 그 회로는 받은 두 임펄스들 중에서 단 하나만을 유도해서 두 3극관들의 다른 앙상블을 자기 식으로 작동시킬 수 있기 때문이다. 그렇게 해서 그 회로는 자신의 물리적 작동을 통해서 덧셈의 정신적 조작操作에 유사한 것을 실현한다. 에클-조르당 회로들의 연쇄를 구성해서 2진법을 사용하는 계산체계를 만들 수 있다. 단순한 형태의 이 계산체계는 임펄스 계량기의 출력 부분에 설치하여, 특히 방사능을 측정할 때 사용될 수 있다. 그것이 더 복잡한 장치들에 통합되어 2진법적인 전자 계산기의 기초가 되는 것이다. 기계적인 개폐회로들을 구축하는 것도 가능하다. 전자 개폐회로는 작동의 신속함(초당 1백만 번의 상태 변화)이라는 상당한 장점을 보여 준다.

동기화 신호Tops de synchronisation

조정 장치로 회귀하는 작동을 하도록 어떤 장치를 제어하는 짧은 신호들. 조정 장치가 사인파 발진기일 때는, 이 진동으로부터 그 위상이 분명하게 결정되어 있는 짧은 신호를 미리 추출한다(예컨대 발진 전압을 고르게 하

---

[*] [옮긴이] 원문에는 "la triode précédement conductrice devient non conductrice, et la triode conductrice devient non conductrice"[(둘 중에) 먼저 전도하는 3극관은 전도하지 않게 되고, 전도하는 3극관은 전도하지 않게 된다]로 되어 있다. 이것은 동어반복이고 착오가 있다고 여겨지며 문맥상 위와 같이 번역해야 맞을 것이다.

면서). 텔레비전의 프랑스 표준규격은 동기화 신호들을 브라운관의 전자선이 소멸하는 전압 이하에, 블랙 레벨[텔레비전 화상의 밝기를 일정하게 유지하기 위해 필요한 전기신호의 최소한도 전압] 이하infranoir 안에 놓는다. 그 신호들이 이미지 변조와 동일한 반송 주파수 위에서 이 이미지를 교란시키지 않으면서 전송될 수 있는 방식으로. 한 전자선의 다음 전자선으로의 이행 또는 한 이미지의 다음 이미지로의 이행은 단지 스크린 위에 있는 광점의 완전한 소멸에 의해서만 표현된다.

변류기[컨버터]Convertisseur

전기 모터와 발전기가 기계적으로 쌍을 이루고 있는 앙상블. 이 변류기와 달리, 전류변환기commutatrice는 오로지 단 하나의 회전자만을 사용하는데, 이것이 두 전기 코일 사이에 기계적 결합 이외에 자기적 결합까지 만들어 내어 교류를 직류로 변형시키는 것을 막는다. 반면, 변류기는 더 약한 효율성을 대가로, 이런 변형[교류를 직류로 바꿔 주는 것]을 실행할 수 있다.

열-사이펀Thermo-siphon

재가열이나 냉각을 위해서 열을 옮기는 장치. 가열하면 물이 팽창하고 그 결과 더 가벼워진다는 사실을 이용한다. 회로의 뜨거운 반쪽에서 물은 더 가벼워지고 위로 올라가는 반면, 회로의 다른 부분에서는 더 무거워지고 아래로 내려간다. 이 회로를 통해서 물은 뜨거운 극으로 돌아간다. 이 순환은 뜨거운 극과 차가운 극 사이의 온도 차이가 더 클수록 그만큼 더 빨라진다. 이 시스템은 따라서 항상성을 지닌다. 그렇지만 그것은 물의 순환이 더디기 때문에, 펌프를 사용하는 것보다 더 거추장스럽고 더 무거운 부속기기가 필요하다.

완화기|Relaxateur

완화relaxation 현상의 중추가 되는 장치나 자연적인 앙상블. 완화 현상은 진동하는 것이 아닌 되풀이하는(규칙적인 방식으로 무수히 여러 번 반복하는) 작동이다. 이 완화에서는 사이클의 끝, 다시 말해 사이클의 마지막에 처해 있는 시스템의 상태가 정해진 현상을 시작하면서 그 사이클의 재개를 시동한다. 따라서 한 사이클에서 다음 사이클로 갈 때 불연속이 있다. 한 사이클이 시작되면, 그것은 자기 자신을 이어가지만, 각각의 사이클이 산출되기 위해서는 선행 사이클의 완료가 요구된다. 이것이 바로 간헐천의 작동이다. 예컨대 사이펀이 작동하기 시작한다는 것은 일정량의 액체의 흐름이 유도된다는 것이다. 그러다가 사이펀이 작동하지 않고, 물의 수준이 일정 높이에 도달할 때까지는 더 이상 재작동하지 않는다. 수압 펌프는 완화를 통해서 작동한다. 이와 반대로, [주기적인] 진동oscillation에서는, 사이클 재개의 이러한 임계 위상이 없고, 에너지의 연속적인 변형이 있다. 예를 들면 무거운 진자의 경우 퍼텐셜 에너지가 운동에너지로 변형하는 것, 또는 전기용량과 자기-유도를 지닌 진동 회로의 경우에서 정전기적 에너지가 전기-역학적 에너지로 변형되는 것이 있다. 발진기들oscillateurs은 사인파 곡선 유형의 작동 체제를 갖는 반면에, 완화기들은 "톱니 모양"으로 작동하는 유형을 갖는다. 사실, 발진기들에는 오로지 진동 기간만 실제로 있을 뿐이다. 그러나 완화기들은 예컨대 각 사이클에 흘러가는 에너지의 양처럼 분명하게 정해진 크기들에 따라서만 어떤 기간을 가질 뿐이다. 그 크기들의 모든 변동은 그 사이클의 지속의 변동을 이끈다. 반면, 발진기들은 그 장치 자체의 특성들에 의해서 정해진 기간을 갖는다. 발진기와 완화기 사이의 혼동은 완화기들처럼 작동하는 장치들에 의존하는 발진기들의 유지 시스템들을 예견할 필요성으로부터 비롯한다. 그래서 발진기들을 유지하기 위해서 전기용량과 자기-유도를 지닌 회로 안에 3극관을 삽입한다면, 엄밀하게 사인파 형태로 작동하는 발진기들을 더 이상 얻을 수 없다. 따라서 거의 사인파 형태로 작동하는 발진기들의 약한 수준을 획득하는 것과 현저하게 사인파 형태에서 멀어진 발진기들의 높은 수준을 생산하는 것 사이에서 선택해야만 한다. 후자는 발진 시스템과 유지 시스템 사이에 강한 접속을 요구한다. 이 접속이 증가함과 동시에, 외부 조건들(특히 각 사이클에 흘러가는 에너지의 양)에 관련하여 주파수 의존도가 더 커지면서, 완화기 체제를 향해 나아가게 된다. 완화 발진기, 이것은 (타성적인) 운동에너지가 매우 약하게 조절되는 것처럼 어떤 기한을 허용하지 않는다. 그래서 전기용량과 저항을 지닌 어떤 시스템 안에 장착된 다이라트론[thyratron][전류의 정류계에 사용하는 열음극 방사관]은 사이클 재개의 임계점을 결정하면서, 제어그리드 전압의 변동에 의해서 조절될 수 있다. 이와 달리 원래의 발진기는 그다지 쉽게 조절될 수 있거나 동기화될 수 있는 게 아니다. 그것은 발진기 조정 장치들이 보여 주듯이, 유지 회로와 진동 회로의 약한 접속에서 그리고 약한 출력 수준에서 더 자율적이다. 수정처럼 탄성이 있고 동시에 압전기를 띤 물체들은 탁월한 진동 회로들을 제공한다. 진동하는 얇은 톱날이나 소리 굽쇠도 자동-유지될 수 있는 발진 시스템을 제공할 수 있다.

자기변형磁氣變形, Magnétostriction

자기장의 영향으로 금속 조각의 크기가 변하는 것. 철과 니켈은 상당한 자기변형 속성을 나타낸다. 만일 자기장에 교류전류가 흐른다면, 기계적인 진동이 산출된다. 이런 현상은 고주파에 적합한 전기공학적 변환기(초음파 발생기)를 만들기 위해 사용된다. 그 현상은 발진기의 변압기에서는 불편한데, 왜냐하면 자기 회로의 금속판들에 의해 산출된 진동들이 틀에 전달되어서 소거하기 어려운 소리를 만들어 내기 때문이다.

자석발전기|Magnéto

하나 또는 여러 개의 고정 자석들이 만들어 낸 자기장 안에서 철심 둘레에 서로 겹쳐서 감겨져 있는 두 개의 유도 코일들이 회전하고 있는 복잡한 전기 기계. 첫번째 코일은 1차 유도코일로서 굵은 도선으로 감겨져 있는데 철심 축에 의해 제어된 외부 차단기에 의해 짧은 회로 속에 놓여 있다. 이 차단기는 그 철심을 가로지르는 전류의 변동이 최대치가 되는 순간에, 즉 전류가 첫번째 코일 안에서 가장 강할 때 열린다. 이런 단절에 의해서 첫번째 코일 안에 야기된 강도의 갑작스런 변동은 2차 유도코일 역할을 하는 길고 가는 도선으로 감겨 있는 두번째 코일 안에 최고조의 전압을 창출한다. 이런 높은 전압의 임펄스는 이런저런 점화 플러그 위에서 회전하는 점화불꽃분배장치에 의해서 분배되어 점화 플러그의 전극판들 사이에서 불꽃을 터뜨린다.

　이 자석발전기[마그네토]는 따라서 자기 교류 발전기처럼 일차 코일의 낮은 전압과 큰 강도의 에너지를 산출함과 동시에 또한 룸코르프Ruhmkorff의 유도코일(임펄스 변압기)처럼 높은 전압의 임펄스를 산출한다. 결국, 일차 회로 안에서 전압의 변동을 야기한 단절을 명령한 것은 철심 축의 회전운동이다. 점화 과정에서 차례로 플러그들 위에 최고조의 전압을 보내면서 점화불꽃분배장치를 작동시킨 것도 역시 이 회전 운동이다. 이런 구체적인 특성 이외에도 이 자석발전기는 다음과 같은 장점을 보여 준다. 회전 속도가 더 높아질수록 철심 안에 자기 흐름의 변동 속도도 더 커져서, 이로부터 항상성 효과effet homéostatique가 나온다. 이 점화는 낮은 회전 속도에서보다 높은 회전 속도에서 효력이 좋다. 이것이 실린더 안에서 탄소혼합연료의 혼합 결과로 인해 산출된 그 높은 회전 속도에 정확히 맞는 점화하기의 더 큰 어려움을 상쇄한다. 반대로, 배터리와 유도코일에 의한 점화를 하면, 일차 코일에서 사용가능한 에너지는 엔진 속도의 증가와 함께 감소한다. 이는 일차 유도코일의 자기유도[자체 인덕턴스]self-inductance 현상 때문인데, 이 현상은 그 일차 코일 안에 매우 빠른 전류의 흐름이 생기는 것에 대립하는 것[방해하는 것]이다. 그렇지만 이 자석발전기는 구성기관들이 다기능적인 역할을 하기 때문에 평범하게 만들어 낼 수 있는 게 아니다.

전기분해 콘덴서Condensateur lectrolytique

전류의 흐름으로 전기분해된 전해질 용액 안에 두 개의 전극관이 잠겨 있는 콘덴서인데, 전극관들 중 하나 위에는 얇은 절연 피막이 덮여 있다. 따라서 그 용액은 유전체誘電體 역할을 하는 절연 피막으로 덮여 있는 전극관에서 분리되어 있는, 금속판들 중 하나를 구성한다. 그 용액 자체를 버리면, 그 콘덴서는 유전성을 상실하지만, 이것은 전류가 흐른 뒤에 다시 형성된다. 이런 종류의 콘덴서는 절연 피막이 얇기 때문에, 아주 적은 용적으로 상당히 많은 양의 에너지를 축적할 수 있다. 그러나 역으로 그것은 사용할 때 고전압(550에서 600 볼트)을 요구하고, 운모나 종이처럼 건조하고 영구적인 유전체를 사용하는 콘덴서보다 손실이 더 많은 것이 특징이다.

증폭기 등급Classe d'amplificateurs

증폭기의 등급은 이 기능을 수행하는 전극관의 작동 등급에 의해 정해진다. 이 등급은 제어그리드 전압에 따라 변하는 애노드 전류의 특성곡선 위에 있는 작동 지점의 위치에 상응한다. A 등급에서, 그 작동 지점은 특성곡선의 직선 부분을 벗어나지 않으면서 움직인다. B 등급에서는, 그리드에 가변전압이 없어서 애노드 전류가 전혀 남아 있지 않을 정도로 그리드가 음극화를 받아들인다. C 등급에서도, 그리드가 역시 더 강력한 분극화를 받는다. 이런 조건들에서, A 등급의 경우에는 평균적인 신호가 평균적인 애노드 유량을 뚜렷하게 바꾸지는 않는다. 하지만 그 신호가 증가하면, 캐소드 내 저항 삽입으로 인해 자동 분극화가 진공관에 일어나면서, 그 결과로 야기된 분극화의 증가가 진공관의 상호컨덕턴스를 감소시킨다. 이것이 소극적 반작용[음성 피드백]을 형성하는 것이다.

큐리점Point de Curie

이 지점 이상에서는 자화磁化가 불안정해지는 온도. 이 온도에서 강자성強磁性 물질이 갑자기 상자성常磁性으로 변한다. 철의 경우, 큐리점은 거의 775도에 위치한다.

폭굉과 폭연Détonation et déflagration

폭굉爆宏[디토네이션]détonation은 연료가스 혼합물 가운데서 아주 짧은 순간에 부피의 모든 지점들에서 실행되는 연소다. 폭연爆燃[디플레그레이션]déflagration은 반대로 신속하지만 점진적인 연소로서, 충격파의 형태를 띠면서, 한쪽 끝에 불을 붙인 화약 가루가 가늘고 길게 그을려 가는 것처럼 어떤 한 지점에서 시작해서 차츰차츰 부피 전체로 진행해 나간다.

　　폭굉은 일반적으로 동일한 순간에 가스의 모든 분자들에 작용하는 시스템(온도, 압력) 전체 상태에 의해서 조건지어지는 반면, 폭연은 어떤 한 지점에서 시작되어야만 한다. 폭굉은 파괴적인 파열 효과를 실행한다. 동일한 순간에 적재량 전체에 압력을 가하는 격발 장치를 통해서(점화가 목적이 아니라 압축을 목적으로 수은뇌산염에 뇌관을 장치하는 것) 다이너마이트에서 얻고자 하는 것이 바로 그런 효과다. 폭발물의 장전량은 어떤 한 지점에서 점화되면 폭연하지 폭굉하지 않는다. 어떤 엔진에서는, 온도와 압력의 전반적인 상태가, 덜컹거리는 소리를 내는 현상[노킹 현상]을 야기하면서 폭굉을 유발하기 전에, 연소를 시작해야만 한다.

참고문헌

이 목록은 사유의 역사에 통합되어 이미 고전이 된 철학 작품들의 제목, 전문 잡지들에서 닳도록 다루었던 기술에 대한 수많은 연구들의 제목은 생략하고, 기술공학적 작업들, 정보 이론, 사이버네틱스, 참고 자료의 성격을 띤 기술들에 대한 철학 등의 제목들만 담는다.

Ashby, Grey Walter, Mary A. Brazier, W. Russel Brain, *Perspectives Cybernétiques en Neurophysiologie*, Paris : P.U.F., 1951.

Biologie et Cybernétiques, Cahiers Laënnec, n° 2, 1954, Paris : Lethielleux.

Georges Canguilhem, *La Connaissance de la Vie*, Paris : Hachette, 1952.

Colombani, Lehmann, Loeb, Pommelet et F. H. Raymond, *Analyse, Synthèse, et position actuelle de la question des servomécanismes*, Paris : Société d'édition d'Enseignement supérieur, 1949.

Communication theory (ouvrage collectif), Willis Jackson, London : Butterworths scientific publication, 1953 (compte rendu du symposium sur les Applications de la théorie de la communication, à Londres, du 22 au 26 septembre 1952).

Conference on cybernetics, Heinz von Foerster, Josiah Macy, Jr. Foundation :
Transactions of the Sixth Conference, 1949, New York, 1950;
Transactions of the Seventh Conference, 1950, New York, 1951;
Transactions of the Eighth Conference, 1951, New York, 1952;
Transactions of the Ninth Conference, 1952, New York, 1953.

Louis Couffignal, *Les machines à calculer, leurs principes, leur évolution*, Paris : Gauthier-Villars, 1933.

Louis Couffignal, *Les machines à penser*, Paris : Les éditions de Minuit, 1952.

Maurice Daumas, *Les instruments scientifiques aux XVIIe et XVIIIe siècles*, Paris : P.U.F., 1953.

Hermann Diels, *Antike Technik*, 6e édition, Leipzig et Berlin : Reclam, 1924.

Eugen Diesel, *Das Phänomen der Technik*, 2e édition, Leipzig : Reclam, 1939.

L'Encyclopédie et le Progrès des Sciences et des Techniques, Centre International de Synthèse, Paris : P.U.F., 1952.

Lucien Chrétien, *Les machines à calculer électroniques*, Paris : Chiron, 1951.

Georges Friedmann : *Le travail en miettes*, Paris : Gallimard, 1956.

E. Gellhorn, *Physiological foundations of Neurology and Psychiatry*, Minneapolis : The University of Minnesota Press, 1953.

Ménard et Sauvageot, *Le travail dans l'Antiquité; agriculture, industrie*, Paris : Flammarion, 1913.

Ombredane et Faverge, *L'Analyse du travail*, Paris : P.U.F., 1955.

Charles Le Coeur, *Le Rite et l'Outil*, Paris : P.U.F., 1939.

André Leroi-Gourhan, *L'Homme et la Matière*, Paris : Albin Michel, 1943.

André Leroi-Gourhan, *Milieu et Techniques*, Paris : Albin Michel, 1945.

Pierre de Latil, *La pensée artificielle*, Paris : Gallimard, 1953.

Privat-Deschanel, *Traité élémentaire de physique*, Paris : Hachette, 1869.

Réunions Louis de Brogile, *La Cybernétique, Théorie du Signal et de l'information*, Paris : édition de la revue d'Optique théorique et instrumentale, 1951.

Rolf Strehl, *Die Roboter sind unter uns*, Gerhard Stalling, Oldenbourg; traduction *Cerveaux sans âme, les Robots*, Paris : Self, 1952.

S. E. T., *Structure et Évolution des Techniques*, revue publiée depuis 1948. Le numéro 39~40(juillet 1954~janvier 1955) est consacré à l'information.

Slingo et Brooker, *Electrical Engineering*, New York ; Bombay : Longmans, Green and Co, 1900.

Manfred Schröter, *Philosophie der Technik*, München ; Berlin : Oldenbourg, 1934.

The Complete book of Motor-cars, railways, ships and aeroplanes(ouvrage collectif), London : Odhams Press, 1949.

Andrée Tétry, *Les Outils chez les êtres vivants*, Paris : Gallimard, 1948.

D. G. Tucker, *Modulators and Frequency Changers*, London : Macdonald, 1953.

Grey Walter, *Le Cerveau vivant*, Neuchâtel : Delachaux et Niestlé, 1954.(Original Text, *The living Brain*, London : Duckworth.)

Norbert Wiener, *Cybernetics : or Control and Communication in the animal and the Machine*, Paris : Hermann ; Cambridge, Mass. : The Technology Press ; New York : John Wiley, 1948.

Norbert Wiener, *Cybernetics and Society*(The Human Use of Human Beings); traduction française *Cybernétique et Société*, Paris : Deux-Rives, 1952.

Recueil de Planches sur les Sciences, les Arts libéraux et les Arts méchaniques, avec leur explication(ouvrage collectif), Paris : Briasson ; David ; Le Breton ; Durand, 1762; deuxième livraison en 1763(Ces recueils accompagnent l'Encyclopédie de Diderot et D'Alembert).

Recueil de Planches de l'Encyclopédie, Paris : Panckoucke, 1793.

Dictionnaire de l'industrie ou Collection raisonnée des procédés utiles dans les Sciences et dans les Arts, par une Société de Gens de Lettres, nouvelle édition, Paris : Rémont, 1795.

Encyclopédie Moderne, nouvelle édition, Paris : Firmin Didot, 1846.

La Grande Encyclopédie, Paris : Lamirault et Cie.

지은이의 말[*]

『기술적 대상들의 존재 양식에 대하여』라는 이 책은 요소, 개체, 앙상블이라는 세 수준에서 고려한 기술적 대상들에 대해 적합한 인식을 문화 속에 도입하려는 취지를 갖는다. 우리의 문화 속에는 기술적 대상들의 참된 본성과 그 대상들이 인간에게 야기한 태도들 사이에 어떤 균열이 나타난다. 그런 부적합하고 혼동된 관계 맺음이 구매자, 제작자, 기계조작자에게 일련의 신화적인 가치평가와 평가절하를 산출한다. 진정한 관계를 통해서 그런 부적합한 관계 맺음을 교정하기 위해서는 기술적 대상들의 존재 양식에 대한 의식화를 실행해야만 한다.

　이 의식화는 세 단계로 이루어진다.

　첫번째는 기술적 대상들의 발생을 파악하고자 하는 것이다. 기술적 대상은 인공적인 존재로 고찰되어서는 안 된다. 기술적 대상의 진화가 갖는 의미는 구체화다. 원초적인 기술적 대상은 자기 존재의 공통된 바탕 없

---

[*] [옮긴이] 이 지은이의 말(prospectus)은 1958년 이 책의 초판이 나왔을 때 이미 시몽동 본인이 작성해 두었던 것으로, 그동안 출간 기회를 얻지 못하다가 저작권자의 뜻과 허락에 따라 이 한글 번역본에서 세계 최초로 그 전문이 공개되는 것이다. 프랑스어 원서에서는 장차 새로 개정되어 나올 판본에서야 이 글을 볼 수 있을 것이다.

이, 인과적인 상호작용 없이, 내적 공명 없이, 부분별로 작동들이 분리되어 있는 추상적인 시스템이다. 완벽에 가깝도록 개선된 기술적 대상은 개별화된 기술적 대상으로서 그것의 각 구조는 다기능적이고 중층결정되어 있다. 거기서 각 구조는 단지 하나의 기관으로서 존재하는 것이 아니라 신체로서, 환경으로서, 다른 구조들을 위한 바탕으로서 존재한다. 공리계가 점차 포화되어 가는 것처럼 체계화가 이루어지는 그 양립가능성의 시스템 안에서, 각 요소는 단지 앙상블 안에 있는 하나의 기능이 아니라 앙상블 전체의 한 기능을 완수한다. 구체화된 기술적 대상 안에는 정보 중복과 같은 것이 있다.

이 정보 개념은 기술적 대상들의 일반적인 진화를 요소들, 개체들, 앙상블들의 잇따른 계승을 통해 이루어지는 기술성의 보존 법칙에 따라 해석할 수 있게 한다. 기술적 대상들의 진정한 진보는 연속이 아니라 이완의 도식에 따라 실행된다. 진화의 잇따른 사이클들을 가로지르는, 정보와 같은 기술성의 보존이 있는 것이다.

두번째 단계는 인간과 기술적 대상 사이의 관계 맺음을, 한편으로는 개체의 수준에서, 다른 한편으로는 앙상블들의 수준에서 고찰한다. 기술적 대상에 대한 인간 개체의 접근 양식은 **소수적**이거나 **다수적**이다. 소수적 양식은 연장과 도구에 대한 인식에 적절한 것이다. 그것은 원시적이지만, 기술성이 연장들이나 도구들의 형태로 존재하는 수준에는 적합하다. 이 소수적 양식은 결정된 환경 안에서, 거의 타고난 암묵적인 인식과 직관에 의거하여, 사용된 기술적 대상과 인간이 본능적인 공생 관계를 갖는 구체적인 작업 과정에 따라서 인간을 연장들의 운반자로 만든다. 다수적 양식은 작동 도식들에 대한 의식화를 전제한다. 그것은 종합기술적이다. 디드로와 달랑베르의 『백과전서』는 소수적 양식에서 다수적 양식으로의 이행을 보여 준다.

앙상블들의 수준에서, 집단이 기술적 대상들에 대한 자신의 관계 맺음에 대해 갖는 의식은 진보 개념의 여러 양식들에 의해 번역된다. 이 양식들은 그 집단을 진화시키는 힘, 즉 기술적 대상들이 내포하고 있는 그 힘에 대해 그 집단이 부여한 가치 판단들이다. 18세기의 낙관적 진보는 요소들의 개량에 대한 의식화에 상응한다. 19세기의 비관적이고 드라마틱한 진보는 연장들의 운반자인 인간 개체를 기계 개체가 대체한 것에, 그리고 이런 좌절로부터 비롯한 불안감에 상응한다. 끝으로, 정보와 통신에 대한 이론이 심화된 덕분에, 우리 시대 앙상블들의 수준에서 발견된 기술성에 상응하는 새로운 진보 개념을 창안하는 것이 남아 있다. 인간의 진정한 본성은 연장들의 운반자, 그래서 기계의 경쟁자가 아니라, 기술적 대상들의 발명가이며 앙상블 안에 있는 기계들 사이의 양립가능성의 문제들을 해결할 수 있는 생명체다. 기계들의 수준에서, 기계들 사이에서, 인간은 그 기계들을 조정하고 그것들의 상호 관계를 조직화한다. 인간은 기계들을 다스리기보다는 양립가능하게 만들며, 정보를 수용할 수 있는 열린 기계의 작동이 내포되어 있는 비결정성의 여지에 개입하여 기계로부터 기계로 정보를 번역해 주고 전달해 주는 자다. 인간은 기계들 사이의 정보 교환이 갖는 의미작용을 구축한다. 인간이 기술적 대상에 대해 갖는 적합한 관계 맺음은 생명체와 비-생명체 사이의 접속으로 파악되어야만 한다. 인간을 배제하면서 생명체를 흉내내는 순수한 자동성은 하나의 신화이며, 가능한 가장 높은 수준의 기술성에 해당되는 것이 아니다. 몽땅 기계들로 이루어진 기계란 없다.

마지막으로, 의식화의 세번째 단계는 기술성의 발생을 따르면서, 기술적 대상을 그 본질에서 인식하도록 애쓰면서, 기술적 대상을 **실재적인**

것의 앙상블 안에 되돌려놓는 것이다. 여기서 사용된 철학적 독트린의 기본 가설은 인간과 세계 사이의 관계에서 마술적 양식이라는 원초적인 양식이 존재함을 상정하는 데 있다. 이 원초적인 관계의 내적 단절로부터, 동시적이면서 대립되는 두 위상들, 기술적 위상과 종교적 위상이 비롯되어 나온다. 기술성은 모양적 기능들을 소집하며, 인간이 세계에 대해 맺는 관계의 요충지들을 추출한다. 종교성은 반대로 바탕의 기능들에 대한 존중에 의거하며, 그 바탕 안에서 총체성에 관심을 기울인다. 이렇게 **위상변이된 인간과 세계의 관계는 미학적 활동성의 불완전한 매개를 수용한다.** 미학적 사유는 인간과 세계의 원초적 관계에 대한 향수를 보존한다. 그것은 대립된 위상들 사이에서 중립적이다. 그러나 대상들을 지어 내는 구체적인 미학적 사유의 특성은 그 자신의 매개 능력을 제한한다. 왜냐하면 미학적 대상은 기능적인 것이 되거나 아니면 신성한 것이 되고자 하면서 자신의 중립성, 따라서 자신의 매개 능력을 상실하기 때문이다. 진정으로 **중립적이고**, 대립된 위상들을 상호보충하며 완성하기 때문에 **균형잡혀 있는**, 그런 매개가 개입할 수 있는 것은 바로 다른 모든 것들 중에서 가장 원초적이면서도 가장 정교한 사유, 즉 철학적 사유의 수준에서만 가능하다. 따라서 과학과 기술 사이, 신학과 신비주의 사이의 관계 맺음에 대한 매개를 통해서, 인간의 세계 내 존재 양식들 모두의 앙상블 안에서 기술성이 차지하는 위상에 대해 인식하고, 가치평가하며, 제대로 접근할 수 있는 것은 오로지 **철학적 사유**뿐이다.

옮긴이의 말

『기술적 대상들의 존재 양식에 대하여』는 1958년에 제출된 시몽동의 박사학위 부논문이다. 주논문은 『형태와 정보 개념에 비추어 본 개체화』로서, 그 전반부는 『개체와 그 물리-생물학적 발생』(1964)으로, 그 후반부는 『심리적 집단적 개체화』(1989)로 나뉘어 출간되었다가 뒤늦게 2005년에서야 통합된 원본으로 재출간되었다. 오히려 부논문이자 그의 기술철학을 보여 주는 이 책이 60년대 유럽의 기술에 대한 관심에 부응해 주논문보다 먼저 출간되고 또 여러번 재출간되면서 더 부각된 측면이 있다.

이 책이 처음 출간된 60년대 프랑스에서는 이미 라피트Jacques Lafitte, 페브르Lucien Febvre, 코이레Alexandre Koyré, 르루아-구랑André Leroi-Gourhan, 엘륄Jacques Ellul 등에 의해서 주로 기술의 발전이 야기하는 문제점들을 다룬 저서들이 출판되어 있었다. 이런 분위기에서 기술적 대상의 소외를 얘기하고 그 존재론적 지위와 사회문화적 가치를 인정하여 문화의 불균형을 바로잡아야 한다고 주장하는 시몽동의 저서는 대부분 몰이해나 반감의 반응을 불러일으켰다. 그러나 1968년 캐나다 텔레비전에서 므와엔느Jean Le Moyne가 시몽동에게 한 「기계학에 대한 인터뷰」는 이 책에 대한 긍정적 반향의 일부를 보여 주기도 한다(놀랍게도 이 인터뷰 동영상은 현재 유튜브에서 볼 수 있다). 허버트 마르쿠제^{Herbert Marcuse}는 『일차원적 인간』(1964)에서, 장 보드리야르^{Jean Baudrillard}는 『사물의 체계』(1968)에서 시몽동의 이 책을 긍정적으로 인용하였다. ── 질 들뢰즈^{Gilles Deleuze}는 시몽동의 기술철학에 대한 당시의 관심과 달리, 시몽동의 발생적 존재론에 해당하는 『개체와 그 물리-생물학적 발생』에 대해 주목할 만한 서평(1966)을 썼다.

『기술적 대상들의 존재양식에 대하여』는 생태주의적 기술공포증이나 테크노크라트적 기술만능주의의 양극단과 거리를 두면서, 또한 사용과 노동 중심의 인간학적·경제학적 이해를 넘어서, 기술성과 기술적 대상들을 그 고유한 존재론적 본성대로 사유하고, 인간과 기계의 관계 맺음을 상호 동등한 위상에서 고려하며, 기계들의 해방과 인간 해방을 동시에 숙고하는 놀라운 철학을 보여 준다. SF 영화의 단골 주제인 '인간을 위협하거나 대체하는 기계'라는 표상의 허구성을 지적하고, 생명체와 기계를 동일시하며 로봇공학과 인간공학에 잘못된 기초를 제공한 노버트 위너^{Nobert Wiener}의 사이버네틱스를 비판하며, 인간과 기계의 진정한 상호협력적 관계에 기초하는 보편적 기술공학과 기계학^{mécanologie}의 창설을 제안하는, 나아가 불균등한 사회의 내적 공명과 문화의 조절 능력 회복을 자신의 임무로 떠맡는, 이런 철학의 등장은 그야말로 어두운 밤하늘의 혜성과도 같다. 유비쿼터스적 네트워크와 소셜 미디어로 특징지어지는 첨단 테크놀로지의 시대에, 기술과 기계 그 자체를 사유의 대상으로 정면에서 다룬 현대적인 기술철학이 부재했기 때문이다.

물론 과학기술사회학자들이 주도하는 기술에 관한 사회학적 논의들은 활발한 편이다. 이들의 입장은 크게 '기술결정론'(기술의 발전이 사회의 변화를 결정한다), '기술중립론'(기술의 가치는 어떻게 사용하느냐에 따라 달라진다), 그리고 최근 주목받고 있는 브뤼노 라투르의 '행위자 연결망

이론'(엔지니어와 같은 인간이든 기술적 인공물과 같은 비인간이든 이들을 모두 포괄하는 행위자 개념을 통해서 사회가 인간-비인간의 행위자 네트워크로 구성된다는 입장)을 포함한 '기술의 사회구성주의'(기술과 사회의 상호규정과 동시적 변화를 강조) 등으로 구분될 수 있는데, 어디까지나 이들은 주로 기술이 사회에 미치는 영향과 관련하여 논의하고 있을 뿐이다.

단단한 존재론적 기반 위에서 기술에 관한 밀도 높은 철학적 논의를 전개한 이는 아마도 하이데거 이후 시몽동이 유력할 것이다. 그것도 인간을 닦달하고 부품으로 전락시키면서 비인간화와 존재 망각의 위기를 초래했다고 기술을 비판한 하이데거와는 전혀 다른 관점에서, 오히려 기계들과 공존하는 현대인의 삶을 긍정적으로 해명할 수 있는 새로운 근거를 제공한 철학자로서 말이다. 적어도 이 책은 기계들의 발전과 진화가 어떻게 오늘날의 연결망으로 귀착될 수밖에 없는지, 또한 이 연결망이 어떻게 개체화된 주체들의 개체초월적인 역량을 일깨워 사회 구조의 변화와 새로운 집단화의 가능성이 될 수 있는지, 나아가 철학이 왜 기술에 대한 관심과 이해를 바로 세워야 하며 이를 통해서 기술적 문화를 갱신하고자 애써야 하는지 분명하게 설명해 주고 있기 때문이다.

우리 시대의 정보 통신 기술은 이미 존재와 정치를 지배하는 주요 변수로서 근본적인 물음들을 제기하고 있다. "인간과 자연을 포함한 존재 전체를 기술과 더불어 어떻게 이해할 것인가?" 그리고 "기술은 과연 구체적인 정치적 현실에서 어떻게 작동할 수 있는가?" 기계공학자라 해도 과언이 아닐 정도의 기계들에 대한 정밀한 분석에서부터, 기술 문명의 역사에 대한 풍부한 이해, 과학·예술·종교를 아우르는 전체에 대한 형이상학적 직관과 정치적 통찰에 이르기까지, 시몽동이 이 책에서 보여 주고 있는 역량은 실로 놀랍다. 인터넷이 아직 등장하지 않은 50년대 말의 기술적 상황에서 연구되었음에도 불구하고, 이 책에 구현된 시몽동의 기술철학이야말로 오히려 이 시대에 제기된 근본적인 물음들에 대해 우리의 공감을 불러일으킬 만한 설득력 있는 하나의 해답을 제시해 줄 수 있으리라 여겨진다.

이 책이 번역되어 출간되는 데 도움을 주신 여러분들에게 진심으로 감사드린다. 우선, 시몽동이라는 낯선 철학자를 만나 장님 코끼리 만지듯 오랜 시간 함께 공부하면서 번역과 관련된 고민들도 같이 나누었던 서울대 철학과 대학원 후배들(강희경, 현영종, 이선희, 박대승)에게 감사드린다. 또한 〈다중지성의 정원〉(2010년 가을)에서 번역원고를 텍스트로 삼아 진행했던 시몽동의 기술철학 강의에 참여하여 다양한 관점에서 사유를 촉발해 주었던 수강생 여러분들(박영태, 정금형, 한현주, 우공, 그리고 그린비 출판사의 여러분)에게도 감사드린다. 무엇보다 여러 번의 교정 작업에도 불구하고 차분하고 꼼꼼하게 살펴보고 의문들을 던져 주면서 옮긴이의 믿음직한 파트너가 되어 준 그린비 출판사의 박순기 편집장님에게 감사드린다. 끝으로, 시몽동의 다른 저서를 번역하실 황수영 선생님께도, 번역어의 선택과 통일에 대해 함께 의논하고 까다로운 저작권자와의 연락과 소통에 도움을 주신 점에 대해 진심으로 감사드린다.

시몽동에 대한 관심이 확산되고 연구가 심화됨에 따라서 이 책의 번역에 대한 수정도 요구될 수 있으리라 생각한다. 번역의 오류와 개선에 관한 독자 여러분의 제안은 언제든지 환영한다.

옮긴이 김재희(twitter : @Jnooroo)

찾아보기

지은이 | 질베르 시몽동(Gilbert Simondon, 1924~1989)

파리 고등사범학교에서 조르주 캉길렘(Georges Canguilhem), 마르샬 게루(Martial Guéroult), 모리스 메를로-퐁티(Maurice Merleau-Ponty), 장 이폴리트(Jean Hyppolite)에게서 수학했다. 1948년 철학교수자격시험에 합격한 후 1955년까지 투르의 데카르트 고등학교에서 철학을 가르쳤는데 단지 철학만이 아니라 물리학과 기술공학을 가르치기도 했다. 1958년 박사학위를 취득하고, 프와티에 문과대학 교수(1955~1963)를 거쳐 소르본-파리 4대학 교수로서 교육과 학술활동에 전념하며 〈일반심리학과 기술공학 실험실〉을 직접 설립하여 이끌어 나갔다(1963~1983). 주요 저서로는 1958년 그의 박사학위 주논문으로 제출된 『형태와 정보 개념에 비추어 본 개체화』(L'individuation à la lumière des notions de forme et d'information, Grenoble, Millon, 2005)와 부논문으로 제출된 이 『기술적 대상들의 존재 양식에 대하여』가 있다. 그의 주논문은 2005년에서야 완전한 모습으로 출판되었는데, 그전에 이미 전반부는 『개체와 그 물리-생물학적 발생』(L'individu et sa genèse physico-biologique, Paris, PUF, 1964)으로, 후반부는 『심리적 집단적 개체화』(L'individuation psychique et collective, Paris, Aubier, 1989)로 나뉘어 출간된 바 있다. 그의 사후인 1990년대부터 그에 대한 관심이 급증하여 2000년대에는 『동물과 인간에 대한 두 강좌』(Deux Leçons sur l'animal et l'homme, Paris, Ellipses, 2004), 『기술에서의 발명: 강의와 강연(1968~1976)』(L'Invention dans les techniques, Paris, Seuil, 2005), 『지각에 대한 강의(1964~1965)』(Cours sur la perception, Chatou, La Transparence, 2006), 『상상력과 발명(1965~1966)』(Imagination et invention, Chatou, La Transparence, 2008), 『커뮤니케이션과 정보』(Communication et information, Chatou, La Transparence, 2010) 등 그의 강의와 강연 원고들을 묶은 저서들이 쏟아져 나오고 있다. 개체화를 주제로 삼은 발생적 존재론, 인식론, 자연철학, 그리고 이에 근거한 독창적인 기술철학은 질 들뢰즈(Gilles Deleuze)의 철학에 큰 영향을 끼쳤을 뿐만 아니라, 브라이언 마수미(Brian Massumi), 파올로 비르노(Paolo Virno), 안토니오 네그리(Antonio Negri), 마이클 하트(Michael Hardt)와 같은 현대 정치철학자들과 베르나르 스티글러(Bernard Stiegler), 브뤼노 라투르(Bruno Latour)와 같은 현대 기술철학자들에게도 중요한 참조점을 제공하고 있다. 현재 프랑스에서는 시몽동 연구 모임이 활발하게 운영되고 있으며(http://atelier-simondon. ens.fr/), 『시몽동 연구지』(*Cahiers Simondon*, Paris, L'Harmattan)가 계속 출간되고 있다(2009년에 1호, 2010년에 2호, 2011년에 3호 출간).

옮긴이 | 김재희

이화여대 철학과를 졸업하고 서울대 철학과에서 앙리 베르그손에 관한 연구로 석사 및 박사학위를 받았다. 현재 이화여대 이화인문과학원 HK연구교수로 재직 중이며, 포스트휴머니즘과 기술정치철학 연구에 몰두하고 있다. 저서로 『시몽동의 기술철학: 포스트휴먼 사회를 위한 청사진』(2017), 『베르그손의 잠재적 무의식』(2010), 『물질과 기억: 반복과 차이의 운동』(2008)이 있고, 『현대 기술·미디어 철학의 갈래들』(2016), 『현대 프랑스 철학사』(2015), 『포스트휴먼의 무대』(2015), 『미술은 철학의 눈이다』(2014) 등을 공저했다. 번역서로는 자크 데리다와 베르나르 스티글러의 『에코그라피: 텔레비전에 관하여』(2001, 2014 개정판, 공역), 가라타니 고진의 『은유로서의 건축: 언어, 수, 화폐』(1998), 앙리 베르그손의 『도덕과 종교의 두 원천』(2009, 2013 개정판)이 있다. 주요 논문으로는 「물질과 생성: 질베르 시몽동의 개체화론을 중심으로」, 「들뢰즈의 표현적 유물론」, 「베르그손에서 창조적 정서와 열린 사회」, 「외국인, 새로운 정치적 대상: 아감벤과 데리다를 중심으로」, 「법 앞에 선 주체: 라캉과 데리다를 중심으로」, 「탈경계의 사유: 카프카를 통해 본 해체와 탈주의 철학」 등 다수가 있다.